장아함경 1

長阿含經

김월운 옮김

장아함경 1

長阿含經

| 차 례 |

해 제

아함경

1. 아함경阿含經과 니카야Nikāya의 성립과 가치

팔리Pāli 율장律藏이 전하는 바에 의하면, 구전에 의해 산재된 형태로 전해져 오던 경전이 체계적으로 결집된 것은, 부처님께서 돌아가신 직후 왕사성, 칠엽굴에서 5백 명의 아라한이 모인 가운데 마하가섭摩訶迦葉을 의장으로 한 제1차 결집에서 아난에 의하여 송출誦出되고 승가의 인정을 받아 성립된 것으로 전해진다. 그러나 체계적인 초기불전 성립의 명백한 역사적 규명은 B.C. 2세기 바르후트Bharhut 비문에서의 '5부部 니카야'에 관한 언급까지의 시간을 요한다.

때문에 인도 내에서의 5부 4아함阿含의 체계적인 원시경전이 완성된 시기는, B.C. 3세기 아쇼카왕의 비문들에 어떠한 초기불전에 대한 언급이 없기 때문에 일반적으로 아쇼카왕 직후로 여겨지고 있다.

또한 남방 논서의 성립연대로부터 추정하더라도 아무리 빨라도 불멸 2백 년 이전으로 추정하기는 곤란할 것이라 여겨진다. 이러한 원시경전이 하나는 스리랑카로 전래되어 비교적 원형을 잘 보존하고 있다고 일반적으로 평가되지만, 이 또한 긴 전승 기간 동안 부파적 영향과 시대 사상의 영향을 받아 현존의 팔리 경전이 성립된 것으로 보이며,

스리랑카 전승에 따르면 B.C. 78년 바따가마니Vaṭṭagāmanī왕 재위시 서사書寫되어 스리랑카와 남방불교국가에 전승되었다.

한역漢譯 아함경의 모본母本이 되는 또 다른 원시경전이 캐슈미르로 전해져 서북인도 특유의 지리적·역사적 영향과 시대조류의 영향을 받았을 것임을 짐작하기 어렵지 않다. 이 경전들 또한 북방 논서의 성립시기를 기원후 1, 2세기로 본다면 그보다 이전, 즉 기원전후 또는 기원후 1세기 후반에 불교범어로 서사되고, 그 조직이 편제되었을 것으로 여겨진다.

팔리어로 된 5니카야는 현 남방불교국가(스리랑카·미얀마·타이· 캄보디아·라오스)들의 불교성전으로, 단일 부파部派, 즉 상좌부上座部 불교가 전승한 온전한 삼장 중 경장을 이루고 있는 성전이다. 이들 국가에 있어 니카야는 붓다의 말씀 그 자체를 의미하며, 불법의 근간이 되는 것으로 여겨져 왔다. 때문에 남방불교국가에 있어서 모든 불교연구의 근간은 니카야에 대한 연구이며, 5세기 붓다고사Buddhaghosa가 번역한 주석서들도 불법연구의 보조자료일 뿐이라는 인식을 가지고 있는 상황이다. 따라서 남방불교에서 니카야는 불법 그 자체를 의미하는 것이다.

그러나 북방불교국가에 전해진 아함경은 심오한 불교철학을 근간으로 한 대승경전들이 번역됨에 따라 소승경전으로 격하되어 남방불교국가에 있어서 니카야와 같은 위치에 오르지 못하고 여타 대승교학과 선禪과 같은 위치를 점하지 못하였다.

2. 아함경의 번역

중국에 들어온 아함경전阿含經典은 4세기 말에서 5세기 초에 걸친 위진남북조 시기에 범본梵本에서 한역漢譯되었다. 4부 아함경의 역경을 담당한 인물들은 주로 인도 출신의 승려들이었고, 구마라집과 대략 비슷한 시기의 인물들이다.

이들 역경승譯經僧들의 면모는 다음과 같다.

1) 구나발타라(求那跋陀羅, Guṇabhadra, 394~468년) : 중인도 출신으로 해로海路로 광주에 들어와서 송 원가 12년(435)에 건강에 왔다. 송 문제에게 우대받았는데, 후에 형주(호북성 강릉)에서 역경에 종사하였으며, 『잡아함경雜阿含經』·『승만경勝鬘經』·『과거현재인과경過去現在因果經』 등 역출경전이 52부 134권에 이르고 있다. 그에 의해 『잡아함경』이 번역됨으로써 중국에서 4아함경이 완비되었다.
2) 축불념竺佛念 : 양주 사람으로 대대로 하서河西에 살았으며, 지방어를 모두 익혔기 때문에 서역의 여러 나라 말을 중국어로 번역하여 장안과 낙양에 전하였다. 부견符堅과 요흥姚興의 전진前秦과 후진後秦의 두 왕조에 걸쳐 중국에 경전을 전하는 역할을 하였으며, 『증일아함경增壹阿含經』·『중아함경中阿含經』의 두 경전이 중국에 갖추어지게 된 것은 축불념의 업적이라고 『출삼장기집出三藏記集』에서는 말하고 있다. 그는 또 『십송비구계본十誦比丘戒本』·『비구니대계比丘尼大戒』 등을 번역하였다.
3) 불타야사(佛陀耶舍, Buddhayasa) : 구마라집의 스승이기도 하며, 계빈罽賓 출신으로 『장아함경長阿含經』·『사분율四分律』 등을 번

역하였다.

4) 승가제바(僧伽提婆, Saṅghadeva) : 인도 캐슈미르 출신으로 삼장에 정통하였으며, 특히 아비달마에 뛰어났다. 동진東晋 건원 343~344년에 장안으로 들어온 이후, 동진으로 자리를 옮겨 범본의 한역작업에 종사하였다. 승가제바 이전에 이미 『중아함경』·『증일아함경』이 한역되어 있었으나 현존하는 것은 승가제바가 이후에 개역改譯, 수정한 것이다. 그는 이들 경전 이외에도 『팔건도론八犍度論』·『아비담심론阿毘曇心論』·『삼법도론三法道論』 등을 번역하였다.

● 한역 아함경의 번역자와 번역한 연대

1) 장아함경長阿含經(法藏部 소속) : 22권 30경, 후진後秦, 불타야사(佛陀耶舍, Buddhayasa)·축불념竺佛念 공역, 413년.
   Dīghanikāya, 3vaggas, 34suttas.
2) 중아함경中阿含經(有部 소속) : 60권 224경, 동진東晉, 승가바제(僧伽提婆, Saṃghadeva) 역, 397~398년.
   Majjhimanikāya, 3paṇṇāsakas(50경 묶음), 152suttas.
3) 잡아함경雜阿含經(有部 소속) : 50권 1,362경, 송宋, 구나발타라(求那跋陀羅, Guṇabhadra) 역, 435년.
   Saṃyuttanikāya, 5vaggas, 56saṃyuttas, 2,911suttas.
4) 증일아함경增壹阿含經(大衆部 소속) : 51권 472경, 동진東晉, 승가제바(僧伽提婆, Saṃghadeva) 역, 397년.
   Aṅguttaranikāya, 11nipātas, 2,308suttas.

이 이외에도 이역異譯으로 번역자 미상의 『별역잡아함경別譯雜阿含經』 16권 364경과 『잡아함경』 1권 27경이 존재한다. 한역 4아함경의 분류의 기준은, 『장아함경』은 긴 경전을, 『중아함경』은 중간 길이의 경전을, 『잡아함경』은 짧은 경전을 모아 편집한 것이며, 『증일아함경』은 법수法數에 따라 1법에서 11법에 이르는 경전을 모아 편집한 것이다.

3. 팔리 5부 니카야Nikāya의 구성

팔리 문헌에 의하면 아쇼카왕 재위시 그의 아들인 비구 마힌다Mahinda와 비구 이티야Iṭṭhiya·우띠야Uttiya·삼발라Sambala·바다사라Bhaddasāla·사미승 수마나Sumana와 재가자 반두까Bhaṇḍuka가 스리랑카에 불교를 전래했고, 이 시기는 스리랑카에서 데바남삐야띠싸Devānampiyatissa(B.C. 247~207 재위)왕이 통치하던 시기였다. 구전口傳으로 전승되던 니카야는 바따가마니Vaṭṭagāmanī(B.C. 29~17 재위)왕 때 서사되었다고 팔리 마하밤사Mahāvaṃsa는 전한다.

구전되던 경전이 서사書寫된 이유는 다음과 같다.

1) 비불교도인 남부인도왕조의 계속적인 침입.
2) 브라흐마나띠싸Brāhmanatissa(기근)로 인해 대사파(大寺派, Mahāvihāra) 비구들은 경전을 구전하는 데 따른 위험성을 느끼기 시작하였다. 즉 경전을 암송하는 역할을 담당한 비구들이 기근 등과 같은 천재지변과 전쟁과 정변에 의해 살해되거나 사망했을 때 경전 전승이 위태롭다는 점을 인식하게 된 것이다.
3) 불교전래 이래 승가에 비적격자들이 들어오고, 이로 인한 경전의

올바른 구전의 어려움.

4) 대사파로부터 분리된 무외산파無畏山派의 성립과 왕의 편파성이 전법에 대한 위기감을 불러왔다.

팔리 니카야의 전승은 스리랑카 상좌부 불교를 대표해 온 대사파를 빼놓고는 이야기할 수 없다. 현재 전하는 팔리 경전의 온전함 뒤에는 대사파에 의해 이루어진, 천재지변과 정변에서의 생명을 건 불법전승의 의지와, 그리고 대승을 포함한 수많은 불교사상의 수용자였던 무외산파와의 대립, 갈등과 최후의 승리의 역사가 숨어 있다.

대사파에 의해 전승된 팔리 경전의 구성은 다음과 같다.

- 팔리 경장의 분류

1. 장부경전(長部經典, Dīghanikāya)
2. 중부경전(中部經典, Majjhimanikāya)
3. 상응부경전(相應部經典, Saṃyuttanikāya)
4. 증지부경전(增支部經典, Aṅguttaranikāya)
5. 소부경전(小部經典, Khuddakanikāya)
   1) 소송경(小誦經, Khuddakapāṭha)
   2) 법구경(法句經, Dhammapada)
   3) 자설경(自說經, Udāna)
   4) 여시어경(如是語經, Itivuttaka)
   5) 경집(經集, Suttanipāta)
   6) 천궁사(天宮事, Vīmanavatthu)
   7) 아귀사(餓鬼事, Petavatthu)

8) 장로게(長老偈, Theragāthā)
9) 장로니게(長老尼偈, Therīgāthā)
10) 본생경(本生經, Jātaka)
11) 의역(義釋, Niddesa)
12) 무애해도(無礙解道, Paṭisambhidāmagga)
13) 비유경(譬喩經, Apadāna)
14) 불종성경(佛種姓經, Buddavaṁsa)
15) 소행장(所行藏, Cariyāpiṭaka)

장아함경

1. 『장아함경長阿含經』과 장부경전Dīghanikāya의 구성

『장아함경長阿含經』은 팔리어로 된 장부경전(長部經典, Dīghanikāya)에 상응하는 한역경전漢譯經典으로 22권卷 30경經으로 이루어져 있으며, 장부경전은 34경으로 이루어져 있다. 그러나 이 두 경전들은 언어적 차이는 존재하지만 그 내용에 있어서는 거의 일치하고 있다.

『장아함경』은 범어로 된 본本을, 캐슈미르 출신의 사문沙門 불타야사(佛陀耶舍, Buddhayasa)가 양주凉州 사문沙門 축불념竺佛念과 함께 후진後秦 홍시弘始 15년(413)에 한역한 경전이다.

이 『장아함경』을 현존 팔리본本 장부경전과 비교해 보면, 그 구성은 다음과 같다.

● **『장아함경』**(22卷, 30經)

(1) 제1분分(1경~4경) : 불전佛傳 및 불타관佛陀觀에 관한 내용과 역사적 주제와 관련된 내용.

(2) 제2분(5경~19경) : 법상法相에 관한 내용.

(3) 제3분(20경~29경) : 타외도他外道 사문의 철학적 내용에 관한 내용.

(4) 제4분(30경) : 세기경世紀經.

● 장부경전Dīghanikāya(3品, 34經)

(1) Sīilakkhandhavagga(戒蘊品, 1경~13경) : 타외도 사문의 철학적 내용에 관한 내용.

(2) Mahāvagga(大品, 14경~23경) : 법상法相에 관한 내용.

(3) Pāthikavagga(波梨品, 24경~34경) : 불전佛傳 및 불타관佛陀觀에 관한 내용과 역사적 주제와 관련된 내용.

● 『장아함경長阿含經』과 장부경전의 해당 경Sutta

(1) 대본경大本經 ———— (14) Mahāpadāna

(2) 유행경遊行經 ———— (16) Mahāparinibbāna, (17) Mahāsudassana

(3) 전존경典尊經 ———— (19) Mahāgovinda

(4) 사니사경闍尼沙經 ———— (18) Janavasabha

(5) 소연경所緣經 ———— (27) Aggañña

(6) 전륜성왕수행경轉輪聖王修行經 ———— (26) Cakkavatti-Sīhanāda

(7) 폐숙경弊宿經 ———— (23) Pāyāsi

(8) 산타나경散陀那經 ———— (25) Udumbarika-Sīhanāda

(9) 중집경衆集經 ———— (33) Saṅgīti

(10) 십상경十上經 ———— (34) Dasuttara

(11) 증일경增一經 ———— 해당 경전 없음

(12) 삼취경三聚經 ———— 해당 경전 없음

(13) 대연방편경大緣方便經 ———— (15) Mahā-nidāna
(14) 석제환인문경釋提桓因問經 ———— (21) Sakka-pañha
(15) 아누이경阿㝹夷經 ———— (24) Pāṭika
(16) 선생경善生經 ———— (31) Siṅgālovāda
(17) 청정경淸淨經 ———— (29) Pāsādika
(18) 자환희경自歡喜經 ———— (28) Sampasādanīya
(19) 대회경大會經 ———— (20) Mahā-samaya
(20) 아마주경阿摩晝經 ———— (3) Ambaṭṭha
(21) 범동경梵動經 ———— (1) Brahma-jāla
(22) 종덕경種德經 ———— (4) Soṇadaṇḍa
(23) 구라단두경究羅檀頭經 ———— (5) Kūṭadanta
(24) 견고경堅固經 ———— (11) Kevaddha
(25) 나형범지경倮形梵志經 ———— (8) Kassapa-sīhanāda
(26) 삼명경三明經 ———— (13) Tevijjā
(27) 사문과경沙門果經 ———— (2) Samañña-phala
(28) 포타바루경布吒婆樓經 ———— (9) Poṭṭhapāda
(29) 노차경露遮經 ———— (12) Lohicca
(30) 세기경世記經 ———— 해당 경전 없음

(출전, 『한파사부사아함호조록漢巴四部四阿含互照錄』, 赤沼智善著, 동경, 1958년)

이 두 경전은 서로 상대 경전이 가지고 있는 경經을 빠트리고 있기도 하지만 대부분의 내용은 서로 일치하고 있다. 이로 미루어 보아 이 두 경전은 최초기 불교결집을 통해 성립된 이후 아쇼카왕 시대에 캐슈미르에 전해진 경전과 스리랑카에 전해진 경전이, 긴 시간에 걸쳐 다른 장소와 사람에 의해 전승되면서 다소간의 차이가 생기게 된 것으로 보인다.

이렇게 인도 북쪽으로 전해진 경전은 이후 서역 지방으로, 그리고 중국으로 전해져 한역되었고, 스리랑카로 전해진 이 경전은 이후 남방불교국가로 전래되었다.

2. 『장아함경長阿含經』과 장부경전의 성립

한역漢譯 4아함阿含과 팔리본 5니카야는 제1 결집시 아난에 의해 송출되어 붓다 교설로 전승된 것으로 경전이 전하고 있다. 그러나 아쇼카왕(B.C. 271~249 재위)의 비문 중에는 5부部 4아함阿含의 이름이 거론되고 있지 않으며, 기원전 2세기경의 바르후트 비문 중에 5부에 관한 언급이 있는 것으로 미루어 보아 아쇼카왕 직후 인도에서 5부 4아함의 체계적인 원시경전이 성립했을 것으로 보인다.

한역 『장아함경』과 팔리본 장부경전에 대한 성립의 전후 관계를 살펴보면 다음과 같다.

- 한역 『장아함경』과 팔리본 장부경전 성립의 전후 관계

1) 이 두 경전의 내용에 있어 신고新古의 서로 틀린 점이 발견되는데, 예를 들면, 한역漢譯은 12연기緣起를 설하는 데 비해 팔리본은 구지연기九支緣起를 설하고 있다.
2) 남전南傳과 북전北傳의 번역 연대가 차이가 난다.(팔리본, B.C. 29~17년, 스리랑카 바따가마니왕 재위시 싱할리로 飜譯, 書寫.)
3) 남북논서南北論書의 성립연대가 서로 틀리다.

이상으로 미루어 보아 한역『장아함경』의 성립연대는 팔리본 장부경전보다 훨씬 늦게 성립된 것으로 간주된다.

3. 4부 4아함에서『장아함경』과 장부경전의 위치

불교경전의 전승방식은 스리랑카의 바따가마니왕(B.C. 29~17년) 이전에는 기억에 의한 구전口傳의 방식이었다. Rhys Davids는 서사書寫 이전의 전승방법을 언급하면서 다음과 같이 주장하였다.

1) 간단한 어구語句로 표현된 경전을 장행長行 또는 게송偈頌으로 전승시켰다.
2). 법수法數로 묶어 전승시켰다.

그의 견해에 입각해 본다면, 4부 4아함 가운데 9분교分敎 중의 중송(重頌, Geyya) 및 해석(解釋, Veyyakaraṇa)에 상당하는 것이『잡아함경雜阿含經』이나 Saṃyuttanikāya 가운데 다수 발견되기 때문에 이 경전이 가장 오래되었다고 말할 수 있다.

이에 반해『증일아함경(增壹阿含經, Aṅguttaranikaya)』은 경전의 사상적 내용이나 법수의 취급, 논서적論書的 경향이 짙은 것으로 미루어 보아 4부 4아함 중 가장 늦게 성립됐을 것으로 보인다. 성립사적으로 이 두 경전들 사이의 시기에 성립한 것이『장아함경』과『중아함경(中阿含經, Majjhimanikāya)』이다. 이 두 경전의 성립연대에 관해서는 이론이 많으나 일반적으로『중아함경』이『장아함경』보다 성립이 이른 것으로 주장되고 있다. 그리고 이를 뒷받침하는 근거 중 하나로『유가사지론瑜伽師地論』(大正藏, 卷30, 772)의 내용이 언급되고 있다.

事契經者 謂四阿笈摩 一者雜阿笈摩 二者中阿笈摩 三者長阿笈摩 四者增一阿笈摩

4. 장아함長阿含 각 경의 주요 내용

1) 대본경大本經……………(14) Mahāpadāna sutta

비파씨Vipassī붓다로부터 고타마붓다에 이르는 과거칠불過去七佛의 탄생誕生·출가出家·수도修道·항마降魔·성도成道·전법륜轉法輪·열반涅槃 등을 설하고 있으며, 모든 붓다는 마지막 생生에서 동일한 경험을 하며, 붓다의 깨달음은 바로 연기법에 대한 깨달음임을 설하고 있다.

2) 유행경遊行經……………(16) Mahāparinibbāna, (17) Mahāsudassana

한역漢譯 유행경遊行經은 팔리본의 두 subsutta의 내용을 포함하고 있다.

『장아함경』 중에서 세기경世紀經을 제외하고는 가장 장문의 경전이다. 해당 Mahāparinibbāna sutta는 팔리본 중에서는 가장 긴 경전이다. 이 경은 붓다의 열반 직전의 모습을 전하고 있다. 아자타사투왕은 밧지족을 공격하고자 하는 바람을 갖고, 전쟁에 앞서 붓다에게 그 결과를 묻고 있다. 그러나 붓다는 간접적으로 밧지공화국의 수승한 점을 지적하며 불교 승가도 이를 본받아야 함을 설하고 있다. 붓다는 아난과 함께 그의 마지막 유행길에 오르면서 여러 장소에서 여러 가지 교설을 베푼다. 빠딸리가마Pāṭaligāma에서는 장차 이곳이 큰 중요성을 가진 지역이 될 것임을 예언하였고, 바이샬리Vesāli에서는 암바

빨리의 초대를 받아들였고, 그녀는 자신의 망고숲을 불교 승가에 기증하였다.

붓다는 자신이 3개월 내에 열반에 들 것임을 아난에게 전했으며, 빠바Pāvā에서는 춘다Cunda의 공양을 받는다. 춘다의 공양 후 붓다는 병으로 심한 육체적 고통에 시달리며 쿠시나라Kusināra의 사라sāla나무에서 열반에 든다. 붓다는 열반 직전 승가에 "방일하지 말고 힘써 노력하라appamādena sampādetha"라는 마지막 유계를 남기고 열반에 든다.

아난은 붓다가 열반에 들기 직전 쿠시나라와 같은 비루한 장소에서 열반에 들지 말 것을 간청하나, 붓다는 이곳이 옛적 대선견왕大善見王이 거주한 성스러운 곳임을 전하며, 이 전륜성왕의 과거 인연담을 설한다. 열반 후 붓다의 사리는 8개국에 분배되어 사리탑이 건립되었다.

3) 전존경典尊經 ··················· (19) Mahāgovinda

건달바인 반차익자(槃遮翼子, Pañcasikha)가 범천과 제석 사이에 오간 대화를 붓다에게 전한다. 붓다는 반차익자가 한 이야기 중의 대전존大典尊이 실은 붓다 자신이었으며, 붓다로서 현재 그가 설하는 법이 그때 그가 설하던 법보다 수승함을 설하고 있다.

4) 사니사경闍尼沙經 ··················· (18) Janavasabha

한 야차가 붓다에게 나타나 자신은 현재 자나바사바Janavasabha라고 불리는데, 지상에 있을 때는 마가다의 빔비사라왕이었다고 한다. 그는 삼십삼천들의 모임을 전하고, 붓다가 출세出世한 이후 어떻게 신들의 지위가 높아지고 아수라들의 지위가 내려갔는지를 범천이 그곳에서 명백히 하였다고 전한다.

5) 소연경所緣經……………………(27)Aggañña

붓다는 바실타와 바라타 두 바라문의 종성관種性觀에 대한 교만심을 타파하고 4성姓 중 어떠한 종성이라도 선행을 행하면 청백淸白한 보報를 받고 불선행을 행하면 흑명黑冥의 악보를 받는다고 말하고, 불법 중에서는 빈부귀천의 차별 없이 도道를 증득할 수 있음을 설하고, 삼보를 믿고 공경해야 하며, 세상의 복전福田이 되어 사람들의 공양을 받기에 족한 것을 배워야 함을 설한다.

6) 전륜성왕수행경轉輪聖王修行經……………………(26) Cakkavatti-Sīhanāda

붓다가 여러 비구들에게 "自熾燃熾燃法, 不他熾燃, 自歸依, 歸依於法, 不他歸依"를 설하고, 4념처관念處觀을 닦아야만 함을 가르치고 있다. 이에 대한 설명으로 과거세에 견고념堅固念이라는 왕이 전륜성왕이 되어 7보를 갖추고 정법正法을 수행하여 나라를 다스렸다는 사실, 그리고 그 왕 이후 다른 정의로운 왕들이 자리를 이었으나 결국에는 타락하여 사회는 점점 타락했으며, 인간의 수명은 점점 짧아졌고 윤리의식은 상실되었고, 이 때 미륵불이 출세할 것임을 설한다.

7) 폐숙경弊宿經……………………(23) Pāyāsi

파야시Pāyāsi 왕자는 내생來生이나 선악행善惡行의 과보를 믿지 않았는데, 비구 가섭 동자(迦葉童子, Kumāra Kassapa)가 폐숙 바라문의 악견과 사견인 단견론斷見論을 열두 가지 비유를 들어 논파하여 다른 세상도 있으며, 업業의 과보도 있음을 설명하여 보이고 있다. 마침내 파야시 왕자는 불교에 귀의하여 우바새가 되었다.

8) 산타나경散陀那經·················· (25) Udumbarika-Sīhanāda

산타나 거사가 우담바리카 숲에 머물고 있는 니그로다 바라문들에게 갔을 때, 그들은 붓다를 논파하는 것은 쉬운 일이라고 떠들어 대었다. 붓다는 이들이 하는 이야기를 천이天耳로써 듣고 그들이 있는 곳에 나타나 그들이 수행하는 고행苦行을 통한 해탈법이 잘못되었음을 설파하고, 5계戒, 10선행善行 내지 4무량심無量心을 닦는 것이 중생을 피안으로 인도하고 해탈케 하는 것임을 설하고 있다.

9) 중집경衆集經·················· (33) Saṅgīti

붓다가 파바성에 머물 때, 등의 통증 때문에 사리불로 하여금 대신 설법케 한 형식을 빌린 경이다. 이 경은 자이나의 마하비라의 사후 자이나 교단에서 일어난 분열이 설법의 인연이 된 것으로, 제자들이 서로 다툼을 벌이고 중상하는 것은 그 법이 참되지 않았기 때문이었다고 설하고, 불타 멸도 후에 불교 승가의 분열과 쟁송을 막기 위하여 여래의 법이야말로 참된 해탈의 법임을 설하고 있다.

10) 십상경十上經·················· (34) Dasuttara

이 경도 붓다가 사리불로 하여금 대신 설법케 한 경으로, 법상法相의 분류법으로서, 성법成法·수법修法·각법覺法·멸법滅法·퇴법退法·증법增法·난해법難解法·생법生法·지법知法·증법證法에 의거한 550법을 설하고 있다.

11) 증일경增一經·················· 해당 경전 없음

본 경에 해당하는 팔리 경전이 없는 경이다. 이 경은 법상法相의 분류법으로서, 성법成法·수법修法·각법覺法·멸법滅法·증법證法을 설

하고 있는데, 내용상 앞의 경전과 큰 차이는 없다.

12) 삼취경三聚經……………해당 경전 없음

본 경도 해당하는 팔리 경전이 없으며, 앞의 『증일경增一經』과 마찬가지로 법상法相의 분류법으로서, 추악취趨惡趣·추선취趨善趣·추열반趨涅槃의 3법취法趣에 의해 하나씩 늘려 10에 이르는 증일의 법을 설한 것이다.

13) 대연방편경大緣方便經……………(15) Mahā-nidāna

붓다는 아난을 위해 불교의 근본교의인 인연법因緣法을 순역생멸順逆生滅의 관법觀法에 따라 설한 것이다. 이 경經에는 12연기법緣起法이 설해져 있는데, 그 설명문 가운데에서 해당 팔리 경전에서 나오는 구지연기법九支緣起法을 서술하고 있다. 인연법因緣法에 대한 설명으로 삼세양중三世兩重의 상속적相續的 설명으로 볼 수 있는 곳도 있지만 상의상관적相依相關的 설명이 전체의 골자를 이루고 있다.

14) 석제환인문경釋提桓因問經……………(21) Sakka-pañha

붓다가 비타산에 머물면서 화염삼매火焰三昧에 들고 나서 제석천을 위하여 일체 중생의 원한은 탐욕과 질시에서 생하고, 탐욕과 질시는 애증에서 생하며, 애증은 욕심에서 생하고, 욕심은 상想에서 생기며, 상想은 조희調戱에서 생긴다는 것을 설하고, 만약 조희가 제거된다면 애愛 내지 원한은 없고 서로 해치는 일은 생기지 않는다고 설하고, 비구들에게 있어 조희가 없으면 멸적滅迹도 없다고 가르치고, 다시 구족계·구경범행·구경안은·구경무여 등의 해탈도의 가르침을 설했기 때문에 제석천은 불법에 귀의하여 수다원과를 얻어 자기의 기억으로 예전 아수라와 싸워 이기고 환희하고 염락念樂하였을 때를 생각하고, 도장희락刀杖喜樂 · 투쟁희락鬪爭喜樂이 있다고 해도 지금과 같이 붓다를 만나 도장희락 · 투쟁희락 없는 참된 희락, 즉 다섯 가지 공덕을 얻은 일을 이야기하고 있다.

15) 아누이경阿㝹夷經 ··············· (24) Pāṭika

아누이성에 머물고 있었던 붓다가 방가바 바라문을 위해 아주 어리석은 선숙 비구의 일을 설하고, 마하비라의 7고행법 등 그들의 수행법상의 사견邪見과 행위, 그리고 바라문의 우주창조설 등의 사견과 악행惡行을 논파하고, 불타의 위덕威德과 불법佛法의 진정眞正을 나타낸 것이다.

16) 선생경善生經 ··············· (31) Siṅgālovāda

선생善生 장자는 아버지의 유언에 따라 동서남북, 상하 등 육방六方을 숭배했다. 이러한 숭배는 지극히 형식에 치우친 것이었기 때문에 붓다는 육방례六方禮의 의의와 내용을 가르쳤다.

17) 청정경淸淨經 ··············· (29) Pāsādika

주나사미周那沙彌가 외도들이 다툰 일을 말한 것에 대하여, 붓다는 다툼이 없는 정법正法을 설한 것이다. 붓다는 자이나교의 마하비라 사후 자이나 교단의 분열과 다툼의 원인을 마하비라의 가르침에서 찾고, 또 울두람자鬱頭藍子의 견불견설見不見說을 논파하고 있으며, 4선禪과 팔지연기八支緣起를 설하고, 모든 악견을 제거하고자 하면 4념처 · 8해탈을 수습해야 함을 설하고 있다.

18) 자환희경自歡喜經……………(28) Sampasādanīya

사리불舍利弗이 불덕佛德을 찬탄하고, 과거・현재・미래의 사문과 바라문 중 붓다와 견줄 만한 자가 없음을 언급한 것에 대해 불佛보다도 법法이 우선함을 가르치고, 설법說法상 순서가 위가 되는 것을 차례로 열거하여 설명하고 있는데, 제법制法・제제인制諸人・식사입태識四入胎・도道・멸滅・언청정言清淨・5견정見淨・3상법常法・4관찰觀察・4교계教誡・계청정戒清淨・해탈지解脫智・숙명지宿命智・천안지天眼智・신족증神足證 등이다. 사리불은 4중衆에게 들은 법을 설하고 스스로 청정함을 얻었다고 설하고 있다.

19) 대회경大會經……………(20) Mahā-samaya

붓다가 석시제국釋翅提國 가유림迦維林 중에 머물고 있을 때, 시방의 제신묘천諸神妙天이 붓다의 처소로 와서 삼보에 예경하고 불덕을 찬탄할 때, 4정거천淨居天은 게송으로 붓다를 찬탄하였으므로 지신地神에서 제석천帝釋天에 이르기까지 모든 신과 모든 권속들의 환위허망幻僞虛妄한 마음을 항복시키기 위해 붓다가 주문을 걸었다. 그리하여 8만 4천의 모든 천天들은 붓다가 한 설법을 듣고 불법에 귀의한 것을 서술하고 있다.

20) 아마주경阿摩晝經……………(3) Ambaṭṭha

붓다가 코살라국의 한 바라문촌에 있을 때, 불가라바라 바라문은, 붓다가 32상을 갖추고 있는지를 알아보기 위해 제자인 아마주를 보냈다. 그때 붓다는 아마주가 석가종족을 멸시함에 대하여 종성種性이 생겨난 근원을 설명하고, 아마주의 출신 계급이 그가 멸시하는 석가종의 노예 혈통임을 밝혔다. 또 10선계를 설하고 바라문의 파계적破戒的

인 생활상을 실례로 들어 성스러운 계율을 지키는 자의 청정한 행상行相을 설하여 보이고, 다시 4선정禪定과 그 과덕果德으로 생긴 신통력神通力과 명행구족明行具足을 설하였다. 아마주는 붓다가 32상을 갖춘 것을 스승에게 고하고, 스승과 함께 불도佛道에 귀의하여 불환과를 얻은 일을 기술하고 있다.

21) 범동경梵動經 .... (1) Brahma-jāla

붓다가 마가다국 죽림에 머물 때, 선념 바라문은 삼보를 훼방毁謗하였는데, 그의 제자는 삼보를 칭찬하였다. 이러한 사실이 비구들의 관심을 끌었는데, 붓다는 삼보三寶를 훼방한다고 해서 분결심忿結心을 가져서는 안 되며, 또한 삼보를 칭찬한다고 해서 환희심을 가져서도 안 된다고 설하고, 사제師弟가 다른 견해, 다른 습관, 친근히 여기는 것이 다른 것에 대하여 모든 범부는 보고 들은 것이 적기 때문에 작은 위의威儀와 계행戒行을 칭찬하고 심의深義에 도달하지 못하지만, 현성賢聖의 제자는 능히 심심미묘甚深微妙의 큰 법의 광명으로써 붓다를 찬탄한다고 설하고, 10선계를 교시하고, 다시 당시 인도에서 유행한 외도 바라문들의 이견과 사설인 62견을 들어 여래는 이를 모두 알고 집착하지 않고 해탈을 얻었음을 가르치고 있다.

22) 종덕경種德經 .... (4) Soṇadaṇḍa

붓다가 앙가국에 머물 때, 바라문 소나단다Sonadaṇḍa는 붓다가 그곳에 왔음을 알고, 다른 바라문의 만류에도 불구하고 붓다를 보러 갔다. 붓다는 그에게 진정한 바라문의 덕성을 물었고, 그는 다섯 가지를 바라문의 덕으로 말했다. 즉 종성種性·풍송諷頌·단정端正·지계持戒·지혜智慧라고 답했다. 붓다는 불교에서는 앞의 세 가지를 버리고,

혜慧와 계戒를 좌우의 손처럼 보아 혜와 계를 구족하는 것이 중요함을 설하고, 출가하여 청정하게 되는 것을 지계持戒라 하고, 무명無明을 버리고 3명明을 얻는 것을 지혜智慧라고 한다고 가르쳤다. 소나단다는 5계戒를 받아 우바새가 되었다.

23) 구라단두경究羅檀頭經……………(5) Kūṭadanta

붓다가 코살라국의 심사파숲에 머물 때, 학덕學德을 겸비한 꾸따단따Kūṭadanta 바라문은 열한 가지 덕을 갖추었다는 스승에 대한 칭찬을 하는 5백 명의 동료 제자들의 말을 물리치고 스스로 불덕을 찬탄하고, 5백 명의 동료 제자들과 재가자들을 이끌고 붓다가 계신 곳에 와서 붓다의 가르침을 받았는데, 붓다는 이 바라문을 위해 큰 제사를 집전하는 법을 가르치고, 다시 큰 제사보다 더 큰 과보를 가진 귀계歸戒·자비심慈悲心·출가出家의 공덕을 설했다. 이를 들은 바라문은 소와 양들을 놓아주고 계를 받고 붓다에게 귀의하여 불환과不還果를 얻었다.

24) 견고경堅固經……………(11) Kevaddha

견고(堅固, Kevaddha) 장자長子는 붓다에게 사람들의 믿음을 굳게 하기 위해 신변神變을 보일 것을 요구하였으나 붓다는 이를 거부하고 자신이 인정할 수 있는 유일한 신변은 "가르침의 신변神變"이라 하고, "어디서 4대종大種이 남김없이 멸하는가"를 알고 싶어하는 비구의 이야기를 들려주었다. 모든 신들도 알지 못하는 지地·수水·화火·풍風의 4대大가 멸하는 것은 식識이 멸하는 것에 의한다고 붓다는 설하고 있다.

25) 나형범지경倮形梵志經················ (8) Kassapa-sīhanāda

나형바라문倮形婆羅門인 가섭迦葉이 붓다에게, 붓다가 모든 종류의 고행苦行을 비난했는지를 묻자, 붓다는 이를 부정하고 고행을 구분할 줄 알아야 한다고 설한다. 즉 고행에도 선악善惡의 두 가지가 있으며, 비록 비난하지는 않지만 출요出要가 아니라고 설한다. 다음으로 옷을 입지 않는 나형고행倮形苦行의 갖가지 고행의 행상行相을 설명하고, 이러한 고행은 계戒도 견見도 구족하지 못하며, 불법佛法의 4선禪이야말로 계구족戒具足·견구족見具足이라고 설시하고, 나아가 여래는 출가 수행하여 중생을 위해 사자후를 하고, 무여열반無餘涅槃을 얻었다고 설하고 있다.

26) 삼명경三明經················ (13) Tevijjā

붓다가 코살라국에 머물 때, 삼명三明 바라문인 불가라사라 바라문의 제자 바실타와 다리차의 제자 파라타가 각각 자신의 도道가 참된 해탈을 얻고 범천도梵天道에 이르는 길이라고 논쟁하면서 그 해답을 붓다에게 구하였다. 붓다는 그들의 생천론生天論을 비판하고, 삼명三明 바라문이 주장하는 범천도梵天道를 해와 달의 비유, 사다리의 비유, 강의 비유, 산과 강이 생기하는 비유를 들어 설명하고, 5욕欲에 집착하는 자는 범천梵天에 태어나지 못하고, 사문沙門의 청정범행淸淨梵行을 행하는 자는 범천에 태어난다고 설한다. 범천은 에심恚心·진심瞋心·한심恨心·가족이나 생활방편을 가짐이 없이 자재하나 삼명 바라문은 그렇지 못하다. 그러므로 범천과 삼명 바라문은 동취同趣·동해탈同解脫이 아니다. 때문에 삼명 바라문은 범천계에 태어나지 못한다. 그러나 자비를 행하는 비구와 범천은 동취·동해탈이기 때문에 죽은 후에 범천계에 태어난다고 설한다.

27) 사문과경沙門果經……………(2) Samañña-phala

붓다가 왕사성의 망고동산에 머물 때, 아사세왕은 "오늘이 15일 만월인데 무엇을 할까?"라고 묻자, 대신大臣인 우사雨舍는 "육사외도六師外道의 학설을 듣고 마음의 개오開悟를 구하시지요"라고 답한다. 또한 수명壽命 동자는 "붓다에게 가서 마음의 개오開悟를 구하시지요"라고 말한다. 아사세왕은 붓다의 처소에 가서 육사외도들에게 사문의 과보果報를 물었으나 만족할 만한 답을 얻지 못한 일을 말했다. 붓다는 출가사문이 되면 모든 사람의 존경을 받고 삼명三明을 얻는다고 답한다. 그러자 아사세왕은 부왕父王을 죽인 것을 참회하고 삼보에 귀의하고 5계를 얻어 우바새가 되었다.

28) 포타바루경布吒婆樓經……………(9) Poṭṭhapāda

붓다가 코살라국〔舍衛城〕의 바라문숲에 갔을 때, 뽀타빠다Poṭṭhapāda 바라문이 상생상멸론想生想滅論을 비롯하여 유상무상론有常無常論·유변론有邊論·무변론無邊論·명신일이론命身一異論·여래종비종론如來終非終論 등 제론諸論에 대한 판정을 구하자, 붓다는 이러한 철학문제는 정각正覺과 열반법涅槃法이 아니며, 4성제聖諦야말로 법의法義에 부합하는 범행梵行이고, 무위적멸無爲寂滅·정각열반正覺涅槃을 얻을 수 있는 것이라고 설한다. 다음으로 붓다는 상수 사리불에게 불도수행佛道修行의 차제次第를 보이시니, 사리불은 삼보에 귀의하고 5계를 받아 우바새가 되었고, 다음으로 뽀타빠다 바라문은 출가하여 수계를 받고 아라한과를 얻었다.

29) 노차경露遮經……………(12) Lohicca

붓다가 코살라국의 심사파숲에 머물 때, 로히짜Lohicca 바라문은 붓다의 설법을 듣고 나서 악견惡見을 일으켰다. 붓다는 로히짜의 공양을 받고 나서 그에게 좋은 스승과 해로운 스승에 관한 3사師에 대한 설법을 하고, 이것을 자계自誡로 삼으라 하고, 법을 들으면 4사문과沙門果를 얻을 것임을 설하고, 또 타인을 위해 법을 설해야 함을 설하고, 자행自行만 하고 이타행利他行을 하지 않는 자는 악취惡趣에 떨어질 것이라고 설한다. 이것을 듣고 로히짜는 삼보에 귀의하고 5계戒를 받아 우바새가 되었다.

30) 세기경世記經················ 해당 경전 없음

붓다가 사위성舍衛城 기수급고독원祇樹給孤獨園에 머물 때, 강당에 모인 많은 비구들이 천지天地의 성괴成壞, 중생이 머무는 국읍國邑에 관해 논의하는 것을 듣고, 비구들을 위해 기세간의 발생發生·성립成立·전개展開·변화變化·종말귀추終末歸趨와 그 구성조직構成組織에 대하여 원시적이지만 불교의 우주관을 설한 것이다. 이러한 내용은 세기경에서 12품으로 나뉘어 설해지고 있다. 즉 염부제주품閻浮提州品·울단왈품鬱單曰品·전륜성왕품轉輪聖王品·지옥품地獄品·용조품龍鳥品·아수륜품阿須倫品·사천왕품四天王品·도리천품忉利天品·삼재품三災品·전투품戰鬪品·삼중겁품三中劫品·세본연품世本緣品이다. 이 경은 각종 경전에 산재된 유정세간有情世間과 기세간器世間에 관한 설명을 취집聚集하여 불교의 기본교리인 3법인法印 및 정正·상像·말末의 삼시사상三時思想으로 편집한 것이다. 팔리본 장부경전에는 세기경과 상응하는 경전을 빠트리고 있다.

공 만 식

불설장아함경佛說長阿含經 제 1 권

〔제 1 분分〕 ①

1. 대본경大本經[1]

이와 같이 나는 들었다.

어느 때 부처님께서는 사위국舍衛國의 기수祇樹 화림굴花林窟에서 큰 비구比丘 대중 1,250명과 함께 계셨다.

그때 여러 비구들은 걸식한 뒤에 화림굴 강당에 모여 서로 의논하고 있었다.

"여러 어진 비구들이여, 오직 무상존無上尊만이 가장 기이하고 빼어나시다. 신통神通은 멀리 통달하시고 위력은 넓고 크시다. 과거의

---

1 이 경의 이역본異譯本으로는 송宋나라 때 법천法天이 한역한 『불설칠불경佛說七佛經』과 『비바시불경毗婆尸佛經』, 그리고 실역失譯인 『칠불부모성자경七佛父母姓字經』이 있고, 『증일아함경增一阿含經』 제45권 「십불선품十不善品」의 제4경과 내용이 비슷하다.

2

무수한 부처님께서 열반涅槃에 드셔서 모든 결사(結使 : 번뇌)를 끊고 희론戱論을 없앤 것을 아시며, 또 그 부처님들의 겁수劫數의 많고 적음과 명호名號와 성자姓字와 태어난 종족과 잡수신 음식과 수명의 길고 짧음과 겪으신 괴로움과 즐거움을 아신다. 또 그 부처님들은 어떠한 계戒를 가졌고 어떠한 법을 가졌으며 어떠한 지혜를 가졌고 어떠한 앎을 가졌으며 어떻게 머무셨는가를 아신다. 어떤가? 모든 어진 이들이여, 여래如來께서는 법성法性을 잘 분별하시기 때문에 이러한 일들을 아시는가? 혹은 모든 천인天人들이 와서 일러주기 때문에 이런 일을 아시는가?"

그때 부처님께서는 한적한 곳에 계시면서 청정한 천이통天耳通으로 모든 비구들의 이러한 이야기를 들으셨고, 곧 자리에서 일어나 화림花林 강당으로 가셔서 자리에 앉으셨다. 부처님께서는 아시면서 일부러 물으셨다.

"여러 비구들아, 너희들은 여기 모여 무슨 논의들을 하고 있었는가?"

비구들은 있었던 일들을 낱낱이 말씀드렸다.

세존께서는 비구들에게 말씀하셨다.

"훌륭하고 훌륭하다. 너희들은 평등한 믿음을 가지고 집을 떠나 수도修道하고 있다. 대개 행해야 할 일에 두 가지가 있으니, 첫째는 모든 성현聖賢들이 법을 강講하신 일이며, 둘째는 그분들이 침묵하신 일이다. 너희들이 논의하는 것도 바로 그런 것이어야 한다. 여래의 신통과 위력은 넓고 커서 전생의 무수한 겁劫 동안의 일들을 안다. 그것은 법성을 잘 이해하기 때문에 아는 것이기도 하고, 또 모든 천인들이 와서 말해주기 때문에 아는 것이기도 하다."

부처님께서 다시 게송偈頌으로 말씀하셨다.

비구들이 모두 법당에 모여
모든 성현들의 일을 이야기할 때
나는 고요한 방에 있으면서
천이통으로써 다 들어 알았네.

부처님의 지혜 광명 두루 비치어
법계法界의 이치를 분별하고
과거의 일을 잘 아나니
세 부처님께서 열반에 드셨던 일이며

이름과 성과 그 종족과
수명 또한 알며
그분들이 머물렀던 곳을 따라
청정한 법안法眼으로 모두 기억한다네.

모든 천인은 큰 위력 있고
그 용모는 매우 단정하고 엄숙한데
그들 또한 내게 와 말해 주기에
세 부처님께서 열반에 드셨던 일과

이름과 성과 그 종족을 기억하고
간절한 그 음성 두루 아나니
천상과 인간에서 가장 존귀한 부처는
과거의 모든 부처님 기억한다네.

부처님께서는 다시 모든 비구들에게 말씀하셨다.

"너희들은 여래가 숙명宿命을 아는 지혜로써 알고 있는, 과거 모든 부처님들의 인연에 대해 듣고 싶은가? 만일 그렇다면 내가 말해 주리라."

그때 모든 비구들이 말씀드렸다.

"세존이시여, 지금이야말로 바로 그때입니다. 저희들은 즐겁게 듣고자 합니다. 훌륭하십니다. 세존이시여, 때를 맞추어 강설해 주시면 마땅히 받들어 행하겠습니다."

부처님께서 모든 비구들에게 말씀하셨다.

"자세히 듣고 잘 생각하여 기억하라. 나는 마땅히 너희들을 위해 분별하여 해설하리라."

그때에 비구들은 부처님께서 시키시는 대로 듣고 있었다.

부처님께서 모든 비구들에게 말씀하셨다.

"과거 91겁劫 전에 비바시毘婆尸 여래如來·지진至眞이라는 부처님께서 이 세상에 출현하셨다. 비구들아, 그 다음에는 과거 31겁劫 전에 시기尸棄 여래·지진이라는 부처님께서 이 세상에 출현하셨다. 비구들아, 또 그 다음에는 과거 31겁 중에 비사바毘舍婆 여래·지진이라는 부처님께서 세상에 출현하셨다. 비구들이여, 또 그 다음으로 현겁賢劫 중에는 구루손拘樓孫부처님과 구나함拘那含부처님과 가섭迦葉부처님께서 계셨고, 나도 지금 이 현겁 중에서 가장 바른 깨달음을 이루었다."

부처님께서 다시 게송으로 말씀하셨다.

과거 91겁 전에는
비바시부처님께서 계셨고

다음으로 31겁 전에는
시기부처님께서 계셨다네.

또 그 겁 중에
비사바여래께서 출현하셨네.
지금 이 현겁 중
헤아릴 수 없는 나유타 세歲에

대선인大仙人 네 분께서
중생을 가엾이 여겨 세상에 출현하셨으니
구루손부처님·구나함부처님과
가섭부처님·석가모니부처님이라네.

"너희들은 마땅히 알아라. 비바시부처님 때에는 사람의 수명이 8만 세였고, 시기부처님 때에는 사람의 수명이 9만 세였다. 비사바부처님 때에는 사람의 수명이 6만 세였고, 구루손부처님 때에는 사람의 수명이 4만 세였다. 구나함부처님 때에는 사람의 수명이 3만 세였고, 가섭부처님 때에는 사람의 수명이 2만 세였다. 그리고 이제 내가 세상에 출현하였는데, 지금은 사람의 수명이 백 세를 넘는 이는 적고 넘지 못하는 이는 많다."

부처님께서 다시 게송으로 말씀하셨다.

비바시부처님 때의 사람들
그 수명은 8만 4천 세였고
시기부처님 때의 사람들

그 수명은 7만 세였네.

비사바부처님 때의 사람들
그 수명은 6만 세였으며
구루손부처님 때의 사람들
그 수명은 4만 세였네.

구나함부처님 때의 사람들
그 수명은 3만 세였고
가섭부처님 때의 사람들
그 수명은 2만 세였네.
그리고 지금 내 시대의 사람들은
그 수명이 백 세를 넘지 못하네.

"비바시부처님은 찰리刹利 종족 출신으로서 그 성은 구리야拘利若이고, 시기부처님과 비사바부처님의 종족과 성도마찬가지이다. 구루손부처님은 바라문 종족 출신으로서 그 성은 가섭迦葉이고, 구나함부처님과 가섭부처님의 종족과 성 또한 마찬가지이다. 그리고 이제 나 여래·지진은 찰리 종족 출신으로서 성은 구담瞿曇이다."

부처님께서 다시 게송으로 말씀하셨다.

비바시여래와
시기부처님과 비사바부처님
이 세 분의 등정각等正覺은
그 성이 구리야시다.

그 다음의 세 분 여래
그 성은 모두 가섭이시고
나는 이제 위없이 높은 이로서
모든 중생들을 인도하나니

천상·인간에서 제일 용맹스러운
나의 성은 구담이고
앞의 세 분 등정각
그 종족은 찰리이시다.

그 다음의 세 분 여래
그 종족은 바라문이시며
지금 위없이 높은 나는
용맹스런 찰리 종족 출신이다.

"비바시부처님께서는 파파라(波波羅 : 파타라)나무 밑에 앉아서 최정각最正覺을 이루셨고, 시기부처님께서는 분다리分陀利나무 밑에 앉아서 최정각을 이루셨다. 비사바부처님께서는 바라파라[2]나무 밑에 앉아서 최정각을 이루셨고, 구루손부처님께서는 시리사尸利沙나무 밑에 앉아서 최정각을 이루셨다. 구나함부처님께서는 오잠바라(烏暫婆羅 : 우담바라)나무 밑에 앉아서 최정각을 이루셨고, 가섭부처님은 니구율尼拘律나무 밑에 앉아서 최정각을 이루셨다. 이제 여래·지진인 나는 발다鉢多나무 밑에 앉아서 최정각을 이루었다."

2 대정신수대장경에는 사라娑羅로 되어 있고, 팔리본에는 sāla로 되어 있다.

부처님께서 다시 게송으로 말씀하셨다.

비바시여래께서는
파파라나무로 나아가
바로 그곳에서
최정각을 이루셨다네.
시기부처님께서는 분다리나무 밑에서
도를 이루어 유有의 근본 없애셨네.

비사바여래께서는
바라나무 밑에 앉아
해탈지견解脫知見과
걸림 없는 신족통神足通을 얻으셨네.

구루손여래께서는
시리사나무 밑에 앉아
일체의 지혜가 맑고 깨끗해져
물듦도 없고 집착도 없으셨네.

구나함모니께서는
오잠바라나무 밑에 앉아
바로 그곳에서
모든 탐욕의 번뇌를 없애셨네.

가섭부처님께서는

니구루尼拘樓나무 밑에 앉아
바로 그곳에서
모든 유有의 근본을 없애셨네.

지금 나 석가문(釋迦文 : 석가모니)은
발다나무 밑에 앉았나니
여래의 10력力을 갖추고
모든 번뇌 끊어 없애
모든 악마의 원한을 항복받고
대중에게 큰 광명을 널리 편다네.

일곱 부처님께서는 정진精進의 힘으로
광명을 놓아 어둠을 없애고
제각기 나무 밑에 앉으셔서
거기서 정각을 이루셨다네.

"비바시여래께서는 3회會의 설법을 하셨다. 제 1 회 때에는 제자의 수가 16만 8천 명이었고, 제 2 회 때에는 제자의 수가 10만 명이었으며, 제 3 회 때에는 제자의 수가 8만 명이었다. 시기여래께서도 3회의 설법을 하셨다. 제 1 회 때 제자들의 수는 10만 명이었고, 제 2 회 때 제자의 수는 8만 명이었으며, 제 3 회 때 제자의 수는 7만 명이었다. 비사바여래께서는 2회의 설법을 하셨다. 처음에는 제자의 수가 7만 명이었고, 다음번에는 제자의 수가 6만 명이었다. 구루손여래께서는 1회의 설법을 하셨는데 그 제자의 수는 4만 명이었으며, 구나함여래께서도 1회의 설법을 하셨는데 그 제자의 수는 3만 명이었다. 가섭여래께서는 1회의 설법을 하셨는데 그 제자의 수는 2만 명이었고, 지금 나도 1회의 설법에 제자의 수는 1,250명이다."

부처님께서 다시 게송으로 말씀하셨다.

관觀이라는 이름의 비바시부처님께서는
그 지혜 헤아릴 수 없으며
두루 널리 보아 두려움 없어
3회의 설법에 제자는 많았네.

시기여래의 광명은 흔들림 없어
모든 번뇌를 끊어 없애고
한량없는 큰 위덕威德은
아무도 능히 헤아리지 못하네.
그 부처님도 3회의 설법에
제자들이 널리 모여들었네.

비사바여래께서는 번뇌를 끊고
대선인大仙人이 되어 요집要集하니
그 이름 사방에 퍼져
묘한 법의 큰 이름 높이 떨쳤고
2회의 설법에 제자들 많아
널리 깊은 뜻 연설하셨네.

구루손여래께서는 1회의 설법에
가엾은 중생들의 고통을 덜어주셔서

도사導師로서 그들을 교화하시니
1회의 설법에 제자들 많았네.

구나함여래께서는
위없이 높기 또한 그러하니
자마금紫磨金빛 몸에
그 얼굴 원만하셨고
1회의 설법에 그 제자들 많아
미묘한 법을 널리 연설하셨네.

가섭부처님께서는
모공 하나에 털도 하나씩
한결같은 마음으로 어지러운 생각 없고
한결같은 말씀 번거롭지 않아
1회의 설법에 그 제자 많았네.

능인(能仁 : 석가모니)께서는 마음이 적멸寂滅하고
석종釋種으로 사문沙門의 우두머리이며
하늘 중의 하늘로서 가장 높은 이
나의 1회 설법회상에 제자 모였네.

그 모임에서 내가 이치를 드러내고
청정淸淨한 가르침 널리 펼치자
마음은 항상 기쁨에 차고
번뇌가 없어져 다시는 태어나지 않게 되었네.

비바시부처님과 시기부처님께서는 3회 설법하시고
비사바부처님께서는 2회 설법하셨네.
그 다음 네 부처님께서는 각각 1회씩
선인仙人들을 모아놓고 연설하셨네.

"당시 비바시부처님께는 두 제자가 있었다. 한 사람은 건다騫茶이고, 다른 한 사람은 제사提舍인데 모든 제자들 중에 제일이었다. 시기부처님께도 두 제자가 있었다. 한 사람은 아비부阿毘浮이고, 다른 한 사람은 삼바바三婆婆인데 모든 제자들 중에 제일이었다. 비사바부처님께도 두 제자가 있었다. 한 사람은 부유扶遊이고, 다른 한 사람은 울다마鬱多摩인데 모든 제자들 중에 제일이었다. 구루손부처님께도 두 제자가 있었다. 한 사람은 살니薩尼이고, 다른 한 사람은 비루毘樓인데 모든 제자들 중에 제일이었다. 구나함부처님께도 두 제자가 있었다. 한 사람은 서반나舒槃那이고, 다른 한 사람은 울다루鬱多樓인데 모든 제자들 중에 제일이었다. 가섭부처님께도 두 제자가 있었다. 한 사람은 제사提舍이며, 다른 한 사람은 바라바婆羅婆인데 모든 제자들 중에 제일이었다. 지금 내게도 두 제자가 있다. 한 사람은 사리불舍利弗이고, 다른 한 사람은 목건련目揵連인데 모든 제자들 중에 제일이다."

부처님께서 다시 게송으로 말씀하셨다.

건다와 제사 등은
비바시부처님 제자이고
아비부와 삼바바는
시기부처님 제자라네.

부유와 울다마는
제자 중의 제일이니
악마의 원한 항복받은 두 사람
비사바부처님 제자라네.

살시薩尸[3]와 비루 등은
구루손부처님 제자이고
서반나와 울다루는
구나함부처님 제자라네.

제사와 바라바는
가섭부처님 제자이고
사리불과 목건련은
나의 제일 제자라네.

"비바시부처님의 집사執事제자 이름은 무우無憂이고, 시기부처님의 집사제자 이름은 인행忍行이다. 비사바부처님의 집사제자 이름은 적멸寂滅이고, 구루손부처님의 집사제자 이름은 선각善覺이다. 구나함부처님의 집사제자 이름은 안화安和이고, 가섭부처님의 집사제자 이름은 선우善友이다. 그리고 나의 집사제자 이름은 아난阿難이다."

부처님께서 다시 게송으로 말씀하셨다.

무우와 인행

3 적사장磧砂藏에는 살니薩尼로 되어 있다.

적멸과 선각
안화와 선우
일곱 번째 아난

이들은 부처님의 시자侍者가 되어
모든 이치를 두루 아나니
밤이나 낮이나 방일放逸하지 않고
자신도 이롭고 남도 이롭게 하였네.

이들 일곱의 어진 제자는
일곱 부처님을 항상 모시고
즐거이 공양供養해 섬기다가
고요히 멸도滅度로 돌아갔다네.

"비바시부처님께 아들이 있었으니 그 이름은 방응方膺이고, 시기부처님께 아들이 있었으니 그 이름은 무량無量이다. 비사바부처님께 아들이 있었으니 그 이름은 묘각妙覺이고, 구루손부처님께 아들이 있었으니 그 이름은 상승上勝이다. 구나함부처님께 아들이 있었으니 그 이름은 도사導師이고, 가섭부처님께 아들이 있었으니 그 이름은 집군集軍이다. 그리고 이제 내게 아들이 있으니 그 이름은 라후라羅睺羅이다."

부처님께서 다시 게송으로 말씀하셨다.

방응과 무량
묘각과 상승

도사와 집군
일곱 번째 라후라

이들은 모두 다 걸출하고 귀한 아들
그들은 부처님의 종성種姓을 이었네.
법을 사랑하고 보시布施를 좋아했고
거룩한 법에 두려움 없었네.

"비바시부처님의 아버지 이름은 반두槃頭이고 찰리의 왕종王種이며, 그 어머니의 이름은 반두바제槃頭婆提[4]였다. 그리고 그 왕이 다스렸던 성城의 이름도 반두바제였다."

부처님께서 다시 게송으로 말씀하셨다.

변안(遍眼 : 비바시)의 아버지는 반두
그 어머니는 반두바제라네.
반두바제라는 성城도 있는데
부처님께서는 그 성에서 설법하셨네.

"시기부처님의 아버지 이름은 명상明相이고 찰리의 왕종이며, 그 어머니의 이름은 광요光耀였다. 그리고 그 왕이 다스렸던 성의 이름은 광상光相이었다."

부처님께서 다시 게송으로 말씀하셨다.

4 송宋・원元・명明 세 본에는 모두 반두마저槃頭摩底로 되어 있다.

시기불의 아버지는 명상
그 어머니는 광요라네.
명상성明相城[5]에 계시면서
위덕으로 외적을 항복받았네.

"비사바부처님의 아버지 이름은 선등善燈이고 찰리의 왕종이며, 그 어머니의 이름은 칭계稱戒였다. 그리고 그 왕이 다스렸던 성의 이름은 무유無喩였다."

부처님께서 다시 게송으로 말씀하셨다.

비사바불의 아버지
이름은 선등이고 찰리의 왕종이었네.
그 어머니는 칭계이고
성의 이름은 무유였다네.

"구루손부처님의 아버지 이름은 사득祀得이고 바라문의 종족이며, 그 어머니의 이름은 선지善枝였다. 당시 왕의 이름은 안화安和였고, 왕의 이름을 따라 성의 이름도 안화라고 하였다."

부처님께서 다시 게송으로 말씀하셨다.

아버지 사득은 바라문의 종족
그 어머니는 선지라네.
왕의 이름은 안화인데

5 명본明本에는 광상성光相城으로 되어 있다.

안화성에 살았었네.

“구나함부처님의 아버지 이름은 대덕大德이고 바라문의 종족이며, 그 어머니의 이름은 선승善勝이었다. 그 당시 왕의 이름은 청정淸淨이었고, 왕의 이름을 따라 성의 이름도 청정이라고 하였다.”

부처님께서 다시 게송으로 말씀하셨다.

아버지 대덕은 바라문의 종족
그 어머니는 선승이라네.
왕의 이름은 청정인데
청정성에 살았었네.

“가섭부처님의 아버지 이름은 범덕梵德이고 바라문의 종족이며, 그 어머니의 이름은 재주財主였다. 당시 왕의 이름은 급비汲毘였고, 그가 다스린 성의 이름은 바라내波羅㮈였다.”

부처님께서 다시 게송으로 말씀하셨다.

아버지 범덕은 바라문의 종족
그 어머니는 재주라네.
왕의 이름은 급비였는데
바라내성에 살았었네.

“나의 아버지 이름은 정반淨飯이고 찰리의 왕종이며, 어머니의 이름은 대청정묘大淸淨妙였다. 왕이 다스리는 성의 이름은 가비라위迦毘羅衛였다.”

부처님께서 다시 게송으로 말씀하셨다.

아버지는 찰리족 이름은 정반
어머니는 대청정이라네.
땅은 넓고 백성은 풍족했나니
나는 거기서 태어났다네.

"이것이 모든 부처님의 인연으로서 그분들의 이름과 종족과 출생한 곳들이다. 어떻게 지혜 있는 자로서 이런 인연을 듣고도 기쁘고 즐거운 마음을 일으키지 않을 수 있겠는가?"

그때 부처님께서 모든 비구들에게 말씀하셨다.

"내 이제 숙명지宿命智로써 과거 부처님의 사실을 이야기하고자 한다. 너희들은 듣고 싶지 않은가?"

모든 비구들이 대답했다.

"지금이야말로 바로 그때입니다. 저희들은 즐거이 듣기를 원합니다."

부처님께서 비구들에게 말씀하셨다.

"잘 들어라, 그리고 잘 생각해보고 기억하라. 내 너희들을 위해 분별 해설하겠다.

비구들아, 너희들은 마땅히 모든 부처님의 상법常法[6]을 알아야 한다. 비바시보살이 도솔천兜率天에서 내려와 어머니의 태에 들 때, 오른편 옆구리로 들어갔으며 바른 생각〔正念〕이 어지럽지 않았다. 그때 땅이 진동하며 큰 광명을 놓아 온 세계를 두루 비추니 해와 달이 미

6 팔리본에는 dhammatā, 즉 법성法性으로 되어 있다. 정상적으로 나타나는 현상이나 상태를 말한다.

치지 못하는 곳까지도 모두 환하게 밝아졌고, 유명계幽冥界에 있던 중생들도 저마다 서로 볼 수 있어 그 사는 곳을 알게 되었다. 그때 그 광명은 또 악마의 궁전까지도 비추었다. 제석帝釋과 범천梵天을 비롯한 모든 하늘과 사문과 바라문, 그리고 그 밖의 모든 중생들도 모두 큰 광명을 받았다. 그리하여 모든 하늘의 광명은 자연히 나타나지 못했다."

부처님께서 다시 게송으로 말씀하셨다.

빽빽한 구름이 허공에 모였을 때
번갯불이 천하를 비추듯이
비바시가 내려와 태에 드실 때
빛나는 그 광명 또한 그랬네.

해와 달이 미치지 못하던 곳도
큰 밝음 두루 입지 않은 데 없었고
태 안은 깨끗해 더러움 없었으니
모든 부처님의 법은 다 이런 것이라네.

"여러 비구들아, 너희들은 마땅히 모든 부처님의 상법常法을 알아야 한다. 비바시보살께서 어머니 태 안에 계실 때 생각을 오로지 해서 어지럽지 않았다. 4천자天子[7]가 각각 창을 잡고 그를 호위해, 사람이나 혹은 사람 아닌 것들이 그를 침노하거나 해치지 못하게 하였으니 이것이 바로 상법이다."

7 흔히 사천왕四天王이라고 한다. 즉 지국천持國天 · 증장천增長天 · 광목천廣目天 · 다문천多聞天을 말한다.

부처님께서 다시 게송으로 말씀하셨다.

사방에 있는 4천자에게는
큰 이름과 위엄과 덕이 있네.
하늘나라 제석이 보낸 그들은
보살을 잘 지키고 보호했네.

손에는 언제나 창을 잡고
보살을 호위해 떠나지 않아
사람도 귀신도 침노하지 못했으니
이것이 모든 부처님의 상법이라네.

천신들이 그를 옹호하는 것
천녀들이 천신을 보호하듯 하고
권속들도 모두 기쁨에 넘쳤으니
이것이 모든 부처님의 상법이라네.

부처님께서 다시 비구들에게 말씀하셨다.

"모든 부처님의 상법은 이러하다. 비바시보살께서 도솔천에서 내려와 어머니의 태 안에 들어서도 생각을 오로지해 어지럽지 않았다. 어머니의 몸은 편안하고 아늑해 아무런 괴로움도 걱정도 없었고 지혜는 더욱 늘어났다. 어머니는 스스로 자기 태를 관찰하다가 보살의 모든 신체 기관이 온전하고 온몸은 자마금紫磨金처럼 흠도 티도 없는 것을 보았는데, 마치 안목 있는 사람이 유리를 들여다 볼 때 안팎이 맑게 트여 아무 장애가 없는 것 같았다. 비구들아, 이것이 모든 부처님의 상법이다."

부처님께서 다시 게송으로 말씀하셨다.

맑은 유리구슬과도 같고
그 밝기는 해와 달 같았어라.
보살이 모태에 들어 계셨어도
그 어머니는 괴로움도 걱정도 없었네.

지혜는 그 때문에 더욱 늘어나고
태를 관찰해보니 황금상〔金像〕 같았어라.
어머니는 아기 배어도 안락했으니
이것이 모든 부처님의 상법이라네.

부처님께서 다시 비구들에게 말씀하셨다.

"비바시보살께서 도솔천에서 내려와 어머니의 태 안에 들어 계실 때 생각을 오로지해 어지럽지 않았다. 어머니의 마음은 맑고 깨끗해 아무런 욕심도 일어나지 않았고, 또 애욕의 불길에 마음을 태우지도 않았다. 이것이 모든 부처님의 상법이다."

부처님께서 다시 게송으로 말씀하셨다.

보살은 모태에 들어 계시며
하늘 중에 하늘[8]의 복 성취하셨네.
그 어머니 마음은 밝고 깨끗해

8 고려대장경에는 '천종천天終天'으로 되어 있으나 명본明本에는 '천중천天中天'으로 되어 있다. 의미상 후자가 합당하므로 명본에 의거하여 번역한다.

아무런 욕심도 일어나지 않았네.

모든 음욕을 버리고 떠나
물들지도 않고 가까이 하지도 않았기에
욕심의 불꽃에 타버리지 않았나니
모든 부처님의 어머니는 항상 깨끗하다네.

부처님께서 다시 비구들에게 말씀하셨다.

"모든 부처님의 상법은 이러하다. 비바시보살께서 도솔천에서 내려와 어머니의 태 안에 들어 계실 때 생각을 오로지해 어지럽지 않았다. 그 어머니는 다섯 가지 계戒를 받들어 지켜 그 범행梵行이 맑고 깨끗했으며 신심이 돈독하고 남을 사랑하였다. 모든 착함을 성취하고 편안하고 즐거워 두려움이 없었다. 그래서 목숨을 마친 뒤에는 도리천에 태어났으니, 이것이 바로 상법이다."

부처님께서 다시 게송으로 말씀하셨다.

가장 존귀한 이의 몸을 태에 지니고
정진하고 또 계를 지키면
다음 생엔 반드시 하늘 몸을 받으리니
이 인연으로 부처님의 어머니라 부른다네.

부처님께서 비구들에게 말씀하셨다.

"모든 부처님의 상법은 이러하다. 비바시보살께서 이 세상에 태어날 때 어머니의 오른쪽 옆구리로 나오셨다. 그때 땅은 진동하고 광명이 널리 비쳤다. 어두운 곳들이 모두 밝음을 입은 것도 처음 태에 들어갈 때와 같았으니, 이것이 바로 상법이다."

부처님께서 다시 게송으로 말씀하셨다.

태자가 날 때 온 땅은 진동하고
큰 광명 비치지 않는 곳 없었네.
이 세계나 다른 세계나
상하 사방의 시방 세계에

광명을 놓아 깨끗한 안목〔目〕[9] 베풀고
하늘 세계의 몸 두루 갖추어
기쁨과 즐거움의 깨끗한 소리로
보살 이름 불러 찬양하였네.

부처님께서 비구들에게 말씀하셨다.

"모든 부처님의 상법은 이러하다. 비바시보살께서 태어나실 때 오른쪽 옆구리로 나왔고 마음을 오로지해 어지럽지 않았다. 당시 보살의 어머니는 손으로 나뭇가지를 부여잡고 앉지도 눕지도 않은 자세였다. 그때 4천자는 향수를 받들고 어머니 앞에 서서 '그렇습니다. 하늘의 어머니여, 지금 거룩한 아드님을 낳으셨습니다. 걱정하지 마십시오'라고 말했다. 이것이 바로 상법이다."

그때 부처님께서 다시 게송으로 말씀하셨다.

부처님의 어머니는 앉지도 눕지도 않고

---

9 송·원·명 3본에는 인因으로 되어 있다.

계戒를 지키고 범행을 닦았네.
부처님을 낳고 게으르지 않아
하늘 사람들이 받들어 모셨네.

부처님께서 비구들에게 말씀하셨다.

"모든 부처님의 상법은 이러하다. 비바시보살께서 태어나실 때 오른쪽 옆구리로 나왔고 마음을 오로지해 어지럽지 않았다. 그 몸은 맑고 깨끗해 더러움에 물들지 않았다. 마치 안목 있는 사람이 깨끗하고 밝은 구슬을 흰 비단 위에 던져도 두 가지 다 더러워지지 않고 둘 다 깨끗한 것처럼 보살께서 태에서 태어날 때에도 또한 그와 같았으니, 이것이 바로 상법이다."

부처님께서 다시 게송으로 말씀하셨다.

마치 깨끗하고 밝은 구슬을
비단 위에 던져도 때 묻지 않는 것처럼
보살이 태에서 태어날 때에도
맑고 깨끗해 더러움 없었네.

부처님께서 비구들에게 말씀하셨다.

"모든 부처님의 상법은 이러하다. 비바시보살께서 태어나실 때 오른쪽 옆구리로 나왔고 생각을 오로지해 어지럽지 않았다. 오른쪽 옆구리에서 나와 땅에 떨어지자 일곱 걸음을 걸었는데 부축하는 사람이 아무도 없었다. 사방을 둘러보고 손을 들어 '천상과 천하에서 오직 나만이 가장 존귀하다. 중생들을 나고 늙고 병들고 죽는 것에서 건져주고자 한다' 하고 외쳤으니, 이것이 바로 상법이다."

부처님께서 다시 게송으로 말씀하셨다.

마치 사자가 걸으면서
두루 사방을 살펴보듯이
땅에 떨어지자 일곱 걸음 걸은
사람의 사자도 그러하였네.

또 마치 큰 용龍이 가면
두루 사방을 살펴보듯이
땅에 떨어지자 일곱 걸음 걸은
사람의 용도 그러하였네.

양족존兩足尊[10]은 태어나실 때
고요하고 편안하게 일곱 걸음 걸으며
사방을 둘러보고 큰 소리로 외쳤나니
나고 죽는 고통을 마땅히 끊으리라.

그가 처음으로 세상에 날 때
짝할 이 없는 부처로서
스스로 나고 죽는 근본을 보아
이 몸이 마지막 몸임을 아셨네.

부처님께서 비구들에게 말씀하셨다.

10 부처님을 일컫는 존칭이다. 양족兩足은 복덕[福]과 지혜[慧]를 뜻한다.

"모든 부처님의 상법은 이러하다. 비바시보살께서 태어나실 때 오른쪽 옆구리로 나와, 생각을 오로지해 어지럽지 않았다. 그때 두 샘물이 솟아났으니, 하나는 따뜻했고 하나는 차가웠다. 그것으로 목욕물을 바쳤으니, 이것이 바로 상법이다."

부처님께서 다시 게송으로 말씀하셨다.

양족존이 이 세상에 태어났을 때
두 샘물이 저절로 솟아 나왔고
그 물을 보살에게 바치자
변안(遍眼 : 비바시)이 목욕하고 깨끗해졌네.

절로 솟은 두 샘물
그 물 참으로 맑고 깨끗하여라.
하나는 더운 물 하나는 찬 물
그것으로 일체지一切智를 목욕시켰네.

"태자가 태어나자 부왕父王 반두는 관상가와 여러 점술사를 불러 태자의 상을 보아 그 길흉吉凶을 점치게 했다. 관상가들은 명령을 받아 태자의 상을 보았다. 먼저 옷섶을 헤치고 그 원만한 상을 보고는 점쳐 말했다.

'이런 상을 가진 사람은 반드시 두 길로 나아가게 됩니다. 이는 필연이어서 의심할 여지가 없습니다. 만일 속가 집에 있게 되면 전륜성왕轉輪聖王이 되어 4천하의 왕노릇을 할 것이다. 네 가지 군대[兵]를 구족하고 바른 법으로 천하를 다스릴 때에 치우치거나 억울함이 없게 하여 그 은혜가 천하에 두루 미칠 것입니다. 7보寶가 저절로 이를 것이며 천 명의 아들을 두는데 모두 건장하고 용맹스러워 외적을 항복받지만 무기를 쓰지 않고도 천하가 태평할 것입니다. 그러나 만일 집을 떠나 도道를 배우면 반드시 정각正覺을 이루어 10호號를 갖추게 될 것입니다.'

그때 여러 관상가들이 곧 왕에게 말하였다.

'이 왕자님은 32상相을 갖추고 있습니다. 반드시 두 길로 나아갈 것이니, 이는 필연이어서 의심할 여지가 없습니다. 세간에서 살아간다면 반드시 전륜성왕이 될 것이며, 만일 출가한다면 정각을 이루어 10호를 다 갖추게 될 것입니다."

부처님께서 게송으로 말씀하셨다.

백복을 갖춘 태자 태어나니
관상가들이 점쳐 예언하는 말
책에 실려 있는 그대로라서
두 곳으로 갈 것 분명하다네.

만일 집에 있어 세상 일 즐기면
반드시 전륜성왕이 되리라.
7보는 얻기 어려운 것이지만
왕을 위해 7보가 저절로 이를 것이다.

진금眞金으로 된 천 개의 바큇살
둘레에는 황금의 덧바퀴 있고
굴리면 하늘에 날아 두루 다니네.
그러므로 이름하여 천륜보天輪寶라 한다네.

일곱 개 어금니 가진 잘 조련된 코끼리
앉을 자리 높고 넓으며 희기는 눈과 같네.
능히 허공을 날기도 하나니
그러므로 두 번째 상보象寶라 하네.

말이 내달리면 천하를 주유하는데
아침에 떠났다간 저녁이면 돌아와 먹네.
붉은 갈기에 공작의 목
그러므로 세 번째 마보馬寶라 하네.

맑고 깨끗한 유리琉璃 구슬
그 광명은 1유순由旬을 비추네.
밤에 비추면 낮처럼 밝아
그러므로 네 번째 주보珠寶라 하네.

빛깔 · 소리 · 냄새 · 맛 · 촉감이
세상 어디에도 비길 데 없으니
모든 여자 중에서 제일이라
그러므로 다섯 번째 여보女寶라 하네.

왕에게 유리 보물을 바치네.
구슬과 옥과 갖가지 보배
기뻐하면서 받들어 올리니
그러므로 여섯 번째 거사보居士寶라 하네.

전륜성왕이 생각하는 그대로
군사들은 날쌔게 오고 또 가며
건장하고 날랜 것 왕의 뜻과 같으니
그러므로 일곱 번째 주병보主兵寶라 하네.

이를 이름하여 7보라 하니
윤보·상보·새하얀 마보
거사보·주보·여보와
전병보典兵寶 일곱이라네.

이것들을 보면 싫증이 없어져
5욕欲을 스스로 즐기게 될 것이나
만일 코끼리가 굴레를 끊듯
집을 떠나면 정각을 이루리.

왕에게 이러한 아들 있으니
양족존 중에 가장 높은 이
세상에 살면 법의 바퀴를 굴리고
도를 이루면 게으름 없으리.

"그때 부왕父王은 은근히 관상가에게 되풀이해 물었다.

'너희들은 태자의 32상을 다시 한 번 살펴보라. 32상이란 어떤 것인가?'

관상가들은 태자의 옷을 헤치면서 32상을 설명하였다.

'첫 번째는 발바닥이 평평한 것입니다. 발바닥이 평평하므로 땅을 딛을 때 안온합니다.

두 번째는 발바닥에 수레바퀴살의 무늬가 있는 것입니다. 그것은 천 개 바큇살로 되어 광명과 광명이 서로 비치고 있습니다.

세 번째는 손가락과 발가락 사이에 거위왕처럼 생긴 얇은 비단결 같은 막이 있는 것입니다.

네 번째는 손발이 천상의 옷처럼 매우 부드러운 것입니다.

다섯 번째는 손가락과 발가락이 가늘면서도 길어 아무도 따를 자가 없는 것입니다.

여섯 번째는 발꿈치가 원만해 보기에 싫지 않은 것입니다.

일곱 번째는 장딴지가 사슴 다리 같아 아래위가 쪽 곧은 것입니다.

여덟 번째는 뼈마디가 서로 물려 마치 쇠사슬처럼 이어져 있는 것입니다.

아홉 번째는 남근男根이 말처럼 오므라들어 감추어져 있는 것입니다.

열 번째는 바로 서서 팔을 드리우면 무릎 아래까지 내려오는 것입니다.

열한 번째는 낱낱의 털구멍마다 하나씩 털이 나 있고 그것이 오른쪽으로 감겼으며 빛은 감청색 유리와 같은 것입니다.

열두 번째는 검푸른 털이 오른쪽으로 감아 돌아 위로 쏠려 있는 것입니다.

열세 번째는 몸이 황금빛인 것입니다.

열네 번째는 살결이 부드럽고 매끄러워 먼지가 묻지 않는 것입니다.

열다섯 번째는 두 어깨가 가지런하고 둥글며 풍만한 것입니다.

열여섯 번째는 가슴에 만卍자의 형상이 있는 것입니다.

열일곱 번째는 키가 보통 사람의 곱이나 되는 것입니다.

열여덟 번째는 일곱 부위[11]가 모두 판판하고 두터우며 둥근 것입니다.

열아홉 번째는 몸뚱이의 길이와 너비가 니구로尼拘盧[12]나무와 같은 것입니다.

스무 번째는 뺨이 사자와 같은 것입니다.

스물한 번째는 가슴이 방정方整한 것이 사자와 같은 것입니다.

스물두 번째는 이가 마흔 개나 되는 것입니다.

스물세 번째는 이가 방정하고 고른 것입니다.

스물네 번째는 이가 조밀하여 틈이 나 있지 않은 것입니다.

스물다섯 번째는 이가 희고 깨끗하고 고운 것입니다.

스물여섯 번째는 목구멍이 깨끗하여 갖가지 음식의 맛이 입에 맞지 않는 것이 없는 것입니다.

스물일곱 번째는 혀가 길고 넓어 좌우로 귀를 핥을 수 있는 것입니다.

스물여덟 번째는 범음梵音[13]이 맑고 깨끗한 것입니다.

스물아홉 번째는 눈이 검푸른 것입니다.

서른 번째는 눈이 우왕牛王과 같고 아래위로 한꺼번에 깜박여지는 것입니다.

서른한 번째는 두 눈썹 사이에 보드랍고 가늘고 광택이 나는 흰 털이 있어, 펴면 한 길이나 되고 놓으면 오른쪽으로 소라처럼 감겨 진주眞珠와 같은 것입니다.

---

11 두 발바닥 · 두 손바닥 · 두 어깨 · 정수리 혹은 목덜미를 말한다.

12 송 · 원 · 명 3본에는 니구류尼拘類로 되어 있다.

13 정직正直 · 화아和雅 · 청철淸徹 · 심만深滿 · 주변원문周遍遠聞, 이 다섯 가지 속성을 고루 갖춘 브라흐마의 음성brahmassara을 말한다. 팔리본에는 "깔라비까(karavika : 가릉빈가)의 소리"로 되어 있다.

서른두 번째는 정수리에 육계(肉髻 : 살상투)가 있는 것이니, 이것이 32상입니다.'"

곧 게송으로 말씀하셨다.

잘 머무를 수 있는 부드러운 발
땅을 밟아도 자국이 나지 않네.
천 개 바퀴살 모양 장엄하게 꾸며져
광명과 빛깔을 두루 갖추었네.

그 몸은 니구류尼俱類나무처럼
길이와 너비가 평등하며
여래와 같은 이 일찍이 없나니
말의 성기처럼 남근男根이 감춰져 있네.

황금 보배로 장엄한 몸은
모든 모양이 서로 비치고
속세를 따라 섞여 놀아도
티끌이나 먼지가 더럽히지 못하네.

하늘 빛깔은 지극히 부드럽고
하늘 일산은 저절로 덮어 주네.
범천의 음성에 자금紫金빛 몸
연꽃이 연못에서 갓 나온 것 같네.

왕이 관상가에게 물으니

관상가들은 삼가 왕에게 대답했네.
보살의 상을 칭찬하되
온몸은 광명을 갖추고

손과 발의 마디마다
안팎으로 훤히 드러나 보이네.
음식의 모든 맛을 제대로 맛보고
몸은 반듯하여 기울어지지 않네.

발바닥엔 수레바퀴 무늬 있고
그 목소리는 구슬픈 난새 같아라.
넓적다리 통통하여 두루 갖추었으니
그것은 전생 업이 그렇게 만든 것이네.

팔꿈치와 발꿈치는 원만한 모양
눈썹과 눈매 단정하고 엄숙하네.
사람 중의 사사로서 존귀하신 분
그 위대한 힘은 제일이라네.

그 뺨의 모양은 바르고 고르며
모로 누우면 사자와 같네.
고르고 바른 치아 모두 40개
가지런해 틈이 없어라.

들어 보지 못한 범천의 음성

멀리나 가까이나 인연 따라 들리네.
몸을 펴 굽히지 않아도
두 손으로 무릎을 만질 수 있네.

손은 가지런하고 또 부드러워
대인大人의 아름다운 모양 갖추었고
털구멍 하나마다 하나의 털이 나고
손가락 발가락 사이 얇은 막膜 있네.

정수리의 육계와 검푸른 눈동자
눈은 아래위로 깜빡이고
두 어깨는 둥글고 두둑하여
32상을 갖추고 있네.

발꿈치는 높고 낮음이 없고
사슴과 같은 종아리 가늘고 곧아라.

하늘 중의 하늘께서 이 땅에 오시어
마치 코끼리가 굴레를 벗어나듯
나고 늙고 병들고 죽는
중생의 고통을 벗겨 주었네.

자비하신 마음으로
네 가지 진리를 설명하시고
법구法句의 뜻을 열어 보여

중생들로 하여금 받들게 하였네.

부처님께서 비구들에게 말씀하셨다.

"비바시보살께서 세상에 태어나실 때에 모든 천신은 허공에서 손에 일산과 보배 부채를 들고 추위와 더위, 바람과 비, 티끌과 흙을 막아 주었다."

부처님께서 다시 게송으로 말씀하셨다.

사람 중에서 일찍이 없었던
양족존〔二足尊〕 태어나셨네.
모든 하늘은 공경하는 마음으로
보배 일산과 보배 부채 바치네.

"그때 부왕은 네 유모를 두었는데, 한 사람은 젖을 먹이고 한 사람은 목욕시키고 한 사람은 향을 바르고 다른 한 사람은 같이 놀아주었다. 기쁨과 즐거움으로 받들어 기르며 게으름을 피우거나 싫어함이 없었다."

부처님께서 다시 게송으로 말씀하셨다.

유모들은 자애로운 마음 있기에
아기 태어나자 곧 맡겨 기르라 했네.
한 사람은 젖먹이고 한 사람은 멱 감기고
한 사람은 향 바르고 다른 한 사람은 놀아주었네.
세상에서 가장 묘한 향을
사람 중의 높은 이께 발라드렸네.

"태자가 동자童子였을 때 온 나라의 남녀들은 아무리 그를 바라보아도 싫증이 없었다."

부처님께서 다시 게송으로 말씀하셨다.

> 많은 사람들이 공경하고 사랑하기
> 마치 갓 부어낸 황금상 바라보듯
> 남녀들이 다투어 자세히 살피며
> 보고 보아도 싫증이 없었다네.

"태자가 동자였을 때 온 나라 남녀들은 돌려가며 안아보고 마치 보배 꽃을 들여다보듯 하였다."

부처님께서 다시 게송으로 말씀하셨다.

> 양족존 태어나자
> 많은 사람들 공경하고 사랑해
> 서로 다투어 돌려가며 안아보면서
> 마치 보배 꽃 향기를 맡는 것같이 했네.

"보살께서 세상에 태어나셨을 때, 그 눈을 깜박이지 않은 것이 마치 도리천忉利天의 천신과 같았다. 눈을 깜박이지 않기 때문에 비바시毗婆尸[14]라고 이름했다."

부처님께서 다시 게송으로 말씀하셨다.

---

14 범어 vipaśyin의 음역이고, 승관勝觀·정관淨觀·승견勝見·종종견種種見 등으로 한역한다. 앞에서는 변안遍眼이라고 하였다.

하늘 가운데 하늘이신 분, 눈을 깜박이지 않으심이
마치 도리천의 천신과 같았네.
빛깔을 보고 바르게 관찰하니
그러므로 비바시라 이름하였네.

"보살께서 이 세상에 태어났을 때, 그 음성은 맑게 트이고 부드럽고 온화하여 마치 가라빈가(迦羅頻伽 : 가릉빈가)새의 소리와 같았다."

부처님께서 다시 게송으로 말씀하셨다.

마치 설산雪山에 사는 새가
꽃즙을 마시며 지저귀는 것처럼
저 양족존
그 음성 맑게 트임 또한 그러하네.

"보살께서 이 세상에 태어났을 때, 그 눈은 멀리 1유순由旬까지 뚜렷이 볼 수 있었다."

부처님께서 다시 게송으로 말씀하셨다.

맑고 깨끗한 업業 닦은 과보로
하늘의 미묘한 광명을 받았으니
보살이 눈으로 바라볼 수 있는 곳
1유순을 두루 볼 수 있으시네.

"보살께서 이 세상에 태어나 차츰 자라났을 때, 천정당天正堂[15]에 있으면서 도道로써 사람들을 교화시켰다. 그 은혜는 뭇 백성들에게 미쳐 이름과 덕망을 멀리 떨쳤다."

부처님께서 다시 게송으로 말씀하셨다.

어린 나이에 천정당에 계시면서
도로써 천하를 교화하시고
모든 사무를 처리했으니
그러므로 비바시라 이름했다네.

맑고 깨끗한 지혜 넓고 넓으며
그 깊이는 큰 바다와 같네.
모든 중생 기쁘게 하고
그들의 지혜 늘리고 넓혀 주었네.

"그때 보살이 밖으로 나가 유람하면서 구경하고 싶어서 마부에게 명령했다.

'마부야, 보배 수레를 장엄하게 장식하여라. 저 동산으로 나가 돌아다니며 구경해야겠다.'

마부는 곧 수레를 꾸민 뒤에 돌아와 말씀드렸다.

'이제 준비가 다 되었습니다.'

태자는 곧 보배 수레를 타고 동산으로 향했다. 그때 도중에서 한 노인을 보았다. 머리는 희고 이는 빠지고 얼굴은 주름지고 허리는 꼬부라져 지팡이를 짚고 힘없는 걸음으로 숨을 헐떡거리며 걸어가고 있었다. 태자가 시자侍者를 돌아보고 물었다.

---

15 송·원·명 3본에는 '대정당大正堂'으로 되어 있고, 팔리본에는 'attha karaṇe(재판소)'로 되어 있다.

'저 사람은 어떤 사람인가?'

'저 사람은 늙은 사람입니다.'

태자는 또 물었다.

'어떤 것을 늙었다고 하는가?'

'늙었다는 것은 수명이 거의 다 되어 앞으로 살 목숨이 얼마 남지 않은 것을 늙었다고 하는 것입니다.'

태자는 또 물었다.

'나도 앞으로 저렇게 될 것이며 저런 재앙을 면하지 못한다는 말인가?'

'그렇습니다. 한번 나면 반드시 늙는 법입니다. 거기에는 귀천이 있을 수 없습니다.'

그러자 태자는 마음이 매우 우울해져 곧 마부에게 수레를 돌려 궁중으로 돌아가자고 명령하였다. 태자는 잠자코 깊은 사색을 하다가 이렇게 생각하였다.

'이 늙음의 괴로움은 내게도 반드시 있을 것이다.'"

부처님께서 게송으로 말씀하셨다.

노인을 보니, 얼마 남지 않은 목숨
지팡이 기대어 비틀거리며 걸어가네.
보살은 스스로 생각했다네.
나도 저 재앙 면하지 못하리.

"그때 부왕父王이 그 시자에게 물었다.

'태자가 바깥 구경을 하고 즐거워하더냐?'

'즐거워하지 않았습니다.'

부왕이 그 까닭을 묻자 시자는 대답했다.

'길에서 노인을 만났는데 그것을 보고 매우 언짢아했습니다.'

그때 부왕은 잠자코 스스로 생각하였다.

'예전에 관상가가 태자의 상을 보고 반드시 출가할 것이라고 말하더니, 지금처럼 즐거워하지 않다가 그렇게 되지나 않을까? 마땅히 방편을 써서 깊은 궁중에 있게 한 뒤 5욕欲의 향락으로 그 마음을 즐겁게 하여 출가하지 못하게 해야겠다.'

그리고는 곧 별궁을 아름답게 장식하고 예쁜 채녀婇女들을 가려 뽑아 태자를 즐겁게 하도록 하였다."

부처님께서 게송으로 말씀하셨다.

부왕은 이 말을 듣고
방편으로써 별궁을 장엄한 뒤
5욕의 향락을 더욱 늘려서
태자가 출가하지 않게 하였네.

"그 뒤 태자는 다시 마부에게 명령하여 수레를 장식해서 구경하러 나갔다가 도중에 한 병자를 만났다. 그는 몹시 쇠약한 몸에 배가 부었고 얼굴에는 검버섯이 피었는데, 혼자 더러운 오물더미 위에 누워 있었으나 아무도 돌보는 사람이 없었으며, 심한 고통으로 못내 고통스러워하며 말도 하지 못했다.

태자는 마부를 돌아보고 물었다.

'저 사람은 어떤 사람인가?'

'저 사람은 병든 사람입니다.'

'어떤 것을 병이라고 하는가?'

'병이란 온갖 고통에 못 견디게 시달려 살지 죽을지 기약이 없는 것입니다. 그래서 병이라고 하는 것입니다.'

'그럼 나도 앞으로 저렇게 되어 저런 괴로움을 면하지 못한다는 말인가?'

'그렇습니다. 태어나면 반드시 병이 있게 마련입니다. 거기에는 귀천이 따로 있을 수 없습니다.'

그러자 태자는 마음이 우울해져 곧 마부에게 명령하여 수레를 돌려 궁중으로 돌아갔다. 태자는 잠자코 깊은 사색에 잠겨 있다가 이렇게 생각하였다.

'이 병의 괴로움은 내게도 반드시 있을 것이다.'"

부처님께서 게송으로 말씀하셨다.

오랫동안 병 앓는 저 사람 보니
얼굴은 쇠퇴하고 말라빠졌네.
잠자코 스스로 생각했다네.
나도 저런 재앙 면하지 못하리.

"그때 부왕은 또 마부에게 물었다.

'태자가 바깥 구경을 하고 즐거워하더냐?'

'즐거워하지 않았습니다.'

그 까닭을 묻자 마부는 대답했다.

'길에서 병자를 만났는데 그것을 보고 매우 언짢아 하셨습니다.'

그때 부왕은 잠자코 생각하였다.

'예전에 관상가들이 태자의 상을 보고 반드시 출가할 것이라고 말하더니 지금처럼 즐거워하지 않다가 그렇게 되지나 않을까? 내 마땅

히 다시 방편을 써서 온갖 풍류로 그 마음을 즐겁게 하여 출가하지 못하게 해야겠다.'

그리고는 곧 다시 별궁을 아름답게 장식하고, 예쁜 채녀들을 가려 뽑아 태자를 즐겁게 하도록 하였다."

부처님께서 게송으로 말씀하셨다.

빛깔 · 소리 · 냄새 · 맛 · 촉감
모두 미묘하여 기뻐할 만했네.
이것은 보살의 복으로 이룩된 것
그러므로 그 속에서 즐기는 것이라네.

"또 그 뒤 어느 날 태자는 마부에게 명령하여 수레를 장식해서 타고 유람하러 나갔다가 가는 도중에 한 죽은 사람을 보았다. 울긋불긋한 비단 깃발이 앞뒤에서 인도하고 일가친척들은 슬피 울부짖으며 상여를 따라 성 밖으로 나가고 있었다.

태자가 마부에게 물었다.

'저 사람은 어떤 사람인가?'

'저 사람은 죽은 사람입니다.'

태자는 또 물었다.

'어떤 것을 죽음이라고 하는가?'

'죽음이란 다한 것〔盡〕입니다. 숨길이 끊기고 열이 식어 모든 감각기관이 무너지는 것입니다. 죽고 사는 것이 길을 달리하여 사랑하는 가족과 이별하게 됩니다. 그러므로 죽음이라고 하는 것입니다.'

태자는 또 물었다.

'그럼 나도 반드시 저렇게 될 것이며 저런 재앙을 면하지 못한다는

말인가?'

'그렇습니다. 태어난 자에겐 반드시 죽음이 있습니다. 거기에는 귀천이 따로 있을 수 없습니다.'

그러자 태자는 마음이 서글퍼져 곧 마부에게 명령하여 수레를 돌려 궁중으로 돌아갔다. 태자는 잠자코 깊은 사색에 잠겨 있다가 이렇게 생각하였다.

'이 죽음의 고통은 나에게도 반드시 있을 것이다.'"

부처님께서 게송으로 말씀하셨다.

처음으로 사람의 죽음을 보았을 때
그 사람 다시 태어날 줄 알았네.
잠자코 스스로 생각했다네.
나도 저 재앙 면하지 못하리.

"그때 부왕은 또 마부에게 물었다.

'태자가 바깥 구경을 하고 즐거워하던가?'

'즐거워하지 않았습니다.'

그 까닭을 묻자 마부는 대답했다.

'길에서 죽은 사람을 만났는데 그것을 보고 좋아하지 않았습니다.'

그때 부왕은 잠자코 생각했다.

'예전에 관상가들이 태자의 상을 보고 반드시 출가할 것이라고 말하더니 오늘처럼 즐거워하지 않다가 그렇게 되지나 않을까? 내 다시 방편을 써서 온갖 풍류로 그 마음을 즐겁게 하여 출가하지 못하게 해야겠다.'

곧 별궁을 아름답게 꾸미고 예쁜 채녀를 가려 뽑아 태자를 즐겁게 하도록 하였다."

부처님께서 게송으로 말씀하셨다.

동자童子는 큰 명예가 있어
아름다운 여인들이 주위를 에워쌌네.
5욕의 향락을 누리는 것
저 천상의 제석帝釋과 같았다네.

"또 어느 날 태자는 마부에게 명령하여 수레를 장식해서 타고 유람하러 나갔다가 도중에서 한 사문沙門을 만났다. 그 사문은 법의法衣를 입고 발우를 들고 오직 땅만 보며 걸어가고 있었다. 태자가 곧 마부에게 물었다.

'저 사람은 어떤 사람인가?'

'저 사람은 사문입니다.'

'어떤 사람을 사문이라고 하는가?'

'사문이란 모든 은혜와 사랑을 끊고 집을 떠나 도를 닦는 사람입니다. 그는 모든 감각 기관을 잘 제어하여 바깥 욕망에 물들지 않고 자비스런 마음으로 어떤 생명도 해치지 않습니다. 괴로움을 당해도 슬퍼하지 않고 즐거움을 만나도 기뻐하지 않으며, 모든 것을 잘 참는 것이 마치 대지大地와 같습니다. 그러므로 사문이라고 합니다.'

그때 태자는 말했다.

'훌륭하구나, 이 도道야말로 바르고 참되어 영원히 번뇌를 여의고, 미묘하고 맑고 비었으니 오직 이것만이 참으로 기뻐할 만한 것이다.'

그러고 나서 마부에게 명령하여 수레를 돌려 다가갔다.

그때 태자는 그 사문에게 물었다.

'그대는 수염과 머리를 깎고 법의를 입고 발우를 들었구나. 마음에 구하는 것이 무엇인가?'

사문은 대답했다.

'출가자란 마음을 길들여 항복받아서 영원히 번뇌를 여의고자 하며, 자비심으로 모든 생물을 사랑하여 침노하거나 해치지 않고, 마음을 비워 고요하게 하며 편안한 속에서 오로지 도 닦기만을 힘쓰는 사람입니다.'

태자가 말하였다.

'훌륭하구나, 이 도야말로 가장 진실한 것이로다.'

그리고 곧 마부에게 명령했다.

'너는 이 보배 옷과 수레를 가지고 돌아가 대왕께 여쭈어라. 나는 여기서 수염과 머리를 깎고 세 가지 법의法衣를 입고 집을 떠나 도를 닦으려 한다. 그 까닭은 마음을 다루어 항복받아 번뇌를 벗어버리고 맑고 깨끗하게 혼자 살면서 도를 구하기 위해서이다.'

그때 마부는 태자가 타고 갔던 수레와 입었던 옷을 가지고 부왕에게로 돌아갔다. 태자는 곧 수염과 머리를 깎고 세 가지 법의를 입고 수도 생활로 들어갔다."

부처님께서 비구들에게 말씀하셨다.

"태자는 늙고 병든 사람을 보고 이 세상의 고뇌苦惱를 알았으며, 또 죽은 사람을 보고 세상에 대한 집착이 없어졌다. 그리고 사문을 보자 확연히 깨달았다. 수레에서 내려와 한 걸음 두 걸음 걷는 동안에는 이 세상의 모든 집착과 속박으로부터 더욱 멀어졌으니 이것이야말로 참으로 출가한 것이며, 이것이야말로 참으로 번뇌를 멀리 여읜 것이다.

당시 그 나라 사람들은 태자가 수염과 머리를 깎고 법의를 입고 발우를 듣고 집을 떠나 도를 닦는다는 말을 듣고 모두들 말하였다.

'그 도는 틀림없이 진실할 것이다. 그래서 태자가 나라의 영화로운 지위를 버렸고 소중한 것도 버렸을 것이다.'

그때 그 나라의 8만 4천 사람들은 태자를 찾아가 제자가 되어 집을 떠나 도 닦기를 청하였다."

부처님께서 다시 게송으로 말씀하셨다.

깊고 미묘한 법을 선택하자
저들도 그 말 듣고 모두 따라 집을 떠났네.
은혜와 사랑의 감옥을 벗어나니
온갖 결박 모두 다 없어졌다네.

"태자는 그들의 소원을 받아들여 제자로 삼고 그들과 함께 유행하면서 곳곳에서 교화를 펼쳤다. 이 마을에서 저 마을로 이 나라에서 저 나라로, 이르는 곳마다 사람들은 그를 공경하여 네 가지 일〔事〕로 공양하지 않는 이가 없었다. 보살은 생각했다.

'나는 대중들과 함께 여러 나라를 돌아다녔다. 그러나 그런 번거로운 일은 내가 좋아하는 것이 아니다. 나는 언제 이 군중을 떠나 한적한 곳에서 참 도를 구할 수 있을까?'

얼마 되지 않아 보살은 소원이 이루어져 한적한 곳에서 오로지 수도에 정진하게 되었다. 태자는 또 이렇게 생각했다.

'중생들은 참으로 불쌍하다. 항상 어둠 속에 있으면서 몸은 언제나 위태롭고 약하며 남〔生〕이 있고, 늙음〔老〕이 있고, 병듦〔病〕이 있고, 죽음〔死〕이 있어 모든 고통이 모여 쌓인다. 여기서 죽어 저기에 나고, 저기서 죽어 여기기에 난다. 이런 괴로움의 무더기로 인하여 바퀴처럼 돌고 돌며 끝이 없구나. 나는 언제나 이 괴로움의 원인을 밝게 깨달아 태어나고 늙고 죽는 일을 없앨 수 있을까?'

보살은 또 이렇게 생각했다.

'나고 죽음은 어디로부터, 무엇을 인연하여 생기는 것일까?'

그는 곧 지혜로써 그것의 유래를 관찰했다.

'생生이 있기 때문에 늙음〔老〕과 죽음〔死〕이 있다. 그러므로 생은 늙음과 죽음의 인연이 된다. 생은 유有를 따라 일어난다. 그러므로 유는 생의 인연이다. 유는 취取를 따라 일어난다. 그러므로 취는 유의 인연이 된다. 취는 애愛를 따라 일어난다. 그러므로 애는 취의 인연이 된다. 애는 수受를 따라 일어난다. 그러므로 수는 애의 인연이 된다. 수는 촉觸을 따라 일어난다. 그러므로 촉은 수의 인연이 된다. 촉은 6입入을 따라 일어난다. 그러므로 6입은 촉의 인연이 된다. 6입은 명색名色을 따라 일어난다. 그러므로 명색은 6입의 인연이 된다. 명색은 식識을 따라 일어난다. 그러므로 식은 명색의 인연이 된다. 식은 행行을 따라 일어난다. 그러므로 행은 식의 인연이 된다. 행은 치癡를 따라 일어난다. 그러므로 치는 행의 인연이 된다. 따라서 치를 인연해 행이 있고, 행을 인연해 식이 있고, 식을 인연해 명색이 있고, 명색을 인연해 6입이 있고, 6입을 인연해 촉이 있고, 촉을 인연해 수가 있고, 수를 인연해 애가 있고, 애를 인연해 취가 있고, 취를 인연해 유가 있고, 유를 인연해 생이 있고, 생을 인연해 늙음 · 병듦 · 죽음 · 걱정 · 슬픔 · 괴로움 · 번민이 있는 것이다. 이 괴로움의 무더기〔苦盛陰〕[16]는 생生을 인연해 있으니 이것이 괴로움의 발생〔苦集〕 과정이다.'

16 고수음苦受陰 또는 고취온苦取蘊이라고도 한다.

보살이 괴로움의 발생 과정[17]을 깊이 생각했을 때, 지智가 생기고 안목이 생기고 깨달음이 생기고 밝음이 생기고 통通이 생기고 혜慧가 생기고 증證이 생겼다.

그때 보살은 또 깊이 생각했다.

'무엇이 없어야 늙음도 죽음도 없어지고, 무엇이 멸해야 늙음도 죽음도 멸할까?'

보살은 곧 지혜로써 그것의 유래를 관찰했다.

'생生이 없으면 늙음과 죽음이 없고, 생이 멸하면 늙음과 죽음이 멸한다. 유有가 없으면 생이 없고, 유가 멸하면 생이 멸한다. 취取가 없으면 유도 없고, 취가 멸하면 유도 멸한다. 애愛가 없으면 취가 없고, 애가 멸하면 취도 멸한다. 수受가 없으면 애도 없고, 수가 멸하면 애도 멸한다. 촉觸이 없으면 수도 없고, 촉이 멸하면 수도 멸한다. 6입入이 없으면 촉도 없고, 6입이 멸하면 촉도 멸한다. 명색名色이 없으면 6입도 없고, 명색이 멸하면 6입도 멸한다. 식識이 없으면 명색도 없고, 식이 멸하면 명색도 멸한다. 행行이 없으면 식도 없고, 행이 멸하면 식도 멸한다. 치癡가 없으면 행도 없고, 치가 멸하면 행도 멸한다.

따라서 치가 멸하기 때문에 행이 멸하고, 행이 멸하기 때문에 식이 멸하고, 식이 멸하기 때문에 명색이 멸하고, 명색이 멸하기 때문에 6입이 멸하고, 6입이 멸하기 때문에 촉이 멸하고, 촉이 멸하기 때문에 수가 멸하고, 수가 멸하기 때문에 애가 멸하고, 애가 멸하기 때문

17 고려대장경을 비롯한 한역본에는 이 부분이 모두 '고집음苦集陰'으로 되어 있다. 그러나 팔리본에는 'dukkha-kkhandhassa samudaya(苦陰)이 모여 일어남'으로 되어 있다. 또 한역본에서도 고苦의 멸滅을 관찰하는 대목을 '고음멸苦陰滅'로 번역한 것으로 보아 의미상 '고음집苦陰集'으로 보는 것이 합당하다고 생각되어 '괴로움의 발생 과정'이라고 번역하였다.

에 취가 멸하고, 취가 멸하기 때문에 유가 멸하고, 유가 멸하기 때문에 생이 멸하고, 생이 멸하기 때문에 늙음과 죽음과 걱정과 슬픔과 괴로움과 번민이 멸한다.'

보살이 이렇게 괴로움의 음陰이 멸하는 과정을 깊이 생각했을 때, 지智가 생기고 안목이 생기고 깨달음이 생기고 밝음이 생기고 통通이 생기고 혜慧가 생기고 증證이 생겼다.

그때 보살은 이렇게 역순逆順으로 12인연을 관찰하고 그것을 있는 그대로 알고, 있는 그대로 보았다. 그래서 곧 그 자리에서 아뇩다라삼먁삼보리阿耨多羅三藐三菩提를 이루었다."

부처님께서 게송으로 말씀하셨다.

이 말을 대중에게 이르나니
너희들은 마땅히 잘 들어라.
일찍이 들어보지 못했던 법을
먼 옛날 보살은 관찰했다네.

늙음[老]과 죽음[死]은 무엇을 인연하고
무엇으로 말미암아 있는 것일까?
이렇게 바르게 관찰해 보고 나서
생生으로 말미암아 있는 줄 알았네.

생生은 본래 무엇을 인연하고
무엇으로 말미암아 있는 것일까?
이렇게 깊이 생각해 보고 나서
생生은 유有에서 일어남을 알았네.

그것에 집착하고 그것을 취取해
엎치락뒤치락 유有만 더욱 늘어나네.
그러므로 여래는 이렇게 말하나니
취는 곧 유의 인연이 된다.

갖가지 더러운 오물의 무더기에
바람 불면 악한 냄새 퍼지듯이
취取의 원인도 마찬가지로
애愛로 말미암아 널리 퍼진다네.

애는 수受로 말미암아 생기나니
괴로움을 일으키는 그물의 근본
물들고 집착하는 인연으로서
괴로움과 즐거움에 서로 호응한다네.

수受는 본래 무엇을 인연하고
무엇으로 말미암아 수가 있는 것일까?
이와 같이 깊이 생각해 보고 나서
수는 촉觸에서 생김을 알았네.

촉은 본래 무엇을 인연하고
무엇으로 말미암아 촉이 있는 것일까?
이와 같이 깊이 생각해 보고 나서
촉은 6입入에서 생김을 알았네.

6입은 본래 무엇을 인연하고
무엇으로 말미암아 6입이 있는 것일까?
이와 같이 깊이 생각해 보고 나서
6입은 명색名色에서 생김을 알았네.

명색은 본래 무엇을 인연하고
무엇으로 말미암아 명색이 있는 것일까?
이와 같이 깊이 생각해 보고 나서
명색은 식識에서 생김을 알았네.

식은 본래 무엇을 인연하고
무엇으로 말미암아 식이 있는 것일까?
이와 같이 깊이 생각해 보고 나서
식은 행行에서 생김을 알았네.

행은 본래 무엇을 인연하고
무엇으로 말미암아 행이 있는 것일까?
이와 같이 깊이 생각해 보고 나서
행은 치癡에서 생김을 알았네.

이와 같은 인연을
실의인實義因이라고 이름하네.
지혜의 방편으로 그것을 관찰하면
능히 인연의 뿌리 볼 수 있으리.

괴로움은 성현들이 지은 것도 아니며
아무런 인연 없이 있는 것도 아니니
그러므로 생멸 변화하는 이 괴로움을
지혜로운 사람은 끊어 없앤다.

만일 무명無明이 멸해 다하면
그때는 곧 행行이 없어질 것이며
만일 또 행이 멸해 다하면
그때는 곧 식識도 없어질 것이다.

만일 식이 아주 멸해 다하면
명색名色 또한 없어질 것이며
명색이 이미 멸해 다하면
6입入 또한 없어질 것이다.

만일 6입이 아주 멸하면
촉觸 또한 없어질 것이며
만일 촉이 아주 멸해 다하면
수受 또한 없어질 것이다.

만일 수가 아주 멸해 다하면
애愛 또한 없어질 것이며
만일 애가 아주 멸해 다하면
취取 또한 없어질 것이다.

만일 취가 아주 멸해 다하면
유有 또한 없어질 것이며
만일 유가 아주 멸해 다하면
생生 또한 없어질 것이다.

만일 생이 아주 멸해 다하면
늙고 병드는 괴로움의 무더기도 없어져서
일체의 괴로움이 다할 것이니
이는 지혜로운 사람의 설명이다.

12연기緣起는 깊고 또 깊어
보기도 어렵고 알기도 어렵네.
오직 부처님만이 잘 아시니
이것이 있고 없어지는 인연에 대해

만일 능히 스스로 관찰하면
모든 입入이 없는 것이니
깊이 인연을 살펴보는 사람은
따로 스승을 찾을 것 없으리.

능히 음陰·계界·입入에 대하여
탐욕을 떠나 물들지 않는 자
온갖 보시布施를 받을 만하고
시주施主의 은혜를 깨끗이 갚으리.

만일 네 가지 변재〔四辯才〕 얻고
흔들림 없는 깨달음을 얻는다면
능히 모든 결박을 풀고
번뇌를 끊어 방탕하지 않으리.

색色·수受·상想·행行·식識은
마치 썩고 낡은 수레 같으니
이 법을 자세히 새겨보면
곧 등정각等正覺을 이루리라.

마치 새가 허공을 날며
바람 따라 동서로 노니는 것처럼
보살이 모든 번뇌 끊어 없애기
가벼운 옷, 바람에 나부끼듯 한다네.

비바시부처님께서는 한적한 곳에서
모든 법을 자세히 관찰하였네.
늙음과 죽음은 무엇을 인연해 있고
또 무엇으로 하여 없어지는가?

그분 이렇게 관찰해 보고 나서
맑고 깨끗한 지혜 생겨
늙음과 죽음은 생을 인연해 있고
생이 멸하면 늙음과 죽음도 멸함을 깨달았네.

"비바시부처님께서는 처음으로 도를 이루셨을 때 두 가지 관법〔觀〕을 많이 닦으셨으니, 하나는 안은관安隱觀이며, 다른 하나는 출리관出離觀이었다."

부처님께서 게송으로 말씀하셨다.

짝할 이 없는 여래께서는
두 가지 관법을 닦으셨으니
안은관과 출리관을 닦으시어
선인仙人께서는 저 언덕에 건너가셨네.

그 마음은 자유를 얻어
모든 번뇌를 끊어 없애고
산 위에 올라가 사방을 살피니
그러므로 비바시라 이름하였네.

큰 지혜의 광명이 어둠을 없애
자신을 거울에 비추어 보는 것 같네.
세상을 위해 걱정 번민 없애주고
남·늙음·죽음의 괴로움도 가셔주었네.

"비바시부처님께서는 한적한 곳에서 또 이렇게 생각하셨다.

'나는 이제 이 위없는 법을 이미 얻었다. 이것은 매우 깊고 미묘하여 알기도 어렵고 보기도 어렵다. 이것은 번뇌가 없고 맑고 깨끗해, 오직 지혜 있는 사람만이 알 수 있는 것이지 범부凡夫가 알 수 있는 것이 아니다.

이는 모든 중생들이 다른 주장과 다른 소견과 다른 감정과 다른 학문을 의지하기 때문이다. 저들은 제각기 다른 소견에 의지해 나름대로 구하는 바를 즐기고 제각기 배운 바에 힘쓴다. 그러므로 이 매우 깊은 인연의 법을 이해하지 못한다. 그러니 애욕이 끊어진 열반은 더더욱 알지 못할 것이다. 내가 저들을 위해 법을 설명해도 저들은 반드시 이해하지 못하고 도리어 혼란스러워할 것이다.'

이렇게 생각하고는 입을 다물고 설법하지 않으려 하셨다.

그때 범천왕이 비바시부처님의 이런 생각을 알고 곧 이렇게 생각했다.

'이 세상은 곧 망하겠구나. 참으로 가엾은 일이다. 비바시부처님께서 그 깊고 미묘한 법을 알면서도 설법하시려 하지 않는구나.'

그래서 힘센 사람이 팔을 굽혔다 펴는 정도의 짧은 시간에 범천궁梵天宮에서 순식간에 내려와 부처님 앞에 서서, 그 발 앞에 머리 조아려 예배하고 한쪽에 물러가 서 있었다. 그때 범천왕은 오른 무릎을 꿇고 손을 모아 합장하고 부처님께 말씀드렸다.

'원컨대 세존이시여, 때를 보아 법을 베푸십시오. 지금 이 중생들은 번뇌가 적고 모든 감각 기관이 영리하며 공경하는 마음이 있어 교화하기 쉽습니다. 뒷세상에서는 구제할 수 없는 죄를 지을까 두려우니 온갖 악한 법을 멸하고 좋은 세계에 태어날 수 있게 해주십시오.'

부처님께서 범천왕에게 말씀하셨다.

'그렇다, 그렇다. 네 말과 같다. 다만 나는 한적한 곳에서 혼자서 묵묵히 생각하고 있었을 뿐이다.

〈내가 얻은 바른 법은 매우 깊고 미묘하다. 내가 비록 저들을 위하여 설명하더라도 저들은 분명 이해하지 못하고 도리어 혼란스러워할 것이다.〉

그래서 나는 차라리 잠자코 있으며 설법하지 않으려고 한 것이다. 나는 무수한 아승기겁阿僧祇劫 이전부터 게으르지 않고 부지런히 노력하여 위없는 행行을 닦아 오늘에야 비로소 이 얻기 어려운 법을 얻었다. 비록 내가 음욕과 성냄과 어리석음에 빠져 있는 저 중생들을 위해 설법한다 하더라도 그들은 반드시 내 말을 실행하지 못하고 부질없이 수고롭기만 할 것이다. 이 법은 미묘하여 세상의 일들과 서로 반대되는 만큼 탐욕에 물들고 어리석음에 덮인 중생들이 믿고 이해하지 못할 것이다. 범왕이여, 나는 이렇게 생각했기 때문에 차라리 입을 다물고 설법하지 않으려고 한 것이다.'

그때 범천왕은 세 차례에 걸쳐 더욱 간절히 설법하실 것을 청했다.

'세존이시여, 만일 세존께서 설법하시지 않는다면 이 세상은 곧 망할 것입니다. 그것은 참으로 가엾은 일입니다. 원컨대 세존께서는 지금 곧 널리 법을 펴셔서 저 중생들로 하여금 악한 세계에 떨어지지 않게 해주십시오.'

그때 부처님께서 세 차례에 걸친 범왕의 간절한 청을 듣고 곧 부처의 눈〔佛眼〕으로써 세계를 두루 관찰해 보았다. 중생들 가운데는 더러움이 많은 자도 있고 적은 자도 있으며, 근성이 영리한 자도 있고 미련한 자도 있으며, 가르치기에 어려운 자도 있고 쉬운 자도 있음을 보았다. 쉽게 가르침을 받는 자는 후세에 받게 될 죄의 과보를 두려워하여 능히 악한 법을 끊어 좋은 세계에 태어날 수 있을 것 같았다. 그것은 마치 우발라꽃〔優鉢羅花〕·발두마꽃〔鉢頭摩花〕·구물두꽃〔鳩勿頭花〕·분타리꽃〔分陀利花〕[18]이 진흙에서 나오기는 했지만 아직 물속에 있는 것, 혹은 이미 나와 물과 수평을 이룬 것, 혹은 물 위까지

18 우발라꽃은 청련靑蓮, 발두마꽃은 홍련紅蓮, 구물두꽃은 황련黃蓮, 분타리꽃은 백련白蓮이다.

올라오기는 하였지만 아직 피지 못한 것 등의 차이가 있긴 하나 그것들은 다 물에 더럽혀지지 않고 쉽게 피어날 수 있는 것과 같았다. 세계의 중생들도 또한 그와 같았다.

그때 세존께서는 범왕에게 말씀하셨다.

'내 너희들을 가엾이 여겨 이제 마땅히 감로甘露법문을 열어 설명하겠다. 이 법은 깊고 미묘하여 이해하기 어려운 것이다. 나는 이제 내 말을 믿고 받아들여 즐거이 듣는 자를 위해서는 설법하겠지만, 혼란스러워하고 아무 이익이 없는 자를 위해서는 설법하지 않겠다.'

그때 범왕은 부처님께서 그의 청을 들어주심을 알고 기뻐 뛰면서 부처님 주위를 세 바퀴 돌고, 그 발에 머리 조아려 예배한 뒤 홀연히 자취를 감추었다. 그가 사라진지 오래지 않아 여래께서는 조용히 혼자서 생각했다.

'내가 누구에게 먼저 설법해야 할까?'

그리고 다시 생각했다.

'내 마땅히 반두성槃頭城으로 들어가 먼저 왕자 제사提舍와 대신의 아들 건다騫茶를 위해 감로의 법문을 열어야겠다.'

그때 세존께서는 마치 힘센 사람이 팔을 굽혔다 펼 정도의 짧은 시간에 도道를 이룬 나무 밑에서 사라져 반두성에 있는 녹야원鹿野苑에 이르러 자리를 펴고 앉으셨다."

부처님께서 게송으로 말씀하셨다.

사자가 숲 속에서
자유로이 노니는 것처럼
저 부처님 또한 그렇게
자유로이 노닐며 걸림이 없었네.

"비바시부처님께서 동산지기에게 말씀하셨다.

'너는 성으로 들어가서 왕자 제사와 대신의 아들 건다에게 가서 〈정녕 궁금하십니까? 비바시부처님께서 지금 녹야원에 계시면서 그대들을 보고자 합니다. 지금이 바로 적당한 기회임을 아셔야 합니다〉라고 전하여라.'

그때 그 동산지기는 분부를 받고 두 사람의 처소로 찾아가 부처님의 말씀을 빠짐없이 전하였다. 두 사람은 그 말을 듣고 곧 부처님께서 계신 곳으로 가서 머리 조아려 발에 예배하고 물러나 한쪽에 앉았다. 부처님께서는 그들에게 차근차근 설법하셔서 가르침을 펼쳐 보여 이롭게 해주고 기쁘게 해 주셨다.

즉 보시론布施論·계율론戒律論·생천론生天論에 대해 말씀하시고, 애욕〔欲〕은 나쁘고 더러운 것이며 우환이 되는 심각한 번뇌임을 가르치시고, 세속을 떠나는 공덕은 가장 미묘하고 청정하기 제일이라고 찬탄하셨다. 그때 세존께서는 그 두 사람의 마음이 부드러워지고 기뻐하며 즐거이 믿어, 바른 법을 넉넉히 감당할 수 있음을 아셨다. 그래서 곧 그들을 위하여 괴로움에 대한 성스러운 진리〔苦聖諦〕를 말씀하시고 괴로움의 발생에 대한 성스러운 진리〔苦集聖諦〕·괴로움의 소멸에 대한 성스러운 진리〔苦滅聖諦〕·괴로움의 벗어남에 대한 진리〔苦出要諦〕를 두루 펴 해설하셨다.

그때 왕자 제사와 대신의 아들 건다는 앉은 자리에서 먼지와 때를 멀리 여의고 법안法眼이 청정해졌으니, 마치 흰 바탕이 쉽게 염색되는 것과 같았다.

그때 지신地神이 곧 이렇게 외쳤다.

'비바시여래께서 반두성 녹야원에서 위없는 법륜法輪을 굴리셨다.

그것은 어떤 사문 바라문, 모든 하늘이나 악마, 그리고 다른 세상 사람들로서는 굴릴 수 없는 것이다.'

이 소리가 널리 퍼져 사천왕四天王을 비롯해 타화자재천他化自在天까지 들렸고 잠깐 동안에 범천까지 들렸다."

부처님께서 게송으로 말씀하셨다.

기뻐하는 마음으로 뛰며 좋아해
저 여래를 기리어 칭찬했다네.
비바시는 비로소 부처님 되어
위없는 법륜法輪을 굴리셨다네.

처음으로 수왕樹王 아래에서 일어나
반두성으로 나아가셔서
건다와 제사를 위해
4제諦의 법륜을 굴리셨다.

그때 저 건다와 제사는
부처님의 교화를 받아들인 후
깨끗한 법륜 안에서
청정한 행〔梵行〕을 닦아 따를 이 없었네.

저 도리천의 무리와
천제석天帝釋 무리들 이 말을 듣고
기쁨에 넘쳐 서로 알리니
온 하늘나라 들리지 않는 곳 없었네.

저 부처님 이 세상에 출현하셔서
위없는 법륜을 굴리시니
모든 하늘 무리들은 늘어나고
아수륜阿須倫[19]은 줄어들었네.

신선이 된 그 분의 이름 널리 퍼졌으니
훌륭하신 지혜로 세상을 벗어나
모든 법에서 자재自在를 얻고
지혜로 법륜을 굴리셨네.

평등한 모든 법을 두루 관찰해
마음을 쉬어 더러움 없애고
나고 죽는 재앙을 멀리 여의어
지혜로 법륜을 굴리셨네.

고통 없애어 모든 악 여의고
욕심을 벗어나 자유 얻으며
은혜와 사랑의 감옥을 벗어나
지혜로 법륜을 굴리셨네.

바르게 깨달으신 이〔正覺〕·사람 중 높은 이〔人中尊〕
양족존兩足尊·조어장부調御丈夫로서

19 아수라(阿修羅, asura)라고도 하며, 비천非天·불단정不端正으로 번역하기도 한다. 송·원 2본에는 아수륜阿須輪으로 되어 있다.

모든 속박을 풀어 헤치고
지혜로 법륜을 굴리셨네.

중생을 교화하고 이끄는 스승
악마의 원수를 항복받으시고
모든 악을 멀리 여의시며
지혜로 법륜을 굴리셨네.

번뇌를 떠난 힘 악마를 꺾고
모든 기관 안정되어 게으르지 않으며
번뇌를 다하고 악마의 결박 벗어나
지혜로 법륜을 굴리셨네.

만일 결정법決定法을 배워 마치면
모든 법에 나〔我〕 없음을 깨달으리라.
이것은 법 중에서 최고의 법
지혜로 법륜을 굴리셨네.

내 몸을 이롭게 하기 바라지 않고
또한 명예도 구하지 않네.
오직 저 중생들 가엾이 여겨
지혜로 법륜을 굴리셨네.

중생이 받는 고통과 재앙
늙음·병듦·죽음의 핍박을 보고

이 3악취惡趣의 중생을 위해
지혜로 법륜을 굴리셨네.

탐욕과 성냄과 어리석음을 끊고
깊은 애욕의 근원을 뿌리 뽑으며
흔들림 없이 모든 속박 벗어나
지혜로 법륜을 굴리셨네.

이기기 어려운 것 나는 이겼으니
나 자신 스스로 항복받고
이기기 어려운 저 악마 이겨내어
지혜로 법륜을 굴리셨네.

이 위없는 법륜은
오직 부처님만이 굴리시나니
하늘·악마·제석·범천 중엔
굴릴 수 있는 자 아무도 없네.

중생에게 친근하게 법륜을 굴려
천상과 인간의 무리 이익되게 하니
천인사天人師께서는 이들을
저쪽 언덕으로 건네주셨네.

"그때 왕자 제사와 대신의 아들 건다는 법을 깨달아 과果를 얻고 진실하여 속임이 없으며 아무 두려움도 없게 되었다. 그들은 곧 비바시부처님께 여쭈었다.

'저희들은 부처님의 법 안에서 깨끗한 행行을 닦고자 합니다.'

부처님께서 말씀하셨다.

'잘 왔구나. 비구들이여, 내 법은 청정하고 자유로우니, 이를 수행하면 모든 괴로움을 없앨 수 있다.'

그때 두 사람은 곧 구족계具足戒를 받았다. 구족계를 받은 지 오래지 않아 여래께서는 또 3사事를 가르치셨다. 첫 번째는 신족神足이고, 두 번째는 관타심觀他心이며, 세 번째는 교계敎誡였다. 그들은 곧 번뇌를 여읜 마음의 해탈과 나고 죽음에 걸림이 없는 지혜를 얻었다.

그때 반두성에 살던 많은 사람들은 이 두 사람이 집을 떠나 도를 배우면서 법의法衣를 입고 발우를 들고 깨끗한 행을 닦는다는 소문을 듣고 나서 서로들 말하였다.

'이들로 하여금 세상의 영화로운 지위를 버리고 소중한 것을 버리게 한 것을 보니 그 도는 반드시 진실한 것일 것이다.'

그때 성 안에 살던 8만 4천 사람들은 녹야원에 계시는 비바시부처님께 나아가 그 발에 머리 조아려 예배하고 물러나 한쪽에 앉았다. 부처님께서 차근차근 설법하셔서 보여주고 가르쳐주어 이롭게 해주고 기쁘게 해주셨다. 즉 보시론布施論·계율론戒律論·생천론生天論을 말씀하시고, 애욕은 나쁘고 더러운 것이며 우환이 되는 심각한 번뇌임을 가르치시고, 세속을 벗어나는 공덕은 가장 미묘하고 맑고 깨끗하기 제일이라고 찬탄하셨다. 그때 세존께서는 대중들의 마음이 부드러워져 기뻐하고 즐거이 믿어 바른 법을 능히 감당할 수 있다고 보셨다. 그래서 곧 그들을 위하여 괴로움에 대한 성스러운 진리〔苦聖諦〕를 말씀하시고 괴로움의 발생에 대한 성스러운 진리〔苦集聖諦〕·괴로움의 소멸에 대한 성스러운 진리〔苦滅聖諦〕·괴로움의 벗어남에 대한 성스러운 진리〔苦出要諦〕를 널리 펴 해설하셨다.

그러자 8만 4천 사람들은 그 자리에서 티끌을 멀리하고 괴로움을 떠나 곧 법안法眼이 청정해졌으니 마치 흰 바탕은 쉽게 염색되는 것과 같았다. 그들은 법을 알아 과를 얻고 진실하여 속임이 없으며 아무 두려움도 없게 되었다. 그들이 부처님께 여쭈었다.

'저희들은 여래의 법 안에서 깨끗한 행〔梵行〕을 닦고자 합니다.'

부처님께서 말씀하셨다.

'잘 왔구나. 비구들이여, 내 법은 청정하고 자유로우니, 수행하면 모든 괴로움을 없앨 수 있다.'

그때 8만 4천 사람들은 모두 구족계를 받았다. 구족계를 받은 지 얼마 안 되어 세존께서는 다시 3사事를 가르치셨다. 첫 번째는 신족이고, 두 번째는 관타심이며, 세 번째는 교계였다. 그들은 곧 번뇌를 여읜 마음의 해탈과 나고 죽음에 걸림이 없는 지혜를 얻었다.

그때 8만 4천 사람들은 부처님께서 녹야원에서 사문도 바라문도 모든 하늘도 악마도 범천도 능히 굴릴 수 없는 위없는 법륜을 굴리신다는 말을 듣고, 곧 반두성에 계시는 비바시부처님께 나아가 그 발에 머리 조아려 예배하고 물러나 한쪽에 앉았다."

부처님께서 게송으로 말씀하셨다.

머리에 불붙은 사람 불을 끄려고
허둥지둥 꺼줄 곳을 찾아가듯이
그 사람들도 그와 같이
부리나케 여래께 나아갔다네.

"부처님께서 그들을 위해 설법하신 것도 이와 같았다. 그때 반두성에는 16만 8천 명의 큰 비구들이 있었다. 제사비구와 건다비구는 대중들 앞에서 허공에 올라가 몸에서 물과 불을 내뿜는 등 모든 신변神變을 나타냈다. 그리고 다시 대중을 위하여 미묘한 법을 연설했다. 그때 여래는 잠자코 속으로 생각했다.

'지금 이 성 안에는 16만 8천의 큰 비구들이 있다. 나는 마땅히 저들을 유행遊行하도록 해야겠다. 저들을 각각 두 사람씩 짝을 지어[20] 6년 동안 여러 곳으로 돌아다니게 한 뒤, 다시 이 성으로 돌아와 구족계를 연설하게 하리라.

그때 수타회천首陀會天[21]은 여래의 마음을 알고, 마치 힘센 사람이 팔을 굽혔다 펼 정도의 짧은 시간에 저 하늘에서 사라져 갑자기 부처님 앞에 나타나서 세존의 발에 예배하고 물러나 한쪽에 앉았다. 조금 있다가 부처님께 말씀드렸다.

'그렇습니다. 세존이시여, 이 반두성에는 비구들이 많습니다. 마땅히 각각 흩어져 여러 곳으로 유행하게 하였다가 6년이 지난 뒤에 다시 이 성으로 돌아와 구족계를 연설하게 해야 합니다. 저는 마땅히 그들을 보호해 아무도 그들을 해치지 못하게 할 것입니다.'

그때 여래께서는 이 천신의 말을 듣고 잠자코 있음으로써 인가印可의 뜻을 보이셨다. 수타회천은 부처님께서 침묵으로 허락하셨음을 알고 곧 부처님 발에 예배한 뒤 홀연히 사라져 천상으로 돌아갔다.

---

20 또는 5정거천淨居天 · 5나함천那含天 · 5불환천不還天이라고도 한다. 불환과不還果를 증득한 성자가 태어나는 곳이다.

21 원문은 '각이인구各二人俱'로 되어 있으나 여기에서 '각各'자는 '물勿'자의 오자가 아닌가 의심스럽다. 본문의 아래에서 '저들을 각각 흩어[宜各分布]……'라 하였고, 『잡아함경雜阿含經』 제39권에서는 '너희들은 인간세계로 떠나 여러 곳을 다니면서 많은 이익을 주고 사람과 하늘을 모두 안락케 하라. 절대로 짝을 이루지 말고 한 사람씩 떠나라[汝等當行人間 多所過度 多所饒益 安樂人天 不須伴行 一而去]'라고 한 것으로 보아 '두 사람이 함께 다니지 못하게 하고[勿二人俱]'가 의미상 옳을 듯하다.

그가 떠난 지 얼마 안 되어 부처님께서 모든 비구들에게 말씀하셨다.
'지금 이 성 안에는 비구들이 많다. 너희들은 각각 흩어져 여러 곳으로 돌아다니면서 포교하다가, 6년이 지나거든 돌아와 계戒를 설하라.'
비구들은 부처님의 분부를 받들어 각각 가사와 발우를 가지고 부처님께 예배하고 떠났다."
부처님께서 게송으로 말씀하셨다.

부처님께서 보내신 질서 바른 대중
아무 욕심 없고 집착도 없어라.
그 위엄은 금시조金翅鳥와 같고
빈 못을 버리는 학鶴처럼 떠나갔네.

"1년이 지난 뒤 수타회천은 모든 비구들에게 말했다.
'그대들의 순회 포교는 이제 1년이 지났고 앞으로 5년이 남았습니다. 그대들은 마땅히 알아야 합니다. 6년을 마친 뒤에는 이 성에 돌아와 계를 연설해야 합니다.'
이렇게 6년이 지나자 수타회천은 또 비구들에게 말했다.
'6년이 이미 지났으니 마땅히 돌아와 계를 연설하십시오.'
그때 모든 비구들은 이 천신의 말을 듣고 모두 의발衣鉢을 거두어 챙긴 뒤 반두성으로 돌아왔다. 거기서 녹야원에 계시는 비바시부처님께 나아가 머리 조아려 발에 예배하고 물러나 한쪽에 앉았다."
부처님께서 게송으로 말씀하셨다.

잘 길들여진 코끼리가

사람의 생각대로 움직이듯이
그와 같이 저 비구 무리도
가르침을 따라 성으로 돌아왔네.

“그때 여래께서는 대중 앞에서 허공에 올라 결가부좌結加趺坐[22]하시고 계경戒經을 연설하셨다.

‘인욕忍辱이 제일이며, 열반이 으뜸이다. 수염과 머리를 깎은 자로서 남을 해치지 않는 자가 사문이다.’

수타회천은 부처님과 멀리 떨어지지 않은 곳에서 게송으로 찬탄했다.

여래의 큰 지혜는
미묘하고 홀로 높아
지관止觀을 함께 갖추어
최정각最正覺을 이루셨네.

중생을 가엾게 여김으로써
이 세상에서 도를 이루어
네 가지 거룩한 진리로써
성문聲聞을 위해 연설하셨네.

괴로움과 괴로움의 원인과
괴로움을 멸하는 진리

---

22 송·원·명 3본에는 모두 결가부좌結跏趺坐로 되어 있다.

거룩한 저 여덟 가지 바른 길로써
안락한 곳으로 중생을 인도했네.

비바시부처님께서는
이 세상에 출현하셔서
모든 대중들 가운데 있으시니
마치 빛나는 태양과 같아라.

그리고 이 게송을 마치자 갑자기 어디론가 사라졌다."

그때 부처님께서 모든 비구들에게 말씀하셨다.

"내 지금 생각해 보니, 지난날 어느 땐가 나는 라열성(羅悅城 : 왕사성)의 기사굴산(耆闍崛山 : 영취산)에 있을 때 이런 생각을 했다.

'나는 지금까지 태어나보지 않은 곳이 없었다. 그러나 오직 수타회천에는 태어나지 못했다. 만일 내가 저 하늘에 태어난다면 다시는 이곳에 돌아오지 않을 것이다.'

비구들아, 나는 그때 이런 생각도 했다.

'나는 무조천無造天[23]에 가고 싶다.'

그때 나는 힘센 장사가 팔을 굽혔다 펼 정도의 짧은 시간에 여기서 사라져 갑자기 그 하늘에 나타났다. 그때 그 하늘신들은 내가 나타난 것을 보고는 머리 조아려 예배하고 한쪽에 섰고 그리고 이내 내게 말했다.

'저희들은 모두 비바시부처님의 제자로서 그 부처님의 교화를 따랐으므로 여기에 태어났습니다.'

---

23 색계 18천의 하나로 무번천無煩天이라고도 한다.

그러면서 그 부처님의 인연 본말本末에 대하여 설명했다. 그리고 또 그들은 말하였다.

'우리는 또 시기부처님 · 비사바부처님 · 구루손부처님 · 구나함부처님 · 가섭부처님 · 석가모니부처님의 제자로서 그분들의 교화를 따랐으므로 여기 태어났습니다.'

그리고 그 부처님들의 인연 본말에 대하여 설명했다. 또 내가 아가니타천(阿迦尼吒天 : 色究竟天)에 갔을 때에도 또한 그러했다."

그때 부처님께서 게송으로 말씀하셨다.

마치 힘센 사람이
팔을 굽혔다 펴는 사이에
나는 신족神足으로써
저 무조천無造天에 이르렀네.

일곱 번째 대선大仙께서
두 악마를 항복받으니
삿된 견해 없는 무열천無熱天[24]은
손을 모아서 예배하였네.

주도晝度나무[25] 향기처럼
석사(釋師 : 석가모니) 이름 멀리 들렸고

---

24 고려대장경에는 무열무견無熱無見으로 되어 있으나 송 · 원 · 명 3본에는 모두 무극천견無極天見으로 되어 있다. 그러나 앞의 내용으로 보아 무열천견[無熱天見]'이 옳을 듯하다. 번역은 고려대장경을 따랐다.

25 팔리어로는 pārijāta이다. 파리질다라수波利質多羅樹 · 향변수香遍樹라고도 한다. 도리천忉利天에서 자라는 향기로운 나무이다.

상호相好를 갖추어
선견천善見天에 이르렀네.

마치 연꽃이
물에 젖지 않는 것처럼
세존은 물듦 없이
대선견천大善見天에 이르렀네.

해가 처음으로 떠오르는 것처럼
깨끗하여 티끌의 가림이 없고
또 밝은 가을 달처럼
일구경천一究竟天으로 나아갔네.

이 다섯 거처는
중생들이 깨끗하게 사는 곳
마음이 깨끗하여 이곳에 태어났고
번뇌 없는 곳으로 나아가네.

깨끗한 마음으로 와
부처님 제자가 되었고
더러움과 집착을 버리고 떠나
집착 없는 데에서 즐거워하네.

법을 알아 흔들림이 없는
비바시의 제자들

깨끗한 마음으로 조용히 찾아와
큰 선인仙人에게 나아갔네.

시기불의 제자들
번뇌도 없고 작위作爲도 없이
깨끗한 마음으로 찾아와
이유존離有尊께 나아갔네.

비사바불의 제자들
모든 감관 다 갖추고
깨끗한 마음으로 내게 오니
마치 해가 하늘을 비추는 듯.

구루손불의 제자들
모든 욕심을 버려 여의고
깨끗한 마음으로 내게 오니
묘한 광명의 불꽃 왕성하여라.

구나함불의 제자들
번뇌도 없고 작위作爲도 없이
깨끗한 마음으로 내게 오니
그 광명 마치 보름달 같네.

가섭불의 제자들
모든 감관 다 갖추고

깨끗한 마음으로 내게 오니[26]
혼란 없는 대선인大仙人
신족神足이 제일이라.
굳건한 마음으로
부처님 제자가 되었네.

깨끗한 마음으로 찾아와
부처님의 제자가 되어
여래께 공경히 예배드리고
존귀하신 분께 자세히 여쭈었네.

태어난 곳과 도를 이룬 곳
이름과 성과 또 그 종족이며
심오한 진리를 깨달아
위없는 도를 이룬 사실을.

비구들은 고요한 곳에서
티끌과 때를 멀리 여의고
열심히 노력하고 게으르지 않아
가지가지 번뇌를 끊어 없앴네.

이것이 바로 모든 부처님의
처음과 끝의 인연들이니

26 송·원·명 3본과 성본聖本에는 이 구절 다음에 '여북천념如北天念'이란 구절이 있으나 고려대장경에는 없다. 아마도 한 구절이 결락된 듯하다.

이는 석가여래가
연설한 것이라네.

부처님께서 이 큰 인연경因緣經을 연설해 마치시자 모든 비구들은 부처님께서 말씀하신 바를 듣고 기뻐하며 받들어 행했다.

불설장아함경 제2권

〔제1분〕 ②

2. 유행경遊行經[1] ①

이와 같이 나는 들었다.

어느 때 부처님께서 나열성(羅悅城 : 王舍城) 기사굴산(耆闍崛山 : 靈鷲山)에서 큰 비구 대중 1,250명과 함께 계셨다.

그때 마갈국摩竭國의 왕 아사세阿闍世가 발지국跋祇國을 치려고 했

1 이역본異譯本으로는 서진西晋 때 백법조白法祖가 한역한 『불반니원경佛般泥洹經』과 동진東晋 때 법현法顯이 번역한 『대반열반경大般涅槃經』, 그리고 실역失譯인 『반니원경般泥洹經』이 있으며, 참고 자료로는 당唐나라 의정義淨이 한역한 『근본설일체유부비나야잡사根本說一切有部毗奈耶雜事』와 『중아함경』 제 42권의 142번째 소경인 「우세경雨勢經」과 제 1권의 3번째 소경인 「성유경城喩經」과 제 14권의 68번째 소경인 「대선견왕경大善見王經」과 제 8권의 33번째 소경인 「시자경侍者經」과 『잡아함경』 제30권의 866번째 소경 등이 있다.

다. 왕은 혼자 마음속으로 '비록 저 나라 사람이 용맹스럽고 씩씩하며 사람이 많고 강하다 하더라도 내가 저 나라를 취하는 것은 그리 어렵지 않다'고 생각했다. 그때 아사세왕은 바라문 대신인 우사禹舍[2]에게 명령했다.

"너는 기사굴산에 계시는 세존께 나아가 내 이름으로 세존의 발에 예배한 뒤 '기거起居는 가볍고 편안하시며 다니시기에도 힘이 넘치십니까?' 하고 문안드려라. 그리고 다시 세존께 여쭈어 보아라.

'발지국 사람들은 자신들이 용맹스럽고 씩씩하며 백성들이 많고 부강하다는 것을 스스로 믿고 제게 순종하지 않으므로 제가 그들을 정벌하려고 합니다. 혹시 세존께서는 무슨 경계하실 말씀이 없으십니까?'

그리하여 만일 훈계하는 말씀이 있으시거든 너는 잘 기억해 두었다가 들은 그대로 빠짐없이 나에게 말하여라. 여래의 말씀은 결코 허망하지 않다."

대신 우사는 왕의 명령을 받고 곧 보배 수레를 타고 기사굴산으로 갔다. 수레로 갈 수 없는 곳에 이르러서는 수레에서 내려 걸어갔으며, 세존의 처소에 도착해 문안을 드린 뒤 한쪽에 앉아 세존께 여쭈었다.

"마갈국의 왕 아사세는 부처님의 발에 머리를 조아려 예배하고 다시 정중히 여쭈었습니다.

'가거가 가볍고 편하시며 다니시기에도 힘이 넘치십니까?'

또 세존께 여쭈었습니다.

'발지국 사람들은 용맹스럽고 씩씩하며, 백성들이 많고 부강하다

---

2 화씨성華氏城을 건조한 아사세왕의 대신大臣이다. 팔리어로는 Vassakāra라 하고 한역으로는 우사雨舍로 쓴 곳도 있다.

는 것을 스스로 믿고 저에게 순종하지 않으므로 제가 그들을 정벌하려고 합니다. 혹시 세존께서는 무슨 경계하실 말씀이 없으십니까?'"

그때 아난阿難은 세존 뒤에서 부채를 들고 부처님께 부채를 부치고 있었다. 부처님께서 아난에게 물으셨다.

"너는 발지국 사람들이 자주 모여 서로 바른 일에 대하여 의논한다는 말을 들었느냐?"

아난이 대답하였다.

"들었습니다."

부처님께서 다시 아난에게 말씀하셨다.

"만일 그렇다면 어른과 어린이들은 서로 화목〔和順〕하여 갈수록 더 강성해질 것이다. 그래서 그 나라는 언제나 안온하며 누구의 침략도 받지 않을 것이다. 아난아, 너는 발지국의 임금과 신하가 서로 화목하고 윗사람과 아랫사람이 서로 공경한다는 말을 들었느냐?"

"들었습니다."

"아난아, 만일 그렇다면 어른과 어린이들은 서로 화목하여 갈수록 더 강성해질 것이다. 그래서 그 나라는 언제나 안온하며 누구의 침략도 받지 않을 것이다. 아난아, 너는 발지국 사람들이 법을 받들고 금기禁忌할 바를 알며 제도制度를 어기지 않는다는 말을 들었느냐?"

"들었습니다."

"아난아, 만일 그렇다면 어른과 어린이들은 서로 화목하여 갈수록 더 강성해질 것이다. 그래서 그 나라는 언제나 안온하며 누구의 침략도 받지 않을 것이다. 아난아, 너는 발지국 사람들이 부모에게 효도하고 스승과 어른을 공경하여 순종한다는 말을 들었느냐?"

"들었습니다."

"아난아, 만일 그렇다면 어른과 어린이들은 서로 화목하여 갈수록 더 강성해질 것이다. 그래서 그 나라는 언제나 안온하며 누구의 침략도 받지 않을 것이다. 아난아, 너는 발지국 사람들이 종묘宗廟를 공경하고 조상을 정성을 다해 섬기고 귀신에게 공경을 다한다는 말을 들었느냐?"

"들었습니다."

"아난아, 만일 그렇다면 어른과 어린이들은 서로 화목하여 갈수록 더 강성해질 것이다. 그래서 그 나라는 언제나 안온하며 누구의 침략도 받지 않을 것이다. 아난아, 너는 발지국의 가정집 여자들의 행실이 바르고 참되며 깨끗하고 더러움이 없어 비록 웃고 농담하더라도 그 말이 음란한 데 미치지 않는다는 말을 들었느냐?"

"들었습니다."

"아난아, 만일 그렇다면 어른과 어린이들은 서로 화목하여 갈수록 더 강성해질 것이다. 그래서 그 나라는 언제나 안온하며 누구의 침략도 받지 않을 것이다. 아난아, 너는 발지국 사람들이 사문을 높이 섬기고 계戒를 지키는 사람을 존경하여 보호하고 공양하기를 게을리 한 적이 없다는 말을 들었느냐?"

"들었습니다."

"아난아, 만일 그렇다면 어른과 어린이들은 서로 화목하여 갈수록 더 강성해질 것이다. 그래서 그 나라는 언제나 안온하며 누구의 침략도 받지 않을 것이다."

그때 대신 우사가 부처님께 여쭈었다.

"저 나라 백성들이 비록 그 중에 어느 한 가지 법만 행하더라도 오히려 도모할 수 없을 터인데, 더구나 일곱 가지를 다 갖춤에 있어서이겠습니까? 저는 나라 일이 많아 이제 하직하고 돌아가기를 청합니다."

부처님께서 말씀하셨다.

"그렇게 하시오. 지금이 바로 그때임을 아시오."

그때 우사는 곧 자리에서 일어나 부처님을 세 번 돌고 공손히 읍揖하고 물러갔다. 그가 떠난 지 얼마 안 되어 부처님께서 아난에게 말씀하셨다.

"너는 라열기성 부근에 있는 모든 비구들을 강당으로 모이게 하라."

"분부대로 하겠습니다."

아난은 곧 라열기성으로 가서 비구들을 모두 강당에 모이라고 했다. 그리고 부처님께 여쭈었다.

"비구들이 모두 강당에 모였습니다. 부처님께서는 때를 아십시오."

그때 세존께서는 곧 자리에서 일어나 강당으로 가셔서 자리에 앉으시고, 비구들에게 말씀하셨다.

"나는 이제 너희들을 위하여 일곱 가지 불퇴법不退法을 연설하겠다. 자세히 듣고 잘 기억하라."

그때 비구들이 부처님께 여쭈었다.

"예, 세존이시여. 기꺼이 듣기를 원합니다."

부처님께서 모든 비구들에게 말씀하셨다.

"일곱 가지 불퇴법이란 무엇인가? 첫 번째는 자주 서로 모여 정의正義를 강론講論하면 곧 어른과 어린이들은 서로 화목하고 법法은 부술 수 없게 되는 것이다. 두 번째는 윗사람과 아랫사람이 화합하여 서로 공경하고 순종해 어기지 않으면 곧 어른과 어린이들은 서로 화목하고 법은 부술 수 없게 되는 것이다. 세 번째는 법을 받들고 금기할 바를 알며 그 제도制度를 어기지 않으면 곧 어른과 어린이들은 서로 화목하고 법은 부술 수 없게 되는 것이다. 네 번째는 대중을 보호할 능력이 있고 많은 지식을 가진 비구가 있을 경우, 마땅히 그를 공경하고 받든다면 어른과 어린이들은 서로 화목하고 법은 부술 수 없게 되는 것이다. 다섯 번째는 바른 생각을 잘 지켜 간직하고 효도와 공경을 으뜸으로 삼는다면 곧 어른과 어린이들은 서로 화목하고 법은 부술 수 없게 되는 것이다. 여섯 번째는 음욕을 여의고 깨끗한 행行만 닦으며 욕망을 따르지 않으면 곧 어른과 어린이들은 서로 화목하고 법은 부술 수 없게 되는 것이다. 일곱 번째는 남을 앞세우고 자신은 뒤로 돌리며 명예와 이익을 탐하지 않으면 곧 어른과 어린이는 서로 화목하고 법은 부술 수 없게 될 것이다."

부처님께서 다시 비구들에게 말씀하셨다.

"또 일곱 가지 법이 있다. 이것은 법을 더욱 자라게 하고 줄어들거나 닳아 없어지지 않게 하는 것이다. 첫 번째는 일이 적은 것을 좋아하고 일이 많은 것을 좋아하지 않으면 곧 법은 더욱 자라나 줄어들거나 닳아 없어지지 않을 것이다. 두 번째는 침묵하기를 좋아하고 많은 말을 좋아하지 않는 것이다. 세 번째는 잠을 적게 자고 혼매昏昧한 데에 빠지지 않는 것이다. 네 번째는 패거리를 만들어 쓸데없는 일로 언쟁하지 않는 것이다. 다섯 번째는 아무 덕德도 없으면서 스스로 자랑하지 않는 것이다. 여섯 번째는 악한 사람과 짝하지 않는 것이다. 일곱 번째는 산이나 숲 속의 한적한 곳에서 혼자 있기를 좋아하는 것이다. 비구들이여, 이렇게 하면 법은 더욱 자라나 줄어들거나 닳아 없어지지 않을 것이다."

부처님께서 다시 비구들에게 말씀하셨다.

"또 일곱 가지 법이 있다. 이것은 법을 더욱 자라나게 하고 줄어들거나 닳아 없어지지 않게 하는 것이다. 무엇을 일곱 가지라고 하는가? 첫 번째는 믿음을 가지는 것이니, 지진至眞·정각正覺 등 10호號

를 두루 갖춘 여래를 믿는 것이다. 두 번째는 제 자신에 대하여 부끄러움〔慚〕을 아는 것이니, 자기의 과오를 스스로 부끄러워하는 것이다. 세 번째는 남에 대하여 부끄러워〔愧〕할 줄을 아는 것이니, 자기가 지은 죄에 대해 남에게 부끄럽게 생각하는 것이다. 네 번째는 자신이 받아 지녀야 하는 의미가 심오하고 청정하여 더러움이 없고 범행을 구족한 상선上善・중선中善・하선下善에 대해 많이 듣는 것이다. 다섯 번째 부지런히 고행苦行에 힘써 악을 없애고 선을 닦으며, 부지런히 익혀 중지하지 않는 것이다. 여섯 번째는 옛날에 공부한 것을 잘 기억하여 잊지 않는 것이다. 일곱 번째는 지혜를 닦아 익혀 나고 멸하는 법〔生滅法〕을 알고, 성현聖賢의 도道에 나아가 모든 괴로움의 근본을 끊는 것이다. 이러한 일곱 가지 법을 닦으면 법은 더욱 자라나고 줄어들거나 닳아 없어지지 않을 것이다."

부처님께서 비구들에게 말씀하셨다.

"또 일곱 가지 법이 있다. 이것은 법을 더욱 자라나게 하고 줄어들거나 닳아 없어지지 않게 하는 것이다. 무엇을 일곱 가지라고 하는가? 첫 번째는 부처님을 존경하는 것이며, 두 번째는 법을 존경하는 것이며, 세 번째는 스님을 존경하는 것이며, 네 번째는 계율을 존경하는 것이다. 다섯 번째는 정定을 존경하는 것이며, 여섯 번째는 부모를 존경하고 순종하는 것이며, 일곱 번째는 방일하지 않는 사람을 존경하는 것이다. 이러한 일곱 가지 법을 닦으면 법은 더욱 자라나고 줄어들거나 닳아 없어지지 않을 것이다.

부처님께서 비구들에게 말씀하셨다.

"또 일곱 가지 법이 있다. 이것은 법을 더욱 자라나게 하고 줄어들거나 닳아 없어지지 않게 하는 것이다. 어떤 것을 일곱 가지 법이라고 하는가? 첫 번째는 몸뚱이가 깨끗하지 못한 것이라고 관찰하는 것이다. 두 번째는 음식이 깨끗하지 못한 것이라고 관찰하는 것이다. 세 번째는 세간을 좋아하지 않는 것이다. 네 번째는 항상 죽음에 대해 생각하는 것이다. 다섯 번째는 무상無常한 것이라는 생각을 일으키는 것이다. 여섯 번째는 무상하고 괴로운 것이라는 생각을 일으키는 것이다. 일곱 번째는 괴로움에는 나〔我〕라는 것이 없다는 생각을 일으키는 것이다. 이러한 일곱 가지 법을 닦으면 법은 더욱 자라나서 줄어들거나 닳아 없어지지 않을 것이다."

부처님께서 비구들에게 말씀하셨다.

"또 일곱 가지 법이 있다. 이것은 법을 더욱 자라나게 하고 줄어들거나 닳아 없어지지 않게 하는 것이다. 무엇을 일곱 가지 법이라고 하는가? 첫 번째는 염각의念覺意[3]를 닦는 것이니, 한가하고 고요한 곳에서 욕심 없이 해탈하는 법을 닦아 열반으로 나아가는 것이다. 두 번째는 법각의法覺意를 닦는 것이며, 세 번째는 정진각의精進覺意를 닦는 것이다. 네 번째는 희각의喜覺意를 닦는 것이며, 다섯 번째는 의각의猗覺意를 닦는 것이다. 여섯 번째는 정각의定覺意를 닦는 것이며, 일곱 번째는 호각의護覺意를 닦는 것이다. 이러한 일곱 가지 법을 닦으면 법은 더욱 자라나고 줄어들거나 닳아 없어지지 않을 것이다."

부처님께서 비구들에게 말씀하셨다.

"또 여섯 가지 불퇴법不退法이 있다. 이것은 법을 더욱 자라나게 하고 줄어들거나 닳아 없어지지 않게 하는 것이다. 무엇을 여섯 가지라고 하는가? 첫 번째는 몸으로 항상 자비를 행하여 중생을 해치지 않는 것이다. 두 번째는 입으로 인자한 말만 하고 악한 말은 하지 않는 것이다. 세 번째는 뜻으로 자비로운 마음을 지니고 파괴하거나 손해

---

3 각의覺意는 각지覺支·각분覺分·보리분菩提分이라고도 한다. 광의廣意로는 37도품道品을 말하고, 협의狹意로는 7각지覺支를 말한다.

입히려는 생각을 품지 않는 것이다. 네 번째는 깨끗한 재물을 얻으면 여럿이 함께 나누어 평등하고 차별이 없게 하는 것이다. 다섯 번째는 성현의 계를 받아 빠뜨리거나 더럽히는 일이 없고 굳게 믿어 움직이지 않는 것이다 여섯 번째는 성현의 도道를 알아 괴로움을 아주 없애는 것이다. 이러한 여섯 가지 법을 닦으면 법은 더욱 자라나고 줄어들거나 닳아 없어지지 않을 것이다."

부처님께서 비구들에게 말씀하셨다.

"또 여섯 가지 불퇴법이 있다. 이것은 법을 더욱 자라나게 하고 줄어들거나 닳아 없어지지 않게 하는 것이다. 첫 번째는 부처님을 생각하는 것〔念〕이며 두 번째는 법을 생각하는 것이며, 세 번째는 스님들을 생각하는 것이다. 네 번째는 계율을 생각하는 것이며, 다섯 번째는 보시布施를 생각하는 것이며, 여섯 번째는 하늘을 생각하는 것이다. 이 여섯 가지 생각하는 법을 닦으면 법은 더욱 자라나고 줄어들거나 닳아 없어지지 않을 것이다."

그때 세존께서는 라열기성에서 적당히 머무시다가 아난에게 말씀하셨다.

"너희들은 모두 위의를 갖추어라. 내가 죽원竹園[4]으로 가려고 한다."

"예."

아난은 곧 옷과 발우를 챙겨 여러 대중들과 함께 세존을 모시고 따랐다. 마갈국을 경유하여 죽원에 도착하자 세존께서는 당상堂上에 올라 자리에 앉으셔서 모든 비구들에게 계戒·정定·혜慧에 대해 말씀하셨다.

---

4 가란타迦蘭陀에 있는 죽림정사竹林精舍를 말한다. 또한 가란타죽원迦蘭陀竹園이라고도 한다.

"계를 닦아 선정을 얻으면 큰 과보果報를 얻고, 선정을 닦아 지혜를 얻으면 큰 과보를 얻는다. 지혜를 닦아 마음이 깨끗해지면 등해탈等解脫을 얻어 3루漏인 욕루欲漏·유루有漏·무명루無明漏가 없어지게 된다. 해탈을 얻고 나면 해탈의 지혜〔慧脫智〕가 생겨서 나고 죽음이 이미 다하고, 깨끗한 행〔梵行〕은 이미 확고하며, 해야 할 일을 이미 다해 다시는 다음의 생生을 받지 않는다."

그때 세존께서는 죽원에서 적당히 머무시다가 아난에게 말씀하셨다.

"너희들은 모두 위의를 갖추어라. 내가 파릉불성巴陵弗城[5]으로 가려고 한다."

"예."

아난은 곧 옷과 발우를 챙겨 여러 대중들과 함께 세존을 모시고 따랐다. 마갈국을 경유하여 파릉불성에 도착하자 세존께서 파릉巴陵나무 아래에 앉으셨다.

그때 많은 청신사淸信士[6]들은 부처님께서 대중과 함께 먼 곳에 와서 파릉나무 아래에 계신다는 소문을 듣고는 모두 성을 나섰다. 파릉나무 아래에 앉아 계시는 부처님을 멀리서 바라보았는데, 그 용모가 단정하고 6근根은 고요하였으며 잘 조화를 이루어 제일이었다. 마치 큰 용龍이 맑고 깨끗한 물에 살기 때문에 먼지나 때가 없는 것처럼 32상相과 80종호種好로 그 몸을 장엄하고 있었다. 청신사들은 그 모습을 보고 마음에 기쁨이 넘쳐 천천히 걸어 부처님 계신 곳에 이르러

---

5 팔리어로는 Pāṭaliputta이며, 마가다국의 성 이름이다. 혹은 화씨성華氏城이라고 번역하기도 한다.

6 팔리어로는 upāsaka이며, 우바새優婆塞로 음역하기도 한다. 3보寶를 공경하는 재가의 남자 신도를 말한다.

머리 조아려 부처님 발에 예배하고 나서 물러나 한쪽에 앉았다. 그때 부처님께서는 그들을 위하여 차근차근 설법하시고 가르치시어 그들을 유익하게 하고 기쁘게 하셨다. 모든 청신사들은 설법을 듣고 부처님께 여쭈었다.

"저희들은 부처님과 법과 스님께 귀의歸依하고자 합니다. 원컨대 세존께서는 가엾게 여겨 허락하시고 우바새가 되는 것을 허락해 주십시오. 지금부터는 생물을 죽이지 않고〔不殺〕, 도둑질하지 않으며〔不盜〕, 음탕하지 않고〔不淫〕, 속이지 않으며〔不欺〕, 술을 마시지 않고〔不飮酒〕, 계戒를 받들어 잊지 않겠습니다. 내일은 저희가 공양을 올리고자 하니, 원하건대 세존께서는 모든 대중들과 함께 자비를 베풀어 돌보아 주십시오."

그때 세존께서는 침묵으로써 허락하셨다. 청신사들은 부처님께서 침묵하시는 것을 보고 곧 자리에서 일어나 부처님을 세 번 돌고 예배하고 돌아갔다. 그들은 곧 여래를 위하여 큰 강당을 지어 계실 곳을 마련하고 물 뿌려 소제하고 향을 사르며 보배로 장식한 자리를 깔았다. 모든 공양의 준비가 끝나자 곧 세존께 나아가 여쭈었다.

"모든 준비가 다 되었습니다. 성자聖者께서는 때를 아십시오."

그때 세존께서는 곧 자리에서 일어나 가사를 입고 발우를 들고 대중들과 함께 그 강당으로 나아가셨다. 거기서 손발을 씻으시고 그 복판에 앉으셨다. 그때 비구들은 왼쪽에 앉고 청신사들은 오른쪽에 앉았다.

세존께서는 청신사들에게 말씀하셨다.

"사람이 계를 범하면 다섯 가지 손해가 있다. 무엇이 다섯 가지인가? 첫 번째는 재물을 구하여도 뜻대로 되지 않는 것이며, 두 번째는 비록 얻은 것이 있더라도 날로 점점 줄어드는 것이며, 세 번째는 이르는 곳마다 사람들의 존경을 받지 못하는 것이며, 네 번째는 추한 이름과 나쁜 소문이 천하에 퍼지는 것이며, 다섯 번째는 목숨을 마치고 죽은 뒤에는 지옥에 들어가는 것이다."

부처님께서 또 청신사들에게 말씀하셨다.

"사람이 계를 지키면 다섯 가지 공덕이 있다. 무엇이 다섯 가지인가? 첫 번째는 바라는 것이 있으면 무엇이든 원하는 대로 다 되는 것이며, 두 번째는 자기가 가진 재산은 더욱 불어나 손해가 되지 않는 것이며, 세 번째는 가는 곳마다 사람들의 존경과 사랑을 받는 것이며, 네 번째는 좋은 이름과 착한 칭송이 천하에 두루 퍼지는 것이며, 다섯 번째는 목숨을 마쳐 죽은 뒤에는 반드시 천상에 태어나는 것이다."

밤이 깊어 자정을 넘기자 부처님께서는 여러 청신사에게 말씀하셨다.

"너희들은 이제 그만 돌아가라."

모든 신도들은 부처님의 분부에 따라 부처님을 세 번 돌고 그 발에 예배하고 돌아갔다.

그때 부처님께서는 밤이 지나고 동이 틀 무렵에 고요하고 한가한 곳으로 나아가셨다. 거기서 맑고 트인 천안天眼으로 모든 큰 하늘신〔天神〕들이 각각 영토를 차지하고 있는 것을 보시고, 중간 계층의 신〔中神〕들과 아래 계층의 신〔下神〕들도 각각 영토를 차지하고 있는 것을 보셨다. 그때 부처님께서 곧 강당으로 돌아와 자리에 앉으셨다. 세존께서는 때를 아시고 아난에게 물으셨다.[7]

---

7 고려대장경에는 '세존지시고문아난世尊知時故問阿難'으로 되어 있으나, 송・원・명 3본에는 모두 '시時'가 '이而'자로 되어 있다. '이而'자로 바꾸어 해석할 경우 '세존께서는 아시면서 일부러 아난에게 물으셨다'가 된다.

"누가 이 파릉불성을 지었는가?"

아난이 부처님께 여쭈었다.

"이 성은 우사禹舍 대신이 쌓은 성입니다. 이것으로써 발지국을 막고 있습니다."

부처님께서 아난에게 말씀하셨다.

"이 성을 쌓은 사람은 바로 하늘 뜻을 얻었다. 내가 밤이 지나 동이 틀 무렵에 한가하고 고요한 곳으로 나가 천안으로 보니 모든 큰 하늘신이 각각 영토를 차지하고, 중간 계층의 신과 아래 계층의 신도 각각 영토를 차지하고 있었다. 아난아, 마땅히 알아라. 모든 큰 하늘신이 차지한 영토에 사는 사람은 크게 안락하고 불꽃처럼 성할 것이다. 중간 계층의 신이 차지한 곳은 중간 사람〔中人〕이 살 곳이며, 아래 계층의 신이 차지한 곳은 아래 사람〔下人〕이 살 곳이다. 공덕이 많고 적음을 따라 각각 그 사는 곳이 다를 것이다. 아난아, 여기는 현인賢人이 사는 곳이니 상인商人이 모여들 것이며, 나라의 법이 진실하여 서로 속이는 일이 없을 것이다. 이 성은 가장 훌륭하여 모든 곳에서 추앙하므로 파괴할 수 없을 것이다. 오랜 뒤에 이 성이 파괴되려 할 때에는 반드시 세 가지 일〔事〕이 있을 것이다. 첫 번째는 홍수이며, 두 번째는 큰 불이며, 세 번째는 나라 안의 사람이 나라 밖의 사람과 서로 음모하여 이 성을 무너뜨리는 것이다."

그때 파릉불성의 모든 청신사는 밤을 새워 공양을 준비했다가 때가 되자 부처님께 여쭈었다.

"음식 준비가 다 되었습니다. 성자께서는 때가 되었음을 아십시오."

청신사들은 곧 공양을 차리고 손수 시중을 들었다. 공양이 끝나자 물을 돌리고 따로 작은 방석을 깔고 부처님 앞에 앉았다. 그때 부처님께서 말씀하셨다.

"지금 너희들이 있는 이곳은 현인과 지자智者들이 거처하는 곳으로서 계를 지키는 자들이 많고 범행梵行을 청정히 닦으므로 모든 착한 신神들이 기뻐하며 곧 복을 빌어주고〔呪願〕 있다.

'존경할 만한 자를 존경할 줄 알고, 섬길 만한 사람을 섬길 줄 알며, 널리 베풀고 서로 사랑하며 자비로운 마음이 있어 모든 하늘들이 칭찬하는 바라 항상 선善과 함께하고, 악과 함께하지 않게 하십시오.'"

세존께서 이렇게 설법해 마치고 곧 자리에서 일어나시자 대중들이 둘러싸 모시고 돌아갔다. 대신 우사는 부처님의 뒤를 따라가면서 이렇게 생각했다.

'사문 구담께서 이 성문으로 나가셨으니 이 문을 구담문瞿曇門이라고 이름하자.'

또 여래께서 강을 건너시는 것을 보고는 그곳을 구담하瞿曇河라고 이름지었다. 그때 세존께서 파릉불성을 나와서 강가에 이르셨다. 그때 언덕 위에는 많은 사람이 있었고, 그 중에는 배를 타고 강을 건너가는 사람도 있었고, 혹은 뗏목을 타고 건너는 사람도 있었으며, 또는 작은 뗏목을 타고 강을 건너는 사람도 있었다. 그때 세존께서는 대중들과 함께 힘센 사람이 팔을 굽혔다 펼 정도의 짧은 시간에 저쪽 언덕으로 건너가셨다. 세존께서는 이런 이치를 관찰해 마치고 곧 게송으로 말씀하셨다.

부처는 바다의 사공이며
법의 다리 놓아 강을 건너는 나루 되시며
대승도大乘道의 큰 수레로

일체의 천상과 인간을 건네주시네.

또한 스스로 번뇌를 끊고
저 언덕으로 건너 신선이 되며
또 그 모든 제자들로 하여금
결박을 풀어 열반을 얻게 하시네.

그때 세존께서는 발지국을 돌아다니시다가 구리拘利[8]촌에 이르러 어느 나무 밑에서 비구들에게 말씀하셨다.

"여기 네 가지 깊은 법이 있다. 첫 번째는 거룩한 계戒이고, 두 번째는 거룩한 선정[定]이며, 세 번째는 거룩한 지혜이고, 네 번째는 거룩한 해탈解脫이다. 이 법은 미묘하여 알기 어렵다. 나와 너희들은 이것을 밝게 깨닫지 못했기 때문에 오랫동안 나고 죽는 가운데 끝없이 떠돌아다니고 있는 것이다."

세존께서는 이 뜻을 관찰해 마치고 곧 게송으로 말씀하셨다.

계율과 선정과 지혜와 해탈은
오직 부처만이 분별하셔서
괴로움을 여의시고 중생을 교화해서
나고 죽음의 습기 끊게 하신다네.

세존께서는 구리촌에서 머무실 만큼 머무시고 나서 아난에게 나다那陀[9]촌으로 함께 가자고 하셨다. 아난은 분부를 받들어 곧 옷을 입

8 팔리어로는 koṭigāma이며, 『불반니원경佛般泥洹經』에는 구린취拘隣聚로 되어 있다.
9 팔리어로는 Nādikā이며, 나려가취락那黎迦聚落이라고 하기도 한다. 『불반니원경』에

고 발우를 챙겨 대중들과 함께 부처님을 모시고 따랐다. 부처님께서는 발지국을 경유하여 나다촌에 이르러 건추처揵椎處[10]에서 쉬셨다.

아난은 혼자 한적한 곳에서 묵묵히 속으로 생각했다.

'이 나다촌에는 열두 명의 거사居士가 있었다. 첫 번째는 가가라伽伽羅, 두 번째는 가릉가伽陵伽, 세 번째는 비가타毘伽陀, 네 번째는 가리수伽利輸, 다섯 번째는 차루遮樓, 여섯 번째는 바야루婆耶樓, 일곱 번째는 바두루婆頭樓, 여덟 번째는 수바두루藪婆頭樓, 아홉 번째는 다리사누陀梨舍㝹, 열 번째는 수달리사누藪達利舍㝹, 열한 번째는 야수耶輸, 열두 번째는 야수다루耶輸多樓이다. 이 사람들은 모두 목숨을 마치고 어디에 태어났을까? 또 50명이 있었는데 지금은 목숨을 마쳤고, 또 5백 명이 있었는데 지금은 목숨을 마쳤다. 이 사람들은 다 어디에 태어났을까?'

이런 생각을 하고 나서는 조용한 곳에서 일어나 세존께 나아갔다. 머리 조아려 세존의 발에 예배하고 한쪽에 앉아 부처님께 여쭈었다.

"세존이시여, 저는 고요한 곳에서 묵묵히 이렇게 생각했습니다. '이 나다촌에 살던 가가라 등 12거사는 목숨을 마쳤고, 또 50명이 있었는데 지금은 목숨을 마쳤으며, 또 5백 명이 있었는데 그들도 지금은 목숨을 마쳤다. 이들은 어디에 태어났을까?' 원컨대 설명해 주십시오."

부처님께서 아난에게 말씀하셨다.

"가가라 등 12명은 5하분결下分結[11]을 끊고 목숨을 마친 뒤에 하늘

는 희예국喜豫國으로 되어 있다.

10 팔리본에는 긴기가정사(緊耆迦精舍, Giñjakāvasatha)로 되어 있는데, 이는 전와당甎瓦堂, 즉 휴식을 취하는 장소로 쓰기 위해 벽돌로 조성해 놓은 건축물을 의미한다.

11 하분下分은 욕계欲界이고 결結은 번뇌煩惱를 뜻한다. 욕계에서 중생을 얽어매고 있는 다섯 가지 번뇌欲貪・瞋恚・有身見・戒禁取見・疑結를 말한다.

에 태어났다. 그들은 거기서 완전한 반열반般涅槃을 얻어 다시는 이 땅으로 돌아오지 않는다. 50명은 목숨을 마친 다음 3결結[12]을 끊고, 음욕과 성냄과 어리석음이 적어져 사다함斯陀含을 얻었다. 그래서 이 세상에 다시 한 번 돌아와 괴로움의 근본을 끊을 것이다. 또 5백 명은 목숨을 마친 다음 3결을 끊고 수다원須陀洹을 얻었다. 그래서 그들은 반드시 나쁜 세계에는 떨어지지 않고 도道를 이루어 7생生 동안 이 세상에 오가며 태어나고서야 괴로움의 근본을 다할 것이다. 아난아, 태어나면 죽음이 있는 법이니, 이는 세상의 법칙이다. 이것이 뭐가 이상하다는 것이냐? 만일 일일이 사람이 죽을 때마다 내게 와서 묻는다면 그것은 시끄럽고 어지러운 일이 아니겠느냐?"

아난이 대답하였다.

"진실로 그렇습니다. 세존이시여, 그것은 실로 시끄럽고 어지러운 일입니다."

부처님께서 아난에게 말씀하셨다.

"이제 내 너를 위해 법의 거울〔法鏡〕을 설명하겠다. 이것은 성인의 제자들로 하여금 어디에 태어날 것인지를 알게 하고, 세 갈래 나쁜 세계〔惡道〕를 끊어 수다원을 얻게 하며, 7생을 지나지 않고 반드시 모든 괴로움을 끊게 하고, 또한 다른 사람들을 위해 이와 같은 일들을 설명할 수 있게 하는 것이다. 아난아, 법의 거울이란 곧 성인의 제자들이 무너지지 않는 믿음〔不壞信〕을 얻는 것을 말한다. 즉 즐겁고 기쁜 마음으로 여래如來·무소착無所著·등정각等正覺 등의 10호號를 구족具足하신 부처님을 믿는 것이다. 즐겁고 기쁜 마음으로, 바르고 참되고 미묘한 것이며, 자유자재로 설명하신 것이며, 특정한 시

12 3결結은 5하분결下分結 중 세 가지인 신견결身見結·의결疑結·계금취결戒禁取結을 말한다.

절이 따로 없는 것이며, 열반의 길을 보여주신 것이며, 지혜로운 자들이 행하는 것인 법을 믿는 것이다. 즐겁고 기쁜 마음으로, 서로 잘 화합하고, 그 행동이 정직하며 아첨하는 일이 없고 도道의 결과를 성취하였으며, 위아래가 화목하고 법신法身을 구족한 스님들을 믿는 것이다. 수다원을 향하는 자와 수다원을 얻은 자, 사다함을 향하는 자와 사다함을 얻은 자, 아나함阿那含을 향하는 자와 아나함을 얻은 자, 아라한을 향하는 자와 아라한을 얻은 자, 이상 사쌍팔배四雙八輩를 여래의 성스럽고 현명한 대중이라고 하는데, 이들은 진실로 존경할 만한 세상의 복밭〔福田〕이다. 그리고 또 맑고 깨끗하여 더러움이 없고, 이지러지거나 빠짐이 없으며, 명철하고 지혜로운 사람이 행할 바이며, 삼매정三昧定[13]을 얻게 하는 성현의 계戒를 믿는 것이다. 아난아, 이것이 바로 성인의 제자들로 하여금 어디에 태어날 것인지를 알게 하고, 세 갈래 나쁜 세계를 끊고 수다원을 얻게 하며, 7생도 다 지내지 않아 반드시 괴로움의 근본을 끊게 하고, 또한 다른 사람들을 위해 이와 같은 일들을 설명할 수 있게 하는 법의 거울이다."

그때 세존께서는 머무실 만큼 머무시다가 아난에게 말씀하셨다.

"나와 함께 비사리국毘舍利國[14]으로 가자."

아난은 분부를 받고 곧 옷을 입고 발우를 들고 대중들과 함께 세존을 모시고 따랐다. 발지국을 경유하여 비사리에 도착하자 부처님께서 어느 나무 아래에 앉으셨다. 당시 암바바리菴婆婆梨[15]라는 이름을

---

13 팔리어로는 samādhi이며, 삼매三昧 또는 삼마지三摩地라고 음역하기도 하며 정정正定・등지等地로 한역한다.

14 팔리어로는 Vesāli이며, 폐사리吠舍釐라고도 하며 광엄廣嚴이라 한역한다. 부처님께서 세상에 계실 때 16대국大國 중의 하나로 발지(跋祇, Vajji)국의 수도였다.

15 팔리어로는 Ambapāli이며, 내녀奈女 또는 내녀㮏女라고도 한다. 『불설내녀기바경佛說奈女耆婆經』에 의거하면 이 여인과 빈바사라頻婆娑羅왕 사이에 기바(耆婆, jiva)라

가진 한 음녀淫女가 있었다. 그녀는 부처님께서 모든 제자들을 데리고 비사리로 오셔서 어떤 나무 아래에 앉아 계신다는 말을 듣고, 보배 수레를 장식하여 타고 가서 부처님께 나아가 예배하고 공양하고자 했다. 미처 가까이 가기 전에 멀리서 세존을 바라보았는데, 그 얼굴이 단정하고 모든 감관〔根〕은 특이하며 상호相好를 원만히 갖춘 것이 마치 뭇 별 가운데 빛나는 달과 같았다. 이 모습을 본 암바바리는 기뻐하면서 수레에서 내려 걸어서 차츰 부처님 가까이에 나아가 머리 조아려 그 발에 예배한 뒤 물러나 한쪽에 앉았다.

세존께서는 차근차근 설법하고 가르쳐 보여 그녀를 이롭게 하고 기쁘게 하셨다. 그녀는 부처님의 말씀을 듣고 기쁜 마음을 내어 곧 부처님께 여쭈었다.

"저는 오늘부터 3존尊[16]께 귀의합니다. 원컨대 바른 법 가운데 우바이優婆夷가 되도록 허락해 주십시오. 이 목숨이 다할 때까지 생물을 죽이지 않고, 도둑질하지 않으며, 삿된 음행을 하지 않고, 거짓말하지 않으며, 또 술을 마시지 않겠습니다."

암바바리는 또 부처님께 말씀드렸다.

"원하건대 세존과 모든 제자들께서는 내일 저의 공양을 받아 주십시오. 그리고 오늘 밤에는 저의 동산에서 쉬도록 하십시오."

세존께서는 잠자코 그 청을 들어 주셨다. 그녀는 부처님께서 잠자코 허락하시는 것을 보고 곧 자리에서 일어나 머리 조아려 그 발에 예배한 뒤 부처님의 주위를 돌고 집으로 돌아갔다. 그녀가 떠난 지 오래지 않아 부처님께서 아난에게 말씀하셨다.

는 아들을 두었다고 한다.

16 3보寶와 같은 뜻으로 곧 양족존兩足尊·이욕존離欲尊·중중존衆中尊인 불佛·법法·승僧을 말한다.

"나는 너희들과 함께 암바바리의 동산으로 가겠다."

"예."

부처님께서는 곧 자리에서 일어나 옷과 발우를 챙기신 뒤 1,250명의 제자들과 함께 그녀의 동산으로 가셨다.

그때 비사리에 있던 여러 예차隸車[17]족 사람들은 부처님께서 암바바리 동산에 머물고 계신다는 말을 듣고 곧 5색色으로 보배 수레를 아름답게 장식했다. 어떤 사람은 푸른 수레에 푸른 말을 탔는데, 옷과 일산과 깃발과 하인들도 다 푸른빛이었다. 다른 수레와 말도 다섯 빛깔로서 모두 마찬가지였다. 그때 5백 명의 예차족 사람들은 모두 같은 빛깔의 옷을 입고 부처님을 뵙고자 나아가고 있었다.

암바바리는 부처님을 하직하고 집으로 돌아가다가 길에서 예차족 사람들을 만났는데, 수레를 빨리 몰고 가는 바람에 저들의 보배 수레와 충돌하여 깃발과 일산을 부러뜨렸다. 그러고도 그녀는 길을 비키지 않았다. 예차족 사람들은 꾸짖어 말했다.

"너는 무슨 세력을 믿기에 길을 비키지 않고 우리 수레를 들이받아 깃발과 일산을 다 부러뜨리는가?"

그녀는 말했다.

"여러분, 저는 내일 부처님을 초대하였으므로 그것을 준비하기 위해서 집으로 돌아가는 길입니다. 그래서 빨리 가야 하겠기에 길을 피할 겨를이 없었습니다."

예차족 사람들은 곧 그녀에게 말했다.

"너의 초대는 다음으로 미루고 먼저 우리에게 초대를 양보하라. 그

---

17 팔리어로는 Licchavi이며, 리차利車・리사離奢・리차離車・려창黎昌・률차律車・리차비梨車毘라고도 하며, 박피薄皮・동피同皮라고 한역한다. 비사리성毗舍離城에 있던 찰제리 종족의 이름이다.

러면 우리가 너에게 백천 냥의 금을 주겠다."

그녀는 즉시 대답했다.

"제가 먼저 초대하여 이미 결정되어 있습니다. 그러므로 양보할 수 없습니다."

예차족 사람들은 다시 그녀에게 말했다.

"우리가 너에게 백천 냥 금의 16배를 주겠다. 부디 우리가 먼저 초대할 수 있게 해다오."

그러나 그녀는 듣지 않았다.

"제 초대는 이미 결정되어 있습니다. 그렇게 할 수 없습니다."

예차족 사람들은 다시 그녀에게 말했다.

"우리가 너에게 우리나라 재산의 반을 주겠다. 우리에게 양보하라."

그녀는 다시 대답했다.

"비록 나라 재산의 전부를 준다고 해도 저는 받지 않을 것입니다. 왜냐하면 부처님께서는 저의 동산에 머무시면서 저의 초대를 먼저 허락하셨기 때문입니다. 이 일은 이미 결정된 것이니 끝내 양보할 수 없습니다."

모든 예차족 사람들은 손을 휘두르면서 탄식했다.

"이제 저 여자 때문에 우리의 첫 복을 빼앗겼구나."

그리고 곧 길을 재촉하여 그 동산을 향해 나아갔다. 그때 세존께서는 5백 명의 예차족 사람들이 수만의 수레와 말로 길을 메운 채 찾아오는 것을 멀리서 바라보시고 모든 비구들에게 말씀하셨다.

"너희들은 도리천忉利天이 동산에서 유희할 때의 위의威儀와 장식을 알고자 하느냐? 저들과 전혀 다르지 않다. 너희들 비구여, 너희들은 마땅히 스스로 마음이 흐트러지지 않게 다잡아 모든 위의를 갖추어야 한다. 비구들아, 어떤 것을 '스스로 그 마음을 다잡는다'고 하는가? 비구여, 안의 몸〔內身〕 관찰하기를 부지런히 힘써 게으르지 않고, 항상 생각하고 잊지 않아 세상의 탐욕과 걱정을 버리는 것이다. 또 밖의 몸〔外身〕 관찰하기를 부지런히 힘써 게으르지 않고, 항상 생각하고 잊지 않아 세상의 탐욕과 걱정을 버리는 것이다. 수受·의意·법法 또한 이와 같이 관찰하는 것이다.

어떤 것을 '비구가 모든 위의를 갖추었다'고 하는가? 비구들아, 행해야 할 것은 행할 줄 알고 그쳐야 할 것은 그칠 줄 알며, 좌우를 돌아보기와 몸을 펴고 굽히기와 굽어보고 쳐다보기와 옷을 입고 발우를 챙기기와 음식을 먹고 약을 쓰는데 있어서 지켜야 할 법칙을 어기지 않고, 좋은 방편을 써서 번뇌를 덜어 버리며, 다니거나 머물거나, 앉거나 눕거나, 깨었거나 잠자거나, 말하거나 묵묵히 있거나 항상 마음을 다잡아 산란하지 않게 하는 것이니, 이것을 '비구가 모든 위의를 갖추었다'고 하는 것이다."

5백 명의 예차족 사람들은 암바바리동산에 이르러 부처님의 처소로 가려고 말에서 내려 걸어갔다. 그들은 부처님 계신 곳에 이르러 머리 조아려 부처님 발에 예배하고 한쪽에 앉았다. 여래께서는 자리에 앉아 계셨는데 그 빛나는 모습이 유달리 뛰어나 모든 대중을 무색케 하는 것이 마치 가을 달과 같았다. 또 천지가 청명하고 깨끗해 가림이 없을 때, 해가 허공에 있어 그 광명이 홀로 비추는 것과 같았다. 그때 5백 명의 예차족 사람들은 부처님을 에워싸고 앉았고, 부처님의 빛나는 모습은 대중 속에서 유달리 밝았다. 그때 좌중에 있던 병염幷饜[18]이라는 범지(梵志 : 바라문)가 곧 자리에서 일어나 오른쪽 어

18 병염幷饜은 송·원·명 3본에는 모두 병기幷暨로 되어 있다. 혹 기暨자를 그렇게 쓴 것이 아닌가 생각된다.

깨를 드러내고 오른쪽 무릎을 땅에 붙이고 합장하고 부처님을 향해 게송으로 찬탄했다.

마갈摩竭의 앙가鴦伽[19] 왕이
유쾌하게 좋은 이익 얻기 위하여
몸에 보주寶珠의 갑옷을 걸치자
세존께서 그 땅에 나타나셨네.

그 위덕威德은 삼천세계 뒤흔들고
그 이름은 설산雪山처럼 드러났으니
마치 연꽃이 피어난 것과 같아
그 향기 매우 미묘하여라.

이제 부처님의 광명을 보면
마치 처음 떠오르는 아침 해와 같고
마치 밝은 달이 허공에 노닐 때
가리는 구름 한 점 없는 것처럼
세존께서도 이와 같아서
그 광명 세간을 비추시네.

이제 여래의 지혜를 보면
어둠 속에 등불을 보는 것 같으니
밝은 눈을 중생에게 베풀어 주셔서

19 앙가(鴦伽, Aṅga)는 종족의 이름인데, 혹 나라 이름으로 쓰기도 한다.

모든 의혹을 풀게 하셨네.

5백 명의 예차족 사람들은 이 게송을 듣고 다시 병염에게 말했다.

"그대는 그 게송을 다시 읊어 보시오."

병염은 부처님 앞에서 두 세 차례 되풀이해 읊었다. 5백 명의 예차족 사람들은 이 게송을 듣고는 각기 보배 옷을 벗어 병염에게 선물했다. 병염은 곧 그 옷을 여래께 바치니, 부처님께서 그를 가엾이 여기셔서 곧 그 옷을 받으셨다.

세존께서는 비사리의 모든 예차족 사람들에게 말씀하셨다.

"이 세상에는 매우 얻기 어려운 다섯 가지 보배가 있다. 무엇이 다섯 가지인가? 첫 번째는 여래·지진至眞께서 세상에 출현하시는 것이니, 이것은 매우 얻기 어려운 것이다. 두 번째는 여래의 바른 법을 연설하는 사람이니, 그런 사람은 매우 얻기 어려운 것이다. 세 번째는 여래가 연설한 법을 믿고 아는 사람이니, 그런 사람은 매우 얻기 어려운 것이다. 네 번째는 여래가 연설한 법을 능히 성취하는 사람이니, 그런 사람은 매우 얻기 어려운 것이다. 다섯 번째는 위험에 빠진 사람을 재앙에서 구원하기를 되풀이할 줄 아는 사람이니, 그런 사람은 매우 얻기 어려운 것이다. 이것을 다섯 가지 보배라고 하는데, 이는 매우 얻기 어려운 것들이다."

5백 명의 예차족 사람들은 부처님의 가르침을 듣고 기뻐하며 곧 부처님께 말씀드렸다.

"오직 원하건대 세존과 모든 제자들께서는 내일 저희들의 공양을 받아주십시오."

부처님께서 예차족 사람들에게 말씀하셨다.

"그대들이 이미 나를 초청하였으니 나는 이제 그것으로 공양을 받은 것으로 여기겠다. 암바바리가 이미 나를 먼저 초청하였다."

5백 명의 예차족 사람들은 암바바리가 이미 먼저 부처님을 초청했다는 말을 듣고 각기 손을 저으며 말했다.

"저희들이 여래께 공양하려 하였는데, 그 여자가 이미 선수를 빼앗아 버렸군요. 그리고는 곧 자리에서 일어나 머리 조아려 부처님께 예배한 뒤 부처님을 세 번 돌고 각각 돌아갔다.

그때 암바바리는 그날 밤으로 여러 가지 공양을 준비하였다. 이튿날 공양 때가 되자 세존께서는 1,250명의 비구들에게 각각 옷과 발우를 챙기게 한 뒤 비구들에게 둘러싸여 그녀의 집으로 나아가 자리에 앉으셨다. 암바바리는 곧 맛있는 공양을 차려 부처님과 스님들에게 바치고 공양을 마치자 발우를 거두고 상을 치웠다. 그녀는 몸소 손에 황금 병을 들고 손과 발우를 씻는 물을 돌리고 나서 부처님 앞에 나아가 말씀드렸다.

"이 비야리毗耶離[20]성에 있는 동산가운데에는 저의 동산이 가장 훌륭합니다. 저는 이 동산을 여래께 바치겠습니다. 저를 가엾이 여기셔서 받아 주십시오."

부처님께서 암바바리에게 말씀하셨다.

"너는 이 동산을 나와 이 승단僧團에 보시하여라. 왜냐하면 여래가 가지는 동산·숲·방·집·옷·발우 등 여섯 가지 물건은 진실로 모든 악마·하늘·범천梵天·대신력천大神力天들은 이런 공양을 받을 자격이 없기 때문이다."

그때 그녀는 분부를 받고 곧 그 동산을 부처님과 승단에 보시했다. 부처님께서는 그녀를 가엾이 여겨 그것을 받으셨다. 그리고 게송으

20 고려대장경에는 비야리毗耶離로 되어 있으나 송·원·명 3본에는 모두 비사리毗舍離로 되어 있다.

로 말씀하셨다.

탑을 세우고 절을 짓고
동산의 과일로 시원함을 보시하며
다리와 배로써 사람을 건네주고
광야에서 물과 풀을 보시하거나

또 집을 지어 보시하면
그 복은 밤낮으로 불어나고
계를 갖추어 맑고 또 깨끗한 자
그는 죽어 반드시 좋은 곳에 나리라.

암바바리는 낮은 평상을 가져와 부처님 앞에 앉았다. 부처님께서 그녀를 위하여 차근차근 설법하고 가르쳐 이롭게 해주고 기쁘게 해주셨다. 즉 시론施論·계론戒論·생천론生天論에 대해 말씀해 주시고, 애욕은 큰 재앙이며, 더럽고 깨끗하지 못한 가장 큰 번뇌〔上漏〕로서 장애가 될 뿐이니, 이를 벗어나는 길을 찾는 것이 제일이라고 하셨다.

세존께서는 그녀의 마음이 부드러워지고 기쁜 마음으로 따르며 5온蘊의 장애가 엷어져서 교화하기 쉽다는 것을 아시고, 모든 부처님의 법대로 그녀를 위하여 괴로움에 대한 성스러운 진리〔苦聖諦〕를 말씀하시고 괴로움의 발생에 대한 성스러운 진리〔苦集聖諦〕·괴로움의 소멸에 대한 성스러운 진리〔苦滅聖諦〕·괴로움의 벗어남에 대한 성스러운 진리〔苦出要聖諦〕에 대해 설명하셨다.

암바바리는 믿는 마음이 맑고 깨끗해졌으니 마치 깨끗한 흰 천이 쉽게 염색되는 것과 같았다. 그래서 그 자리에서 티끌과 때를 멀리 여의고 모든 법에 대한 법안法眼이 생겨 법을 보고는 법을 얻었으며 반드시 바르게 머물러 나쁜 세계〔惡道〕에 떨어지지 않게 되었으며 두려움이 없게 되었다. 그래서 부처님께 말씀드렸다.

"저는 이제 부처님께 귀의하고, 법에 귀의하고, 스님들에게 귀의합니다."

이렇게 세 번 되풀이했다.

"원하건대, 여래께서는 제가 바른 법 가운데에서 우바이가 되도록 허락해 주십시오. 저는 지금부터 목숨이 다할 때까지 생물을 죽이지 않고, 도둑질하지 않으며, 삿된 음행을 하지 않고, 속이지 않으며, 술을 마시지 않겠습니다."

그녀는 부처님께 다섯 가지 계戒를 받고 나서 본래의 습관을 버리고 더러운 때가 없어졌다. 그녀는 곧 자리에서 일어나 부처님께 예배하고 돌아갔다.

세존께서는 비사리국에서 머무실 만큼 마음대로 머무시고 나서 아난에게 말씀하셨다.

"너희들은 모두 위의를 갖추어라. 나는 이제 죽림총竹林叢으로 가야겠다."

"예."

아난은 곧 옷과 발우를 챙기고 대중들과 함께 세존을 모시고 따랐다. 발지국을 경유하여 저 죽림정사에 이르렀을 때, 비사타야毘沙陀耶라는 바라문이 부처님께서 대중들과 함께 죽림정사로 오셨다는 소문을 듣고 마음속으로 생각했다.

'저 사문 구담은 그 명성과 덕망이 사방에 널리 퍼지고 10호號를 구족하셨다. 그래서 모든 하늘과 제석·범천梵天·마魔와 마천魔天·

사문 · 바라문 가운데에서 스스로 지혜를 체험하고 남을 위해 설법하신다. 그 상 · 중 · 하의 모든 말씀은 다 바르고 참되며 그 뜻이 깊고, 또 깨끗한 행行을 구족하셨다. 이런 참 사람〔眞人〕[21]은 마땅히 찾아가 뵈어야 할 것이다.'

그는 죽림정사로 부처님을 찾아가서 문안을 드리고 한쪽에 앉았다. 세존께서는 그를 위해 차근차근 설법하고 가르쳐 이롭게 해 주시고 기쁘게 해 주셨다. 바라문은 설법을 듣고 못내 기뻐하면서 곧 세존과 모든 대중들을 초청했다.

"내일은 저희 집에서 공양을 받으십시오."

부처님께서 침묵으로 그 청을 들어 주셨다. 바라문은 이미 허락하신 것임을 알고 곧 자리에서 일어나 부처님을 돌고 나서 집으로 돌아갔다. 그는 그 날 밤으로 음식을 준비했고, 이튿날 때가 되자 '성자께서는 때가 되었음을 아십시오'하고 알려 왔다.

세존께서는 옷을 입고 발우를 들고 대중들에게 둘러싸여 그의 집으로 가 자리에 앉으셨다. 바라문은 온갖 맛난 음식을 차려 부처님과 스님들께 공양하였다. 그는 공양이 끝나자 발우를 거두고 손과 발우를 씻을 물을 돌리고 나서 낮은 평상을 가지고 와서 부처님 앞에 앉았다. 그때 세존께서는 그를 위하여 게송으로 말씀하셨다.

만일 음식과
의복과 침구로써
계를 지키는 사람에게 보시하면
그는 곧 큰 과보를 얻으리라.

---

21 진인眞人은 지극히 진실하신 분[至眞], 즉 공양을 받아 마땅한 분[應供]이라는 뜻인 아라한阿羅漢을 말한다. 여기에서는 부처님을 찬탄하는 칭호로 쓰였다.

그것은 참된 동반자 되어
한평생〔始終〕 함께할 것이니
그가 이르는 곳마다
그림자가 몸을 따르는 것 같으리.

그러므로 착한 종자 심으면
뒷세상의 양식이 되며
복은 그 뿌리와 기초가 되어
그 중생 그것으로 안락해지리.

복의 과보로 하늘의 보호 받아
어디로 가나 위험이 없고
한평생 어려움 만나지 않으며
죽으면 곧 천상에 오르리라.

세존께서는 그 바라문을 위하여 미묘한 법을 연설하시고 그를 가르쳐 이롭고 기쁘게 하신 뒤, 자리에서 일어나 떠나셨다. 당시 그 나라는 흉년이 들어 곡식이 귀해져서 구걸하기가 매우 어려웠다. 부처님께서 아난에게 말씀하셨다.

"현재 이 나라 안에 있는 모든 비구들에게 명령하여 모두 강당에 모이게 하라."

"예."

아난은 곧 부처님의 분부를 받들어, 사방 모든 대중들에게 모두 강당으로 모이라고 전하였다. 나라 안의 대중들이 모두 모이자 아난이 부처님께 말씀드렸다.

"대중이 모두 모였습니다. 성자께서는 때가 되었음을 아십시오."

세존께서 자리에서 일어나 강당으로 나아가 자리에 앉아 모든 비구들에게 말씀하셨다.

"이 나라에 흉년이 들어 구걸하기가 매우 어렵다. 너희들은 각각 무리를 나누어 아는 곳을 따라 비사리나 월지국越祇國[22]으로 가 그곳에서 안거安居하도록 하라. 그러면 궁색한 일이 없을 것이다. 나는 아난과 함께 여기서 안거할 것이다. 왜냐하면 그렇게 해야 궁색함을 면할 수 있기 때문이다."

모든 비구들이 분부를 받아 곧 떠나고, 부처님과 아난만 그곳에 머무셨다. 그 뒤 여름 안거 동안에 부처님께서 병이 들어 온몸이 몹시 아프셨다. 부처님께서는 가만히 생각하셨다.

'나는 지금 병이 나서 온몸이 몹시 아프다. 그러나 제자들이 모두 흩어져 없는데 내가 만일 열반에 든다면 그것은 옳지 못하다. 나는 정근精勤하고 스스로 노력하여 내 목숨을 이어야 한다.'

세존께서는 고요한 방에서 나와 시원한 곳에 앉으셨다. 아난은 이를 보고는 곧 부처님께 황급히 나아가 말씀드렸다.

"이제 존안尊顔을 뵈오니 병이 좀 차도가 있으신 것 같습니다."

아난이 다시 말씀드렸다.

"세존께서 병이 나시니 제 마음은 황송하고 두려우며 걱정스럽고 근심되어 어쩔 줄을 모르다가 겨우 정신을 차려 가만히 이렇게 생각하였습니다.

'여래께서는 아직 열반에 드시지 않으셨고, 세간의 눈은 아직 멸하지 않았으며, 큰 법은 아직 없어지지 않았다. 왜 지금 모든 제자들에

---

22 비사리 근교의 발지국(跋祇國, Vajji)을 말한다.

게 가르침을 내리지 않으실까?'"

부처님께서 아난에게 말씀하셨다.

"여러 비구들이 내게 기대하는 것이라도 있는가? 만일 스스로 '나는 여러 스님들을 거느리고 있다. 나는 여러 스님들을 다스리고 있다'고 말하는 사람이라면 그 사람은 대중에게 내릴 가르침이 있을 것이나, 여래는 '나는 대중을 거느리고 있다. 나는 대중을 다스리고 있다'고 말하지 않는다. 그러니 무슨 대중에게 내릴 가르침이 있겠는가? 아난아, 나는 설해야 할 법을 안팎으로 이미 설하였지만 '보아야 할 것을 모두 통달하였다'고 스스로 자랑한 적은 한 번도 없다. 나는 이미 늙었고, 나이 또한 80이나 된다. 마치 낡은 수레를 방편으로 수리하면 좀 더 갈 수 있는 것처럼 내 몸 또한 그렇다. 방편의 힘으로써 잠시 목숨을 연장할 수 있기에 나는 스스로 힘써 정진하면서 이 고통을 참는다. 일체의 사물을 생각하지 않고 생각이 없는 선정〔無想定〕에 들어갈 때, 내 몸은 안온하여 아무런 번민도 고통도 없다.

그러므로 아난아, 스스로 맹렬히 정진하되 법法에 맹렬히 정진해야지 다른 것에 맹렬히 정진하지 말며, 스스로 귀의하되 법에 귀의해야지 다른 것에 귀의하지 마라.[23] 어떤 것을 '스스로 맹렬히 정진하되, 법에 맹렬히 정진해야지 다른 것에 맹렬히 정진하지 말며, 스스로 귀의하되 법에 귀의해야지 다른 것에 귀의하지 말라'라고 하는가? 아난아, 비구는 안의 몸을 관찰하기를 부지런히 하고 게을리 하지 않아야 하며 잘 기억하여 잊지 않음으로써 세상의 탐욕과 걱정을 없애

23 팔리본을 참조하여 "자신을 등불로 삼고 법을 등불로 삼으며 다른 것을 등불로 삼지 말라. 자신을 귀의처로 삼고 법을 귀의처로 삼으며 다른 것을 귀의처로 삼지 말라"로 번역하기도 한다. 그러나 여기에서는 한역漢譯의 문장[文]에 충실하여 위와 같이 번역하였다.

야 한다. 또 밖의 몸을 관찰하고, 안팎의 몸을 관찰하기를 부지런히 하고 게을리 하지 않아야 하며, 잘 기억하여 잊지 않음으로써 세상의 탐욕과 걱정을 없애야 한다. 수受와 의意와 법法도 이와 같이 관찰해야 한다. 이것을 아난아, '스스로 맹렬히 정진하되, 법法에 맹렬히 정진해야지 다른 것에 맹렬히 정진하지 말며, 스스로 귀의하되 법에 귀의해야지 다른 것에 귀의하지 말라'고 하는 것이다."

부처님께서 다시 아난에게 말씀하셨다.

"내가 죽은 뒤에 능히 이 법대로 수행하는 자가 있으면, 그는 곧 나의 참 제자이며 또한 제일가는 수행자일 것이다."

부처님께서 아난에게 말씀하셨다.

"함께 차바라탑遮婆羅塔[24]으로 가자."

"예."

여래께서는 곧 일어나 옷과 발우를 들고 어떤 나무 밑으로 가셔서 아난에게 말씀하셨다.

"자리를 깔아라. 나는 등병〔背痛〕을 앓고 있다. 여기서 좀 쉬고 싶다."

아난은 "예" 하고 대답하고 곧 자리를 깔았다. 여래께서 앉으시자 아난도 작은 자리를 깔고 부처님 앞에 앉았다. 부처님께서 아난에게 말씀하셨다.

"4신족神足[25]을 닦아 그것을 많이 익혀 행하고 또 항상 그것을 생각해 잊지 않는 자들은 모두 원하기만 한다면 죽지 않고 1겁劫을 넘

---

24 팔리어로는 Cāpāla-cetiya이며, 비사리성毗舍離城 인근에 있던 탑이다.

25 4여의족如意足을 말하는 것으로서 즉 욕정단행구신족欲定斷行具神足 · 심정단행구신족心定斷行具神足 · 정진단행구신족精進斷行具神足 · 관정단행구신족觀定斷行具神足을 말한다.

게 살 수 있다. 아난아, 부처는 4신족을 이미 많이 닦았고 생각을 오로지해 잊지 않는다. 원하기만 한다면 여래는 1겁이 넘도록 살며, 세상을 위하여 어둠을 없애고 이롭게 하는 일이 많아 하늘과 사람들이 안락을 얻을 수 있을 것이다."

아난은 묵묵히 아무 대답도 하지 않았다. 부처님께서 세 번이나 되풀이해 말씀하셨다. 아난은 그래도 잠자코 있었다. 그때 아난은 악마에게 붙잡혀 정신이 아득하여 깨닫지 못하고 있었던 것이다. 그래서 부처님께서 세 번이나 기미〔相〕를 나타내셨으나 아무것도 청할 줄을 몰랐다. 부처님께서 아난에게 말씀하셨다.

"때가 되었음을 마땅히 알아라."

아난은 부처님의 뜻을 받들어 곧 자리에서 일어나 부처님께 예배하고 그 자리를 떠났다. 그리고 부처님과 멀리 떨어지지 않은 곳에서 어떤 나무 밑에 앉아 고요히 생각에 잠겼다. 시간이 얼마 지나지 않아 악마 파순波旬[26]은 부처님께 와서 말씀드렸다.

"부처님께서는 마음에 아무 욕심이 없으시니 반열반般涅槃에 드십시오. 지금이 바로 그때입니다. 마땅히 빨리 멸도滅度하십시오."

부처님께서 파순에게 말씀하셨다.

"그만두라, 그만두라. 내 스스로 그때를 알고 있다. 여래는 아직 반열반에 들 수 없다. 반드시 나에게 많은 비구들이 모여야만 그렇게 할 수 있다. 또 그들이 스스로를 다스릴 수 있고, 용맹하고 겁이 없어 안온한 경지에 이르러야 할 것이다. 자신의 이익을 얻고 다른 사람의 길잡이가 되어서 경經의 가르침을 널리 펴고, 글귀의 뜻을 밝힐 수 있어야 할 것이다. 또 만일 다른 주장이 있으면 바른 법으로써 그

26 팔리어로는 pāpimant이며, 파비면波卑面 또는 파비야波卑夜라고도 하고 살자殺者 혹은 악자惡者로 한역한다.

들을 항복받을 수 있어야 할 것이다. 또 신변神變을 몸소 증험할 수 있어야 할 것이다. 제자들이 모두 그러해야 하는데 아직은 그런 자들이 모이지 않았다. 또 비구·비구니·우바새·우바이들도 모두 그러해야 하는데 그러한 이들 또한 모이지 않았다. 따라서 지금은 마땅히 깨끗한 행을 넓히고 각의覺意를 연설하여 모든 하늘신과 사람들로 하여금 두루 신변을 보게 할 때이다."

악마 파순은 다시 부처님께 말씀드렸다.

"부처님이시여, 옛날 울비라鬱鞞羅[27]의 니련선尼連禪 강가에 있는 아유파니구율阿遊波尼俱律나무 밑에서 부처님께서 처음으로 정각正覺을 이루셨을 때, 저는 세존께 나아가 반열반에 드실 것을 권해 청했었습니다.

'지금이 바로 그때입니다. 마땅히 빨리 멸도滅度하십시오.'

그때 여래께서는 곧 저에게 대답하셨습니다.

'그만두라, 그만두라. 파순이여, 내 스스로 그때를 알고 있다. 여래는 아직 반열반에 들 수 없다. 반드시 나에게 많은 제자들이 모이고, 나아가서는 하늘신과 사람들까지 모두 신통과 변화를 보게 하고 나서야 멸도하겠다.'

부처님이시여, 이제 제자들은 이미 모이고, 나아가서는 하늘신과 사람들까지도 모두 신통 변화를 보았습니다. 그러니 지금이 바로 그때입니다. 왜 멸도하지 않으십니까?"

부처님께서 말씀하셨다.

"그만두라, 그만두라. 파순아, 부처는 스스로 그때를 알고 있다. 오래 머물지는 않을 것이다. 지금부터 석 달 뒤에 나는 본생처本生

---

27 팔리어로는 Uruvelā이며, 고행림苦行林으로 번역한다. 마가다국에 위치한다.

處[28]인 구시나갈拘尸那竭의 사라원娑羅園 쌍수雙樹 사이에서 멸도할 것이다."

악마는 곧 생각했다.

'부처님은 거짓말을 하시지 않는다. 이번에는 반드시 멸도하실 것이다.'

악마는 기뻐 날뛰다가 홀연히 사라졌다.

악마가 떠난 지 오래지 않아 부처님께서는 곧 차바라탑에서 고요한 마음으로 삼매에 들어 목숨을 유지해 주던 온갖 인연이 되는 요소〔壽行〕[29]들을 버리셨다. 바로 그때 땅이 크게 진동하니 온 나라 사람들은 모두 놀라고 두려워 털이 곤두서지 않은 이가 없었다. 부처님께서 큰 광명을 놓으시자 두루 비쳐 끝이 없었고, 어두운 지옥까지도 모두 그 광명을 받아 서로 볼 수 있었다.

세존께서 게송으로 말씀하셨다.

유위有爲와 무위無爲 두 가지 행위 중에
나는 이제 유위有爲를 버리고
안으로 삼매三昧를 오로지하여
새가 알을 깨고 나오는 것같이 했네.

그때 현자賢者 아난은 놀라서 털이 거꾸로 섰다. 그는 황급히 부처님께 돌아와 머리 조아려 부처님 발에 예배하고 물러나 한쪽에 앉아 여쭈었다.

"참으로 괴상한 일입니다. 세존이시여, 땅이 크게 진동하였는데 이

28 팔리본에는 'upavattana Mallānaṃ(末羅族)의 출생지'로 되어 있다.
29 수행壽行은 수명壽命을 구성하는 모든 인소因素를 가리킨다.

것은 무슨 인연입니까?"

부처님께서 아난에게 말씀하셨다.

"이 세상에 땅이 진동하는 것에는 여덟 가지 인연이 있다. 어떤 것을 여덟 가지라고 하는가? 땅〔地〕은 물 위에 있고 물〔水〕은 바람에 의지하며, 바람〔風〕은 공중에 머문다. 허공〔空〕에 큰 바람이 있어 때로 스스로 일어나면 곧 큰물이 요동치고, 큰물이 요동치면 곧 대지가 온통 진동한다. 이것이 그 첫 번째 인연이다. 아난아, 가끔 도를 얻은 비구나 비구니 혹은 큰 위신력이 있는 천신이 물의 성질이 많다고 관찰하거나 땅의 성질이 적다고 관찰하고 나서 자신의 힘을 시험해 보고자 하면 곧 온 땅이 진동한다. 이것이 두 번째 인연이다. 아난아, 만일 처음에 보살이 도솔천에서 내려와 어머니 태에 들어갈 때 생각을 오로지해서 산란하지 않으면 온 땅이 진동한다. 이것이 세 번째 인연이다. 아난아, 보살이 처음으로 어머니 태에서 오른쪽 옆구리로 나올 때 생각을 오로지해 산란하지 않으면 온 땅이 진동한다. 이것이 네 번째 인연이다. 아난아, 보살이 처음으로 위없는 정각正覺을 이루면 바로 그때 땅이 크게 진동한다. 이것이 다섯 번째 인연이다. 아난아, 부처님께서 처음으로 도를 이루어 악마〔魔〕와 악마의 하늘〔魔天〕·사문 바라문·모든 하늘에게 세상 사람으로서는 그 누구도 굴릴 수 없는 위없는 법륜을 굴리면 곧 온 땅이 진동한다. 이것이 그 여섯 번째 인연이다. 아난아, 부처님의 교화가 장차 끝나려 할 때 생각을 오로지해서 산란하지 않고 생명을 버리고자 하면 곧 온 땅이 진동한다. 이것이 일곱 번째 인연이다. 아난아, 여래가 무여열반계無餘涅槃界에 반열반般涅槃할 때 땅이 크게 진동한다. 이것이 여덟 번째 인연이다. 이 여덟 가지 인연 때문에 땅이 크게 진동하는 것이다."

세존께서 게송으로 말씀하셨다.

위없는 양족존〔足尊〕
세상을 비춰주는 큰 사문이라
아난은 천인사께 청하여
땅이 움직이는 인연을 여쭈었네.

여래께서 자비로운 말로 연설하실 때
그 소리 마치 가비릉새[30] 같았네.
내가 그대들에게 말해 줄 것이니
땅이 진동하는 까닭을 들어 보라.

땅은 물을 의지해서 있고
물은 바람을 의지하고 있으니
만일 허공에서 바람이 일어나면
곧 땅은 크게 진동한다네.

만일 도를 얻은 비구와 비구니들이
신족神足의 힘을 시험하고자 하면
산과 바다와 온갖 초목과
큰 땅덩이가 모두 진동한다네.

제석이나 범천 등 모든 높은 하늘이
땅을 움직이고자 마음먹으면
산과 바다의 모든 귀신과

30 팔리어로는 karavika이며, 곧 가릉빈가조迦陵頻伽鳥이다.

큰 땅은 그 때문에 진동한다네.

두 가지 구족하신 높으신 보살이
백복百福의 상相을 이미 갖추고
처음으로 모태에 들어갈 때에
땅은 곧 그 때문에 진동한다네.

마치 용龍이 요 위에 누운 듯
열 달 동안 모태에 들어 있다가
비로소 오른쪽 옆구리로 나올 때
땅은 곧 그 때문에 진동한다네.

부처님께서 동자로 지내시던 때
번뇌와 인연과 속박 없애고
한량없이 훌륭한 도 이룩하면
땅은 그 때문에 크게 진동한다네.

승선昇仙이 되어 녹야원에서
법륜을 굴리시면서
도의 힘으로 악마 항복받으면
땅은 그 때문에 크게 진동한다네.

악마가 자주 와서 못 견디게 간청하며
부처님께 반열반을 권하여
부처님께서 생명을 버리게 되면

땅은 그 때문에 진동한다네.

사람 중에 높은 이며, 큰 도사導師이신
신선이 후세 생명 다시 받지 않고서
움직이기 어렵게 열반을 취할 때
땅은 그 때문에 크게 진동한다네.

땅이 움직이는 데 여덟 가지 일
깨끗한 눈으로 모든 인연 알아 말했으나
이런 일 있든지 또 다른 인연으로
땅은 크게 진동한다네.

불설장아함경 제3권

〔제1분〕 ③

2. 유행경 ②

부처님께서 아난에게 말씀하셨다.

“세상에는 여덟 가지 무리〔衆〕가 있다. 무엇을 여덟 가지라고 하는가? 첫째는 찰리중刹利衆, 둘째는 바라문중婆羅門衆, 셋째는 거사중居士衆, 넷째는 사문중沙門衆, 다섯째는 사천왕중四天王衆, 여섯째는 도리천중忉利天衆, 일곱 번째는 악마중〔魔衆〕, 여덟째는 범천중梵天衆이다. 나는 기억하고 있다. 옛날에 내가 찰리중과 왕래하며 함께 앉아 있기도 하고 일어나기도 하며 이야기를 나눈 일들은 이루 다 헤아릴 수가 없다. 나는 정진한 선정〔定〕의 힘으로 모든 것을 마음대로 잘 나타내었다. 그리하여 그들에게 좋은 빛깔이 있으면 내 빛깔은 그들보다 더 훌륭하게 나타냈고, 그들에게 묘한 소리가 있으면 내 소리는 그들보다 더 나았다. 그들은 나를 피해 물러갔지만 나는 그들을 피하지 않았다. 그들이 말할 수 있는 것이면 나도 말할 수 있음은 물론, 그들이 말할 수 없는 것까지도 나는 다 말할 수 있었다. 아난아, 나는 그들을 위해 설법하고 가르쳐 이롭게 하고 기쁘게 하였다. 그리고는 내가 거기서 사라지면 그들은 내가 하늘인지 사람인지를 알지 못했다. 마찬가지로 범천 무리들에게 수없이 오고 가면서 그들을 위해 널리 설법하였지만 그들은 내가 누구인지 알지 못하였다."

아난이 부처님께 여쭈었다.

"매우 기이한 일입니다. 세존이시여, 일찍이 없었던 일을 능히 이처럼 성취하셨습니다."

부처님께서 말씀하셨다.

"이와 같이 미묘하고 희한한 법이야말로 아난아, 매우 기이하고 특별하고 일찍이 없었던 일들이다. 오직 여래만이 능히 이 법을 성취하였다."

세존께서 또 아난에게 말씀하셨다.

"여래는 능히 수受가 일어나고 머물고 멸하는 것과, 상想이 일어나고 머물고 멸하는 것과, 관觀이 일어나고 머물고 멸하는 것을 안다. 이것은 곧 여래의 매우 기이하고 특별하고 일찍이 없었던 법이다. 너는 마땅히 받아 가져야 한다."

부처님께서 아난에게 말씀하셨다.

"함께 향탑香塔[1]으로 가자."

거기에 이르러서 곧 어느 나무 밑에 자리를 깔고 앉으셨다. 부처님

1 팔리본에는 중각강당(重閣講堂, kūṭāgāra sālā)으로 되어 있다. 이는 본래 보통 명사이나 여기에서는 특별히 비사리성毗舍離城 미후지獼猴池 근처 숲에 있던 강당을 지칭한다.

께서 아난에게 말씀하셨다.

"현재 향탑 부근에 있는 비구들에게 두루 알려 강당으로 모이게 하라."

아난은 분부를 받고 모두 모이게 하였다. 아난이 부처님께 여쭈었다.

"대중들이 이미 모였습니다. 성자께서는 때가 되었음을 아십시오."

그때 세존께서 곧 강당에 나아가 자리에 앉아 모든 비구들에게 말씀하셨다.

"너희들은 마땅히 알아야 한다. 나는 이러한 법을 몸소 체험하여 최정각最正覺을 이루었다. 이른바 4념처念處 · 4의단意斷 · 4신족神足 · 4선禪 · 5근根 · 5력力 · 7각의覺意 · 성현팔도聖賢八道가 그것이다. 너희들은 마땅히 이 법 가운데서 서로 화합하고 존경하고 순종하며 다투거나 송사를 일으키지 말아야 한다. 내 법 가운데서 힘써 공부하면서 함께 맹렬히 정진하고 함께 즐겨라. 비구들아, 마땅히 알아야 한다. 나는 이런 법들을 몸소 체험하여 그대들에게 널리 드러내었다. 이른바 관경貫經 · 기야경祇夜經 · 수기경受記經 · 게경偈經 · 법구경法句經 · 상응경相應經 · 본연경本緣經 · 천본경天本經 · 광경廣經 · 미증유경未曾有經 · 증유경證喩經 · 대교경大敎經이 그것이다. 너희들은 마땅히 잘 받아 지니고 헤아리고 분별하여 일을 따라 수행해야 한다. 무슨 까닭인가? 여래는 머지않아, 지금부터 석 달 뒤에는 반열반에 들 것이기 때문이다."

모든 비구들은 이 말씀을 듣고 모두 깜짝 놀라 숨이 막히고 정신이 아득하여 제 몸을 땅에 던지며 큰 소리로 외쳤다.

"왜 이다지도 빨리, 부처님께서 멸도하신단 말인가? 이 얼마나 가슴 아픈 일인가? 세간의 안목이 사라지다니. 우리들은 이제 망해 버렸구나."

또 어떤 비구는 슬피 울면서 가슴을 치며 통곡하고, 몸부림치며 울부짖으면서 어찌할 줄을 몰라 했다. 그것은 마치 두 동강 난 뱀이 꿈틀거리고 헤매며 갈 곳을 알지 못해 하는 것과 같았다.

부처님께서 모든 비구들에게 말씀하셨다.

"너희들은 잠깐 그쳐라. 걱정하거나 슬퍼하지 마라. 하늘이나 땅이나 사람이나 모든 물질은 한번 나면 끝나지 않는 것이 없다. 존재하는 모든 것[有爲]들을 변하여 바뀌지 않게 하려 해도 그것은 될 수 없는 것이다. 나는 전에도 말했지만 은혜와 사랑은 무상한 것이며, 한 번 모인 것은 흩어지기 마련이다. 이 몸은 내 소유가 아니며, 이 목숨은 오래가지 않는 것이다."

부처님께서 게송으로 말씀하셨다.

나는 이제 자재하여
아늑하고 편안한 곳으로 가리라.
대중들을 화합시키기 위해
이 뜻을 말하는 것이다.

나는 이미 늙은 나이라
남은 목숨이 얼마 안 되고
해야 할 일을 이미 마쳤으니
이제 마땅히 목숨 버리겠다.

생각에 방일放逸함이 없게 하고
비구의 계율을 다 갖추며

스스로 마음을 거두어 잡아
그 마음을 지키고 보호하라.

만일 내가 가르친 법에서
방일하지 않는 사람은
능히 괴로움의 근본을 끊을 것이니
나고 늙고 죽는 고통 사라지리라.

또 비구들에게 말씀하셨다.

“내가 이제 너희들을 훈계하는 것은 무슨 까닭인가? 하늘의 악마 파순은 아까 내게 와서 이렇게 청하였다.

‘부처님께서는 욕심이 없으시니 곧 반열반에 드십시오. 지금이 바로 그때입니다. 마땅히 빨리 멸도하십시오.’

나는 대답했다.

‘그만두라, 그만두라. 부처는 스스로 그때를 알고 있다. 반드시 나의 모든 비구들이 모이고 또 나아가서는 모든 하늘들까지도 두루 신통을 보아야만 할 것이다.’

파순은 다시 말했다.

‘부처님이시여, 옛날 울비라鬱鞞羅 니련선尼連禪 강가에 있는 아유파니구율나무阿遊波尼俱律 밑에서 처음으로 도를 이루셨을 때 저는 부처님께 여쭈었습니다.

〈부처님께서는 마음에 아무런 욕심이 없으시니 곧 반열반에 드십시오. 지금이 바로 그때입니다. 마땅히 빨리 멸도하십시오.〉

그때 여래께서는 말씀하셨습니다.

〈그만두라, 그만두라. 파순아, 나는 스스로 그때를 안다. 여래는 아직 멸도하지 않을 것이다. 반드시 나에게 많은 제자들이 모이고, 나아가서는 하늘신과 사람들까지 모두 신통 변화를 보게 하고 나서야 멸도 할 것이다.〉

이제 여래의 제자들은 이미 다 모였고 나아가 하늘신과 사람들까지도 신통과 변화를 보았습니다. 그러니 지금이 바로 그때입니다. 마땅히 멸도하십시오.'

나는 말했다.

'그만두라, 그만두라. 파순아, 부처는 스스로 그때를 알고 있다. 나는 오래 머물지 않을 것이다. 지금부터 석 달 뒤에 나는 분명히 반열반에 들 것이다.'

그때 악마 파순이 생각했다.

'부처님께서는 거짓말을 하시지 않으신다. 이번에는 반드시 멸도하실 것이다.'

악마는 기뻐 뛰다가 홀연히 사라졌다. 악마가 떠난 지 오래지 않아 나는 차바라탑에서 고요한 마음으로 삼매三昧에 들어 목숨을 유지해 주던 온갖 인연이 되는 요소[壽行]를 버렸다. 바로 그때 땅이 크게 진동하니, 하늘과 사람들은 모두 놀라고 두려워 털이 곤두섰다. 부처가 큰 광명을 놓자 두루 비쳐 그 빛은 끝이 없었고, 어두운 지옥까지도 그 광명을 받아 서로 볼 수 있었다. 나는 그때 게송으로 말했다.

유위와 무위 두 가지 행위 중에
나는 이제 유위有爲를 버리고
안으로 삼매三昧를 오로지하여
새가 알을 깨고 나오는 것 같이 했네.

그때 현자 아난이 곧 자리에서 일어나 오른쪽 어깨를 드러내고 오른쪽 무릎을 땅에 붙여 길게 꿇어앉아 합장하고 부처님께 여쭈었다.

"원하건대 세존이시여, 멸도에 들지 마시고 1겁劫 동안만 더 머물러 계십시오. 중생을 사랑하고 가엾이 여겨 사람들과 하늘을 이익되게 해주십시오."

세존께서는 묵묵히 아무 대답이 없으셨다. 아난이 이렇게 세 번을 간청하자 부처님께서 아난에게 말씀하셨다.

"너는 여래의 정각도正覺道를 믿느냐?"

아난이 대답했다.

"예, 저는 진실로 부처님의 말씀을 믿습니다."

"네가 만일 믿는다면, 너는 왜 세 번이나 나를 귀찮게 하느냐? 너는 직접 부처님께 듣고, 직접 부처님께 받기를 '능히 4신족神足을 닦아 익히되 항상 생각하여 잊지 않는 자들은 그가 원하기만 한다면 죽지 않고 1겁을 더 넘게 살 수 있다. 부처는 4신족을 이미 많이 닦아 익혔고 생각을 오로지해 잊지 않고 있다. 그러므로 원하기만 한다면 여래는 죽지 않고 1겁이 넘게 여기 머무르며 세상을 위해 어둠을 없애고 이익을 주며 하늘과 사람들이 안락을 얻을 수 있게 할 수 있다'고 하였다.

그런데 그때는 왜 멸도하지 말라고 몇 번이고 되풀이해 청하지 않았느냐? 내 말을 두 번만 들었다면 또 모르겠지만, 세 번이나 듣고도 너는 '1겁이나 혹은 1겁 이상을 이 세상에 머물러 계시면서 세상을 위하여 어둠을 없애주고 많은 이익을 주며 하늘과 사람들로 하여금 안락을 얻게 해주십시오' 라고 왜 내게 권해 청하지 않았느냐? 이제야 그런 말을 하니 어찌 어리석다 하지 않겠는가? 내가 세 번이나 기미〔相〕를 나타내 보였는데 너는 세 번이나 잠자코 있었다. 너는 그때 왜 내게 '여래께서는 1겁이나 혹은 1겁 이상을 더 머물러 계시면서 세상을 위해 어둠을 없애주고 많은 이익을 얻게 해 주십시오' 라고 청하지 않았느냐? 그만두라, 아난아. 나는 이미 목숨을 버렸다. 이미 버렸고, 이미 뱉은 이상 여래가 스스로 한 말을 어기게 한다는 것은 있을 수 없는 일이다. 비유하건대 부귀한 장자長者가 음식을 땅에 뱉었다면 그것을 기꺼이 도로 집어먹으려 하겠느냐?"

"아닙니다."

"여래도 그렇다. 이미 버리고 이미 뱉었는데, 어떻게 다시 거짓말을 하란 말이냐?"

부처님께서 아난에게 말씀하셨다.

"함께 암바라菴婆羅 마을로 가자."

아난이 곧 가사와 발우를 챙기고 모든 대중들과 함께 세존을 모시고 따랐다. 그리고 발지국을 경유하여 암바라 마을에 이르러, 어느 숲에 머무셨다. 그때 세존께서는 모든 대중을 위해 계·정·혜에 대하여 말씀하셨다.

"계를 닦아 선정을 얻으면 큰 과보果報를 얻고, 선정을 닦아 지혜를 얻으면 큰 과보를 얻으며, 지혜를 닦아 마음이 깨끗해지면 등해탈等解脫을 얻어 3루漏인 욕루欲漏·유루有漏·무명루無明漏를 다하게 된다. 해탈을 얻고 나면 해탈지解脫智가 생겨 태어남과 죽음을 이미 다하고, 깨끗한 행이 이미 확고해지며, 해야 할 일을 이미 다해 마쳐서 다시는 뒷세상의 목숨을 받지 않는다."

세존께서는 암바라 마을에서 적당히 머무시다가 아난에게 말씀하셨다.

"너희들은 모두 위의威儀를 차려라. 내가 장차 첨비瞻婆 마을·건다揵荼 마을·바리바婆梨婆 마을을 거쳐 부미負彌성으로 가야겠다."

"예."

아난은 곧 옷과 발우를 챙기고 모든 대중들과 함께 세존을 모시고 따랐다. 가는 길에 발지국을 경유하여 다른 성에 들렀다가, 부미성 북쪽에 있는 시사파尸舍婆숲에 도착했다. 부처님께서 모든 비구들에게 말씀하셨다.

"마땅히 너희들에게 네 가지 큰 교법敎法을 설명하겠다. 자세히 잘 듣고, 잘 생각하고 기억하라."

모든 비구들이 말했다.

"예, 세존이시여. 기꺼이 듣기를 원합니다."

"무엇을 네 가지라고 하는가? 만일 어떤 비구가 이렇게 말했다고 하자.

'여러분, 나는 어떤 마을, 어떤 성, 어떤 나라에서 직접 부처님께 들었고 직접 이런 가르침을 받았습니다.'

이와 같이 말하면 그분에게서 직접 들은 것이라고 하는 만큼 믿지 않으면 안 되고 또한 헐뜯어서도 안 된다.'

그러나 마땅히 모든 경전에서 그 허실虛實을 따져 보고 법과 계율에 의거하여 그 본말本末을 규명해 보아야 한다. 만일 그가 한 말이 경에 있는 내용도 아니며, 계율도 아니며, 법도 아니면 마땅히 그에게 말하여라.

'부처님께서는 그렇게 말씀하시지 않으셨다. 그대가 잘못 들은 것은 아닌가? 왜냐하면 내가 모든 경전과 계율과 법에 의거해 살펴보았는데 그대가 아까 한 말은 법과 서로 어긋나기 때문입니다. 현사賢士여, 그대는 그것을 받아 지니지 말고, 또 남에게 말하지도 말며, 마땅히 그것을 버리시오.'

만일 그가 한 말이 경전과 계율과 법에 의거한 것이거든 마땅히 그에게 말하라.

'그대가 한 말은 진실로 부처님께서 하신 말씀이다. 왜냐하면 내가 모든 경전과 계율과 법에 의거해 살펴보았는데, 그대가 아까 한 말은 법과 서로 맞기 때문이다. 현사여, 그대는 마땅히 그것을 받아 지니고, 또 남을 위하여 널리 말하며, 부디 버리지 마시오.'

이것이 첫 번째 큰 교법이다.

또 어떤 비구가 이렇게 말했다고 하자.

'현자들이여, 나는 어떤 마을, 어떤 성, 어떤 나라에서 화합한 승단에서 견문이 많은 장로長老에게서 이러한 법과 이러한 계율과 이러한 가르침을 직접 들었고 직접 받았습니다.'

이와 같이 말하면 그분에게서 직접 들은 것이라고 하는 만큼 믿지 않으면 안 되고, 또 헐뜯어서도 안 된다.

마땅히 모든 경전에서 그 허실을 따져 보고 법과 계율에 의거하여 그 본말을 규명해 보아야 한다. 만일 그가 한 말이 경에 있는 내용도 아니고, 계율도 아니며, 법도 아니거든 마땅히 그에게 말하라.

'부처님께서는 그렇게 말씀하지 않으셨다. 그대가 그 장로들에게서 잘못 들은 것은 아닌가? 왜냐하면 내가 모든 경전과 계율과 법에 의거해 살펴보았는데 그대가 아까 한 말은 법과 서로 어긋나기 때문이다. 현사여, 그대는 그것을 받아 지니지 말고, 또 남에게 말하지도 말며, 마땅히 그것을 버리시오.'

만일 그가 한 말이 경전과 계율과 법에 의거한 것이거든 마땅히 그에게 말하라.

'그대가 한 말은 진실로 부처님께서 하신 말씀이다. 왜냐하면 내가 모든 경전과 계율과 법에 의거해 살펴보았는데 그대가 아까 한 말은 법과 서로 맞기 때문이다. 현사여, 그대는 마땅히 그것을 받아 지니

고, 또 남을 위하여 널리 말하며 부디 버리지 마시오.'

이것이 두 번째 큰 교법이다.

또 어떤 비구가 이렇게 말했다고 하자.

'나는 어떤 마을, 어떤 성, 어떤 나라에서 법을 수지受持하고 계율을 수지하고 율의律儀를 수지한 많은 비구들에게서 이러한 법과 이러한 계율과 이러한 가르침을 직접 들었고 직접 받았다.'

이와 같이 말하면 그분들에게서 직접 들은 것이라고 하는 만큼 믿지 않으면 안 되고, 또 헐뜯어서도 안 된다.

마땅히 모든 경전에서 그 허실을 따져 보고 법과 계율에 의거하여 그 본말을 규명해 보아야 한다. 만일 그가 한 말이 경에 있는 내용도 아니며, 계율도 아니며, 법도 아니거든 마땅히 그에게 말하라.

'부처님께서는 그렇게 말씀하시지 않으셨다. 그대가 그 많은 비구들에게서 잘못 들은 것은 아닌가? 왜냐하면 내 모든 경전과 계율과 법에 의거하여 살펴보았는데 그대가 아까 한 말은 법과 서로 어긋나기 때문이다. 현사여, 그대는 그것을 받아 지니지 말고, 또 남에게 말하지도 말며, 마땅히 그것을 버리시오.'

만일 그가 한 말이 경전과 계율과 법에 의거한 것이거든 마땅히 그에게 말하라.

'그대가 한 말은 진실로 부처님께서 하신 말씀이다. 왜냐하면 내가 모든 경전과 계율과 법에 의거해 살펴보았더니 그대가 아까 한 말은 법과 서로 맞기 때문이다. 현사여, 그대는 마땅히 그것을 받아 지니고, 또 남을 위하여 널리 말하며. 부디 버리지 마시오.'

이것이 세 번째 교법이다.

또 어떤 비구가 이렇게 말했다고 하자.

'나는 어떤 마을, 어떤 성, 어떤 나라에서 법을 수지하고 계율을 수지하고 율의를 수지한 어떤 비구에게서 이러한 법과 이러한 계율과 이러한 가르침을 직접 들었고 직접 받았다.'

이와 같이 말하면 그분에게서 직접들은 것이라고 하는 만큼 믿지 않으면 안 되고, 또 헐뜯어서도 안 된다.

마땅히 모든 경전에서 그 허실을 따져보고 법과 계율에 의거하여 그 본말을 규명해 보아야 한다. 만일 그가 한 말이 경에 있는 것도 아니며, 계율도 아니며, 법도 아니거든 마땅히 그에게 말하라.

'부처님께서는 그렇게 말씀하시지 않으셨다. 그대가 그 어떤 비구에게서 잘못 들은 것은 아닌가? 왜냐하면 내가 모든 경전과 계율과 법에 의거해 살펴보았는데 그대가 아까 한 말은 법과 서로 어긋난다. 현사여, 그대는 그것을 받아 지니지 말고, 또 남에게 말하지도 말며, 마땅히 그것을 버리시오.'

만일 그가 한 말이 경전과 계율과 법에 의거한 것이거든 마땅히 그에게 말하라.

'그대가 한 말은 진실로 부처님께서 하신 말씀이다. 왜냐하면 내가 모든 경전과 계율과 법에 의거해 살펴보았더니 그대가 아까 한 말은 법과 서로 맞기 때문이다. 현사여, 마땅히 힘써 받아 지니고, 또 남을 위하여 널리 말하며, 부디 버리지 마시오.'

이것이 네 번째 큰 교법이다."

부처님께서는 부미성에서 적당하게 계실 만큼 계시다가 현자 아난에게 말씀하셨다.

"함께 파바波婆[2]성으로 가자."

"예."

2 팔리어로는 Pāvā이며, 말라족末羅族의 도성都城이었다.

아난은 곧 옷과 발우를 챙기고 모든 대중들과 함께 세존을 모시고 따랐다. 간 길은 말라末羅[3]를 경유하여 파바성의 사두원闍頭園에 이르렀다. 당시 공사자工師子[4] 주나周那[5]는 부처님께서 말라를 거쳐 그 성에 오셨다는 말을 듣고 곧 옷을 장식하고 부처님께 나아가 머리 조아려 그 발에 예배한 뒤 한쪽에 앉았다. 그때 부처님께서 주나를 위하여 설법하고 교화하셨으며, 가르침을 베풀어 이롭게 하고 기쁘게 해 주셨다. 주나는 부처님의 설법을 듣고 믿는 마음으로 기뻐하고 즐거워하며 곧 부처님께 청했다.

"내일은 저희 집에 오셔서 공양을 받으십시오."

부처님께서 잠자코 허락하셨다. 주나는 부처님께서 허락하신 것을 알고는 곧 자리에서 일어나 부처님께 예배하고 돌아가서는 그날 밤으로 공양을 준비했다. 이튿날 시간이 되자 '성자께서는 때가 되었음을 아십시오' 하고 알려왔다.

세존께서는 법복을 입고 발우를 들고 대중들에게 둘러싸여 그의 집으로 가 자리에 앉으셨다. 그러자 주나는 곧 음식을 차려 부처님과 스님들에게 바치고, 따로 전단 나무 버섯〔栴檀樹耳〕[6]을 지졌다. 그 버섯은 아주 진귀한 것이므로 오직 세존 한분께만 드렸다. 부처님께서

---

3 팔리어로는 Malla이며, 본래 종족의 이름이었는데, 나중에 국명으로 바뀌었다. 부처님께서 세상에 계실 때의 16종족 중 하나이다. 이 종족의 탄생지가 곧 구시갈성拘尸竭城이다.

4 팔리어로는 kammāra-putta이며, '건축가의 아들'이라는 뜻이다. 혹은 '대장장이의 아들'이라고 번역한 곳도 있다.

5 팔리어로는 Cunda이며, 순다純陀 또는 순다淳陀로도 쓴다.

6 전단수栴檀樹에 기생하는 버섯을 말한다. 북전장경北傳藏經에는 모두 부처님께서 전단수이栴檀樹耳를 잡수시고 돌아가신 것으로 되어 있다. 그러나 팔리본에는 sūkara maddava를 잡수시고 돌아가신 것으로 되어 있다. 불음佛音의 주注에 의하면 여러 학설이 있는데 첫째 늙지 않은 야생 양羊의 맛있는 고기, 둘째 부드러운 밥에 우유를 섞어 만든 음식, 셋째 말린 야생 돼지고기라는 세 가지 설이 있다.

주나에게 말씀하셨다.

"이 버섯을 다른 비구들에게는 주지 말라."

주나는 그 분부를 받고 감히 다른 비구들에게는 주지 못하였다. 당시 그 대중 가운데에 늘그막에 출가한 한 장로 비구가 있었다. 그는 그 자리에서 다른 그릇에다 그 음식을 조금 얻어먹었다. 그때 주나는 대중의 공양이 끝난 것을 보고 나서 발우와 식기를 모두 거두었다. 그리고 손 씻을 물을 돌리고 나서 곧 부처님 앞에서 게송으로 말씀드렸다.

감히 여쭙니다. 크고 거룩한 지혜를 가지신 분이시고
바르게 깨달으신 분, 양족존이시며
마음을 잘 다루어 항복받으신 분이시여,
이 세상에는 몇 종류의 사문이 있습니까?

그때 세존께서 게송으로 대답하셨다.

그대가 질문한 사문은
보통 네 종류가 있다.
그들의 뜻과 취미가 각각 다르니
너는 그것을 분별해 알라.

첫 번째는 도를 행함이 특별히 뛰어난 이
두 번째는 도의 뜻을 잘 설명하는 이
세 번째는 도를 의지해 생활하는 이
네 번째는 도를 행하는 척, 더러움만 짓는 이이다.

어떤 것을 도가 특별히 뛰어나다고 하고
도의 뜻을 잘 설명한다고 하며
도를 의지해 생활한다고 하고
도를 행하는 척, 더러움만 짓는다고 하는가?

능히 은혜와 사랑의 가시밭 건너
열반에 들되 의심이 없고
하늘과 사람의 길 훌쩍 벗어나면
이것을 도가 특별히 뛰어나다고 한다.

제일의 진리 그 뜻을 잘 알아
도에는 더러움과 때 없음을 설명하고
어질고 자비스럽게 사람의 의심 풀어주면
이것을 도를 잘 설명한다고 한다.

법의 글귀를 훌륭히 연설하고
도를 의지해 스스로 살아가며
더러움 없는 곳을 멀리 바라보면
이것을 도를 의지해 생활한다고 한다.

속으로는 간사하고 삿된 마음 품고서
겉으로만 청백한 듯 모양 꾸미며
거짓과 속임으로 성실하지 못하면
이것을 도를 행하는 척 더러움만 짓는다고 한다.

어떤 이를 선과 악이 함께 있으며
깨끗함과 더러움이 뒤섞인 자라고 하는가?
겉으로 아름다움 드러난 듯하지만
마치 구리쇠에 금칠한 것 같은 자이다.

속인들은 마침내 그 모습 보고
성지聖智의 제자라 부르는구나.
그러나 다른 이도 다 그런 것은 아니니
맑고 깨끗한 믿음 버리지 말라.

어떤 사람은 대중을 거느리되
속은 흐리면서 겉은 깨끗해
간사한 흔적 당장은 가리지만
실제로는 방탕한 생각 품었다.

그러므로 얼핏 겉모양 보고
한눈에 곧 존경하고 친하지 말라.
간사한 자취 당장은 가리지만
실제로는 방탕한 생각 품었다.

주나는 작은 자리를 가지고 와서 부처님 앞에 앉았다. 부처님께서 차근차근 그를 위해 설법하시고 가르치셔서 이롭고 기쁘게 하셨다. 대중들은 부처님을 에워싸서 모시고 돌아갔다. 가는 도중에 어떤 나무 밑에서 부처님께서 아난에게 말씀하셨다.

"나는 등병〔背痛〕을 앓고 있다. 너는 자리를 깔아라."

"예."

아난이 곧 자리를 깔자 부처님께서는 거기서 쉬셨다. 그때 아난은 작은 자리를 가지고 와서 부처님 앞에 앉았다. 부처님께서 아난에게 말씀하셨다.

"아까 주나가 후회하고 한탄하지는 않더냐? 만일 그런 마음이 들었다면 왜 그런 생각을 하게 되었겠느냐?"

아난이 부처님께 말씀드렸다.

"주나가 비록 공양을 바쳤지만 그것은 아무 복도 이익도 없습니다. 왜냐하면 여래께서 그 집에서 마지막으로 공양을 받으시고 곧 반열반을 취하시기 때문입니다."

부처님께서 아난에게 말씀하셨다.

"그런 말 말아라. 그런 말 말아라. 이제 주나는 큰 이익을 얻을 것이다. 수명을 얻고, 좋은 몸을 얻으며, 힘을 얻고, 훌륭한 명예를 얻으며, 살아서는 많은 재보財寶를 얻고, 죽으면 하늘에 태어나서 하고자 하는 것이 저절로 이루어질 것이다. 무슨 까닭인가? 부처가 처음 도를 이루었을 때 공양을 베푼 자와 부처가 멸도할 때에 공양을 베푼 자, 이 둘의 공덕은 똑같아서 다름이 없기 때문이다. 너는 지금 가서 주나에게 '주나여, 나는 친히 부처님께 듣고 나는 친히 부처님의 가르침을 받았다. 주나여, 너는 공양을 베풀었기 때문에 이제 큰 이익을 거두고 큰 과보를 얻을 것이다'라고 말해 주어라."

아난은 부처님의 분부를 받고 곧 그의 집으로 찾아가 주나에게 말하였다.

"나는 직접 부처님께 들었고, 직접 부처님의 가르침을 받았다. 주나여, 너는 공양을 베풀었기 때문에 이제 큰 이익을 얻고 큰 과보를 얻을 것이다. 무슨 까닭인가? 부처님께서 처음 도를 얻으셨을 때에 공양을 베푼 자와 멸도하실 때에 공양을 베푼 자, 이 둘의 공덕은 똑같아서 다름이 없기 때문이다."

주나는 집에서 공양을 올리고 나서
비로소 이런 말씀 처음 들었네.
여래의 병환이 더욱 심하여
목숨이 이제 끝나려 한다고.

비록 전단 버섯을 먹고서
그 병세 더욱 심해졌지만
병을 안으신 채 길을 걸어서
천천히 구이성拘夷城으로 향해 가셨네.

세존께서는 곧 자리에서 일어나 앞으로 조금 걸어가시다가 어떤 나무 밑에서 또 아난에게 말씀하셨다.

"내 등병의 통증이 너무 심하구나. 자리를 깔아 다오."

"예."

아난이 곧 자리를 깔자 여래께서는 거기서 쉬셨다. 아난은 부처님 발에 예배하고 한쪽에 앉았다. 그때 아라한 제자 복귀福貴[7]가 구이나갈성拘夷那竭城[8]에서 파바성을 향해 가고 있었다. 도중에서 나무 밑에 계시는 부처님을 뵈었는데, 그 용모가 단정하고 모든 감관〔根〕은 고

7 팔리본에는 복귀Pukkus가 'Ālārassa kālāmassa sāvako', 즉 아라라가라마阿羅邏迦羅摩의 제자弟子로 되어 있다.

8 팔리어로는 kusināra이며, 앞에서는 구이성拘夷城이라 하고 뒤의 문장에서는 구시성拘尸城이라 하였다.

요하며 마음〔意〕을 잘 다스려 최상이며 제일가는 적멸寂滅을 얻은 모습이었다. 마치 큰 용龍과 같고 맑고 깨끗해 더러움이 없는 물과 같았다. 그 모습을 보고는 곧 즐겁고 기쁘고 착한 마음이 생겨났다. 그는 곧 부처님께 나아가 머리 조아려 그 발에 예배한 뒤 한쪽에 앉아 부처님께 여쭈었다.

"세존이시여, 집을 떠나 수행하는 사람이 맑고 깨끗한 곳에서 한가히 지내는 것을 즐기고자 하는 것은 매우 기특한 일입니다. 5백 대의 수레가 그 곁을 지나가도 그것을 듣거나 쳐다보지 않습니다. 언젠가 저의 스승께서는 구이나갈성과 파바성 중간쯤 되는 곳의 길 가 나무 밑에서 고요히 앉아 계셨습니다. 그때 5백 대의 수레가 그 곁을 지나갔습니다. 수레 소리가 우르르하고 울렸지만 그는 깨어 있으면서도 듣지 못했습니다. 그때 어떤 사람이 제 스승에게 와서 물었습니다.

'조금 전 수레들이 지나가는 것을 보지 못했습니까?'

'보지 못했소.'

'소리는 들었습니까?'

'듣지 못했소.'

'당신은 분명 여기에 있었습니까, 아니면 다른 곳에 있었습니까?'

'여기 있었소.'

'당신 정신이 멀쩡합니까?'

'제정신이오.'

'당신은 깨어 있었습니까, 자고 있었습니까?'

'자지 않았소.'

그때 그 사람은 가만히 생각하였습니다.

'이 일은 참으로 희한한 일이다. 집을 나와 수행하는 사람이 마음을 한곳에 모아 정진하는 것이 이와 같구나. 저 수레 소리가 우르르

하고 울렸는데 깨어 있으면서도 그 소리를 듣지 못하다니.'

그리고는 곧 스승에게 말했습니다.

'조금 전 5백 대의 수레가 이 길을 따라 지나갔습니다. 그 수레 소리가 우르르하고 울렸는데도 오히려 듣지 못했는데 어떻게 다른 소리를 듣겠습니까?'

그는 곧 스승에게 예배하고 나서 기뻐하면서 떠나갔습니다."

부처님께서 복귀에게 말씀하셨다.

"내 이제 너에게 물을 것이니 네 마음대로 대답해보아라. 많은 수레가 진동하며 지나갔는데, 깨어 있으면서도 그것을 듣지 못하는 것과, 우레가 천지를 진동하는데, 깨어 있으면서도 그것을 듣지 못하는 것 중에서 어느 것이 더 어렵다고 생각되느냐?"

복귀가 부처님께 여쭈었다.

"천만 대의 수레 소리라 한들 어찌 우렛소리에 비교할 수 있겠습니까? 수레 소리를 듣지 못하는 것은 그래도 어려운 일이라 할 수 없습니다. 우레가 천지를 진동하는데, 깨어 있으면서도 듣지 못하는 것이야말로 참으로 어려운 일입니다."

부처님께서 복귀에게 말씀하셨다.

"나는 언젠가 아월阿越촌을 유람하면서 어떤 초막에 있었다. 그때 검은 구름이 갑자기 일어나면서 뇌성과 함께 벼락이 쳐, 황소 네 마리와 농부 형제가 죽자 수많은 사람들이 모여들었다. 그때 나는 초막에서 나와 거닐며 경행經行하고 있었다. 그 군중 가운데서 어떤 사람이 내게 와, 머리 조아려 발에 예배한 뒤 나를 따라 경행하였다. 나는 알면서도 일부러 그에게 물었다.

'저 대중들이 저렇게 모여 무엇을 하는가?'

'부처님께서는 어디에 계셨습니까? 깨어 계셨습니까, 주무시고 계

셨습니까?'

'나는 이곳에 있었고 자지도 않았다.'

그때 그 사람은 '부처님처럼 선정〔定〕을 얻은 자가 있다는 얘기는 들어보지 못했다. 뇌성벽력 소리가 온 천지에 요란한데 혼자 고요히 선정에 들어 깨어 계시면서도 듣지 못하시다니' 하고 감탄하고는 곧 나에게 말했다.

'아까 검은 구름이 갑자기 일어나 뇌성과 벼락이 쳐, 황소 네 마리와 농부 형제가 죽었습니다. 그래서 저 대중들이 모인 것입니다.'

그 사람은 기쁜 마음으로 곧 법의 기쁨을 얻어 내게 예배하고 떠나갔다."

그때 복귀는 백천 냥의 가치가 있는 황금빛 나는 두 벌의 옷을 입고 있었다. 그는 곧 자리에서 일어나 길게 꿇어앉아 합장하고 부처님께 여쭈었다.

"저는 이 옷을 세존께 바칩니다. 원컨대 받아 주십시오."

부처님께서 복귀에게 말씀하셨다.

"너는 그 옷 한 벌은 내게 주고, 한 벌은 아난에게 주어라."

복귀는 부처님의 분부를 받들어 한 벌은 여래께 바치고 한 벌은 아난에게 주었다. 부처님께서는 그를 가엾이 여겨 곧 그것을 받아 주셨다. 복귀는 부처님 발에 예배하고 한쪽에 앉았다. 부처님께서는 그를 위하여 차근차근 설법하시고 가르치셔서 그를 이롭게 해 주시고 기쁘게 해 주셨다. 즉 시론施論·계론戒論·생천론生天論에 대해 말씀해 주시고, 애욕은 큰 재앙이며 더럽고 깨끗하지 못한 가장 큰 번뇌로서 장애가 될 뿐이니, 이를 벗어나는 요긴한 길을 찾는 것이 제일이다' 라고 말씀해 주셨다.

그때 부처님께서는 복귀의 마음이 기쁨에 차고 부드러워져 모든 개蓋와 전纏[9]이 없어지고 쉽게 교화될 줄을 아셨다.

그래서 모든 부처님의 상법常法대로 곧 복귀를 위하여 괴로움에 대한 성스러운 진리를 말씀하시고 괴로움의 발생에 대한 성스러운 진리·괴로움의 소멸에 대한 성스러운 진리·괴로움의 벗어남에 대한 진리를 연설해 주셨다. 그러자 복귀는 신심信心이 맑고 깨끗해졌는데 마치 흰 천이 쉽게 염색되는 것처럼, 곧 그 자리에서 티끌을 멀리하고, 괴로움을 여의고, 모든 법에 대한 법안法眼이 생겼다. 그래서 법을 깨닫고 법을 얻어 결정코 바르게 머물러 나쁜 세계〔惡道〕에 떨어지지 않게 되고 두려움이 없게 되었다. 그래서 부처님께 여쭈었다.

"저는 지금 부처님께 귀의하고, 법에 귀의하며, 스님들에게 귀의하나이다. 오직 원하건대, 여래께서는 제가 바른 법 가운데에서 우바새가 되는 것을 허락해 주소서. 지금부터 목숨을 마칠 때까지 생물을 죽이지 않고, 도둑질하지 않으며, 간음하지 않고, 속이지 않으며, 술을 마시지 않겠나이다. 오직 원하건대, 세존께서는 제가 바른 법 가운데에서 우바새가 되는 것을 허락해 주소서."

그는 또 부처님께 여쭈었다.

"세존이시여, 돌아다니시며 교화하시다가 파바성에 오시게 되거든, 원하건대 뜻을 굽히시고 저희 촌락에 들러주십시오. 왜냐하면 저희 집에 있는 모든 음식과 의복과 침구류와 탕약을 세존께 바치고 싶어서입니다. 만일 세존께서 받아만 주신다면 우리 집안은 안락하게 될 것입니다."

부처님께서 말씀하셨다.

"네 말은 참 훌륭하다."

---

9 5개蓋와 10전纏이 있다. 개蓋와 전纏 모두 번뇌를 지칭한다.

그때 세존께서는 복귀를 위해 설법하고 가르쳐 이롭게 해 주고 기쁘게 해 주셨다. 그러자 그는 곧 자리에서 일어나 머리 조아려 부처님 발에 예배한 뒤 기뻐하면서 떠났다. 그가 떠난 지 얼마 되지 않아 아난이 곧 황금빛 옷을 여래에게 올렸다. 여래께서는 그를 가엾이 여겨 곧 그것을 받아 입으셨다.

그때 세존의 용모는 조용하였고 위엄의 광명이 불꽃처럼 빛났으며 모든 감관〔根〕은 청정하였고 얼굴빛도 화열和悅하셨다. 아난은 그 모습을 보고 가만히 생각했다.

'내가 부처님을 모신 지 25년이나 되었지만 지금껏 부처님 얼굴이 저토록 광택이 있고 황금빛을 내는 것은 뵌 적이 없다.'

그리고 곧 자리에서 일어나 오른쪽 무릎을 땅에 붙이고 합장하고 부처님께 여쭈었다.

"제가 부처님을 모신 지 25년이나 되었으나 아직까지 부처님 얼굴의 광명이 황금처럼 빛나는 것은 뵌 적이 없습니다. 무슨 인연인지 모르겠습니다. 원하건대 그 까닭을 들려주십시오."

부처님께서 아난에게 말씀하셨다.

"두 가지 인연이 있을 때 여래의 얼굴빛은 보통 때와 다르다. 첫 번째는 부처가 처음으로 도를 얻어 위없는 정진正眞의 깨달음을 이룬 때이며, 두 번째는 멸도하기 위해 생명을 버리고 반열반에 드는 때이다. 아난아, 이 두 가지 인연이 있을 때 여래의 얼굴빛은 보통 때와 다르다."

부처님께서는 게송으로 말씀하셨다.

황금빛 옷은 찬란하게 빛나고
부드럽고 곱고 깨끗하구나.

복귀가 그 옷을 나에게 바쳤으니
백호白毫의 광명이 눈처럼 희구나.

부처님께서 아난에게 분부하셨다.

"내가 목이 마르구나. 물을 먹고 싶으니 너는 물을 가져오너라."

아난이 여쭈었다.

"조금 전에 상류上流에서 5백 대의 수레가 물을 건너갔습니다. 그 흐려진 물이 아직 맑아지지 않아 발은 씻을 수 있어도 마실 수는 없습니다."

부처님께서 세 번이나 분부하셨다.

"아난아, 물을 가져오너라."

아난이 여쭈었다.

"구손拘孫강이 여기서 멀지 않습니다. 그 물은 맑고 시원해 마실 수도 있고 목욕할 수도 있습니다."

그때 설산雪山에 살면서 불도를 독실하게 믿는 귀신이 있었다. 그는 곧 발우에다 여덟 가지 공덕을 갖춘 맑은 물을 떠다 세존께 바쳤다. 부처님께서는 그를 가엾이 여겨 그것을 받으셨다. 그리고 게송으로 말씀하셨다.

부처는 여덟 가지 음성[10]으로
아난에게 물을 가져오라 하였네.

10 팔종청정음八種清淨音 또는 팔종범음성八種梵音聲이라고도 한다. 이는 여래의 청아한 음성이 여덟 가지 수승한 공덕을 갖추고 있음을 말한다. 여덟 가지 공덕은 극호음極好音·유연음柔軟音·화적음和適音·존혜음尊慧音·불녀음不女音·불오음不誤音·심원음深遠音·불갈음不竭音이다.

나는 목이 말라 물이 먹고 싶다.
물을 마시고 구시성拘尸城으로 가자.

부드럽고 온화하고 맑은 그 음성
말을 하면 사람 마음 즐겁게 한다네.
곁에서 나를 시봉하는 아난은
이내 부처에게 이렇게 말하네.

조금 전에 5백 대의 수레가
강을 건너 저 언덕으로 갔습니다.
그것이 이 물을 흐려 놓아
마시면 몸에 이롭지 않습니다.

구손강은 여기서 멀지 않고
그 물은 참으로 맑고 시원하니
거기 가시면 그 물을 마시기도 하고
또 몸소 목욕도 할 수 있습니다.

설산에 사는 어떤 귀신이
여래에게 물을 가져다 바치니
그 물을 마신 뒤에 힘이 솟아나
여러 대중 앞에서 사자 걸음 걸었네.

그 강은 신룡神龍이 사는 곳
맑고 깨끗해 더러움 없다.

성인은 설산雪山같은 얼굴빛으로
조용하고 편안하게 구손강 건너리.

세존께서는 곧 구손강으로 가셔서 물을 마시고 또 목욕도 하신 뒤에 대중들과 함께 거기서 떠나셨다. 가시는 도중에 어떤 나무 밑에서 쉬다가 주나에게 말씀하셨다.

"너는 승가리僧伽梨[11]를 네 겹으로 접어 여기에 깔아라. 나는 등이 아파 잠깐 쉬고 싶구나."

주나가 분부를 받고 자리를 깔자 부처님께서는 거기 앉으셨다. 주나는 예배하고 한쪽에 앉아 부처님께 여쭈었다.

"저는 반열반에 들고자 합니다. 저는 반열반에 들고자 합니다."

부처님께서 그에게 말씀하셨다.

"지금이 바로 적절한 때인 줄을 알아라."

이에 주나는 곧 부처님 앞에서 반열반에 들었다.

부처님께서 게송으로 말씀하셨다.

부처가 구손강에 이르러보니
맑고 시원하며 더러움 없었네.
사람 중에 높은 이 물에 들어가
목욕을 마친 뒤 저 언덕으로 건너갔네.

대중 가운데 우두머리 되는
주나에게 명령하였네.

---

11 3의衣 가운데 대의大衣이다. 3의는 승가리僧伽梨·안타회安陀會·울다라승鬱多羅僧이다.

나는 지금 몹시 피곤하니,
너는 속히 자리를 깔아라.

주나가 이내 분부를 받고
네 겹으로 옷을 접어 자리를 깔자,
여래는 이내 거기서 쉬었고
주나는 앞에 나와 앉아서

곧 세존께 말하였네.
저는 멸도에 들고자 합니다.
사랑도 없고 또 미움도 없는 곳
저는 이제 그곳으로 가렵니다.

바다처럼 한량없는 공덕을 지닌
가장 훌륭한 이, 그에게 말씀하셨네.
너는 너의 할 일을 이미 마쳤으니
지금이 바로 적절한 때인 줄 알라.

부처가 이미 허락한 것 보고
주나는 몇 곱으로 정진을 더해
모든 행行을 남김없이 멸했으니
기름이 다한 등불 꺼지듯 하였네.

그때 아난은 곧 자리에서 일어나 앞으로 나아가 부처님께 여쭈었다.

"부처님께서 멸도하신 뒤에 장례葬禮의 법은 어떻게 해야 합니까?"

부처님께서 아난에게 말씀하셨다.

"너는 우선 잠자코 너의 할 일이나 생각하여라. 모든 청신사들이 스스로 원해 처리할 것이다."

아난은 다시 세 차례나 거듭 여쭈었다.

"부처님께서 돌아가신 뒤 장례의 법은 어떻게 해야 합니까?"

부처님께서 말씀하셨다.

"장례의 법을 알고자 하거든 마땅히 전륜성왕轉輪聖王과 같이 하라."

아난이 또 여쭈었다.

"전륜성왕의 장례법은 어떻게 하는 것입니까?"

부처님께서 아난에게 말씀하셨다.

"전륜성왕의 장례법은 먼저 향탕香湯으로 몸을 씻고 새 무명천으로 몸을 두루 감되 5백 겹으로 차곡차곡 묶듯이 감싸고, 몸을 황금 관에 넣은 뒤에는 깨 기름을 거기에 붓는다. 다음에는 황금 관을 들어 두 번째 큰 쇠곽[鐵槨]에 넣고, 전단향나무로 짠 덧관으로 그 겉을 거듭 싼다. 그 다음 온갖 향을 쌓아 그 위를 두텁게 덮고, 그리고 그것을 사유闍維[12]한다. 화장을 마친 뒤에는 사리舍利[13]를 거두어 네거리에 탑을 세우고 표찰表刹[14]에는 비단을 걸어 온 나라 길가는 사람들이 모두 법왕法王의 탑을 보게 하여, 바른 교화를 사모해 많은 이익을 얻

---

12 팔리어 jhāpeti의 음역으로 사비야유闍毘耶維·야순耶旬·다비茶毘라고도 쓴다. 소연燒燃·소신燒身·분소焚燒라고 한역하며 화장火葬한다는 뜻이다.

13 팔리어로는 sarira이며, 설리라設利羅 또는 실리라室利羅라고도 쓰고, 신골身骨 혹은 유골遺骨로 한역한다.

14 표찰表刹은 탑塔 꼭대기에 세우는 당간幢竿을 말한다. 찰刹은 찰다라(刹多羅, kṣetra)의 준말이다.

게 해야 한다. 아난아, 네가 나를 장사지내려 하거든 먼저 향탕으로 목욕시키고, 새 무명천으로 몸을 두루 감되 5백 겹으로 차곡차곡 묶듯이 감싸고, 몸을 황금 관에 넣은 뒤에는 깨 기름을 거기에 부어라. 다음에는 황금 관을 들어 두 번째 큰 쇠곽에 넣고, 전단향나무로 짠 덧관으로 겉을 거듭 싼다. 그 다음 온갖 향을 쌓아 그 위를 두텁게 덮고, 그리고 그것을 사유하여라. 사유를 마친 뒤에는 사리를 거두어 네거리에 탑을 세우고 표찰에는 비단을 걸어 온 나라 길가는 사람들이 모두 부처님의 탑을 보게 하고, 여래 법왕의 도의 교화를 사모하여 살아서는 행복을 얻고 죽어서는 천상에 태어나게 하라."

세존께서는 거듭 이 뜻을 관찰하시고 게송으로 말씀하셨다.

아난이 곧 자리에서 일어나
길게 꿇어앉아 세존에게 말했네.
여래께서 이제 멸도하시고 나면
마땅히 어떤 법으로 장사지내야 합니까.

아난아, 너는 우선 잠자코
네가 해야 할 일이나 잘 생각하라.
이 나라의 모든 청신사들이
스스로 기꺼이 처리하리라.

아난이 이렇게 세 번 청하자
부처는 전륜왕의 장례법을 말했네.
여래의 몸을 장사지내려 하거든
천으로 싸서 관곽棺槨에 넣고

네거리에는 탑묘塔廟를 세워
중생을 이익되게 하라.
그것을 예배하는 모든 사람은
무량한 복을 모두 얻으리.

부처님께서 아난에게 말씀하셨다.

"천하에는 마땅히 탑을 세워 향과 꽃과 비단 일산과 음악으로 공양할 만한 네 종류의 사람이 있다. 첫 번째는 여래如來로써 마땅히 그를 위하여 탑을 세울 만하다. 두 번째는 벽지불辟支佛, 세 번째는 성문聲聞들, 네 번째는 전륜왕이다. 아난아, 이 네 종류의 사람은 마땅히 탑을 세워 향과 꽃과 비단 일산과 음악을 공양할 만하다."

세존께서는 게송으로 말씀하셨다.

탑을 세울 만한 자로는 첫 번째는 부처님
다음은 벽지불과 성문聲聞
그리고 전륜성왕
그는 4역域을 다스리는 임금이다.

이 넷은 마땅히 공양 받을 만하기에
여래는 말하였네.
부처님과 벽지불 그리고 성문
그 다음은 전륜왕의 탑이라고.

세존께서 아난에게 말씀하셨다.

"함께 구시성 말라의 쌍수雙樹 사이로 가자."

"예."

아난은 곧 대중들과 함께 부처님을 에워싸고 길을 걸어갔다. 그때 구시성에서 파바성으로 가던 한 범지梵志가 있었다. 도중에 멀리서 세존을 바라보게 되었는데 부처님의 용모는 단정하고 모든 감관〔根〕은 고요하였다. 이 모습을 본 그는 곧 기쁨이 넘치고 선한 마음이 일어났다. 그는 부처님께 나아가 문안을 드린 뒤 한쪽에 서서 여쭈었다.

"제가 사는 마을은 여기서 멀지 않습니다. 원하건대 구담瞿曇이시여, 그 마을에서 쉬시고 이른 아침에 공양을 드신 뒤 성으로 가십시오."

부처님께서 범지에게 말씀하셨다.

"그만두어라, 그만두어라. 너는 이제 나에게 이미 공양하였다."

그때 범지는 세 번이나 간청했지만 부처님의 대답은 처음과 같았다. 부처님께서 다시 범지에게 말씀하셨다.

"아난이 내 뒤에 있다. 너는 그에게 네 뜻을 말하라."

범지는 부처님의 말씀을 듣고 곧 아난에게 나아가 인사를 한 뒤 한쪽에 서서 아난에게 말했다.

"제가 사는 마을은 여기서 멀지 않습니다. 원하건대 구담께서는 그곳에서 쉬시고 이른 아침에 공양을 드신 뒤 성으로 가십시오."

아난이 대답했다.

"그만두시오, 그만두시오. 범지여, 그대는 이미 우리에게 공양하였소."

범지가 세 번이나 간청하자 아난이 다시 대답하였다.

"지금은 날이 너무 덥고 또 그 마을은 너무 멀리 떨어져 있습니다. 그리고 세존께서 몹시 피곤해 하시니 수고롭게 할 수가 없습니다."

부처님께서는 이 사정을 판단하시고 곧 게송으로 말씀하셨다.

깨끗한 눈〔淨眼〕인 부처가 길을 걷다가
몹시 지쳐 쌍수로 향하는데
범지가 멀리서 부처를 보고는
곧 다가와 머리를 조아렸네.

제가 사는 마을은 여기서 가까우니
가엾이 여기시어 하룻밤만 머무소서.
이른 아침에 공양을 올릴 것이니
그것 받으시고 저 성으로 향하소서.

범지여 내 몸이 몹시 피곤한데
길마저 멀어서 들를 수가 없구나.
저 시봉하는 자 내 뒤에 있으니
그에게 너의 뜻을 말하라.

범지는 부처의 가르침을 받고
곧 아난의 처소로 갔다네.
오직 원컨대 저희 마을로 가셔서
이른 아침에 공양 받고 떠나소서.

아난은 말했네. 그만두오, 그만두오.
지금은 날이 더워 갈 수가 없소.
세 번을 청하고도 원을 풀지 못하자

범지의 마음은 안타깝고 답답했다.

아아, 이 세계의 모든 유위법有爲法
흘러 변하고 항상 머물지 않으니
이제 나는 저 두 나무 사이에서
번뇌가 없어진 몸 아주 없애리.

부처와 벽지불 그리고 성문들
일체는 모두 반열반에 들어가니
무상은 가리는 것 없어서
마치 불이 산 숲을 태우듯 한다.

그때 세존께서는 구시성으로 들어가 말라족의 본생처本生處인 쌍수 사이를 향해 가시면서 아난에게 말씀하셨다.

"너는 나를 위하여 쌍수 사이에 누울 자리를 마련하되 머리는 북쪽[15]으로 얼굴은 서쪽으로 향하게 하라. 왜냐하면 내 법이 널리 퍼져 장차 북방[16]에서 오래 머물 것이기 때문이다."

"예"

아난은 북쪽으로 머리를 향하도록 자리를 깔았다. 그때 세존께서 몸소 승가리를 네 겹으로 접어 오른쪽 옆구리를 붙이고 사자처럼 발을 포개고 누우셨다. 그때 쌍수 사이에 살면서 부처님을 독실하게 믿

---

15 고려대장경에는 '북北'으로 되어 있으나 송 · 원 · 명 3본에는 모두 '남南'으로 되어 있다.

16 고려대장경에는 '북北'으로 되어 있으나 송 · 원 · 명 3본에는 모두 '남南'으로 되어 있다.

던 귀신은 때 아닌 꽃을 땅에 흩뿌렸다. 세존께서 아난에게 말씀하셨다.

"이 쌍수의 신들은 때 아닌 꽃을 나에게 공양했다. 그러나 이것은 여래를 공양하는 것이 아니다."

아난이 여쭈었다.

"그러면 어떤 것을 여래를 공양하는 것이라고 합니까?"

부처님께서 아난에게 말씀하셨다.

"어떤 사람이 법을 받아 그 법을 잘 행하면 그것을 여래를 공양하는 것이라 한다."

부처님께서는 이 뜻을 관찰하시고 게송으로 말씀하셨다.

부처가 쌍수 사이에서
옆으로 누우니 마음이 어지럽지 않네.
마음 깨끗한 나무 신神이
부처 위에 꽃을 뿌렸네.

아난이 부처에게 묻기를
어떤 것을 공양이라 합니까?
법을 받음과 법을 행함과
깨달음의 꽃을 공양이라고 한다.

수레바퀴만한 자금紫金의 꽃을
부처님께 뿌려도 공양 아니며
음陰・계界・입入[17]에 나[我]라는 것 없다 함이
바로 첫째가는 공양이 된다.

그때 범마나梵摩那[18]는 부처님 앞에서 부채를 들고 부처님께 부채질을 하고 있었다. 부처님께서 말씀하셨다.

"너는 물러가라. 내 앞에 있지 말라."

그러자 아난은 잠자코 있으면서 가만히 생각했다.

'이 범마나는 항상 부처님의 측근에 있으면서 시중을 들어왔다. 그는 반드시 여래를 존경하여 보고 또 보아도 싫증이 없을 것이다. 더구나 이제 부처님께서는 최후에 다다르셨다. 마땅히 그가 지켜보도록 해야 할 텐데 물러가라 하시니 무슨 까닭일까?'

그래서 아난은 곧 옷을 가지런히 하고 앞으로 나아가 부처님께 여쭈었다.

"이 범마나는 언제나 부처님 곁에 있으면서 시중을 들어 왔습니다. 그러므로 반드시 부처님을 공경하고 부처님을 뵙는 데에 싫증이 없을 것입니다. 이제 부처님께서는 최후이십니다. 마땅히 그가 부처님을 지켜보도록 하셔야 할 것입니다. 그런데 물러가라 명령하시니 무슨 까닭이십니까?"

부처님께서 아난에게 말씀하셨다.

"이 구시성 밖 12유순은 모두 대신천大神天들이 사는 집으로서 빈틈이 전혀 없다. 이 모든 대신大神들이 이 비구가 내 앞에 서 있는 것을 꺼려하고 있다. 왜냐하면 '지금은 부처님께서 최후를 맞이하여 곧 멸도에 드시려 하고 있으니 우리들 모든 신은 부처님을 한번 뵙기를 원하고 있다. 그런데 이 비구는 큰 위엄과 덕이 있어 그 광명이 눈부셔서 우리들이 부처님을 가까이하고 예배하고 공양할 수 없게

---

17 5음陰・18계界・12입처入處를 말한다.

18 팔리어로는 Upavāna이며, 비구의 이름이다. 부처님을 가까이에서 시봉했던 사람 중 하나이다.

하는구나'라고 말하고들 있기 때문이다. 아난아, 이런 인연이 있기 때문에 나는 그에게 명령하여 물러가라고 한 것이다."

아난이 부처님께 여쭈었다.

"이 거룩한 비구는 원래 어떤 덕을 쌓았고 어떤 행을 닦았기에, 지금 그런 위엄과 덕이 있습니까?"

부처님께서 아난에게 말씀하셨다.

"오랜 과거 91겁 전에 이 세상에 부처님께서 계셨으니, 그 명호는 비바시였다. 그때 이 비구는 환희심으로 손수 풀로 횃불을 만들어서 그 탑을 비추었다. 이 인연으로 지금 그의 위엄 있는 광명이 위로 28천天에 사무치고, 모든 하늘신의 광명이 미치지 못하게 하는 것이다."

그때 아난은 곧 자리에서 일어나 오른쪽 어깨를 드러내고 길게 꿇어앉아 합장하고 부처님께 여쭈었다.

"이 보잘것없이 작은 성, 거칠고 허물어진 땅에서 멸도하지 마십시오. 왜냐하면 보다 큰 나라들이 있기 때문입니다. 즉 첨파대국瞻婆大國·비사리국毗舍離國·왕사성王舍城·바기국(婆祇國 : 跋祇國)·사위국舍衛國·가유라위국迦維羅衛國[19]·바라나국波羅奈國 등이 있습니다. 그 땅에는 백성들도 많고, 불법을 즐겨 믿습니다. 부처님께서 멸도하신 뒤에는 반드시 그 사리를 잘 공경하고 공양할 것입니다."

부처님께서 말씀하셨다.

"그만두라, 그만두라. 그런 생각을 가지지 말라. 이 땅을 보잘것없는 곳이라 말하지 말라. 무슨 까닭인가? 옛날 이 나라에 대선견大善見이라는 왕이 있었다. 이 성은 당시 이름이 구사바제拘舍婆提였고 대

19 석존이 탄생하신 곳으로 가비라위迦毘羅衛·가비라바소도迦毘羅婆蘇都·가비라迦毘羅라고도 하고, 황두거처黃頭居處·묘덕妙德·창색蒼色이라고 한역한다.

왕의 도성都城으로서 길이는 480리 너비는 280리였다. 그 당시 천하게 여길 정도로 쌀과 곡식이 풍성했고 백성들은 불꽃처럼 왕성하였다. 그 성은 일곱 겹으로 되어 있었고 성을 둘러싼 난간도 또한 일곱 겹이며, 무늬를 아로새기고 조각〔刻〕하고 사이사이마다 보배 방울을 달았다. 그 성은 기초의 깊이가 세 길에 높이는 열두 길이었다. 성 위의 누각은 높이 열두 길에 기둥 둘레는 세 길이었다. 금성金城에는 은문銀門, 은성에는 금문, 유리성에는 수정문, 수정성에는 유리문을 달았다. 그 성 주위는 네 가지 보배로 장엄했고 사이사이마다 난간 또한 네 가지 보배로 장엄하였으며, 금다락에는 은방울을 은다락에는 금방울을 달았다. 보배 참호〔寶塹〕도 일곱 겹으로 되어 있었는데 그 가운데에는 우발라화·발두마화·구물두화·분다리화 등의 연꽃이 피어 있었고, 밑바닥에는 금모래가 깔려 있었으며, 샛길 양쪽에는 다린多隣[20]나무가 자라고 있었다. 금나무에는 은잎과 은꽃과 은열매이며, 은나무에는 금잎과 금꽃과 금열매이며, 수정나무에는 유리꽃과 유리 열매이며, 유리나무에는 수정꽃과 수정열매가 열렸다. 다린나무 사이에는 여러 욕지浴池가 있었는데 그 물은 맑고 깊고 깨끗하여 더러움이 없었고, 네 가지 보배 벽돌로써 그 가장자리를 둘러놓았다. 금사다리에는 은발판, 은사다리에는 금발판, 유리 사다리의 층계는 수정으로 발판을 만들고, 수정 사다리의 층계는 유리로 발판을 만들었다. 에워싼 난간은 빙 둘러 서로 이어져 있었고, 그 성의 곳곳에는 다린나무가 자라고 있었다.

그 금나무에는 은잎·은꽃·은열매이며, 은나무에는 금잎·금꽃·금열매이며, 수정 나무에는 유리꽃·유리 열매이며, 유리 나무

---

20 팔리어로는 tāla이며, 고송수高竦樹라고 한역하는데 즉 패엽(貝葉 : 貝多羅葉)을 말한다.

에는 수정꽃·수정열매가 열렸다. 나무 사이에는 또 네 가지 보배 못이 있는데 네 가지 꽃이 피어 있었다. 거리와 골목은 잘 정돈되어 줄이 서로 맞았고, 바람이 불면 온갖 꽃들이 길가에 어지럽게 흩날렸다. 실바람이 사방에서 일어나 보배 나무에 불어오면 부드러운 소리가 흘러 나왔는데 마치 하늘 음악 같았다. 그 나라 사람들은 남녀노소 할 것 없이 서로 더불어 그 나무 사이에서 놀면서 스스로 즐겼다. 그 나라에는 언제나 열 가지 소리가 있었으니 고동 소리·북 소리·소고 소리·노랫소리·춤 소리·악기 소리·코끼리 소리·말 소리·수레 소리·음식을 먹으면서 장난하고 웃는 소리가 그것이었다.

그때 대선견왕에게는 7보寶가 갖추어져 있었고, 또 왕은 4덕德이 있어 4천하天下의 주인이었다. 어떤 것을 7보라 하는가? 첫 번째는 금륜보金輪寶이고, 두 번째는 백상보白象寶이며, 세 번째는 감마보紺馬寶이고, 네 번째는 신주보神珠寶이며, 다섯 번째는 옥녀보玉女寶이고, 여섯 번째는 거사보居士寶이며, 일곱 번째는 주병보主兵寶이다.

선견대왕은 금륜보를 어떻게 성취했는가? 왕은 언제나 보름날 달이 밝을 때면 향탕香湯에 목욕하고 높은 궁전에 올라 아름다운 여자들에게 에워싸여 있었는데 저절로 윤보輪寶가 갑자기 앞에 나타나 있었다. 바퀴에는 천 개의 바퀴살이 있고 광택이 구족했다. 그것은 하늘의 장인이 만든 것으로서 이 세상 물건이 아니었다. 순금으로 되어 있었고, 바퀴의 직경은 14척이었다. 대선견왕은 가만히 생각했다.

'나는 일찍이 덕이 높은 노장에게서 예전에 이런 말을 들은 적이 있다.

〈머리에 물을 부어 새로이 왕이 된 찰리족刹利族의 왕이 보름날 달이 밝을 때 향탕에 목욕하고 높은 궁전에 오르면 아름다운 여자들이 둘러싸고 금륜金輪이 저절로 앞에 나타난다. 바퀴에는 천 개의 바퀴살이 있으며 광택이 난다. 그것은 하늘의 장인이 만든 것으로서 이 세상 물건이 아니며, 순금으로 되어 있고, 바퀴의 직경은 14척이다. 이와 같으면 곧 그를 전륜성왕이라 한다.〉

이제 이 바퀴가 나타난 것도 그런 일이 아닐까? 이제 나는 이 윤보輪寶를 시험해 봐야겠다.'

대선견왕은 곧 4병兵[21]을 모으고, 금륜보金輪寶를 향해 오른쪽 어깨를 드러내고 오른쪽 무릎을 땅에 붙이고 오른손으로 금륜을 어루만지면서 말했다.

'너는 동방을 향해 법답게 굴러 항상한 법칙을 어기지 말라.'

수레바퀴는 곧 동으로 굴렀다. 선견왕은 곧 4병을 거느리고 그 뒤를 따랐고, 금륜보 앞에서는 네 신神이 인도하였다. 수레바퀴가 멈출 때에는 왕도 곧 수레를 멈추었다. 그때 동방의 모든 작은 나라 왕들은 이 대왕이 오는 것을 보고, 금발우에는 은곡식을 담고 은발우에는 금곡식을 담아 왕에게 찾아 와서 머리 숙여 절하고 여쭈었다.

'잘 오셨습니다. 대왕이여, 이제 이 동방의 토지는 기름지고 풍성하며 백성들도 불꽃같이 왕성합니다. 백성들은 성질이 어질고 온화하며 자애롭고 효성스러우며 충성스럽고 유순합니다. 원컨대 대왕께서는 여기서 나라를 다스려 주십시오. 저희들은 마땅히 좌우에서 모시며 명령을 받들겠습니다.'

그러자 선견대왕은 그들 작은 나라 왕들에게 말했다.

'그만두시오, 그만두시오. 제현諸賢들이여, 그대들은 이미 나를 공양해 마쳤소. 다만 바른 법으로써 나라를 다스리되, 부디 치우치거나 억울하게 하지 말며, 온 나라 안에 법답지 못한 일이 없게 하시오.

---

21 전륜성왕이 거느리는 상병象兵·마병馬兵·거병車兵·보병步兵을 말한다.

이렇게 하는 것이 곧 내가 다스리는 법이라오.'

모든 작은 나라 왕들은 이 가르침을 받고 곧 대왕을 따라 여러 나라를 돌아다니다가 동쪽 바닷가에 이르렀다.

이렇게 남방·서방·북방으로 수레바퀴가 가는 곳마다 모든 국왕들이 각각 그 국토를 바치는 것이 동방의 여러 작은 왕들과 같았다. 그때 선견왕은 금륜을 따라 4해海를 두루 돌아다니면서 도道로써 교화하고 백성들을 안위시킨 뒤 다시 본국 구사파성으로 돌아왔다. 그때 금륜보는 궁문宮門 위 허공에 머물러 있었다. 대선견왕은 기뻐 뛰면서 말했다.

'이 금륜보는 진실로 나의 상서祥瑞이다. 나는 이제 진실로 전륜성왕이 되었다.'

이것이 금륜보를 성취하게 된 경위이다.

선견대왕은 백상보白象寶를 어떻게 성취했는가? 언젠가 선견대왕이 이른 아침에 정전正殿에 올라가 앉아 있을 때 저절로 상보象寶가 갑자기 앞에 나타났다. 그 털은 새하얗고, 일곱 군데〔두 손바닥·두 발바닥·양 어깨·정수리〕가 편편하며, 힘은 능히 날아다닐 만했다. 그 머리는 잡색이고 여섯 이금니는 가늘고 곧았으며 순금으로 사이가 메워져 있었다. 그때 왕은 그것을 보고 생각했다.

'이 코끼리는 순하고 영리하다. 만일 잘 길들일 수 있는 자만 있다면 타고 다니기에 좋을 것이다.'

곧 시험해 훈련시켜 보니 모든 능력이 갖추어져 있었다. 그때 선견대왕은 자신이 코끼리를 시험하고자 했다. 그것을 타고 이른 아침에 성을 나와 4해海를 두루 돌았는데 식사시간쯤에는 벌써 돌아와 있었다. 그때 선견왕은 기뻐 뛰면서 말했다.

'이 흰 코끼리는 진실로 나의 상서이다. 나는 이제 정말로 전륜성

왕이 되었다.'

이것이 백상보를 성취하게 된 경위이다.

선견대왕은 마보馬寶를 어떻게 성취했는가? 언젠가 선견대왕이 맑은 아침에 정전 위에 앉아 있을 때 저절로 마보가 갑자기 앞에 나타나 있었다. 몸은 검푸른 빛이었고 갈기와 꼬리는 붉었으며, 머리와 목은 코끼리와 같았고,[22] 힘은 능히 날아다닐 만하였다. 왕은 그것을 보고 생각했다.

'이 말은 온순하고 영리하다. 만일 잘 길들일 수 있는 자만 있다면 타고 다니기에 적당할 것이다.'

곧 시험해 훈련시켜 보니 모든 능력을 구비하고 있었다. 선견왕은 자신이 마보를 시험하고자 곧 그 위에 타고 이른 아침에 성을 나가 4해를 두루 돌았는데 식사시간 쯤에는 벌써 돌아와 있었다. 선견왕은 기뻐 뛰면서 말했다.

'이 검푸른 말은 진실로 나의 상서다. 나는 이제 정말로 전륜성왕이 되었다.'

이것이 감마보紺馬寶를 성취하게 된 경위이다.

선견대왕은 신주보神珠寶를 어떻게 성취했는가? 언젠가 선견대왕이 이른 아침에 정전 위에 앉아 있을 때 저절로 신주보가 갑자기 앞에 나타나 있었다. 바탕과 빛은 맑고 투명하며 흠도 티도 없었다. 그때 왕은 그것을 보고 생각했다.

'이 구슬은 묘하고 좋다. 만일 광명을 내뿜으면 이 궁전 안을 비출 것이다.'

선견왕은 이 구슬을 시험하고자 곧 4병을 불러 이 보배 구슬을 높

---

22 고려대장경에는 '두경여상頭頸如象'으로 되어 있으나 송·원·명 3본에는 '두경여마頭頸如馬'로 되어 있다.

은 깃대 위에 두었다. 어두운 밤에 깃대를 들고 성을 나서자 그 구슬 광명은 모든 군사들을 마치 대낮처럼 비추었다. 또 군사들 바깥으로도 두루 뻗쳐 1유순由旬까지 비추었다. 그때 성중 사람들은 모두 일어나 대낮인 줄 착각하고 일을 시작했다. 선견왕은 이것을 보고 기뻐 뛰면서 말했다.

'이제 이 신비한 구슬은 진실로 나의 상서이다. 나는 이제 정말로 전륜성왕이 되었다.'

이것이 신주보를 성취하게 된 경위이다.

선견대왕은 옥녀보玉女寶를 어떻게 성취했는가? 언젠가 옥녀보가 갑자기 나타났는데, 안색은 조용하고 얼굴은 단정했다. 크지도 작지도 않고, 뚱뚱하지도 마르지도 않으며, 검지도 희지도 않고, 억세지도 여리지도 않았다. 겨울에는 몸이 따뜻하고, 여름에는 몸이 차가웠으며, 온몸의 털구멍에서는 전단의 향기가 나고, 입에서는 우발라꽃〔優鉢羅花〕 향기가 났다. 말씨는 부드럽고 연하며, 거동은 편안하고 상냥하였으며, 먼저 일어나고 뒤에 앉는 등 그 예의범절을 잃지 않았다. 그러나 선견왕은 맑고 깨끗해 집착이 없어 마음속에 잠시라도 생각하지 않았는데, 더구나 다시 친근히 하려고 했겠는가? 선견왕은 기뻐 뛰면서 말했다.

'이 옥녀보는 진실로 나의 상서이다. 나는 정말로 전륜성왕이 되었다.'

이것이 옥녀보를 성취하게 된 경위이다.

선견대왕은 거사보居士寶를 어떻게 성취했는가? 언젠가 거사 장부가 갑자기 스스로 나타났는데, 그들의 보물 창고에는 저절로 쌓인 재보財寶가 한량없이 많았다. 거사가 과거에 지은 복으로 얻은 눈은 능히 땅 속에 묻혀 있는 보물까지도 꿰뚫어 볼 수 있었고, 주인이 있는 것인지 주인이 없는 것인지 다 보아 알았다. 주인이 있는 것은 잘 보호해 주고 주인이 없는 것은 가져다가 왕에게 주어 쓰게 했다. 그때 거사보가 왕에게 가서 여쭈었다.

'대왕이시여, 재물이 필요하더라도 걱정할 것이 없습니다. 제가 스스로 마련하겠습니다.'

선견왕은 거사보를 시험하고자 곧 명령해 배를 준비하게 하여 배를 타고 나가 놀다가 왕이 거사에게 말했다.

'내가 지금 황금이 필요하다. 너는 빨리 내게 황금을 가져오라.'

거사가 대답했다.

'대왕이시여, 잠깐만 기다리십시오. 곧 언덕으로 올라가 보겠습니다.'

왕은 또 재촉했다.

'나는 여기서 쓸 데가 있다. 지금 당장 가지고 오라.'

거사보는 왕의 엄한 명령을 받고 곧 배 위에 꿇어앉아 오른손으로 물속을 더듬었다. 물속에서 보물이 든 병이 손을 따라 나왔다. 마치 벌레가 나무를 기어오르는 것같이 그 거사보도 역시 그러하여 손을 물속에 넣으면 보물은 손을 따라 올라왔고 어느새 배에 가득했다. 그래서 왕에게 여쭈었다.

'조금 전 쓸 재물이 필요하다고 하셨는데 얼마나 필요하십니까?'

선견왕이 거사에게 말했다.

'그만두라, 그만두라. 나는 필요 없다. 아까는 그저 시험해 보았을 뿐이다. 너는 이제 내게 공양해 마쳤다.'

그 거사는 왕의 말을 듣고 곧 모든 보물을 물속으로 던져 버렸다. 그때 선견왕은 기뻐 뛰면서 말했다.

'이 거사보는 진실로 나의 상서이다. 나는 이제 정말로 전륜성왕이

되었다.'

이것이 거사보를 성취하게 된 경위이다.

선견대왕은 주병보主兵寶를 어떻게 성취했는가? 언젠가 주병보가 갑자기 나타났는데 지혜와 꾀가 있고 씩씩하고 용맹스럽고 영특한 지략으로 혼자 서 일을 결단하였다. 그는 곧 왕에게 나아가 여쭈었다.

'대왕이시여, 토벌討罰할 일이 있으시다면 걱정하지 마십시오. 제가 스스로 처리하겠습니다.'

선견왕은 주병보를 시험하고자 곧 4병을 모아 놓고 그에게 명령했다.

'너는 지금 이 군사를 부려 보아라. 아직 모이지 않은 자는 모으고 이미 모인 자는 놓아주라. 아직 경계를 엄하게 하지 못한 자는 엄숙하게 하고 이미 경계를 엄하게 한 자는 풀어 주라. 아직 가지 않은 자는 가게하고 이미 간 자는 멈추게 하라.'

주병보는 왕의 말을 듣고 곧 4병을 부려 아직 모이지 않은 자는 모으고 이미 모인 자는 놓아주었다. 아직 경계를 엄하게 하지 않은 자는 경계를 엄하게 하고 이미 경계를 엄하게 한 자는 풀어 주었다. 아직 가지 않은 자는 가게하고 이미 간 자는 멈추게 하였다. 선견왕은 그것을 보고 기뻐 뛰면서 말했다.

'이 주병보는 진실로 나의 상서이다. 나는 이제 정말로 전륜성왕이 되었다.'

아난아, 이것이 선견전륜성왕이 7보를 성취하게 된 경위이다.

아난아, 어떤 것을 네 가지 신덕神德이라 하는가? 첫 번째는 오래 살고 일찍 죽지 않음에 있어 따를 자가 없는 것이며, 두 번째는 몸이 건강하고 병이 없음에 있어 따를 자가 없는 것이며, 세 번째는 얼굴

모양이 단정함에 있어 따를 자가 없는 것이고, 네 번째는 보물 창고가 가득 참에 있어 따를 자가 없는 것이다. 이것을 전륜왕이 성취한 7보와 4공덕이라 한다. 아난아, 그때 선견왕은 오랜만에 수레를 타고 뒷동산으로 놀러 나가 곧 마부에게 말했다.

'너는 수레를 잘 몰아 편안하고 조용하게 가라. 왜냐하면, 나는 국토와 인민이 안락하여 근심이 없는가를 자세히 살펴보고 싶기 때문이다.'

길에 늘어서 왕의 행차를 보던 백성들도 시자에게 말했다.

'그대는 좀 더 천천히 가시오. 우리는 거룩한 왕의 위엄스런 모습을 자세히 뵙고 싶소.'

아난아, 그때 선견왕은 백성들을 사랑해 기르기를 마치 아버지가 아들을 사랑하듯이 하였고, 국민들이 왕을 사모하기는 마치 아들이 아버지를 우러르는 것 같았다. 그래서 그들이 가진 보물을 모두 왕에게 바치면서 말했다.

'원컨대 받아 주셔서 마음대로 써 주십시오.'

왕은 대답했다.

'그만두어라, 백성들이여. 내게는 보물이 있다. 그대들이나 써라.'

또 어느 때 왕이 '내가 지금 궁전을 지어야겠다'고 생각하면 백성들은 왕에게 와서 각각 여쭈었다.

'저희들이 이제 왕을 위하여 궁전을 짓겠습니다.'

왕이 대답했다.

'나는 이제 너희들의 공양을 받은 것으로 하겠다. 내게는 집을 지을 수 있는 충분한 재물이 있다.'

백성들은 되풀이해 왕에게 말했다.

'저희들도 왕과 함께 궁전을 짓겠습니다.'

왕이 백성들에게 말했다.

'너희들 뜻에 따르겠다.'

백성들은 왕의 허락을 얻자 곧 8만 4천 대의 수레에 금을 싣고 와서 구사파성에 법전法殿을 지었다. 그러자 도리천의 묘장천자妙匠天子는 생각했다.

'오직 나만이 능히 선견왕과 같은 정법전正法殿을 세울 수 있다.'

아난아, 그래서 묘장천은 정법전을 지었는데 길이는 60리, 너비는 30리이며, 네 가지 보배로 장엄했다. 밑바닥 기초는 평평하고 반듯하였으며 일곱 겹의 보배 벽돌로 그 계단을 쌓았다. 그 법전의 기둥은 8만 4천 개였는데 금기둥에는 은주두銀株頭, 은기둥에는 금주두, 유리와 수정으로 된 기둥의 주두도 또한 그러했다. 법전의 둘레를 에워싼 사방의 난간은 모두 네 가지 보배로 만들었고, 네 개의 섬돌도 또한 네 가지 보배로 만들었다. 그 법전 위에는 8만 4천 개의 보배 누각이 있는데, 금누각에는 은으로 창을 만들고, 은누각에는 금으로 창을 만들었으며, 수정과 유리 누각의 창도 또한 그러했다. 금누각에는 은평상을 두고 은누각에는 금평상을 두어 곱고 부드러운 금실로 짠 자리를 그 위에 깔았다. 수정과 유리 누각의 평상도 그러했다. 그 법전의 광명이 사람의 눈을 부시게 했는데 마치 태양이 너무 밝아 똑바로 바라보는 사람이 없는 것과 같았다.

선견왕은 혼자서 생각하였다.

'내 이제 이 법전의 좌우에 다린동산의 연못〔多隣園池〕을 만들어야겠다.'

이렇게 생각하면 곧 못을 만드는데 길이와 너비는 각각 1유순이나 되었다.

또 생각했다.

'이 법전 앞에는 법의 못〔法池〕을 만들어야겠다.'

이렇게 생각하면 곧 그것을 만드는데 길이와 너비는 각각 1유순이었다. 그 물은 맑고 깨끗하고 조촐하여 더러움이 없었다. 네 가지 보배 벽돌로 그 바닥과 벽을 쌓았고, 연못 사방에는 난간을 둘렀는데 모두 황금·백은·수정·유리의 네 가지 보배를 합해 만들었다. 그 못물 가운데에는 우발라꽃·파두마꽃[23]·구물두꽃·분다리꽃 등 갖가지 꽃이 피어 미묘한 향기를 내어 사방에 풍겼다. 그 못 4면의 육지에도 꽃이 피어났으니 아혜물다꽃〔阿醯物多花〕·첨복꽃〔瞻蔔花〕·파라라꽃〔波羅羅花〕·수만타꽃〔須曼陀花〕·파사가꽃〔婆師迦花〕·단구마리꽃〔檀俱摩梨花〕들이었다. 사람을 시켜 못을 맡아보게 하고 지나가는 사람들이 들어가서 목욕하며 시원함을 즐기고자 하면 그들의 뜻에 따라주었다. 마실 것이 필요한 사람에게는 마실 것을 주고, 밥이 필요한 사람에게는 밥을 주었으며, 의복衣服이나 거마車馬나 향화香華나 재보財寶도 사람의 마음을 거스르지 않았다.

아난아, 그때 선견왕에게는 8만 4천 마리의 코끼리가 있었다. 금과 은으로 장식하고 보주寶珠로 고삐를 만들었는데 제상왕齊象王이 제일이었다. 또 8만 4천 마리의 말이 있었다. 금과 은으로 장식하고 보주로 고삐를 만들었는데 그 중에 역마왕力馬王이 제일이었다. 또 8만 4천 대의 수레가 있었다. 사자 가죽 고삐에 네 가지 보배로 장엄하였는데 금륜보金輪寶가 제일이었다. 8만 4천 명의 구슬이 있었는데 신주보神珠寶가 제일이었으며, 8만 4천 명의 옥녀玉女가 있었는데 옥녀보玉女寶가 제일이었다. 8만 4천 명의 거사居士가 있었는데 거사보居士寶가 제일이었으며, 8만 4천 명의

---

23 고려대장경에는 '파두마꽃[波頭摩華]'으로 되어 있으나 송·원·명 3본에는 모두 '발두마꽃[鉢頭摩華]'으로 되어 있다.

찰리가 있었는데 주병보主兵寶가 제일이었다. 8만 4천 개의 성城이 있었는데 구시파제拘尸婆提성이 제일이었고, 8만 4천 개의 궁전이 있었는데 정법전正法殿이 제일이었다. 8만 4천 개의 다락이 있었는데 대정루大正樓가 제일이었고, 8만 4천 개의 평상이 있었는데 모두 황금과 백은 등 온갖 보배로 만들어진 것들이었고, 그 위에는 곱고 부드러운 담요와 털자리를 깔았다. 8만 4천 억 벌의 옷이 있었는데 초마의初摩衣·가시의迦尸衣·겁파의劫波衣가 제일이었고, 8만 4천 가지 음식이 날마다 차려졌는데 그 맛은 각각 달랐다.

아난아, 그 당시 선견왕은 8만 4천 마리의 코끼리 중에서 제일가는 제상齊象을 타고 이른 아침에 구시拘尸성을 나서서 천하를 살펴보고 4해를 두루 돌아다니다가 어느새 성으로 돌아와 아침밥을 먹었다. 8만 4천 마리 말 중에서 제일가는 역마보力馬寶를 타고 이른 아침에 나서서 천하를 살펴보고 4해를 두루 돌아다니다가 어느새 성으로 돌아와 아침밥을 먹었다. 8만 4천 대의 수레 중에 제일가는 금륜거金輪車에 역마보를 메어 타고 이른 아침에 나서서 천하를 살펴보고 4해를 두루 돌아다니다가 어느새 성으로 돌아와 아침밥을 먹었으며, 8만 4천 가지 신주神珠 중에 제일가는 신주보로써 궁전 안을 비추어 밤낮으로 언제나 환하게 밝았다. 8만 4천 명의 옥녀玉女 중에 제일가는 착하고 현명한 옥녀보가 그 좌우에서 시중들었고, 8만 4천 명의 거사居士가 있었으니 재물을 쓸 일이 있으면 거사보에게 맡겼다. 8만 4천 명의 찰제리가 있었으니 토벌할 일이 있으면 주병보에게 맡겼고, 8만 4천 개의 성을 다스리는 도읍은 항상 구시성拘尸城으로 하였다. 8만 4천 개의 궁전 중에서 왕이 항상 거처하는 곳은 정법전正法殿이었고, 8만 4천 개의 누각 중에서 왕이 항상 거처하는 곳은 대정루大正樓였다. 8만 4천 개의 자리 중에서 왕이 항상 앉는 자리는 파리좌頗梨座였으니 선정에 들기에 편안했기 때문이며, 8만 4천억 벌의 옷은 제일 묘한 보배로 장식했는데 아무렇게나 입는 것은 부끄럽기 때문이다. 8만 4천 가지 음식 중에서 왕이 항상 먹는 것은 자연반自然飯이었으니 만족할 줄 알기 때문이다.

언젠가 8만 4천 마리의 코끼리가 왕의 앞에 나타나 때로는 뛰고 밟아 서로 충돌해 중생을 다치게 한 것이 이루 다 헤아릴 수 없이 많았다. 그때 왕은 생각했다.

'이 코끼리들이 자주 찾아오면 손상되는 것이 많겠구나. 지금부터는 백 년에 한 마리씩 나타나는 것만 허락하리라.'

그리하여 차례로 백 년에 한 마리씩만 나타났고 차례가 다 돌아가면 다시 처음부터 시작하곤 하였다."

불설장아함경 제4권

〔제1분〕 ④

2. 유행경 ③

부처님께서 아난에게 말씀하셨다.

"그때 선견왕은 생각하였다.

'나는 원래 어떤 공덕을 쌓고 어떤 착한 근본〔善本〕을 닦았기에, 지금 이렇게 높고 큰 과보果報를 얻게 되었을까?'

또 스스로 생각했다.

'세 가지 인연이 이러한 복의 과보를 가지고 왔다. 어떤 것이 세 가지인가? 첫 번째는 보시布施이며, 두 번째는 지계持戒이며, 세 번째는 선사禪思이다. 이런 인연으로 지금 이렇게 큰 과보를 얻었다.'

왕은 또 스스로 생각했다.

'나는 이제 이미 인간 세계의 복된 과보를 받았으니, 더 나아가 하늘의 복을 받을 업業을 닦아야 하겠다. 스스로 자기를 억누르고, 시끄럽고 번잡한 것을 떠나 조용한 곳에서 한가히 지내며 도술道術을 숭상하자.'

그리하여 왕은 곧 선현보녀善賢寶女에게 명령하여 말했다.

'나는 이제 이미 인간의 복된 과보를 누렸다. 더 나아가 앞으로는 하늘의 복을 받을 업을 닦아야겠다. 그러자면 마땅히 스스로 자기를 억제하고 시끄럽고 번잡한 것을 떠나 조용한 곳에서 한가히 지내며 도술을 숭상해야 할 것이다.'

'예, 대왕의 말씀대로 하겠습니다.'

그녀는 안팎에 명령하여 가까이 모시거나 문안인사 드리는 것을 금했다.

왕은 곧 법전法殿에 올라 금루관金樓觀으로 들어가 은평상에 앉았다. 거기서 탐욕과 음욕은 악惡하고 불선不善한 것이라고 생각하고 각覺도 있고 관觀도 있으며, 여의는 데서 생기는 기쁨과 즐거움〔離生喜樂〕[1]으로 제1선第一禪을 얻었다. 각覺과 관觀을 없애고 안으로 믿어〔內信〕 기뻐하고 즐거워하며, 마음을 오로지 거두어 잡아 각覺도 없고 관觀도 없어 선정에서 생기는 기쁨과 즐거움〔定生喜樂〕으로 제2선을 얻었다. 기쁨을 버리고 평정〔護〕을 닦아 마음을 오로지 하여 산란하지 않게 하며, 스스로 몸의 즐거움〔身樂〕을 알아 성현聖賢들이 구하는 바인 평정〔護〕·기억〔念〕·즐거움〔樂〕으로 제3선을 얻었다. 괴로움과 즐거움을 없애고 먼저 걱정과 기쁨을 없애어 괴롭지도 않고 즐겁지도 않은 평정〔護〕·기억〔念〕·청정淸淨으로 제4선을 얻었다.

선견왕은 은평상에서 일어나 금루관을 나왔다. 다시 대정루大正樓

---

1 욕계欲界의 악惡을 떠남으로 해서 생기는 기쁨과 즐거움이다.

로 나아가 유리평상에 앉아 자심慈心을 닦았는데, 한 세계에 두루 차고 나머지 다른 세계도 그러하여 두루 가득 차게 하고 널리 미치게 하여 차별함이 없고 한량도 없었다. 모든 원한을 없애 마음에 미워함이 없고, 고요하고 잠잠하고 사랑하고 부드러움으로써 스스로 즐거워했다. 비심悲心・희심喜心・사심捨心 또한 그러했다.

그때 옥녀보는 묵묵히 혼자서 생각했다.

'오랫동안 왕의 얼굴을 뵙지 못했으니 한번 뵙고 싶구나. 지금 곧 대왕에게 가보자.'

그래서 선현보녀는 8만 4천의 채녀婇女들에게 말했다.

'너희들은 향탕香湯에 목욕하고 의복을 갖추어라. 왜냐하면, 우리는 오랫동안 왕의 얼굴을 뵙지 못했으니, 마땅히 한 번 뵈어야 할 것이다.'

모든 여인들은 이 말을 듣고 의복을 갖추고, 목욕해 몸을 깨끗이 하였다.

선현보녀는 또 주병보主兵寶에게 명하였다.

'그대는 네 가지 군대[兵]를 모으시오. 우리가 오랫동안 왕을 뵙지 못했으니 마땅히 한번 뵈어야 하겠소.'

신하인 주병보는 곧 네 가지 군대를 모으고 보녀에게 말했다.

'네 가지 군대는 이미 다 모였습니다. 마땅히 때가 되었음을 아십시오.'

이에 보녀는 8만 4천 명의 채녀를 거느리고 네 가지 군대의 호위를 받아 황금의 다린多鄰동산으로 나아갔다. 대중들의 진동하는 소리가 왕에게 들리자, 왕은 그 소리를 듣고 창문으로 내다보니 보녀가 문 가까이에 와 서 있었다.

왕은 보녀를 보고 곧 말했다.

'너는 멈추어라. 앞으로 오지 말라. 내가 누각에서 나가겠다.'

선견왕은 곧 파리頗梨로 만든 자리에서 일어나 대정루를 나와 정법전正法殿으로 내려갔다. 거기서 옥녀보와 함께 다린동산으로 나가 자리에 앉았다. 그때 선견왕의 얼굴에는 광택이 나서 보통 때와 달랐다. 선현보녀는 스스로 생각했다.

'지금 대왕의 얼굴빛이 보통 때보다 뛰어나다. 이것은 무슨 기이한 상서일까?'

보녀는 곧 대왕에게 여쭈었다.

'지금 대왕의 얼굴빛이 보통 때와 다릅니다. 혹시 목숨을 버리려 할 때 나타나는 기이한 상서는 아닙니까? 지금 이 8만 4천 마리 코끼리 중에서 백상보白象寶가 제일입니다. 금은으로 장식하고 목에 보주寶珠를 걸었는데 진실로 왕의 소유입니다. 원컨대 잠깐 생각을 돌려 함께 즐기십시오. 부디 목숨을 버려 만백성을 외롭게 하지 마십시오. 또 8만 4천 마리 말 중에는 역마왕力馬王이 제일이며, 8만 4천 대의 수레 중에는 윤보輪寶가 제일입니다. 8만 4천 개의 구슬 중에는 신주보神珠寶가 제일이며, 8만 4천 명의 여자 중에는 옥녀보玉女寶가 제일입니다. 8만 4천 명의 거사 중에는 거사보居士寶가 제일이며, 8만 4천 명의 찰리 중에는 주병보主兵寶가 제일입니다. 8만 4천 개의 성城 중에는 구시성拘尸城이 제일이며, 8만 4천 개의 궁전 중에는 정법전正法殿이 제일입니다. 8만 4천 개의 누각 중에는 대정루大正樓가 제일이며, 8만 4천 개의 자리 중에는 보식좌寶飾座가 제일입니다. 8만 4천 벌의 옷 중에는 유연의柔軟衣가 제일이며, 8만 4천 가지 음식은 갖가지가 진귀한 맛이 있습니다. 이런 온갖 보배가 다 왕의 소유입니다. 원컨대 잠깐 생각을 돌려 이들과 함께 즐기시고, 부디 목숨을 버려 만백성을 외롭게 하시지 마십시오.'

그러자 선견왕은 보녀에게 대답했다.

'너는 옛날부터 지금까지 나를 받들어 섬겨오면서 사랑스럽고 부드러우며 공경하고 순종하여 하는 말에 실수가 없었다. 그런데 지금은 왜 그런 말을 하느냐?'

보녀가 왕에게 말하였다.

제가 드린 말씀에 무슨 불순한 점이 있는지 모르겠습니다.'

왕은 그녀에게 말했다.

'네가 아까 말한 코끼리 · 말 · 보배 수레 · 금바퀴 · 궁전 · 기이한 옷 · 맛난 음식 이런 것들은 다 항상하지 못한 것이라서 오래도록 보존할 수 없다. 그런데도 나에게 더 머물라고 권하니 어찌 순종하는 것이라고 하겠느냐?'

보녀가 왕에게 여쭈었다.

'공경하고 순종하려면 어떻게 말해야 하는지 모르겠습니다.'

왕이 그녀에게 말했다.

'네가 만일 〈코끼리 · 말 · 보배 수레 · 금바퀴 · 궁전 · 기이한 의복 · 맛난 음식 이런 것들은 다 항상하지 못한 것이라서 오래도록 보존할 수 없습니다. 원컨대 그것에 애착하여 높으신 정신을 괴롭게 하지 마십시오. 왜냐하면 왕의 목숨은 오래지 않아 반드시 뒷세상으로 가실 것이기 때문입니다. 태어나면 죽게 되고 만나면 헤어지게 되어 있습니다. 어떻게 이 세상에 나서 오래도록 사는 자가 있겠습니까? 마땅히 은혜와 사랑을 끊고 도를 구하는 마음을 가지십시오〉 라고 한다면 이것을 공경하고 순종하는 말이라 할 것이다.'

아난아, 그때 옥녀보는 왕의 이 말을 듣고 슬피 울고 부르짖다가 눈물을 닦으면서 말했다.

'코끼리 · 말 · 보배 수레 · 금바퀴 · 궁전 · 기이한 옷 · 맛난 음식 이러한 것들은 다 항상하지 못한 것이라서 오래도록 보전할 수 없습니다. 원컨대 그것에 애착하여 높으신 생각을 괴롭게 하지 마십시오. 왜냐하면 왕의 수명은 오래지 않아 반드시 뒷세상으로 가실 것이기 때문입니다. 태어나면 죽음이 있고 만나면 헤어지기 마련입니다. 어떻게 이 세상에 나서 오래도록 사는 사람이 있겠습니까? 마땅히 은혜와 사랑을 끊고 도를 구하는 마음을 가지십시오.'

아난아, 저 옥녀보가 이렇게 말했을 때, 선견왕은 갑자기 목숨을 마쳤는데 마치 힘센 장수가 맛있는 밥을 단번에 먹어 치우듯 아무 괴로움도 번민도 없었다. 그 영혼은 올라가 제7 범천梵天[2]에 태어났다. 선견왕이 죽은 지 7일 만에 윤보輪寶와 주보珠寶는 저절로 사라지고, 상보象寶·마보馬寶·옥녀보玉女寶·거사보居士寶·주병보主兵寶도 같은 날에 죽었다. 성·못·법전·누각·보배 장식·황금 다린동산도 모두 흙과 나무로 변했다."

부처님께서 아난에게 말씀하셨다.

"인연이 모여 이루어진 법〔有爲法〕은 항상한 것이 아니어서 변하고 바뀌어 반드시 부서져 없어진다. 탐욕으로 만족할 줄 모르면 사람의 목숨이 흩어질 때에 은혜와 사랑을 그리워하고 집착해 만족할 수 없을 것이다. 오직 성인의 지혜를 얻어 밝게 도를 본 자만이 비로소 만족할 줄 알 것이다. 아난아, 나는 기억하고 있다. 나는 일찍이 이곳에 여섯 번 태어나 전륜성왕이 되었고 마침내 뼈를 이 땅에 묻었었다. 이제 나는 위없는 정각正覺을 이루고 다시 생명을 버려 몸을 이곳에 두고 간다. 지금 이후로는 나고 죽음이 영원히 끊어질 것이다. 그래서 내 몸을 둘 곳은 어디에도 없을 것이다. 이것이 최후이며 다시

---

2 범천에 21계界가 있는데, 그 중 제 7 계를 제 7 범천이라고 한다.

는 목숨을 받지 않을 것이다."

세존께서는 본생처인 구시나갈성의 사라원娑羅園 쌍수 사이에서 멸도하려 하시면서 아난에게 말씀하셨다.

"너는 구시나갈성에 들어가 모든 말라족 사람들에게 알려라.

'여러분, 마땅히 아시오. 여래께서는 오늘 밤에 사라원 쌍수 사이에서 반열반에 드십니다. 여러분은 가서 의심되는 것을 묻고 가르침과 유계遺誡를 직접 받으시오. 이 때를 놓쳐 뒷날에 후회를 남기지 마시오.'"

아난은 부처님의 분부를 받고 곧 자리에서 일어나 부처님께 예배하고 떠났다. 그리고 어느 비구와 함께 눈물을 흘리면서 구시성으로 들어갔는데, 그때 5백 명의 말라족 사람들은 무슨 일이 있어 한 곳에 모여 있었다. 모든 말라족 사람들은 아난이 오는 것을 보고 곧 일어나 예배하고 한쪽에 서서 아난에게 말했다.

"이 늦은 저녁에 존자尊者께서는 성에 무슨 일로 들어오셨습니까?"

아난이 눈물을 흘리면서 말했다.

"나는 그대들에게 큰 이익을 주고자 이렇게 찾아와 알려드립니다. 그대들은 마땅히 아십시오. 여래께서는 오늘 밤에 반열반에 드십니다. 여러분은 가서 의심되는 것을 묻고 가르침과 유계를 직접 받으십시오. 이 때를 놓쳐 뒷날에 후회를 남기지 마십시오."

모든 말라족 사람들은 이 말을 듣고 큰 소리로 울부짖으며 땅에 쓰러져 기절했다가 다시 깨어났는데, 마치 큰 나무가 뿌리가 뽑히면 가지들이 부러지는 것과 같았다. 그들은 다 같이 큰 소리로 말했다.

"부처님께서 멸도하심이 어찌 이리도 빠른가, 부처님께서 멸도하심이 어찌 이리도 빠른가? 중생들은 오래도록 쇠할 것이니 세상의 눈이 없어지기 때문이다."

아난은 모든 말라족 사람들을 위로하며 말했다.

"그만하오, 그만하오, 슬퍼하지 마시오. 천지 만물은 생겨나면 사라지지 않는 것이 없습니다. 인연으로 모인 것을 언제까지나 있게 하고자 해도, 그렇게 될 수는 없는 것이오. 부처님께서 말씀하시지 않았습니까? '만남에는 헤어짐이 있고 삶에는 반드시 다함이 있다'고 말입니다."

모든 말라족 사람들은 각각 서로 말했다.

"우리 집으로 돌아가 온 가족과 흰 천 5백 장을 가지고 다 같이 쌍수로 갑시다."

모든 말라족 사람들은 각기 집으로 돌아가 그 가족을 데리고 흰 천을 가지고 구시성을 나와 쌍수 사이로 가서 아난이 있는 곳에 이르렀다. 아난은 그들이 오는 것을 멀리서 보고 스스로 생각했다.

'저 사람들은 너무 많구나. 만일 저 많은 사람이 한 사람씩 부처님을 만나 뵈려면 다 뵙기 전에 부처님께서 먼저 멸도하실 것이다. 나는 이제 차라리 초저녁에 그들로 하여금 동시에 부처님을 뵙게 하리라.'

곧 5백 명의 말라족 사람과 그 가족을 데리고 세존께 나아가 부처님 발에 머리를 대어 예배하고 한쪽에 섰다. 아난이 앞으로 나아가 부처님께 여쭈었다.

"아무개 아무개 등 말라족 사람들과 그 가족들이 세존의 기거가 어떠하신지 문안드립니다."

부처님께서 대답하셨다.

"너희들은 오느라고 수고했다. 나는 너희들의 수명을 연장시켜 주고 또 병도 고통도 없게 하겠다."

아난은 곧 모든 말라족 사람들과 그 가족들을 데리고 가서 부처님을 뵙게 하였다. 모든 말라족 사람들은 부처님 발에 머리 조아려 예배하고 한쪽에 앉았다. 세존께서는 그들을 위하여 무상無常에 대하여 설법하고 가르치셔서 이롭게 하고 기쁘게 하셨다. 모든 말라족 사람들은 법을 듣고 기뻐하면서 곧 5백 장의 흰 천을 세존께 바쳤다. 부처님께서 그것을 받으시자 모든 말라족 사람들은 곧 자리에서 일어나 부처님께 예배하고 떠났다.

그때 구시성 안에 한 범지가 있었다. 이름은 수발須跋[3]이고 나이 120이나 되는 늙은이로서 지혜가 많았다. 사문 구담께서 오늘밤 쌍수 사이에서 멸도하신다는 소식을 듣고 스스로 생각했다.

'나는 법에 대해서 의심되는 것이 있다. 오직 구담만이 내 뜻을 풀어 줄 수 있을 것이다. 이제 때를 만났으니 진실로 힘써 나아갈 것이다.'

그는 곧 그 밤으로 구시성을 나와 쌍수 사이를 향해 가서 아난이 있는 곳에 이르렀다. 그리고 인사를 마치고 한쪽에 서서 아난에게 말했다.

'오늘밤에 구담 사문께서 멸도하신다는 말을 저는 들었습니다. 그래서 한 번 뵙고자 여기 왔습니다. 저는 법에 대해서 의심이 많이 있습니다. 원컨대 구담을 뵙고 제 의심을 단번에 풀고 싶습니다. 어떻게 뵈올 틈이 없겠습니까?'

아난이 대답했다.

'그만두시오, 그만두시오. 수발이여, 부처님께서 병을 앓고 계시니 번거롭게 하지 마시오.'

수발은 거듭 세 차례나 간청을 했다.

---

3 팔리어로는 Subhadda이며, 수발다須跋陀 또는 수발다라須跋陀羅라고도 한다.

'제가 들으니, 여래께서 이 세상에 한번 나타나시는 것은 마치 우담발꽃이 가끔 한 번씩 피는 것과 같다고 합니다. 그 때문에 이렇게 찾아와 뵙고 품고 있던 의심을 풀고자 하는 것입니다. 어떻게 잠깐만이라도 뵐 틈이 없겠습니까?'

아난은 먼저와 같이 대답했다.

'부처님께서 병을 앓고 계시니 번거롭게 하지 마시오.'

그때 부처님께서 아난에게 말씀하셨다.

"너는 그를 막지 마라. 들어오도록 하라. 의심을 풀려 하는 것이니 조금도 귀찮을 것 없다. 만일 내 법을 들으면 그는 반드시 깨달아 알게 될 것이다."

아난이 곧 수발에게 말했다.

'그대가 부처님을 뵙고 싶거든 마땅히 지금이 그때인 줄 아시오.'

수발은 곧 들어가 인사를 마치고 한쪽에 앉아 부처님께 여쭈었다.

"저는 법에 대해서 의심이 있습니다. 어떻게 이 의심을 풀어주실 틈이 있겠습니까?"

부처님께서 말씀하셨다.

"그대는 마음대로 물어라."

수발이 곧 여쭈었다.

"어떻습니까? 구담瞿曇이시여, 여러 다른 무리들이 있는데 자칭 스승이라 말합니다. 불란가섭不蘭迦葉·말가리교사리末伽利憍舍梨·아부타시사금파라阿浮陀翅舍金披羅·파부가전波浮迦旃·살야비야리불薩若毘耶梨弗·니건자尼揵子 등이 그들입니다. 이 모든 스승들은 각각 다른 법을 지니고 있습니다. 구담 사문께서는 다 아십니까, 모르십니까?"

부처님께서 말씀하셨다.

"그만두라, 그만두라. 그들이 논論하는 것을 나는 다 알고 있다. 이제 나는 그대를 위하여 깊고 묘한 법을 설명하겠다. 자세히 들어라, 자세히 들어라. 잘 생각해 보고 기억하라."

수발은 분부를 받들었다. 부처님께서 그에게 말씀하셨다.

"만일 모든 법 가운데서 8성도聖道가 없으면 곧 제1의 사문과沙門果와 제2·제3·제4의 사문과가 없을 것이다. 수발이여, 모든 법 중에서 8성도가 있으면 따라서 곧 제1의 사문과와 제2·제3·제4의 사문과가 있을 것이다. 수발이여, 이제 나의 법 중에는 8성도가 있기 때문에 제1의 사문과와 제2·제3·제4의 사문과가 있다. 그러나 외도外道의 무리들은 사문과가 없다."

세존께서 수발을 위해 게송으로 말씀하셨다.

내 나이 스물아홉에
집을 떠나 훌륭한 도道를 구했다.
수발아, 나는 부처가 된 지
지금 벌써 50년이 다 되었다.

계戒와 정定과 지혜智慧를 실천하고
혼자 있으며 깊이 생각하여
이제 법의 요지 말하니
이 밖에 다른 사문은 없다.

부처님께서 수발에게 말씀하셨다.

"만일 모든 비구들이 다 자신을 잘 거두어 잡는다면,[4] 곧 이 세간에 나한羅漢이 없는 곳이 없을 것이다."

그때 수발은 아난에게 말하였다.

"사문 구담을 따라 과거에도 범행梵行을 행했고 지금도 행하며 미래에도 행할 모든 사람들은 큰 이익을 얻을 것입니다. 아난이여, 당신은 여래를 모시고 범행을 닦아 또한 큰 이익을 얻었습니다. 저도 여래를 직접 뵙고 의심되는 것을 여쭈어 볼 수 있었습니다. 그리하여 또한 큰 이익을 얻었습니다. 지금은 여래께서 곧 제자가 되리라는 기별記莂을 저에게 수기授記해 주셨습니다."

그는 부처님께 여쭈었다.

"저는 이제 여래의 법 가운데서 출가하여 구족계具足戒를 받을 수 있겠습니까?"

부처님께서 수발에게 말씀하셨다.

"만일 이학異學 범지가 나의 법 가운데서 범행을 닦으려 한다면 넉 달 동안 시험 삼아 그 사람의 행과 그 뜻과 성질을 살펴보아야 한다. 모든 위의威儀를 갖추어 빠지거나 실수가 없는 자라야 나의 법에서 구족계를 얻을 수 있을 것이다. 수발아, 마땅히 알아라. 오직 그 사람의 행동에 달렸을 뿐이다."

수발이 다시 여쭈었다.

"외도이학外道異學은 부처님 법 가운데서 넉 달 동안 시험 삼아 그 사람의 행과 그 뜻과 성질을 살펴보아서 모든 위의를 갖추어 빠지거나 실수가 없는 자라야 구족계를 받을 수 있다면, 이제 저는 부처님의 바른 법 가운데서 4년 동안 사역使役[5]하고 모든 위의를 갖추어 빠

4 '자신을 잘 거두어 잡는다면'은 한역 '능자섭자能自攝者'의 번역이다. 팔리본에는 이에 해당하는 구절이 'sammā viharati'로 되어 있는데 '정주正住'라는 의미이다. 즉 8정도正道에 따라 올바르게 생활하는 자를 가리킨다.

5 한역의 '사역使役'이 팔리본에는 'parivasissāmi(我當別住)'로 되어 있다. 별주別住는 일정한 장소에 거처하며 계율을 엄격히 지키고 범행梵行을 청정히 닦는 것을 말한다.

지거나 실수하는 일이 없고 난 뒤에 구족계를 받고자 합니다."

부처님께서 수발에게 말씀하셨다.

"나는 아까 오직 사람의 행에 달렸을 뿐이라고 말했다."

이에 수발은 곧 그 밤으로 출가하여 계를 받고 범행을 깨끗이 닦아 현재 세계에서 자기 자신이 지혜를 체득하여 나고 죽음이 이미 다하고, 범행은 이미 확고해지며, 해야 할 일을 이미 해 마치고, 실實다운 지혜를 얻어 다시는 뒷세상의 목숨을 받지 않게 되었다. 그래서 밤이 아직 오래지도 않았는데 아라한이 되었다. 그는 여래의 마지막 제자가 되었는데 그가 먼저 멸도하고 부처님께서 나중에 열반에 드시게 되었다.

아난은 부처님 뒤에 서서 평상을 만지면서 슬피 울다가 스스로를 억제하지 못하고 흐느끼면서 말하였다.

"여래께서 멸도하심이 어찌 이리도 빠른가, 세존께서 멸도하심이 어찌 이리도 빠른가, 큰 법이 사라져 어두워짐이 어찌 이리도 빠른가? 중생은 영영 쇠하고 세간의 안목이 사라지는구나. 무슨 까닭인가? 나는 부처님의 은혜를 입어 이미 학지學地[6]에는 있지만 아직 공부가 다 이루어지지 못했는데 부처님께서 그만 멸도하시는구나."

세존께서는 그것을 아시고 일부러 물으셨다.

"아난 비구는 지금 어디에 있는가?"

여러 비구들이 여래께 여쭈었다.

"아난 비구는 지금 부처님 뒤에서 평상을 어루만지면서 슬피 울다가 스스로를 억제하지 못하고 흐느끼면서 말했습니다.

'여래께서 멸도하심이 어찌 이리도 빠른가, 세존께서 멸도하심이

6 학지學地는 곧 유학有學, sekha을 말한다. 누진漏盡의 아라한[無學]에 이르지 못한 학인을 말한다.

어찌 이리도 빠른가, 큰 법이 사라져 어두워짐이 어찌 이리도 빠른가? 중생은 영영 쇠하고 세간의 안목이 사라지는구나. 무슨 까닭인가? 나는 부처님의 은혜를 입어 이미 학지學地에는 있지만 아직 공부가 다 이루어지지 못했는데, 부처님께서 그만 멸도하시는구나.'"

부처님께서 아난에게 말씀하셨다.

"그만 그쳐라, 그만 그쳐라. 걱정하지 마라, 슬피 울지 마라. 네가 나를 섬긴 뒤로부터 지금까지 몸으로 행行함이 자상했고〔慈〕 두 마음을 품은 적도 없고 한량없이 나를 잘 모셔왔다. 말을 함에도 자상했고 두 마음을 품은 적도 없고 한량없이 나를 잘 모셔왔다. 뜻으로 행함도 자상했고 두 마음을 품은 적도 없고 한량없이 나를 잘 모셔왔다. 아난아, 네가 나에게 공양한 그 공덕은 매우 크다. 비록 모든 하늘이나 악마나 범천이나 사문 바라문들도 공양한 일이 있지만 아무도 너에게는 미치지 못할 것이다. 너는 그저 정진精進하라. 머지않아 도를 이룰 것이다."

세존께서는 또 모든 비구들에게 말씀하셨다.

"과거의 모든 부처님을 시봉했던 제자들도 다 아난과 같았고, 미래의 모든 부처님을 시봉할 제자들도 아난과 같을 것이다. 그런데 과거의 부처님들을 시봉했던 제자들은 말을 한 뒤에야 비로소 알았지만, 지금 나의 아난은 눈짓만 해도 '여래께서는 이것을 원하시는구나, 세존께서는 이것을 원하시는구나' 하고 곧 알아차린다. 이것은 오직 아난만이 가진 일찍이 없었던 법이다. 너희들도 이런 것을 가져야 한다.

전륜성왕에게는 일찍이 없었던 기이하고 뛰어난 네 가지 법이 있다. 어떤 것을 네 가지라고 하는가? 성왕이 행차할 때에는 온 나라 백성들이 모두 와서 맞이한다. 그의 얼굴을 보고도 기뻐하고, 가르침을 듣고도 기뻐하며, 그 위엄스런 얼굴을 하염없이 우러러본다. 전륜성왕이 혹 머무르거나 혹은 앉거나 혹은 누울 때 나라 안의 백성들은 모두 왕의 처소로 찾아와서 왕의 얼굴을 보고 기뻐하고, 가르침을 듣고 또 기뻐하며, 위엄스러운 얼굴을 하염없이 우러러본다. 이것이 전륜성왕의 네 가지 기이하고 뛰어난 법이다.

지금 나의 아난에게도 또한 일찍이 없었던 기이하고 뛰어난 네 가지 법이 있다. 어떤 것을 네 가지라고 하는가? 아난이 잠자코 비구 대중 속으로 들어가면 그들은 모두 기뻐하고, 그들을 위하여 법을 설명해 주면 그것을 듣고 또 기뻐한다. 그리고 그 거동과 얼굴을 보거나 그의 설법을 듣고는 싫증을 내지 않는다. 또 아난이 잠자코 비구니 대중·우바새 대중·우바이 대중 속으로 들어가면 그 모습을 보고 모두 다 기뻐하고, 혹은 그들을 위하여 법을 설명해주면 그들은 그것을 듣고 또 기뻐한다. 그리고 그 거동과 얼굴을 보거나 그 설법을 듣고는 싫증을 내는 일이 없다. 이것이 일찍이 없었던 기이하고 뛰어난 아난의 네 가지 법이다."

그때 아난이 오른쪽 어깨를 드러내고 오른쪽 무릎을 땅에 붙이고 부처님께 여쭈었다.

"세존이시여, 이제까지는 사방에 있는 사문으로서 나이가 많고 지혜도 많아 경經과 율律을 밝게 알고 덕이 맑고 행이 높은 자들이 세존을 찾아와 뵈었으므로 저도 직접 만나 예경하고 또 안부를 물을 수 있었습니다. 부처님께서 멸도하신 뒤에 그들은 다시 오지 않을 것입니다. 서로 마주할 길이 없을 것이니 어찌하면 좋겠습니까?"

부처님께서 아난에게 말씀하셨다.

"너는 걱정하지 말아라. 모든 족성族姓의 자제들에게는 항상 4념念이 있다. 어떤 것이 네 가지인가? 첫 번째는 부처님께서 태어나신 곳을 생각하여 기쁜 마음으로 보고자 하며, 기억해 잊지 않고 사랑하고 그리워하는 마음을 내는 것이고, 두 번째는 부처님께서 처음으로 도를 이룩한 곳을 생각하여 기쁜 마음으로 보고자 하며, 기억해 잊지 않고 사랑하고 그리워하는 마음을 내는 것이다. 세 번째는 부처님께서 법륜法輪을 굴리신 곳을 생각하여 기쁜 마음으로 보고자 하며, 기억해 잊지 않고 사랑하고 그리워하는 마음을 내는 것이다. 네 번째는 부처님께서 반니원般泥洹하신 곳을 생각하여 기쁜 마음으로 보고자 하며, 기억해 잊지 않고 사랑하고 그리워하는 마음을 내는 것이다.

아난아, 내가 반니원에 든 뒤에 모든 족성의 남녀들이 부처님께서 태어났을 때의 공덕은 이러했고, 부처님께서 도를 이룩하셨을 때의 신력神力은 이러했으며, 부처님께서 법륜을 굴렸을 때 구제한 사람은 이러했고, 멸도에 다다랐을 때 남긴 법은 이러했다는 것을 생각하여 각각 그곳으로 나아가 돌아다니면서 모든 탑사塔寺를 예경하면, 그들은 죽어 모두 하늘에 태어날 것이다. 단 도를 얻은 자는 제외된다."

부처님께서 아난에게 말씀하셨다.

"내가 반열반한 뒤에 찾아와, 수도하는 자가 되기를 희망하는 모든 석종釋種들에게는 마땅히 출가를 허락해 구족계具足戒를 주고, 지체하거나 거절하지 말아야 한다. 찾아와 수도하는 자가 되기를 희망하는 모든 이학異學 범지에게도 출가를 허락하여 구족계를 주되, 넉 달 동안 시험하는 일을 하지 말라. 무슨 까닭인가? 그들은 다른 주장을 가졌으므로 조금만 지체하면 곧 본래의 주장을 일으킬 것이기 때문이다."

아난이 길게 꿇어앉아 합장하고 부처님 앞으로 나아가 여쭈었다.

"천노闡怒[7] 비구는 노예 무리로서 제멋대로 행동하고 있습니다. 부처님께서 멸도하신 뒤에는 어떻게 해야 합니까?"

부처님께서 아난에게 말씀하셨다.

"내가 멸도한 뒤에 만일 저 천노가 위의威儀를 따르지 않고 교계敎誡를 받지 않거든 너희들은 마땅히 함께 범단벌梵檀罰[8]을 행하라. 모든 비구들에게 명령하여 더불어 말하지 말고, 서로 오고 가거나 가르치거나 일을 시키지도 말아야 한다."

아난이 다시 부처님께 여쭈었다.

"부처님께서 멸도하신 뒤에 여자들로서 가르침을 받아들이지 않는 자[9]가 있으면 어떻게 해야 합니까?"

부처님께서 아난에게 말씀하셨다.

"서로 만나지 말아야 한다."

아난은 또 여쭈었다.

"만일 서로 만나게 되면 어떻게 해야 합니까?"

부처님께서 말씀하셨다.

"함께 이야기를 나누지 말아야 한다."

아난은 또 여쭈었다.

"만일 이야기를 나누게 되었다면 어떻게 해야 합니까?"

부처님께서 말씀하셨다.

"마땅히 스스로 마음을 거두어 잡아야 한다. 아난아, 너는 여래가 멸도한 뒤에는 다시 보호해 줄 이가 없어서 닦아 오던 것을 잃을 것

---

7 팔리어로는 channa이며, 또한 차닉車匿이라고도 하며, 욕작欲作 또는 낙작樂作으로 한역한다. 본래 석가족의 노예 출신으로 부처님의 출가 이전의 마부였다. 부처님께서 성도 후 카필라성으로 가셨을 때 부처님을 따라 출가하였다.

8 팔리어로는 brahma-daṇḍa이며, 승단에 계를 범한 자가 있으면 혼자 거처하게 하고 나머지 다른 승려들이 말을 걸지 않는 벌이다. 따라서 묵빈墨擯이라고도 한다.

9 고려대장경에는 '미수회자(未受誨者 : 아직 가르침을 받지 못한 자)'로 되어 있으나 송·원·명 3본에는 '내수회자來受誨者'로 되어 있다.

이라고 생각하는가? 그런 생각은 하지 말아라. 내가 부처가 된 뒤로 지금까지 말한 경經과 계戒가 곧 너를 보호할 것이니, 이것이 네가 지켜야 할 일이다. 아난아, 오늘부터는 모든 비구들에게 소소小小한 계는 버려도 좋다고 허락한다. 윗사람과 아랫사람이 서로를 부를 때에는 마땅히 예도禮度를 따를 것이니 이것이 출가자의 공경하고 순종하는 법이다."

부처님께서 모든 비구들에게 말씀하셨다.

"너희들이 만일 부처와 법과 승가 대중에 대해서 의심이 있거나, 도에 대해서 의심이 있거든 마땅히 빨리 물어 보라. 이 때를 놓치고 뒷날 후회하지 말아야 한다. 내가 현재 살아 있는 동안에 마땅히 너희들을 위하여 설명해 주겠다."

모든 비구들은 잠자코 말이 없었다. 부처님께서 다시 말씀하셨다.

"너희들이 만일 부처와 법과 승가 대중에 대해서 의심이 있거나, 도에 대해서 의심이 있거든 마땅히 빨리 물어 보라. 이 때를 놓치고 뒷날 후회하지 말아야 한다. 내가 현재 살아 있는 동안에 너희들을 위하여 설명해 주겠다."

모든 비구들은 또 잠자코 있었다. 부처님께서 다시 말씀하셨다.

"너희들이 만일 스스로 부끄러워하여 감히 묻지 못하겠으면 마땅히 친한 벗이라 여기고 빨리 와서 물어라. 이 때를 놓치고 뒷날 후회하지 말아야 한다."

모든 비구는 또 잠자코 있었다. 아난은 부처님께 여쭈었다.

"저는 믿습니다. 이 대중들은 모두 깨끗한 믿음을 가지고 있습니다. 어떤 비구도 부처님과 법과 승가 대중을 의심하거나 도를 의심하지 않습니다."

부처님께서 아난에게 말씀하셨다.

“나도 그런 줄 안다. 이 대중들 중에 가장 어린 비구도 모두 도적道迹을 증득하여 악한 세계〔惡道〕에 떨어지지 않고 일곱 번을 오가고 나서 반드시 괴로움의 끝을 다할 것이다.”

그때 세존께서는 곧 1,200명의 제자들에게 그들이 얻게 될 도과道果에 대하여 기별記莂하셨다. 세존께서는 울다라승鬱多羅僧을 헤치고 금빛 팔을 내밀어 모든 비구들에게 말씀하셨다.

“너희들은 마땅히 생각하라. 여래가 가끔씩 이 세상에 출현하는 것은 마치 우담발꽃이 가끔 한 번씩 나타나는 것과 같다.”

세존께서는 거듭 이 뜻을 관찰하시고 게송으로 말씀하셨다.

오른팔은 자금紫金의 빛깔
부처의 나타남은 영서화靈瑞華와 같아라.
오고 가는 행行은 항상함 없으니
멸滅을 나타냄에 방일放逸함이 없어라.

“그러므로 비구들이여, 방일하지 말아야 한다. 나는 방일하지 않았기 때문에 스스로 정각正覺을 이루었다. 한량없는 온갖 착함도 방일하지 않음으로 말미암아 얻는 것이다. 온갖 물질은 영원히 존재하는 것이 없다. 이것이 여래 최후의 말씀이다.”

이에 세존께서는 곧 초선정初禪定에 들어가셨다. 초선정에서 일어나 제2선에 들어가시고, 제2선에서 일어나 제3선에 들어가시고, 제3선에서 일어나 제4선에 들어가셨다. 제4선에서 일어나 공처정空處定에 들어가시고, 공처정에서 일어나 식처정識處定에 들어가시고, 식처정에서 일어나 불용정不用定[10]에 들어가셨다. 불용정에서 일어나 유상무상정有想無想定에 들어가시고, 유상무상정에서 일어나 멸상정

滅想定에 들어가셨다.

이 때에 아난이 아나율阿那律에게 물었다.

"세존께서 이미 반열반에 드셨습니까?"

아나율이 말했다.

"아직 들지 않으셨습니다. 아난이여, 세존은 지금 멸상정滅想定에 계십니다. 저는 지난날 부처님께 직접 들었습니다. 제4선에서 일어나 곧 반열반하신다고 하셨습니다."

그때 세존께서는 멸상정에서 일어나 유상무상정에 들어가시고, 유상무상정에서 일어나 불용정에 들어가시고, 불용정에서 일어나 식처정에 들어가시고, 식처정에서 일어나 공처정에 들어가시고, 공처정에서 일어나 제4선에 들어가셨다. 제4선에서 일어나 제3선에 들어가시고, 제3선에서 일어나 제2선에 들어가시고, 제2선에서 일어나 제1선에 들어가셨다. 제1선에서 일어나 제2선에 들어가시고, 제2선에서 일어나 제3선에 들어가시고, 제3선에서 일어나 제4선에 들어가시고, 제4선에서 일어나 반열반하셨다. 바로 그때 땅이 크게 진동하니 모든 하늘신과 세상 사람들이 다 놀라고 두려워하였다. 해와 달의 광명이 비치지 못하던 모든 유명계幽冥界까지도 큰 광명을 입어 각각 서로 볼 수 있게 되었다. 그들은 서로 '저 사람이 여기에 태어났구나. 저 사람이 여기에 태어났구나'라고 말했다. 그 광명은 두루 비쳐 모든 하늘의 광명보다 더 밝았다.

그때 도리천에서는 허공에서 문다라꽃〔文陀羅花〕[11] · 우발라꽃 · 파두마꽃 · 구마두꽃〔拘摩頭花〕 · 분다리꽃을 여래 위에 흩뿌리고, 여러 대중들에게도 흩뿌렸다. 또 하늘의 전단향 가루를 부처님 위에 흩뿌

---

10 무소유처정無所有處定을 말한다.

11 송 · 원 · 명 3본에는 만다라曼陀羅로 되어 있다.

리고 여러 대중들에게도 흩뿌렸다. 부처님께서 멸도하셨을 때 범천왕이 허공에서 게송으로 말했다.

일체 중생의 무리들은
마땅히 모든 음陰을 버려라.
부처님께서는 위없는 높은 어른이시니
이 세간에는 그와 짝할 이 없네.

여래는 큰 성웅聖雄이시라
두려움 없는 신통력 있네.
세존께선 오래 사셔야 좋으련만
그런데 이제 반열반하셨네.

석제환인釋提桓因[12]도 게송을 지어 말했다.

음행陰行은 항상한 것이 아니어서
다만 흥하고 쇠하는 법일 뿐
한 번 태어나면 죽지 않는 자 없나니
부처님께서는 멸도를 즐겁게 여기셨네.

비사문천왕毘沙門天王도 게송을 지어 말했다.

복나무의 큰 숲

12 도리천忉利天의 주인인 제석천帝釋天을 말한다.

위없는 복의 사라娑羅나무
공양을 받는 좋은 밭이시여
쌍수 사이에서 멸도하셨네.

아나율도 게송을 지어 말했다.

부처님께서 무위無爲에 머물러
나고 드는 숨길을 쓰지 않으시니
본래 적멸寂滅에서 오셔서
신비로운 광채〔靈曜〕[13] 여기에서 사라지네.

범마나梵摩那 비구도 또 게송을 지어 말했다.

게으르고 교만한 마음이 없고
자신을 단속하여 높은 지혜 닦았네.
집착도 없고 오염도 없는
애욕을 떠난 위없이 높은 이여.

아난 비구도 게송을 지어 말했다.

하늘과 사람들, 두렵고 무서워
온몸의 털이 곤두섰네.
일체를 모두 성취하신

13 영요靈曜는 태양 혹은 하늘·천지天地를 뜻하는데 여기서는 부처님을 가리킨다.

정각正覺께서 멸도하셨다.

금비라신金毘羅神도 게송을 지어 말했다.

세간은 모두 보호자 잃고
중생은 영원히 눈이 멀었네.
정각正覺으로서 사람 중의 영웅〔雄〕이신
석사자釋師子를 다시는 뵐 수 없구나.

밀적역사密迹力士도 게송을 지어 말했다.

이 세상이나 또 저 세상에서도
범천梵天세계의 모든 하늘 사람도
사람 중의 영웅, 석가의 사자師子를
다시는 뵐 수 없게 되었네,

부처님의 어머니 마야摩耶도 게송을 지어 말했다.

부처님 루비樓毗[14]동산에서 태어나
그 도를 두루 유포하시더니
다시 본생처本生處로 돌아와
무상한 몸 영원히 버리셨네.

---

14 팔리어로는 Lumbinī이며, 루비니樓毗尼・람비니藍毗尼라고도 한다. 가비라위성迦毗羅衛城의 동쪽에 있고, 부처님의 탄생지이다.

쌍수의 나무신〔雙樹神〕도 게송을 지어 말했다.

어느 때라야 또다시
때 아닌 꽃을 부처님께 흩뿌릴까?
10력力의 공덕을 두루 갖추신
여래께서 멸도하시고 말았으니.

사라동산의 수풀신〔林神〕도 게송을 지어 말했다.

여기는 가장 묘하고 즐거운 땅
부처님께서 여기서 생장하셨고
곧 여기서 법륜을 굴리셨고
또 여기서 멸도하셨네.

사천왕四天王도 게송을 지어 말했다.

여래께서는 위없는 지혜로써
언제나 무상을 말씀하셨네.
중생들의 괴로움의 결박을 풀어주셨고
필경에는 적멸寂滅에 드셨네.

도리천忉利天도 게송을 지어 말했다.

여러 억천만 겁劫 동안을
위없는 도를 구해 이루셨나니

중생들의 괴로움의 결박을 풀어주셨고
필경에는 적멸에 드셨네.

염천왕焰天王도 게송을 지어 말했다.

이것이 부처님 최후의 옷인가?
지금까지 여래의 몸 싸고 있었네.
부처님께서 이미 멸도 했으니
이 옷을 장차 누구에게 줄까?

도솔타천왕兜率陀天王[15]도 게송을 지어 말했다.

이것이 바로 최후의 몸
음陰과 계界는 여기서 멸하였다.
걱정도 없고 기쁨도 없고
또한 늙고 죽음의 근심도 없어라.

화자재천왕化自在天王[16]도 게송을 지어 말했다.

부처님께서 오늘 밤중을 지나
오른쪽 옆구리를 깔고 누우셨네.
이곳 사라동산에서

---

15 팔리어로는 Tusita이며, 6욕천欲天의 제4천이다.

16 팔리어로는 Nimmānarati devā이며, 또한 화락천化樂天이라고도 하는데, 6욕천의 제5천이다.

석사자釋獅子께서 멸도하셨네.

타화자재천왕他化自在天王[17]도 게송을 지어 말했다.

세간은 영영 쇠하고 어두우리.
큰 별과 달이 갑자기 떨어졌네.
무상이 덮치자
큰 지혜의 태양 영영 가려졌네.

모든 비구들도 게송을 지어 말했다.

이 몸은 마치 물거품 같아
위태롭고 약하니 누가 좋아하랴.
부처님은 금강金剛의 몸 얻으셨지만
그래도 무상無常하여 무너지셨네.

모든 부처님의 금강 같은 몸도
오히려 무상無常하여 돌아가셨네.
엷게 깔린 눈 빨리 녹듯 하니
그 나머지야 또 무엇을 기대하리.[18]

부처님께서 멸도하시고 나자 모든 비구들은 구슬피 통곡하고 기운을 잃어 몸을 땅에 던져 뒹굴고 부르짖으면서 스스로 억제하지 못했

17 팔리어로는 Paranimmita-vasavattin devā이며, 6욕천의 제6천이다.
18 송·원·명 3본에는 이 부분이 '기여부하이其餘復何異'로 되어 있다.

다. 그리고 흐느끼면서 말했다.

"여래께서 멸도하심이 어찌 이리도 빠른가, 세존께서 멸도하심이 어찌 이리도 빠른가, 큰 법이 사라지고 가려짐이 어찌 이리도 빠른가? 중생들은 영영 쇠하고 세간의 안목이 없어졌구나."

마치 큰 나무의 뿌리가 뽑혀 가지들이 꺾인 것 같았고, 또 허리 잘린 뱀이 뒹굴고 헤매면서 어찌할 바를 몰라 하는 것 같았다. 그때 모든 비구들 역시 이와 같이 슬피 울고 기운이 막혀 몸을 땅에 던져 뒹굴고 부르짖으면서 스스로 억제하지 못하고 흐느끼며 말했다.

"여래께서 멸도하심이 어찌 이리도 빠른가, 세존께서 멸도하심이 어찌 이리도 빠른가, 큰 법이 사라지고 가려짐이 어찌 이리도 빠른가? 중생들은 영영 쇠하고 세간의 안목이 없어졌구나."

그때 아나율 장로가 모든 비구들에게 말했다.

"그쳐라, 그쳐라, 슬퍼하지 말아라. 위에 있는 모든 하늘이 괴이하게 여겨 꾸짖을 것이다."

모든 비구들이 아나율에게 물었다.

"위에는 하늘이 몇이나 있습니까?"

아나율이 대답하였다.

"허공을 가득 채우고 있으니 어떻게 다 계산하여 말할 수 있겠는가? 그들은 모두 공중에서 소란스럽게 배회하며 슬피 부르짖고 가슴을 치고 뛰며 눈물을 흘리면서 말했다.

'여래께서 멸도하심이 어찌 이리도 빠른가, 세존께서 멸도하심이 어찌 이리도 빠른가, 큰 법이 사라지고 가려짐이 어찌 이리도 빠른가? 중생들은 영영 쇠하고 세간의 안목이 없어졌구나.'

마치 큰 나무의 뿌리가 뽑혀 가지들이 꺾이는 것 같고, 또 허리 잘린 뱀이 뒹굴고 헤매며 어찌할 바를 몰라 하는 것 같았다. 지금 모든 하늘들도 이와 같아서 공중에서 소란스럽게 배회하며 슬피 부르짖고 가슴을 치고 뛰며 눈물을 흘리며 말했다.

'여래께서 멸도하심이 어찌 이리도 빠른가, 세존께서 멸도하심이 어찌 이리도 빠른가, 큰 법이 사라지고 가려짐이 어찌 이리도 빠른가? 중생들은 영영 쇠하고 세간의 안목이 없어졌구나.'

그때 모든 비구들은 밤을 새우고 새벽까지 법어法語를 강講하였다. 아나율이 아난에게 말했다.

"그대는 성城에 들어가 모든 말라족 사람들에게 말하라.

'부처님께서 이미 멸도하셨다. 보시하고 공양하고자 하는 사람은 마땅히 이 때를 놓치지 말아야 한다.'"

아난이 곧 일어나 부처님 발에 예배하고 한 비구를 데리고 눈물을 흘리면서 성으로 들어갔다. 멀리서 5백 명의 말라족 사람들이 무슨 일이 있어 한곳에 모여 있는 것을 보았다. 모든 말라족들도 아난이 오는 것을 보고 모두 일어나 맞이하며 그 발에 예배하고 서서 아난에게 말했다.

"무슨 일로 이렇게 일찍 오셨습니까?"

아난이 대답했다.

"나는 이제 그대들에게 큰 이익을 주고자 이 새벽에 여기 온 것이오. 그대들은 마땅히 아시오. 여래께서 어젯밤에 이미 멸도하셨습니다. 그대들이 보시하고 공양하고자 하거든 이 때를 놓치지 마시오."

모든 말라족 사람들은 이 말을 듣고 비통해 하지 않는 사람이 없었다. 그리고 눈물을 닦으면서 말했다.

"어찌 이리도 빠른가? 부처님의 반열반이여, 어찌 이리도 빠른가? 세간의 안목이 멸함이여."

아난이 대답했다.

"그만 그치시오, 그만 그치시오, 슬피 울지 마시오. 유위有爲를 변역變易하지 않게 하고자 하나 그리 될 수 없는 것이오. 부처님께서 말씀하시기를 '태어난 것은 반드시 죽고, 만나면 헤어진다. 일체의 은혜와 사랑은 영원히 존재하는 것이 아니다'라고 하셨소."

그때 모든 말라족 사람들은 제각기 말하였다.

"우리는 각각 돌아가서 모든 향과 꽃과 또 악기를 마련해 빨리 쌍수로 가 사리舍利에 공양하자. 그리고 하루가 지나거든 부처님의 몸을 평상 위에 안치하고 말라족의 동자童子들로 하여금 평상의 네 귀를 들게 하고 깃발과 일산을 받쳐 들고 향을 사르고 꽃을 뿌리고 음악을 공양하며 동쪽 성문으로 들어가자. 모든 마을을 두루 들러 백성들이 공양할 수 있게 하자. 그런 후에 서쪽 성문으로 나와, 높고 탁 트인 장소로 가서 화장〔闍維〕[19]하자."

말라족 사람들은 이렇게 의논하고 나서 각각 자기 집으로 돌아가 향과 꽃과 악기를 마련해 쌍수로 나아가 사리에 공양했다.

하루가 지난 뒤 부처님 몸을 평상 위에 안치하고 모든 말라족 사람들이 와서 평상을 함께 들었지만 들리지 않았다. 아나율은 모든 말라족 사람들에게 말했다.

"그대들은 일단 멈추시오. 부질없이 애쓰지 마시오. 지금 모든 하늘이 찾아와 그 평상을 들고자 합니다."

모든 말라족 사람들이 말했다.

"하늘은 이 평상을 어떻게 옮기려고 생각하고 있습니까?"

아나율이 말했다.

"그대들은 향과 꽃과 음악으로써 사리에 공양하고 하루를 지낸 뒤

---

19 사유闍維는 죽은 이를 화장하는 일이다. 다비茶毘・사비야유闍毘耶維・야순耶旬이라고도 쓴다.

부처님의 몸을 평상 위에 안치하고 말라족 동자들을 시켜 평상의 네 귀를 들게 하고, 깃발과 일산을 받쳐 들고 향을 사르고 꽃을 뿌리고 음악을 공양하며 동쪽 성문으로 들어가 모든 마을을 두루 들러 백성들이 모두 공양할 수 있게 하려고 합니다. 그 다음에는 서쪽 성문으로 나가 높고 탁 트인 곳에서 화장하려고 합니다. 그러나 모든 하늘의 생각에는 7일 동안 사리를 모셔 두고 향과 꽃과 음악으로써 예경하고 공양하려 합니다. 그 다음에 부처님 몸을 평상 위에 안치하고 말라족의 동자들이 평상의 네 귀를 들게 하고, 깃발과 일산을 받쳐 들고 꽃을 뿌리고 향을 사르고, 여러 가지 음악을 공양하며 동쪽 성문으로 들어가 모든 마을을 두루 들러 백성들이 모두 공양할 수 있게 하려고 합니다. 그 다음에는 서쪽 성문으로 나가 희련선하熙蓮禪河를 건너 천관사天冠寺에 가서 화장하고자 합니다. 위의 하늘들은 이런 생각으로 평상을 움직이지 않게 한 것입니다."

말라족 사람들이 말하였다.

"알겠습니다. 그 말이 마음에 듭니다. 하늘의 뜻을 따르겠습니다."

모든 말라족 사람들은 서로 말했다.

"우리들은 먼저 성으로 들어가 거리와 골목길을 평평하게 고르고 물을 뿌려 쓸고 향을 피우자. 그리고 이곳으로 다시 돌아와 7일 동안 사리에 공양하자."

모든 말라족 사람들은 곧 함께 성으로 들어가 거리와 골목길을 평평하게 고르고 물을 뿌려 쓸고 향을 피웠다. 그리고 성을 나와 쌍수 사이에서 향과 꽃과 음악으로써 사리를 공양했다. 7일이 지나 해가 저물 무렵에 부처님 몸을 평상 위에 안치하고 말라족 동자들이 네 귀를 받들어 들었다. 깃발과 일산을 받쳐 들고 향을 피우고 꽃을 뿌리고 여러 가지 음악을 연주하며 앞뒤에서 인도하고 따라 편안하고 조용하게 행진했다.

그때 도리천의 모든 하늘은 문다라꽃 · 우발라꽃 · 파두마꽃 · 구물두꽃 · 분다리꽃과 하늘의 전단향 가루를 사리 위에 흩뿌려 온 거리에 가득 차게 하였다. 모든 하늘은 음악을 연주하고 귀신들은 노래를 불렀다. 그때 말라족 사람들은 서로 이야기했다.

"사람의 음악은 일단 두고 하늘의 음악을 청해 사리에 공양하자."

말라족 사람들은 평상을 받들고 차츰 나아갔다. 동쪽 성문으로 들어가 여러 거리와 골목에 멈추어 향을 사르고 꽃을 뿌리고 음악을 공양했다.

그때 말라족의 대신 로이路夷의 딸이 있었다. 불도佛道를 독실하게 믿었던 그녀는 손에 수레바퀴만한 황금 꽃을 받들어 사리에 공양했다. 어떤 노파가 소리 높여 칭찬했다.

"이 모든 말라족들은 큰 이익을 얻을 것이다. 여래께서 최후로 이곳에서 멸도하시자 온 나라 백성들이 흔쾌히 공양하게 되었구나."

모든 말라족 사람들은 공양을 베풀어 마치고 다시 북문으로 나가 희련선하를 건너 천관사에 이르렀다. 평상을 땅에 내려 놓고 아난에게 물었다.

"저희들은 이제 다시 무엇으로써 공양해야 합니까?"

아난이 대답했다.

"저는 직접 부처님께 들었고 직접 부처님의 가르침을 받았습니다. 사리를 장례하고자 하거든 마땅히 전륜성왕의 장례법과 같이 하라고 하더이다."

모든 말라족 사람들은 또 아난에게 물었다.

"전륜성왕의 장례법은 어떻게 하는 것입니까?"

아난이 대답했다.

"전륜성왕의 장례법은 우선 향탕香湯으로 그 몸을 씻고, 새 겁패(劫貝 : 무명천)[20]로 몸을 두루 감되 5백 겹으로 차곡차곡 묶듯이 감싼다. 몸을 황금관에 넣고 깨 기름을 부어 채운 뒤, 황금관을 들어 두 번째 쇠곽에 넣고, 전단향나무로 짠 덧관으로 그 겉을 거듭 싼다. 온갖 기이한 향을 쌓아 그 위를 두텁게 덮고 화장〔闍維〕한다. 그 뒤에 다시 사리를 거두어 네 거리에 탑을 세우고 표찰表刹[21]에는 비단을 걸어 온 나라의 길가는 사람들이 모두 왕의 탑을 보게 하여, 그 바른 교화를 사모해 많은 이익을 얻게 해야 합니다. 부처님께서 말씀하셨습니다.

'아난아, 네가 나를 장사지내려 하거든 먼저 향탕으로써 목욕시키고 새 겁패로 몸을 두루 감되 5백 겹으로 차곡차곡 묶듯이 감싸라. 몸을 황금관 안에 넣고 깨 기름을 부어 채운 뒤, 황금관을 들어 두 번째 쇠곽에 넣고, 전단향나무로 짠 덧관으로 겉을 거듭 싸라. 온갖 기이한 향을 쌓아 그 위를 두텁게 덮고 그리고 그것을 화장하라. 다시 사리를 거두어 네거리에 탑을 세우고 표찰에는 비단을 걸어 온 나라 길가는 사람들이 모두 그 불탑을 보게 하여, 여래 법왕의 도의 교화를 사모해 살아서는 행복을 얻고 죽어서는 천상에 태어나게 하라. 단 도를 얻은 자는 제외한다.'

모든 말라족 사람들은 서로 말했다.

"우리는 성으로 돌아가 장구葬具·향화香花·겁패劫貝·관棺·곽槨·향유香油와 흰 천을 마련하자."

말라족 사람들은 곧 함께 성으로 들어가 장구들을 마련했다. 천관

---

20 팔리어 karpāsa의 음역이다. 솜[綿]의 일종으로 나무의 이름이며, 혹은 이것으로 짠 부드러운 무명천을 말한다.

21 탑의 꼭대기에 세우는 당간幢竿이다. 찰刹은 찰다라(刹多羅, kṣetra)의 준말이다.

사로 돌아와 깨끗한 향탕으로 부처님 몸을 목욕시키고, 새 겁패로 몸을 두루 감되 5백 겹으로 차곡차곡 묶듯이 감싸고 몸을 황금관에 넣고 깨 기름을 부어 채웠다. 다시 금관을 들어 두 번째 큰 쇠곽에 넣고, 전단향나무로 짠 덧관으로 겉을 거듭 싸고, 온갖 기이한 향을 그 위에 쌓았다.

말라족의 대신大臣 로이는 큰 횃불을 들고 부처님의 시신을 안치한 장작더미〔佛積〕에 불을 붙이려 하였다.

그러나 불이 붙지 않았다. 다른 말라족 대신이 잇달아 장작더미에 불을 붙였지만 역시 불은 붙지 않았다.

아나율이 여러 말라족 사람들에게 말했다.

"그만두시오, 그만두시오. 여러분, 당신들이 할 수 있는 일이 아닙니다. 불이 자꾸 꺼지고 붙지 않는 것은 모든 하늘의 뜻입니다."

말라족 사람들은 또 물었다.

"모든 하늘은 무슨 까닭에 불이 붙지 못하게 합니까?"

아나율이 말했다.

"대가섭大迦葉이 그 제자 5백 명을 거느리고 지금 파바국波婆國에서 오는 중인데, 화장〔闍維〕하기 전에 도착하여 부처님 몸을 뵙고자 합니다. 그래서 하늘이 그 뜻을 알고 불이 붙지 못하게 하는 것입니다."

말라족 사람들이 또 말했다.

"그 뜻에 따르겠습니다."

그때 대가섭은 5백 명 제자를 데리고 파바국에서 오는 도중에 길에서 한 니건자尼乾子를 만났다. 그는 손에 문다라꽃〔文陀羅花〕을 쥐고 있었다. 대가섭은 멀리서 니건자를 보고 가까이 가서 물었다.

"그대는 어디서 오십니까?"

그가 대답했다.

"저는 구시성에서 옵니다."

가섭이 또 물었다.

"그대는 우리 스승님을 아십니까?"

그는 답했다.

"압니다."

또 물었다.

"우리 스승님은 살아 계십니까?"

그는 대답했다.

"멸도하신 지 벌써 7일이 지났습니다. 저는 거기서 오다가 이 하늘꽃을 얻었습니다."

가섭은 이 말을 듣고 슬퍼했다. 그때 5백 명의 비구들도 부처님께서 멸도 하셨다는 말을 듣고 모두 슬피 울면서 뒹굴고 부르짖으며 스스로 억제하지 못했다. 그들은 눈물을 닦으면서 말했다.

"여래께서 멸도하심이 어찌 이리도 빠른가, 세존께서 멸도하심이 어찌 이리도 빠른가, 큰 법이 사라지고 가려짐이 어찌 이리도 빠른가? 중생은 영영 쇠하고 세간의 안목은 없어졌구나."

마치 큰 나무가 뿌리째 뽑혀 가지들이 꺾인 것 같았고, 또 허리 잘린 뱀이 뒹굴고 헤매며 나아갈 길을 모르는 것 같았다. 그때 그 대중 가운데 발난타跋難陀[22]라는 석가족의 아들이 있었다. 그는 비구들을 만류하면서 말했다.

"너희들은 걱정하지 말라. 세존이 멸도하셨으니 우리는 이제 자유를 얻었다. 그 자[23]는 항상 말하기를, '이것은 꼭 행하라. 이것은 마땅히 행하지 말라'고 하였는데, 지금부터 나는 내가 하고 싶은 대로

---

22 팔리본에는 수발타(須拔陀, Subhadda)로 나와 있다.

23 고려대장경에는 피자彼者로 되어 있으나 송·원·명 3본에는 피로彼老로 되어 있다.

하겠다."

가섭은 이 말을 듣고 섭섭해 하고 언짢아하면서 곧 모든 비구들에게 말했다.

"빨리 옷과 발우를 단속하라. 어서 쌍수가 있는 곳으로 가자. 화장하기 전에 도착하면 부처님을 뵐 수 있을 것이다."

모든 비구들은 대가섭의 말을 듣고 곧 자리에서 일어나 가섭을 모시고 따라갔다. 그리고 구시성으로 들어가 니련선하를 건너 천관사에 도착했다. 가섭과 비구들은 아난이 있는 곳으로 가서 인사를 나누고 한쪽에 앉아 아난에게 말했다.

"우리들은 한 번만이라도 사리를 직접 뵙기 위해 화장하기 전에 도착했습니다. 어떻게 뵐 수 없겠습니까?"

아난이 대답했다.

"아직 화장하지 않았지만 다시 뵙기는 어렵습니다. 왜냐하면 부처님 몸은 벌써 향탕으로 목욕시켰고, 겁패로 몸을 두루 감되 5백 겹으로 차곡차곡 묶듯이 감싸고, 금관에 넣어 쇠곽에 안치하고, 전단향나무로 만든 덧관으로 그 겉을 거듭 싸서 덮었습니다. 그러므로 부처님 몸을 다시 뵙기가 어렵다는 것입니다."

가섭이 세 번이나 청했지만 아난은 처음과 같이 부처님 몸을 다시 뵙기가 어렵다고 대답했다. 대가섭은 향더미로 향해 걸어갔다. 바로 그때 부처님께서 겹곽〔重槨〕 속에서 두 발을 나란히 내미셨는데, 발에 이상한 빛이 있었다. 가섭은 그것을 보고 이상히 여겨 아난에게 물었다.

"부처님의 몸은 금빛인데 지금 발은 왜 이상합니까?"

아난이 대답했다.

"아까 어떤 노파가 못내 슬퍼하면서 앞으로 나아가 손으로 부처님 발을 어루만졌습니다. 그때 눈물이 그 위에 떨어졌기 때문에 그 빛이 이상한 것입니다."

가섭은 그 말을 듣고 매우 불쾌했다. 곧 향 더미를 향해 부처님의 사리에 예배했다. 4부중部衆과 위의 모든 하늘도 동시에 예배했다. 이에 부처님의 발이 갑자기 사라졌다. 대가섭은 향 더미를 세 번 돌고 게송을 지어 말했다.

부처님께서는 짝할 데 없으신 분
거룩한 그 지혜 이루 헤아릴 수 없으니
짝할 데 없는 거룩한 지혜에
저는 이제 머리 조아려 예배합니다.
짝할 데 없는 높은 사문은
가장 높고 더러움 없네.

모니牟尼께서는 애욕의 가지를 끊은
큰 신선이시며 천인天人 가운데 높은 이
사람 중에서 제일의 영웅
저는 이제 머리 조아려 예배합니다.

고행苦行에는 짝할 이 없고
집착을 떠나 사람을 가르치시던
물듦도 없고 티끌도 때〔垢〕도 없는
위없는 어른〔無上尊〕께 머리 조아립니다.

세 가지 때는 이미 다하고

공空하고 고요한 행을 즐기며
둘도 없고 또 견줄 데 없는
10력의 어른〔十力尊〕께 머리 조아립니다.

선서善逝는 가장 높으신 어른
양족존〔二足尊〕 중에서도 높으니
4제諦와 지식(止息 : 禪定)을 깨달은 사람
안온한 지혜 갖춘 이에게 머리 조아립니다.

모든 사문 중에서 가장 높으시며
삿됨〔邪〕을 돌이켜 바름〔正〕에 들게 하셨던
세존께서 적멸寂滅을 보여주시니
고요한 그 자취에 머리 조아립니다.

번뇌도 없고 티도 틈도 없으시고
그 마음은 항상 적정寂定하여라.
모든 티끌과 더러움을 없애신
때 없는 어른〔無垢尊〕께 머리 조아립니다.

지혜의 눈은 한량이 없고
감로 같은 위엄 있는 말씀
과거에는 없었고 사의思議하기 어려워라.
짝할 이 없는 이께 머리 조아립니다.

외치는 소리는 사자가

숲속에서 두려워함이 없음 같고
악마를 항복받고 4성姓을 뛰어넘으시니
그러므로 머리 조아려 경례합니다.

큰 위엄과 덕이 있고 네 가지 변재를 갖춘 대가섭이 이 게송을 설하고 나자 그때 그 화장 더미는 불을 붙이지 않았는데도 저절로 탔다. 모든 말라족 사람들이 서로 말했다.

"지금 불이 맹렬하게 타올라 불꽃이 너무 거세어 제어할 수 없다. 화장한 사리가 혹시 녹아버리지나 않았을까? 어디에서 물을 구해 이 불을 꺼야 할까?"

그때 화장 더미 곁에 불도를 독실하게 믿던 사라수신娑羅樹神이 있었다. 그는 곧 신력神力으로써 화장 더미의 불을 껐다. 그때 모든 말라족 사람들은 또 서로 말했다.

"이 구시성 부근 12유순에 있는 향과 꽃을 모두 채취採取해 부처님의 사리에 공양하자."

그래서 곧 성 외곽으로 나가 모든 향과 꽃을 채취하여 공양하였다.

파바국에 있던 말라족 백성들이 부처님께서 쌍수 사이에서 멸도하셨다는 소식을 듣고 모두들 스스로 생각했다.

'이제 우리들은 가서 사리를 분배해 달라고 요구하자. 그래서 우리 본토에 탑을 세우고 공양하자.'

파바국의 모든 말라족 사람들은 나라에 명령을 내려 네 종류의 군사〔兵〕, 즉 코끼리 군사〔象兵〕·말 군사〔馬兵〕·수레 군사〔車兵〕·걷는 군사〔步兵〕를 정비하고 구시성에 도착하여 사자使者를 보내어 말했다.

"중우衆祐[24]께서 이곳에 이르러 멸도하셨다고 들었습니다. 그는 또한 우리의 스승이십니다. 우리는 존경하고 사모하는 마음 때문에 이렇게 찾아와 그 사리를 분배해 주실 것을 요청하는 것입니다. 우리 본국에 탑을 세우고 공양하고자 합니다."

구시왕이 대답했다.

"그렇다, 그렇다. 진실로 그 말이 옳다. 하지만 세존께서는 이 땅에 내려 오셔서 이곳에서 멸도하셨다. 그러므로 이 나라 백성들이 마땅히 스스로 공양해야 할 것이다. 그대들이 수고롭게도 멀리서 왔지만 사리의 분배는 있을 수 없다."

차라파遮羅頗국의 모든 발리跋離족의 백성들과 라마가羅摩伽국의 구리拘利족 백성들, 그리고 비류제毘留提국의 바라문들, 가유라위국의 석가족 백성들, 비사리국의 리차離車족 백성들과 마갈국의 왕 아사세阿闍世는 여래께서 구시성의 쌍수 사이에서 멸도하셨다는 소식을 듣고 모두들 스스로 생각했다.

'이제 우리도 꼭 가서 사리의 분배를 요구하자.'

아사세 등 여러 국왕들은 곧 나라에 명령을 내려 4종의 군사 즉 상병·마병·차병·보병을 정비해 가지고 진격하여 항하를 건넜고, 곧 바라문 향성香姓[25]에게 명령했다.

"너는 우리의 이름으로 구시성에 들어가 모든 말라족 사람들에게 다음과 같이 문안하여라.

'지내시는 것은 가볍고 편하시며 행보〔遊步〕는 건강한가? 우리는 여러분들을 늘 존경하고 이웃에 있으면서 의리를 지키고 서로 화목

24 범어 Bhagavat의 번역어이다. 바가바婆伽婆·박가범薄迦梵이라고 음역하며, 현장玄奘 이후의 신역新譯에서는 세존世尊이라 한역했다.

25 팔리어로는 Doṇa이며, 일찍이 구류拘留와 반타파인班陀波人의 전술 지도를 맡았던 바라문의 이름이다. 부처님께서 멸도하셨을 때 사리舍利를 분배하는 담당자로 선출되었다.

하게 지내며 아직껏 다툰 적이 없다. 우리는 여래께서 그대들의 나라에서 멸도하셨다는 말을 들었다. 위없이 높은 어른께서는 진실로 우리가 하늘처럼 받들던 분이시다. 그러므로 멀리서 찾아와 사리의 분배를 요구하는 바이다. 우리는 본토에 돌아가 탑을 세워 공양하고자 한다. 만일 그것을 우리에게 준다면 온 나라의 귀중한 보배를 그대와 나눌 것이다.'"

향성 바라문은 왕의 명령을 받고 곧 그 성으로 가서 모든 말라족 사람들에게 말했다.

"마갈대왕은 한량없는 성의로 문안하셨습니다.

'지내시는 것은 가볍고 편하시며 행보는 건강한가? 우리는 여러분들을 늘 존경하고 이웃에 살면서 의리를 지키고 서로 화목하게 지내며 아직껏 다툰 적이 없다. 우리는 여래께서 그대들의 나라에서 멸도하셨다는 말을 들었다. 위없이 높은 어른은 진실로 우리가 하늘처럼 받들던 분이시다. 그러므로 멀리서 찾아와 사리의 분배를 요구하는 바이다. 우리는 본토에 돌아가 탑을 세워 공양하고자 한다. 만일 그것을 우리에게 준다면 온 나라의 귀중한 보배를 그대와 나눌 것이다'라고 전하라고 하셨습니다."

모든 말라족 사람들은 향성에게 대답했다.

"그렇다, 그렇다. 진실로 그대의 말이 옳다. 하지만 세존께서는 이 땅에 내려 오셔서 이곳에서 멸도하셨다. 그러므로 이 나라의 선비와 백성들이 스스로 공양하는 것이 당연한 일이다. 그대들이 수고롭게도 멀리서 왔지만 사리의 분배는 있을 수 없다."

국왕은 곧 여러 신하들을 모아 함께 의논하고 게송을 지어 포고했다.

우리들은 화의和議로써
멀리서 찾아와 머리 숙여 절하면서
겸손한 말로 분배를 청하였소.
그런데도 주지 않는다면

4병兵이 여기 있어
몸과 목숨을 아끼지 않으리라.
정의로써 얻지 못한다면
마땅히 힘으로 빼앗을 것이다.

구시국에서도 곧 모든 신하를 모아 의논하고 게송으로 대답했다.

그대들 수고로이 멀리서 찾아와
욕되게도 머리 숙여 절하지만
여래께서 남기신 이 사리는
감히 허여許與할 수 없다.

그대들이 만일 군사를 일으키려 한다면
우리도 여기 군사가 있다.
목숨을 바쳐 항거할 것이니
두려울 것이 없다.

향성 바라문은 여러 사람들을 타이르며 말했다.

"여러분, 여러분은 오랫동안 부처님의 교계敎誡를 받았습니다. 입으로는 진리의 말씀을 외우고 마음으로는 자비의 교화에 감복하며 모든 중생을 항상 안락하게 하려고 생각합니다. 그런데 이제 부처님의 사리를 다투어 서로 죽이려 해서야 되겠습니까? 여래께서 사리를 남기신 것은 널리 이익되게 하고자 하는 것이니 지금 이 사리를 마땅히 나누어 가져야 합니다."

그러자 모두들 좋다고 칭찬하고 곧 다시 의논했다.

"누가 이것을 잘 나눌 수 있겠는가?"

모두들 말했다.

"향성 바라문은 인자하고 지혜로우며 공평하니 그가 분배하는 것이 좋겠습니다."

모든 국왕은 곧 향성에게 명령했다.

"그대는 우리를 위하여 부처님의 사리를 여덟 몫으로 똑같이 나누어라."

향성은 모든 왕의 말을 듣고 곧 사리가 있는 곳으로 갔다. 머리 조아려 절하고 나서 천천히 나아가 부처님의 위 어금니를 집어 따로 한쪽에 두었다. 그리고 심부름하는 자를 시켜 부처님의 위 어금니를 가지고 아사세왕에게 가져가게 했다.

심부름하는 자에게 말했다.

"너는 내 이름으로 대왕께 말씀드려라.

'대왕이여, 지내시는 것은 가볍고 편하시며 행보는 건강하십니까? 사리가 오지 않아 얼마나 많이 기다렸습니까? 이제 심부름하는 자에게 여래의 위 어금니를 보내니 그것을 공양하셔서 소원을 푸십시오. 샛별이 나타날 때쯤에는 사리의 분배를 다 마치고 마땅히 스스로 받들어 보내겠습니다.'"

그 심부름하는 자는 향성의 분부를 받고 곧 아사세왕의 처소로 가서 말씀드렸다.

"향성 바라문은 한량없는 정성으로 문안드렸습니다.

'지내시는 것은 가볍고 편하시며 행보는 건강하십니까? 사리가 오지 않아 얼마나 많이 기다리셨습니까? 이제 심부름하는 자에게 여래의 위 어금니를 보내니 그것을 공양하시고 소원을 푸십시오. 샛별이 나타날 때쯤에는 사리의 분배를 마치고 마땅히 스스로 받들어 보내겠습니다.'"

향성은 한 섬쯤 들어가는 병에 사리를 받아 가지고 곧 고르게 여덟 부분으로 나누었다. 그리고 여러 사람들에게 말했다.

"원컨대 이 병을 여러분이 의논해서 저에게 주신다면 집에 탑을 세워 공양 하겠습니다."

여러 사람들이 말했다.

"참으로 지혜롭습니다. 적당한 때인 줄 아십시오."

그리고 곧 모두 주는 것을 승낙했다.

어떤 필발畢鉢촌 사람들이 여러 사람에게 말했다.

"땅에 널린 잿더미라도 주신다면 탑을 세워 공양하겠습니다."

모두들 그것을 주자고 말했다.

구시성 사람들은 분배된 사리를 얻어 곧 그 땅에 탑을 세우고 공양했다. 파바국 사람과 차라국·라마가국·비류제국·가유라위국·비사리국·마갈국의 아사세왕도 사리의 일부를 얻어 각각 그 나라로 돌아가 탑을 세우고 공양했다. 향성 바라문은 사리병을 가지고 돌아가 탑묘塔廟를 세웠고, 필발촌 사람들은 잿더미를 가지고 돌아가 탑묘를 세웠다. 그래서 여래의 사리로 여덟 개의 탑을 세우고, 아홉 번째의 병탑甁塔, 열 번째의 재를 보관한 탑, 열한 번째 생시의 머리칼 탑을 세웠다.

부처님께서 어느 때 태어나시고, 어느 때 도를 이루시고, 어느 때 멸도하셨는가? 비성沸星이 나타날 때 태어나셨고, 비성이 나타날 때 집을 나오셨으며, 비성이 나타날 때 도를 이루셨고, 비성이 나타날 때 멸도하셨다.

어느 때 양족존〔二足尊〕 태어나셨고
어느 때 총림叢林에서 고행 벗어나셨으며
어느 때 최상의 도 얻으셨고
어느 때 열반성涅槃城에 들어가셨나?

비성沸星이 나타날 때 양족존 태어나셨고
비성이 나타날 때 총림에서 고행 벗어났으며
비성이 나타날 때 최상의 도 얻으셨고
비성이 나타날 때 열반성에 드셨다.

8일에 여래 태어나셨고
8일에 부처님 출가하셨으며
8일에 보리를 이루셨고
8일에 멸도하셨다네.

8일에 양족존 태어나셨고
8일에 총림에서 고행 벗어나셨으며
8일에 최상의 도 이루셨고
8일에 니원성泥洹城에 드셨다.

2월에 여래 태어나셨고

2월에 부처님 출가하셨으며
2월에 보리 이루셨고
2월[26]에 열반 취하셨다.

2월에 양족존 태어나셨고
2월에 총림에서 고행 벗어나셨으며
2월에 최상의 도 얻으셨고
2월[27]에 열반성에 드셨다.

사라꽃 불꽃처럼 피어나
온갖 광명이 서로 비칠 때
그 본래 태어나신 곳에서
여래는 멸도를 취하셨다네.

크게 자비로운 이 열반을 취하시자
많은 사람들 칭찬해 경배했네.
온갖 두려움 모두 벗어나
반드시 멸도를 취하셨다네.

---

26 고려대장경에는 '8일日'로 되어 있으나 송·원·명 3본에 의거하여 '2월月'로 고쳤다.

27 고려대장경에는 '8일日'로 되어 있으나 송·원·명 3본에 의거하여 '2월月'로 고쳤다.

불설장아함경 제5권

〔제1분〕 ⑤

3. 전존경典尊經[1]

이와 같이 나는 들었다.

어느 때 부처님께서는 라열기(羅閱祇 : 왕사성) 기사굴산에서 큰 비구 대중 1,250명과 함께 계셨다.

그때 풍악을 담당한 천신〔執樂天〕 반차익자般遮翼子[2]가 사람들이 없는 고요한 밤에 큰 광명을 놓아 기사굴산을 비추면서 부처님께 와서 머리 조아려 부처님 발에 예배하고 한쪽에 서 있었다. 반차익이 세존

---

1 이 경의 이역본異譯本으로는 송宋 시대 시호施護 등이 한역한 『불설대견고바라문연기경佛說大堅固婆羅門緣起經』이 있다.

2 고려대장경 본문에는 이 부분이 '집악천반차익자執樂天般遮翼子'로 되어 있으나 팔리본에는 Pañcasikho Gandhabba-putto로 되어 있다. 이것으로 보아 '악신樂神인 건달바의 아들 반차익'이란 뜻이다.

께 여쭈었다.

"어제 범천왕이 도리천에 와서 제석帝釋과 함께 이야기했습니다. 제가 그들에게서 직접 들은 것을 이제 여기에서 세존께 말씀드려도 되겠습니까?"

그러자 부처님께서 말씀하셨다.

"네가 말하고 싶으면 어서 말하라."

반차익이 말했다.

"한때 도리천의 모든 하늘이 법강당法講堂에 모여서 강론講論하고 있었는데, 그때 사천왕은 각기 자신이 맡고 있는 방면을 따라 제자리에 앉아 있었습니다. 제제뢰타提帝賴吒[3] 천왕은 동방에 앉아 서쪽을 향했고 제석은 그 앞에 있었으며, 비루륵毘樓勒[4] 천왕은 남방에 앉아 북쪽을 향했고 제석은 그 앞에 있었으며, 비루박차毘樓博叉[5] 천왕은 서방에 앉아 동쪽을 향했고 제석은 그 앞에 있었으며, 비사문毘沙門[6] 천왕은 북방에 앉아 남쪽을 향했고 제석은 그 앞에 있었습니다. 그때 사천왕이 모두 앉은 다음에 저도 앉았습니다. 또 다른 대신천大神天들이 있었는데 그들은 모두 이전에 부처님 밑에서 범행梵行을 깨끗이 닦다가 여기서 목숨을 마치고는 도리천에 태어난 자들로서 저 모든 하늘들에게 다섯 가지 복福을 더하게 해 주었습니다. 첫 번째는 하늘의 수명〔壽〕이며, 두 번째는 하늘의 몸〔色〕이며, 세 번째는 하늘의 이름이며, 네 번째는 하늘의 즐거움이며, 다섯 번째는 하늘의 위엄과 덕이었습니다. 모든 도리천은 기뻐 뛰면서 말하기를 '모든 하늘 무리

3 지국천持國天이라 한역한다.
4 증장천增長天이라 한역한다.
5 광목천廣目天이라 한역한다.
6 다문천多聞天이라 한역한다.

는 더욱 불어나고 아수륜阿須倫[7]의 무리는 줄어드는구나'라고 말했습니다. 석제환인釋提桓因은 모든 하늘 사람들이 기뻐하는 마음을 알고 곧 도리천의 모든 하늘을 위하여 게송을 지어 말했습니다.

도리천의 모든 하늘신들은
제석과 서로 즐거워하며
가장 훌륭한 법왕이신
여래께 예경禮敬올리네.

모든 하늘이 누리는 복
수壽 · 색色 · 명名 · 낙樂 · 위威라네.
부처님 앞에서 범행을 닦아서
이곳에 태어났다네.

또 모든 하늘신들
그 광명과 빛깔 매우 높아라.
지혜로운 부처님의 제자
또 여기 태어나 수승하구나.

도리천과 인제因提[8]는
자신들의 즐거움 깊이 생각하면서
가장 훌륭한 법왕이신
여래께 예경한다네.

---

7 아수륜(阿須倫, asura)은 아수라阿修羅라고도 하며, 비천非天이라 한역한다.
8 석제환인釋帝桓因을 말한다.

도리천의 모든 천신들은 이 게송을 듣고 더욱 기뻐 어쩔 줄을 몰라 하였고, 모든 하늘 무리는 더욱 불어나게 되었으며, 아수륜 무리들은 점점 줄어들게 되었습니다. 석제환인은 도리천 천신들이 기뻐하고 즐거워하는 것을 보고 곧 그들에게 말했습니다.

'여러분, 그대들은 여래의 8무등법無等法을 듣고자 하는가?'

모든 도리천이 말했습니다.

'기꺼이 듣고자 원합니다.'

제석이 말했습니다.

'잘 듣고 잘 들어, 잘 생각해보고 기억하라. 여러분, 여래께서는 지진至眞·등정각等正覺 등 10호를 구족하고 계신다. 과거·미래·현재에 있어서 여래如來·지진至眞 등의 10호를 구족하신 부처님과 같은 이를 보지 못했다. 불법은 미묘하여 강설하기에 좋고 지혜로운 자가 행하는 것이다. 과거·미래·현재에 있어서 미묘한 법이 부처님만한 이를 보지 못했다. 부처님께서는 이 법으로 말미암아 스스로 깨닫고 통달하여 걸림이 없으셨으므로 스스로 즐거워하셨다. 과거·미래·현재에 있어서 능히 이 법에 대하여 스스로 깨닫고 통달하여 걸림이 없어 스스로 즐거워함이 부처님만한 이를 보지 못했다. 여러분, 부처님께서는 이 법을 스스로 깨달으시고는 또 능히 열반에 이르는 지름길을 열어 보이시고 친근하게 하여 점점 나아가 적멸寂滅로 들어가게 하셨다. 마치 항하恒河와 염마炎摩 두 강물이 모두 큰 바다로 흘러 들어가는 것처럼 부처님께서도 그러하셔서 능히 열반의 지름길을 잘 열어 보이시고 친근히 하고 점점 나아가 적멸로 들어가게 하셨다. 과거·미래·현재에 있어서 능히 열반의 지름길을 열어 보이심에 있어서 부처님만한 이를 보지 못했다. 여러분, 여래께서는 권속眷屬을 성취하셨다. 찰리·바라문·거사居士·사문·지혜 있는 자들은 다

이 여래께서 성취하신 권속들이다.

과거・미래・현재에 권속을 성취하심에 있어서 부처님만한 이를 보지 못했다. 여러분, 여래께서는 대중大衆을 성취하셨으니 이른바 비구・비구니・우바새・우바이이다. 과거・미래・현재에 있어서 대중을 성취하심에 있어서 부처님만한 이를 보지 못했다. 여러분, 여래께서는 말과 행동이 서로 일치하셨다. 말씀과 행동이 일치하고 행하시는 것은 말씀과 일치하셨다. 그리하여 법마다 모두 성취하셨다. 과거・미래・현재에 있어서 말과 행동이 일치하여 법마다 성취하심에 있어서 부처님만한 이를 보지 못했다. 여러분, 여래께서는 많은 이익을 주고 많은 안락을 주셨으며, 자비심으로써 하늘과 사람들을 이익되게 하셨다. 과거・미래・현재에 있어서 많은 이익을 주고 안락을 줌에 있어서 부처님만한 이를 보지 못했다. 여러분, 이것이 여래의 8무등법이다.'

도리천이 이렇게 말했습니다.

'만일 세간에 8불佛이 나오시게만 한다면 반드시 모든 하늘 무리를 크게 불어나게 하고 아수륜의 무리들은 줄어들게 할 것입니다.'

도리천이 말했습니다.

'8불은 고사하고 바로 7불이나 6불 나아가 2불만 세상에 출현하시게 하더라도 크게 모든 하늘 무리를 불어나게 하고 아수륜 무리를 줄어들게 할 것입니다. 하물며 8불이겠습니까?'

석제환인은 도리천에게 말했습니다.

'나는 부처님께 직접 듣고 부처님께 직접 받았는데 〈같은 때에 두 부처님께서 출세하시게 하려 해도 그렇게 될 수는 없다. 다만 여래로 하여금 세상에 오래 머무르시게 하여 불쌍하게 여기셔서 많은 이익을 주게 하고, 하늘과 사람들이 안락을 얻게 한다면, 곧 모든 하늘 무리는 크게 불어나고 아수륜의 무리는 줄어들게 될 것이다〉라고 하셨다.'"

반차익이 부처님께 여쭈었다.

"세존이시여, 도리천의 모든 하늘은 법강당法講堂에 모여서, 같이 의논하고 생각하며 헤아리고 관찰하였으며 교령敎令함이 있었습니다. 그런 후에 사천왕을 위해 설법하자 사천왕은 가르침을 받고 각각 제자리에 앉았고, 앉은 지 오래지 않아 크고 이상한 광명이 사방을 비추었습니다. 그때 도리천은 이 광명을 보고 모두 크게 놀랐습니다.

'지금 저 빛은 참으로 이상하구나. 장차 무슨 변괴가 있으려는 것인가?'

다른 대신천大神天의 위덕威德있는 자들도 또한 놀라고 두려워했습니다.

'지금 저 빛은 참으로 이상하구나. 장차 무슨 변괴가 있으려는가?'

그때 대범천왕은 곧 동자童子로 변화하였는데 머리에는 5각角의 상투를 틀고〔頭五角髻〕[9] 대중들이 있는 바로 위의 허공에 서 있었습니다. 얼굴 모양은 단정하여 대중에서 뛰어났고 몸은 자금색으로서 모든 하늘의 광명을 덮었습니다. 도리천은 일어나 맞이하지도 않았고 또 공경하지도 않았으며 또 앉기를 청하지도 않았습니다. 범천동자〔梵童子〕는 마음에 드는 자리로 가서 앉았고 앉아서는 기뻐하고 즐거워했습니다. 비유하면 마치 찰리수요두종刹利水澆頭種[10]이 왕위에 올랐을 때 기뻐 날뛰는 것과 같았습니다. 그는 와서 앉은 지 오래지 않아 다시 스스로 몸을 변화시켜 동자의 모습이 되었습니다. 머리에는 5각 상투를 하고 대중들이 있는 바로 위의 허공에 앉았습니다. 마치

9 두오각계頭五角髻는 팔리어로 Pañcasikha이다. 앞에서는 반차익般遮翼이라고 썼다.
10 찰리刹利 계급으로서 왕위 계승을 위해 관정의식을 치른 왕족을 말한다.

역사力士가 편안한 자리에 앉아 있듯이 굳건히 움직이지 않았습니다.
그리고 다시 게송으로 말했습니다.

도리천의 모든 하늘신들은
제석과 서로 즐거워하며
가장 훌륭한 법왕이신
여래께 예경하였네.

모든 하늘이 누리는 복
수壽 · 색色 · 명名 · 낙樂 · 위威라네.
부처님 앞에서 범행을 닦아서
이곳에 태어났다네.

또 모든 하늘신들
그 광명과 빛깔은 매우 높아라.
지혜로운 부처님의 제자
또 여기 태어나 수승하구나.

도리천과 인제因提는
자신들의 즐거움 깊이 생각하면서
가장 훌륭한 법왕이신
여래께 예배한다네.

모든 도리천 신들이 동자에게 말했습니다.
'우리는 제석천이 여래의 8무등법에 대하여 말하신 것을 듣고는

기뻐 뛰면서 어쩔 줄을 몰라 했습니다.'

그러자 범천의 동자가 도리천 신들에게 말했습니다.

'어떤 것이 여래의 8무등법입니까? 저도 듣기를 원합니다.'

제석은 곧 동자를 위해 여래의 8무등법에 대하여 설명해 주었습니다. 그러자 도리천의 모든 신들과 동자는 그 말을 듣고 더욱 더 기뻐서 어쩔 줄을 몰라 했습니다. 그래서 모든 하늘 무리는 더욱 불어나고 아수륜의 무리는 줄어들게 되었습니다. 동자는 하늘신들이 기뻐하는 것을 보고 더욱 기뻐 뛰면서 곧 도리천 신들에게 말했습니다.

'그대들은 비할 데 없는 한 가지 법에 대하여 듣고 싶지 않습니까?'

하늘들은 말했습니다.

'기꺼이 듣고자 원합니다.'

동자가 말했습니다.

'그대들이 듣기를 원한다면 잘 듣고 잘 간직하십시오. 마땅히 그대들을 위하여 설명하겠습니다.'

곧 모든 하늘신에게 말했습니다.

'여래께서 옛날 보살이었을 때에 그분이 태어난 그 고장에서 제일 총명하고 지혜로웠습니다. 여러분은 마땅히 아십시오. 아득히 먼 옛날에 세상에 지주地主[11]라는 왕이 있었는데, 그 첫 번째 태자의 이름은 자비慈悲[12]였습니다. 왕에게는 전존典尊[13]이라는 대신이 있었는데 그 대신의 아들 이름은 염만焰鬘[14]이라고 하였습니다. 태자 자비에게 친구가 있었는데 그 친구는 또 여섯 찰리 대신들과도 친구간이었습

11 이역경인 『대견고바라문연기경大堅固婆羅門緣起經』에서는 역주域主로 되어 있다.

12 『대견고바라문연기경』에서는 '여노黎努'로 되어 있다.

13 『대견고바라문연기경』에서는 '견고堅固'로 되어 있다.

14 『대견고바라문연기경』에서는 '호명護明'으로 되어 있다.

니다. 지주 대왕은 깊은 궁중에 들어가 유희하고 오락하려 할 때에는 나라 일을 전존 대신에게 맡기곤 했습니다. 그리고는 궁중에 들어가 여자와 음악 따위의 5욕欲의 즐거움을 맘껏 누리곤 하였습니다. 전존 대신은 나라 일을 처리하려 할 때에는 먼저 그 아들에게 물은 뒤에 일을 결정하고, 어떤 처분할 일이 있어도 역시 그 아들에게 묻곤 하였습니다.

그러다가 전존이 갑자기 목숨을 마쳤습니다. 그때 지주왕은 그가 죽었다는 말을 듣고 불쌍히 여기고 슬퍼하여 가슴을 치면서 말했습니다.

'아아, 무슨 죄가 있어 이 나라의 훌륭한 기둥을 잃었는가?'

태자 자비는 혼자서 묵묵히 생각했습니다.

'왕은 전존을 잃고 매우 걱정하고 괴로워하신다. 이제 나는 대왕에게 가서 〈그가 죽었다고 해서 걱정하고 괴로워할 것 없습니다. 왜냐하면 전존에게는 염만이라는 아들이 있는데, 그 아들도 총명하고 지혜가 많아 그 아버지보다 뛰어납니다. 그러니 이제 그를 불러 나라 일을 다스리게 하십시오〉하고 여쭈어야겠다.'

자비 태자는 곧 왕에게 나아가 위의 사실로써 자세히 그 부왕에게 말씀드렸습니다. 왕은 태자의 말을 듣고 곧 염만을 불러 말했습니다.

'나는 이제 너에게 너의 아버지의 자리를 맡겨 재상의 인印을 준다.'

염만은 정승의 인을 받자, 왕은 궁중으로 들어가려고 다시 뒷일을 부탁했습니다.

그런데 재상 염만은 다스리는 이치에 밝아 전에 아버지가 하던 일을 다 알았고 아버지가 미처 하지 못했던 일까지도 염만은 다 알았습니다. 그 뒤 그의 이름은 나라 안에 널리 퍼져 천하가 모두 그를 대전존大典尊이라 불렀습니다. 그 뒤에 대전존은 생각했습니다.

'지금 지주왕은 나이가 이미 늙어 목숨이 얼마 남지 않았다. 그러므로 비록 태자로 하여금 왕위를 잇게 한다 하여도 문제될 것이 없다. 나는 이제 저 여섯 찰리 대신들에게 먼저 가서 이렇게 말해야겠다.

〈지금 지주왕은 나이가 이미 늙어 목숨이 얼마 남지 않았으니, 태자로 하여금 왕위를 잇게 한다 하여도 문제될 것이 없다. 그대들에게도 마땅히 따로 왕토王土를 봉封하게 될 것이니 그 자리에 오르는 날까지 서로 잊지 말자.〉'

전존은 곧 여섯 찰리 대신들에게 가서 말했습니다.

'여러분, 마땅히 아시오. 지금 지주왕은 나이가 이미 늙어 목숨이 얼마 남지 않았으니, 태자로 하여금 왕위를 잇게 한다 하여도 문제될 것이 없소. 그대들은 태자를 찾아가서 이 뜻을 말하시오.

〈저희 태자〔尊〕[15]는 어릴 때부터 알고 지내온 오래된 벗입니다. 태자께서 괴로우면 저희도 괴롭고 태자께서 즐거우면 저희도 즐겁습니다. 지금의 왕은 이미 늙어 목숨이 얼마 남지 않았으니, 지금 태자께서 왕위를 이어 받아도 문제될 것이 없습니다. 태자께서 만일 왕위에 오르신다면 마땅히 저희에게도 땅을 봉해 주십시오.〉'

여섯 찰리 대신은 그 말을 듣고 곧 태자에게 나아가 위와 같은 일을 말했습니다. 태자가 대답했습니다.

'만일 내가 왕위에 오른다면 누구에게 국토를 나누어 주고 나라를 봉해 주겠는가?'

그런 일이 있은 후 왕은 오래지 않아 갑자기 죽었습니다. 나라 안

15 존(尊, bhoto)이란 태자太子를 대하여 사용하는 존칭이다.

의 대신들은 곧 절하고 태자를 왕위에 오르게 하였습니다. 왕위에 오른 뒤 잠자코 스스로 생각했습니다.

'이제는 재상을 세워 마땅히 선왕先王을 따르겠다.'

다시 생각했습니다.

'누가 이 일을 감당할 수 있을까? 바로 저 대전존만이 감당할 수 있을 것이다.'

그때 자비왕은 곧 대전존을 불러 말하였습니다.

'나는 이제 너를 재상의 자리에 앉히고 그 인신印信을 줄 것이다. 그대는 마땅히 부지런히 나라 일을 걱정하고 잘 다스리도록 하라.'

전존은 왕의 명령을 따라 곧 인신을 받았습니다. 왕은 늘 궁중에 들어가 놀면서 뒷일은 대전존에게 맡겼습니다. 대전존은 또 혼자서 생각했습니다.

'나는 이제 여섯 찰리에게 가서 그 옛날에 한 말을 기억하는가를 물어 봐야겠다.'

그는 곧 찰리들을 찾아가서 물었습니다.

'그대들은 옛날에 한 말을 기억하는가? 이제 태자는 왕위에 올라 궁중 깊숙한 곳에서 5욕으로써 스스로 향락을 누리고 있다. 그대들은 지금 왕에게 찾아가 이렇게 물어보시오.

〈왕께서는 천자의 자리에 올라 5욕을 스스로 즐기고 계십니다. 옛날에 하신 말씀을 기억하십니까?〉'

여섯 찰리는 이 말을 듣고 곧 왕에게 가서 말하였습니다.

'왕께서는 천자의 자리에 올라 5욕으로써 스스로 즐기고 있습니다. 그런데 옛날에 하셨던 말씀을 기억하십니까? 〈국토를 나눈 봉읍封邑에 누가 거처하게 하겠는가?〉라고 하신 말씀 말입니다.'

왕이 말했습니다.

'옛날에 한 말을 잊지 않았다. 국토를 나눈 봉읍을 그대들이 아니면 누구에게 주겠는가?'

왕은 또 스스로 생각했습니다.

'이 염부제閻浮提 땅은 안은 넓고 밖은 좁은데 누가 능히 이것을 일곱 부분으로 나눌 수 있을까?'

다시 생각했습니다.

'오직 대전존만이 능히 나눌 수 있을 것이다.'

곧 대전존에게 말했습니다.

'너는 이 염부제의 땅을 일곱 부분으로 나누어라.'

대전존은 그것을 일곱 부분으로 나누었습니다. 왕이 다스릴 성·촌·읍·군·나라들을 다 몫을 정하고 여섯 찰리에게도 몫을 갈라주었습니다. 왕은 기뻐하면서 말했습니다.

'내 소원은 이제 이루어졌다.'

여섯 찰리들도 기뻐하면서 말했습니다.

'우리 소원은 이미 이루어졌다. 이 사업을 이룬 것은 대전존의 힘이다.'

여섯 찰리왕은 또 스스로 생각했습니다.

'우리나라는 처음으로 세워진 나라라서 반드시 재상이 될 사람이 필요하다. 누가 이 책임을 맡을 수 있을까? 저 대전존 같은 이라야 마땅히 이 나라 일을 겸해 맡을 수 있을 것이다.'

여섯 찰리왕은 곧 전존을 불러 명령해 말했습니다.

'우리나라에 재상이 필요하니 그대가 마땅히 우리를 위해 나라 일을 겸해 맡아 다스려주시오.'

그래서 6국은 각각 재상의 인을 내주었습니다. 그때 대전존은 재상의 인을 받자 여섯 왕들은 궁중으로 들어가 즐기고 놀면서 모두들 나라 일은 다 대전존에게 맡겼습니다. 대전존은 7국의 일을 다스리며 처리하지 못하는 것이 없었습니다.

당시 그 나라에는 일곱 명의 큰 거사居士가 있었는데 대전존은 또 그들의 집안일까지 처리해 주었습니다. 또 7백 명의 범지들을 가르쳐 경전經典을 읽고 외우게 했습니다. 그래서 일곱 왕은 전존을 공경해 신명神明과 같이 여기고, 그 나라의 일곱 거사는 대전존 보기를 대왕과 같이 하였으며, 7백 범지는 범천과 같이 여겼습니다. 이 때 7국의 왕과 일곱 큰 거사와 7백 범지들은 모두 스스로 생각했습니다.

'대전존 재상은 항상 범천과 서로 만나 서로 이야기도 하고 같이 행동하면서 친하게 지낸다.'

대전존은 잠자코 일곱 왕·거사·범지들의 속마음을 알고 생각했습니다.

'저들은 내가 항상 범천과 만나 서로 이야기하고 같이 행동한다고들 말한다. 그러나 나는 사실 범천을 만나지도 못하였고 함께 이야기해본 적도 없다. 그저 침묵만 지키며 그런 허황된 칭찬을 받을 수는 없다. 나는 또 일찍이 여러 선배 노인들에게 이렇게 들었다.

〈여름 넉 달 동안 고요한 곳에 한가히 있으면서 4무량심無量心을 닦으면 범천이 곧 내려와 서로 만날 수 있다〉.

그렇다면 차라리 내가 중생을 위하는 4무량심을 닦아 범천신을 내려오게 하여 만나보는 것이 낫겠다.'

그리하여 대전존은 일곱 왕에게 나아가 말하였습니다.

'원컨대 대왕이여, 나라 일을 돌보십시오. 저는 여름 넉 달 동안 4무량심을 닦고자 합니다.'

일곱 왕은 그에게 말했습니다.

'마음대로 하시오.'

대전존 재상은 또 7명의 거사들에게 말했습니다.

'그대들은 각각 자기의 할 일을 힘써 하시오. 나는 여름 넉 달 동안 4무량심을 닦고자 하오.'

거사들은 말했습니다.

'좋습니다. 마음대로 하십시오.'

그는 또 7백 범지에게 말했습니다.

'그대들은 마땅히 읽고 외우기를 힘쓰고 또 서로 가르치시오. 나는 여름 넉 달 동안 4무량심을 닦고자 하오.'

범지들은 말했습니다.

'좋습니다. 대사大師여, 이제 마음대로 하십시오.'

대전존은 성 동쪽에 한가하고 고요한 집을 짓고 여름 넉 달 동안을 거기서 살면서 4무량심을 닦았습니다. 그러나 저 범천은 그래도 내려오지 않았습니다. 전존은 스스로 생각했습니다.

'나는 선배 노인들에게 이렇게 들었다.

〈여름 넉 달 동안 4무량심을 닦으면 범천이 내려와 나타난다.〉

그러나 지금은 감감하여 조금도 그럴 듯한 기미가 없다.'

대전존은 보름날 달 밝은 밤에 고요한 방안에서 나와 맨 땅에 앉아 있었는데, 그렇게 앉아 있은 지 오래지 않아 큰 광명이 나타났습니다. 전존은 잠자코 생각했습니다.

'이제 이 이상한 광명은 장차 범천이 내려오고자 하는 징조가 아닐까?'

그때 범천왕은 곧 5각 상투를 한 동자로 변화하여 전존의 위 허공에 앉았습니다. 전존은 그것을 보고 곧 게송으로써 말했습니다.

이것은 어떤 하늘의 모양이기에

허공에 앉아 있으면서
그 광명 사방에 비추니
마치 큰 불더미 타오르듯 하네.

범천 동자〔梵童子〕는 게송으로 대답했습니다.

오직 범천세계의 모든 신들만이
내가 범천 동자인 줄 알 뿐이네.
그 밖의 모든 사람은
나를 화신火神[16]이라 사당에 제사하네.

대전존이 게송으로 대답했습니다.

내 오늘 자문을 받았으니
가르침 받들어 공경을 다하리다.
온갖 맛있는 음식 차릴 것이니
원컨대 하늘께선 제 마음 알아주십시오.

범천 동자가 게송으로 대답했습니다.

전존이여, 네가 닦는 것
무엇을 구하고자 하는 것인가?
오늘 베푼 이 공양을

16 고려대장경에는 대신大神으로 되어 있고, 송·원·명 3본에는 화신火神으로 되어 있다. 여기에서는 화신火神을 취했다.

마땅히 너를 위해 받아 주리라.

그리고 또 대전존에게 말했습니다.

'만일 네가 물을 것이 있으면 거리낌 없이 물어라. 내가 마땅히 너를 위해 말해 주리라.'

대전존은 곧 스스로 생각했습니다.

'나는 지금 현재의 일을 물을 것인가, 혹은 미래의 일을 물을 것인가?'

다시 생각했습니다.

'이승의 현재 일은 또 묻기로 하고, 우선은 마땅히 미래 세상의 심원한 일을 물어 보리라.'

곧 범천 동자에게 게송으로 물었습니다.

저는 이제 범천 동자께 묻노니
나의 의심 남김없이 풀어 주십시오.
무엇을 배우고 무슨 법에 머물면
범천梵天에 태어날 수 있겠습니까?

범천 동자가 게송으로 대답했습니다.

마땅히 나〔我〕라거니 남〔人〕이라거나 하는 생각 버리고
홀로 거처하면서 사랑하는 마음 닦아
욕심 없애고 냄새나고 더러운 것 없게 하면
범천에 태어날 수 있으리.

대전존은 이 게송을 듣고 곧 스스로 생각했습니다.

'범천 동자는 내게 게송으로써 〈마땅히 더러움을 없애라〉고 했는데 나는 그것을 이해할 수 없다. 이제 다시 물어 보리라.'

대전존은 곧 게송으로 물었습니다.

범천 동자께서는 게송에서 냄새나고 더러운 것이라 하셨는데
원컨대 지금 저를 위해 설명 해주십시오.
무엇이 이 세간의 문을 열기에
악에 떨어져 하늘에 나지 못하게 합니까?

범천 동자가 게송으로 대답했습니다.

속이고 질투하는 마음 품고
거만과 증상만增上慢을 익히며
탐욕과 성냄과 어리석음을
제멋대로 마음에 간직하고 있는 것

그것이 세간의 냄새나고 더러운 것이니
이제 너에게 설명해 알게 했으니
이것이 이 세간의 문을 열어 놓아서
악에 떨어져 하늘에 나지 못하게 한다.

대전존은 이 게송을 듣고 다시 스스로 생각했습니다.

'범천 동자가 말한 더러움의 뜻을 나는 이제 이미 알았다. 그런데 단지 세속 생활을 통해선 그것을 없앨 길이 없다. 이제 나는 차라리

세속을 버리고 출가하여 수염과 머리를 깎고 법복을 입고 도를 닦는 게 낫겠구나.'

범천 동자는 그의 마음을 알고 게송으로 말했습니다.

네가 만일 용맹이 있다면
그 뜻은 훌륭하고 묘한 것이다
그것은 지혜로운 사람만이 할 수 있는 일
죽으면 반드시 범천에 태어나리.

여기서 범천 동자는 갑자기 사라졌습니다. 그러자 대전존은 돌아와 일곱 나라 왕에게 나아가 말했습니다.

'대왕이여, 오직 원컨대 마음을 써서 나라를 잘 다스리십시오. 이제 저는 집을 나오고 세상을 떠나 법복을 입고 도를 닦고자 합니다. 왜냐하면 저는 직접 범천 동자에게서 냄새나고 더러운 것에 대한 설법을 듣고 마음으로 그것을 매우 싫어하게 되었기 때문입니다. 만일 집에 있으면 그것을 없앨 길이 없습니다.'

일곱 나라 왕은 스스로 생각했습니다.

'대개 바라문은 재보財寶를 많이 탐한다. 우리는 이제 창고를 열고 많은 재보를 마음대로 가지게 하여 집을 떠나지 못하게 해야겠다.'

일곱 나라의 왕은 곧 전존에게 명령해 말했습니다.

'만일 재물이 필요하다면 우리가 모두 내어 줄 것이니 집을 떠날 필요가 없을 것이다.'

대전존은 이내 왕에게 말했습니다.

'저는 이제 왕이 주시는 것을 이미 받은 것으로 여기겠습니다. 저도 많은 재보를 가졌으니 지금은 그것을 모아 모두 왕에게 바치겠습

니다. 원컨대 출가를 허락하셔서 제 소원을 이루게 해주십시오.'

그때 일곱 나라 왕은 또 이렇게 생각했습니다.

'대개 바라문은 아름다운 여자를 많이 탐한다. 이제 우리는 궁중의 예쁜 여자를 보내 그 마음을 만족시켜 집을 떠나지 못하게 하겠다.'

왕은 곧 전존에게 명령해 말했습니다.

'만일 아름다운 여자가 필요하면 우리가 모두 너에게 줄 것이니 집을 떠날 필요가 없다.'

전존은 대답했습니다.

'저는 이제 왕이 주시는 것을 이미 받은 것으로 여기겠습니다. 저희 집에 아름다운 여자가 많은데 이제는 그들도 다 놓아 보내어 은혜와 사랑을 끊고 집을 떠나 도를 닦고자 합니다. 왜냐하면 저는 직접 범천 동자에게서 냄새나고 더러운 것에 대한 설법을 듣고 마음으로 그것을 매우 싫어하게 되었기 때문입니다. 만일 집에 있으면 그것을 없앨 길이 없습니다.'

대전존은 자비왕에게 게송으로 말했습니다.

왕이시여, 제 말을 들어보십시오.
왕께선 사람 중에 가장 높은 이
재물과 예쁜 여자 내려주시나
그것은 진실로 좋아할 것 아닙니다.

자비왕은 게송으로 대답했습니다.

단특檀特의 가릉성伽陵城
아바阿婆의 포화성布和城

아반阿槃의 대천성大天城
앙가鴦伽의 첨파성瞻婆城

수미數彌의 살라성薩羅城
서타西陀의 노루성路樓城
바라婆羅의 가시성伽尸城
이 모두 그대 전존이 지었다.

그대에게 5욕 중 모자람이 있다면
내 마땅히 그대에게 모두 주리라.
마땅히 우리 함께 나라 일 다스리자.
집을 떠나갈 필요가 없다.

대전존이 게송으로 대답했습니다.

저는 5욕이 모자라서가 아니라
내 자신이 세간을 좋아하지 않습니다.
이미 하늘신의 말씀을 듣고 나니
다시는 집에 있을 마음이 없습니다.

자비왕이 게송으로 대답했습니다.

대전존이여, 그대가 한 말
어느 하늘신에게서 들었기에
5욕 버리고 떠나려 하는가?

이제 묻노니 내게 대답하라.

대전존이 게송으로 대답했습니다.

이전에 저는 고요한 곳에서
혼자 앉아 스스로 생각하고 있었는데
그때 범천이 내려와
널리 큰 광명 놓았습니다.
저는 그에게 그 말을 듣고는
세간을 좋아하지 않게 되었습니다.

자비왕이 게송으로 말했습니다.

잠깐만 기다려 주오. 대전존이여,
함께 착한 법으로 널리 교화하고
그 뒤에 함께 출가하여
그대가 나의 스승 되어다오.

비유하면 저 허공 가운데
맑고 깨끗한 유리가 가득 차 있듯이
지금 나의 깨끗한 믿음도
불법 가운데 두루 차 있네.

대전존이 게송을 지어 말했습니다.

모든 하늘과 세상 사람들
모두 다 마땅히 5욕 버리고
온갖 더러움 덜어 없애서
청정한 행〔梵行〕을 깨끗이 닦아야 하리.

그때 일곱 나라 국왕이 대전존에게 말했습니다.

'그대는 7년 동안만 속가에 더 머물러라. 세상의 5욕을 우리와 함께 마음껏 즐긴 후 나라를 버려 제각기 자제들에게 부탁하고 함께 출가하는 것이 또한 좋지 않겠는가? 그대가 얻은 것과 같이 우리도 똑같이 얻을 것이다.'

대전존이 일곱 나라 왕에게 대답했습니다.

'세간은 무상無常하고 사람의 목숨은 빨리도 흘러가니 순간도 보장하기 어렵습니다. 그런데 7년까지는 너무 멀지 않습니까?'

일곱 나라 왕은 또 말했습니다.

'7년이 멀다면 6년, 5년 나아가 1년만이라도 고요한 궁중에서 세상의 5욕을 마음껏 함께 즐기자. 그 뒤에 나라를 버려 제각기 자제들에게 부탁하고 함께 집을 떠나는 것도 좋지 않겠는가? 그대가 얻은 것과 같이 우리도 똑같이 얻을 것이다.'

대전존은 다시 왕에게 대답했습니다.

'이 세간은 무상하고 사람의 목숨은 빨리도 흘러가니 순간도 보장하기 어렵습니다. 그러니 1년도 오히려 너무 멀 뿐입니다. 이처럼 줄여서 7개월 나아가 1개월이라 해도 오히려 또한 불가합니다.'

왕이 또 말했습니다.

'7일 동안만 깊은 궁중에 있으면서 세상의 5욕을 마음껏 함께 즐기자. 그 뒤에 나라를 버려 각각 자제들에게 부탁하고 함께 집을 떠

나는 것도 좋지 않겠는가?'

대전존이 대답했습니다.

'7일은 멀지 않으니 무를 수 있습니다. 다만 원컨대 대왕이여, 이 약속을 어기지 마십시오. 7일이 지난 뒤에도 왕께서 떠나지 않으신다면 저는 혼자 출가하겠습니다.'

대전존은 또 일곱 거사에게 찾아가 말했습니다.

'그대들은 각각 자기가 해야 할 일을 잘 하시오. 나는 집을 떠나 무위無爲의 도를 닦고자 하오. 왜냐하면 나는 직접 범천에게서 냄새나고 더러운 것에 대한 설법을 듣고 마음으로 그것을 매우 싫어하게 되었소. 그러나 만일 집에 있으면 그것을 없앨 길이 없기 때문이오.'

그러자 일곱 거사가 전존에게 대답했습니다.

'그 뜻이 훌륭하십니다. 마땅히 때가 되었음을 아십시오. 우리들도 함께 집을 떠나고자 합니다. 당신이 얻은 것과 같이 우리도 똑같이 얻을 것입니다.'

대전존은 또 7백 범지를 찾아가 말했습니다.

'그대들이여, 마땅히 힘써 읽고 외워 도의 뜻을 널리 탐구하고 또 서로 가르쳐주도록 하시오. 나는 집을 떠나 무위의 도를 닦고자 하오. 왜냐하면 나는 직접 범천에게 냄새나고 더러운 것에 대한 설법을 듣고 마음으로 그것을 매우 싫어하게 되었소. 그러나 만일 집에 있으면 그것을 없앨 길이 없기 때문이오.'

그러자 7백 범지들이 전존에게 말했습니다.

'큰 스승이시여, 집을 떠나지 마십시오. 집에 있으면 안락하고 5욕을 마음대로 즐길 수 있습니다. 또 많은 사람들이 시중을 들어 마음에 걱정과 괴로움이 없습니다. 그러나 집을 떠난 사람은 혼자 빈들에 있으면서 기대할 바가 하나도 없어 아무것도 탐하여 취할 것이 없게

됩니다.'

전존이 대답했습니다.

'내 만일 집에 있는 것을 즐거움으로 생각하고 집 떠나는 것을 괴로움으로 생각한다면 끝내 집을 떠나지 않을 것이다. 나는 집에 있는 것을 괴로움으로 알고 집을 떠나는 것을 즐거움으로 알기 때문에 집을 떠나는 것이다.'

범지들이 대답하였습니다.

'대사께서 출가하신다면 저희 또한 출가하겠습니다. 대사께서 행하는 일이라면 저희도 또한 마땅히 다 행하겠습니다.'

대전존은 또 모든 아내들에게 가서 말했습니다.

'그대들은 뜻에 따라 집에 남고 싶은 자는 남고, 돌아가고 싶은 자는 돌아가라. 나는 집을 떠나 무위의 도를 닦고자 한다.'

위의 사실을 모두 설명하고 출가할 뜻을 밝혔습니다.

모든 부인들이 대답했습니다.

'대전존께서는 한편으로는 우리의 남편이고 한편으로는 우리의 아버지와 같습니다. 가령 지금 집을 떠나신다면 저희도 마땅히 따르겠습니다. 전존께서 행하시는 일이라면 저희도 마땅히 행할 것입니다.'

7일이 지난 뒤에 대전존은 곧 수염과 머리를 깎고 세 가지 법의法衣를 입고 집을 버리고 떠났습니다. 그때 7국왕, 7대거사, 7백 범지와 40부인들을 비롯하여 이와 같이 늘어나 8만 4천 명의 사람들이 동시에 출가하여 대전존을 따랐습니다. 그리하여 대전존은 모든 대중들과 함께 여러 나라를 유행하면서 널리 교화를 펴서 많은 이익을 주었습니다.

그때 범왕은 모든 하늘신들에게 말했습니다.

'그때의 전존 대신이 어찌 다른 사람이겠습니까? 그런 생각을 하지 마십시오. 지금의 석가문(釋迦文 : 석가모니)부처님이 바로 그분이십니다. 세존께서는 그때 7일을 지낸 뒤에 집을 떠나 도를 닦고 모든 대중을 거느리고 여러 나라를 유행하시면서 널리 도화道化를 펴서 많은 이익을 주셨습니다. 여러분이 만일 제 말에 의심이 있다면 지금 기사굴산에 계시는 세존께 가서 여쭈어 보십시오. 그리고 부처님의 말씀하시는 대로 마땅히 받아 가져야 할 것입니다.'"

반차익은 다시 물었다.

"저는 이런 까닭으로 여기에 찾아 왔습니다. 그렇습니다. 세존이시여, 저 대전존이 곧 세존이란 말이 옳습니까? 세존께서는 7일이 지난 뒤에 집을 나와 도를 닦고 7국왕과 나아가 8만 4천 명의 사람들이 동시에 출가하여 여러 나라에 유행하시면서 널리 도화道化를 펴서 많은 이익을 주셨습니까?"

부처님께서 반차익에게 말씀하셨다.

"그때의 대전존이 어찌 다른 사람이겠느냐? 그런 생각을 하지 말라. 바로 내 몸이었다. 그때 온 나라 남녀들이 모두 몰려오는 바람에 파손破損된 것도 있었고 이내 모두 소리를 높여 세 번을 외쳤다.

'일곱 국왕의 대재상이신 대전존께 귀의합니다. 일곱 국왕의 대재상이신 대전존께 귀의합니다.'

반차익이여, 당시 대전존은 큰 덕의 힘이 있었으나 그 제자를 위해 가장 지극한 도를 설명할 수 없었기에 가장 지극한 범행을 얻게 하지는 못했고, 또 안은安隱한 곳에 이르게 하지도 못했었다. 그가 설명한 법을 제자들이 받아 행한 제자는 몸이 무너지고 목숨을 마친 뒤에는 범천에 태어날 수 있었다. 그 다음으로 수행이 얕은 사람은 타화자재천他化自在天에 나고, 다음에는 차례로 화자재천化自在天·도솔타천兜率陀天·염천焰天·도리천·사천왕·찰리·바라문·거사대가居

士大家 등으로 태어나, 원하는 대로 자유자재하게 지낼 수 있었다.

반차익이여, 저 대전존의 제자들은 모두 의심 없이 출가하여 과보果報가 있었고 교계敎誡도 있었으나 그것은 가장 지극한 도가 아니었기 때문에 가장 지극한 범행을 얻지는 못했고 안온한 경지에 이르지도 못했다. 그 도가 뛰어난 자는 다만 범천에 태어날 뿐이었다.

그러나 지금의 나는 제자를 위해 법을 설명하여 곧 가장 지극한 도, 가장 지극한 범행, 가장 지극한 안온을 얻어 결국에는 열반으로 돌아가게 할 수 있다. 내가 설명한 법을 받아 행하는 제자는 유루有漏를 없애고 무루無漏를 이루어 마음이 해탈하고 지혜가 해탈하여 현재 세상에서 몸소 진리를 체험해 얻을 것이다. 나고 죽음은 이미 다하고 범행은 이미 확고해졌으며 할 일을 다해 마쳤으니 다시는 후생의 목숨을 받지 않을 것이다. 그 다음으로 수행이 얕은 사람은 5하결下結[17]을 끊고 곧 천상에서 반열반에 들어 다시는 이 세상에 돌아오지 않는다. 다음에는 3결結[18]을 끊고 음욕과 성냄과 어리석음이 적어져 이 세상에 한 번 돌아와 반열반에 들어갈 것이다. 그 다음에는 3결을 다 끊어버리고 수다원須陀洹을 얻어 악한 세계〔惡道〕에 떨어지지 않고 이 세상에 일곱 번 왕래하고는 반드시 열반을 얻을 것이다. 반차익이여, 나의 모든 제자들은 의심 없이 출가하여 과보가 있고 교계敎誡도 있다. 그래서 구경 도법究竟道法과 구경 범행究竟梵行과 구경 안은究竟安隱하여 마침내 멸도에 돌아가리라."

반차익은 부처님의 설법을 듣고 기뻐하며 받들어 행했다.

---

17 5하분결下分結이라고도 하며, 욕탐결欲貪結 · 진에결瞋恚結 · 유신견결有身見結 · 계금취견결戒禁取見結 · 의결疑結을 말한다.

18 5하분결 중 신견身見 · 계금취戒禁取 · 의疑의 세 가지를 말한다.

4. 사니사경闍尼沙經[19]

이와 같이 나는 들었다.

어느 때 부처님께서 나제那提[20]의 건치주처揵稚住處[21]에 유행하시면서 큰 비구 대중 1,250명과 함께 계셨다.

그때 존자尊者 아난은 고요한 방에 앉아 잠자코 생각했다.

'참으로 기이하고 특별하다. 여래께서는 사람에게 기별記別[22]을 주어 이익되게 한 일이 많으시다. 저 가가라伽伽羅 대신이 목숨을 마쳤을 때 여래께서는 그에게 기별하셨다.

〈이 사람은 목숨을 마친 뒤 5하결下結을 끊고 곧 천상에서 멸도하여 이 세상에 돌아오지 않을 것이다.〉

두 번째로는 가릉가迦陵伽, 세 번째로는 비가타毗伽陀, 네 번째로는 가리수伽利輸, 다섯 번째로는 차루遮樓, 여섯 번째로는 바야루婆耶樓, 일곱 번째로는 바두루婆頭樓, 여덟 번째로는 수파두藪婆頭, 아홉 번째로는 타리사누他梨舍㝹, 열 번째로는 수달리사누藪達梨舍㝹, 열한 번째로는 야수耶輸, 열두 번째로는 야수다루耶輸多樓, 이 모든 대신들이 목숨을 마쳤을 때 부처님께서는 또한 그들에게 기별하셨다.

〈5하결을 끊고 곧 천상에서 멸도를 취하여 이 세상에 태어나지 않을 것이다.〉

---

19 이 경의 이역본異譯本으로는 송宋 시대 법현法賢이 한역한 『불설인선경佛說人仙經』이 있다.

20 팔리어로는 Nādika이며, 마을 이름으로 아래 문장에는 나가那伽・나라那羅로 표기되어 있다.

21 팔리본에 Giñjakāvasathe라고 하여 구운 벽돌로 만든 집으로 되어 있다.

22 부처님께서 제자들에게 사후에 어디에 다시 태어날 것인가와 나아가 성불하는 상황 등을 미리 예언해서 하시는 말씀이다.

또 다른 50명의 사람들이 목숨을 마쳤을 때에도 부처님께서는 그들에게 기별하셨다.

〈3결을 끊고 음욕과 성냄과 어리석음이 적어져 사다함斯陀含을 얻고는 이 세상에 한 번 돌아와 곧 고제苦際를 모두 없앨 것이다.〉

또 5백 명의 사람들이 목숨을 마쳤을 때에도 부처님께서는 그들에게 기별하셨다.

〈3결을 끊고 수다원을 얻어 악한 세계에 떨어지지 않고 일곱 번 오고 간 뒤에는 반드시 괴로움의 끝을 모두 없앨 것이다.〉

또 부처님의 제자가 여러 곳에서 목숨을 마쳤을 때에도 부처님께서는 그들 모두에게 기별하셨다.

〈누구는 어디에 태어나고 누구는 어디에 태어날 것이다.〉

앙가국鴦伽國·마갈국摩竭國·가시국迦尸國·거살라국居薩羅國·발지국拔祇國·말라국末羅國·지제국支提國·발사국拔沙國·거루국居樓國·반사라국般闍羅國·파루파국頗漯波國[23]·아반제국阿般提國·바차국婆蹉國·소라바국蘇羅婆國[24]·건타라국乾陀羅國·검병사국劍洴沙國 이상 16대국에서 목숨을 마치는 자 있으면 부처님께서는 그들 모두에게도 기별하셨다. 그런데 마갈국 사람들은 모두 왕족으로서 왕이 친근히 하고 신임하는 이들이다. 그러나 그들이 목숨을 마쳤을 때 부처님께서 그들에게는 기별하지 않으셨다.'

아난은 고요한 방에서 일어나 세존께 나아가 머리 조아려 그 발에 예배하고 한쪽에 앉아 부처님께 여쭈었다.

"저는 아까 고요한 방에서 묵묵히 스스로 생각하였습니다.

'매우 기이하고 매우 특별한 일이다. 부처님께서는 사람에게 기별

---

23 팔리본에는 Assaka로 되어 있고, 송·원·명 3본에는 아습파阿濕波로 되어 있다.

24 팔리본에는 Sūrasena로 되어 있고, 성본聖本에는 소라사국蘇羅娑國으로 되어 있다.

을 주어 매우 이익되게 하신다. 16대국에서 목숨을 마치는 자 있으면 부처님께서는 그들 모두에게 기별하셨다. 그런데 오직 마갈국 사람은 왕이 친근히 하고 신임하던 이들만, 목숨을 마쳤을 때 유독 기별을 주지 않았다.'

원컨대 세존이시여, 그들에게도 기별하여 주십시오. 원컨대 세존이시여, 그들에게도 기별하여 주십시오. 그리하여 그들 모두를 이익되게 하시고 천상과 인간이 모두 안락을 얻게 해주십시오. 또 부처님께서는 마갈국에서 도를 얻었으면서도 그 나라 사람이 목숨을 마칠 때에는 그들에게만은 기별을 주시지 않으십니다. 원컨대 세존이시여, 마땅히 기별하여 주십시오. 원컨대 세존이시여, 마땅히 기별하여 주십시오. 또 마갈국의 병사왕缾沙王[25]은 우바새가 되어 부처님을 독실하게 믿고 많은 공양을 베풀다가 목숨을 마쳤습니다. 이 왕으로 말미암아 많은 사람들이 3보를 믿고 이해하며 공양하게 되었습니다. 그런데 이제 여래께서는 기별하여 주시지 않습니다. 원컨대 세존이시여, 마땅히 기별하여 주십시오. 그리하여 중생을 이익되게 하시고 하늘과 사람들로 하여금 안락을 얻게 해주십시오."

아난은 마갈국 사람을 위하여 세존께 권하고 청한 뒤 곧 자리에서 일어나 부처님께 예배하고 떠났다.

세존께서는 가사를 입고 발우를 들고 나가성那伽城[26]으로 들어가 걸식을 마친 후 큰 숲〔大林〕에 이르러 어떤 나무 밑에 앉아, 마갈국 사람들이 목숨을 마친 뒤 태어난 곳을 깊이 생각하셨다. 그때 부처님으로부터 그리 멀지 않은 곳에 한 귀신이 있었는데 스스로 제 이름을

25 팔리어로는 Bimbisāra이며, 병사洴沙・빈바사라頻婆娑羅라고도 쓰며, 의역하여 영승影勝・안색단정顏色端正이라고도 한다.

26 앞에서는 나제성那提城이라고 하였다.

부르면서 부처님께 여쭈었다.

"저는 사니사闍尼沙[27]입니다. 저는 사니사입니다."

부처님께서 말씀하셨다.

"너는 무슨 일로 인하여 자신의 이름을 사니사〔사니사闍尼沙는 진秦나라 말로는 승결사勝結使라고 한다.〕라고 부르느냐? 너는 무슨 법으로 인하여 스스로 묘한 말로써 '도의 자취를 보았다'고 일컫느냐?"

사니사가 말했다.

"다른 까닭이 아닙니다. 저는 원래 사람의 왕으로서 여래의 법 가운데서 우바새가 되어 일심으로 부처님을 생각하다가 목숨을 마쳤습니다. 그러므로 비사문毗沙門천왕의 태자로 태어날 수 있었습니다. 그때부터 지금까지 모든 법을 밝게 비추어 수다원을 얻어 악한 세계에 떨어지지 않았고 7생 동안 항상 사니사라고 불려왔습니다."

세존께서는 큰 숲에서 머무실 만큼 머무시다가 나다촌那陀村의 건치처揵稚處로 나아가 자리에 앉아 한 비구에게 말씀하셨다.

"너는 내가 아난을 불러 오라 하더라고 전하라."

"예."

그는 곧 부처님의 분부를 받들어 아난을 불렀다. 잠시 후 아난이 부처님께 나아가 머리 조아려 그 발에 예배한 뒤 한쪽에 서서 부처님께 여쭈었다.

"지금 여래를 뵈니 얼굴빛은 보통 때보다 좋으시고 모든 감관〔根〕은 고요합니다. 무슨 생각에 머물러 계시기에 얼굴빛이 그러합니까?"

세존께서 아난에게 말씀하셨다.

---

27 팔리어로는 Janavasabha이며, 귀신의 이름으로 인선人仙·승위勝威·최승존最勝尊이라 한역한다.

"너는 아까 마갈국 사람 문제로 나를 찾아와 기별해 줄 것을 청하고 갔다. 나는 그때 곧 옷을 입고 발우를 들고 나라성那羅城으로 들어가 걸식하였다. 걸식을 마친 뒤 저 큰 숲속으로 나아가 어떤 나무 밑에 앉아서 마갈국 사람이 목숨을 마친 뒤 태어난 곳을 깊이 생각하고 있었다. 그때 내게서 그리 멀지 않은 곳에 어떤 귀신이 자기 이름을 불러대면서 나에게 말했다.

'저는 사니사입니다. 저는 사니사입니다.'

아난아, 너는 저 사니사라는 이름을 들어본 적이 있느냐?"

아난이 부처님께 여쭈었다.

"들어보지 못했습니다. 이제 그 이름을 들으니 너무도 두려워 소름이 끼치고 털이 곤두섭니다. 세존이시여, 그 귀신은 반드시 큰 위덕이 있기 때문에 이름을 사니사라고 했을 것입니다."

부처님께서 말씀하셨다.

"내가 먼저 그에게 물었다.

'너는 무슨 법으로 인하여 스스로 묘한 말로써 〈도의 자취를 보았다〉고 말하느냐?'

그랬더니 사니사가 대답했다.

'저는 다른 곳에서 다른 법法을 따른 것이 아닙니다. 저는 옛날에 사람의 왕으로서 세존의 제자가 되었고 돈독한 신심으로 우바새가 되어 일심으로 부처님을 생각하였습니다. 그 후 목숨을 마친 뒤 비사문천왕의 아들이 되었고 수다원을 얻어 악한 세계에 떨어지지 않고, 이 세상에 일곱 번을 오고 간 뒤에 괴로움의 끝을 다하여 7생 동안을 사니사라고 이름했습니다. 언젠가 세존께서는 큰 숲 속 어떤 나무 밑에 앉아 계셨습니다. 저는 그때 천 개의 바퀴살이 있는 보배 수레를 타고 조그만 일로 비루륵毗樓勒천왕에게 가고 있었습니다. 그때 멀리 어떤 나무 밑에 앉아 계시는 세존을 뵈었는데, 얼굴 모양은 단정하고 모든 감관[根]은 고요해 마치 깊은 못이 맑고 고요하며 투명한 것과 같았습니다. 저는 그 모습을 보고 생각했습니다.

〈나는 지금 부처님께 가서 마갈국 사람으로서 목숨을 마친 자들이 어느 곳에 태어났는가를 물어 보리라.〉

또 언젠가 비사문천왕은 대중 가운데서 게송으로 이렇게 말했습니다.

전생의 지난 일들을
우리들은 스스로 기억하지 못하네.
이제 우연히 세존을 만나
목숨이 더욱 늘어나게 되었네.

또 언젠가 도리천의 모든 하늘들은 조그만 일로 한 곳에 모여 있었습니다. 그때 사천왕은 각각 제 자리에 앉아 있었습니다. 제두뢰타提頭賴吒[28]는 동방에 앉아 서쪽을 향하고 제석은 그 앞에 있었습니다. 비루륵차천毗樓勒叉天[29]은 남방에 앉아 북쪽을 향하고 제석은 그 앞에 있었습니다. 비루박차천毘樓博叉天은 서방에 앉아 동쪽을 향하고 제석은 그 앞에 있었습니다. 비사문천왕은 북방에 앉아 남쪽을 향하고 제석은 그 앞에 있었습니다. 그때 사천왕이 모두 먼저 앉은 뒤에 저도 앉았습니다. 또 다른 여러 대신천大神天이 있었는데 그들은 모두 전에 부처님께 나아가 범행을 깨끗이 닦은 자들이었습니다. 그래서

28 앞의 『전존경』에서는 '제제뢰타提帝賴吒'라고 하였다.
29 앞의 『전존경』에서는 '비루륵천毗樓勒天'이라 하였고, 송・원・명 3본에도 '비루륵천'으로 되어 있다.

그들은 거기서 목숨을 마친 뒤에는 도리천에 태어나 모든 하늘을 불어나게 하고 하늘의 5복을 받았으니, 첫 번째는 하늘의 수명이며, 두 번째는 하늘의 몸이며, 세 번째는 하늘의 이름이고, 네 번째는 하늘의 즐거움이며, 다섯 번째는 하늘의 위덕이었습니다. 도리천의 모든 하늘은 기뻐 뛰면서 말했습니다.

〈모든 하늘 무리는 더욱 불어나고 아수륜의 무리는 점점 줄어드는구나.〉

그때 석제환인은 도리천의 모든 하늘신들이 기뻐하는 마음을 알고 곧 게송을 지어 말했습니다.'"

도리천의 모든 하늘신들은
제석과 서로 즐거워하면서
가장 훌륭한 법왕이신[30]
여래께 예경禮敬한다네.

모든 하늘이 누리는 복
수壽·색色·명名·낙樂·위威라네.
부처님 앞에서 범행을 닦아서
이곳에 와 태어났다네.

또 모든 하늘신들

---

30 고려대장경에는 이 구절이 '최상법중법最上法中法'으로 되어 있다. 그러나 앞의 『전존경』에도 똑같은 게송이 나오는데, '최상법중왕最上法中王'으로 되어 있고, 송·원·명 3본에도 역시 '최상법중왕最上法中王'으로 되어 있다. 따라서 이 부분을 '법왕이신'으로 번역하였다.

그 광명과 빛깔 매우 높아라.
지혜로운 부처님의 제자들
여기 태어나 수승하구나.

도리천과 석제환인〔因提〕은
자신들의 즐거움 깊이 생각하면서
가장 훌륭한 법왕이신[31]
여래께 예경한다네.

"사니사 신은 다시 말했다.

'도리천의 모든 천신들이 이 법당에 모인 까닭은, 같이 의논하고 생각하고 관찰하고 헤아려 어떤 지시〔敎令〕를 하기 위해서였습니다. 그런 후에 사천왕에게 명령했습니다. 사천왕은 분부를 받고 각각 제자리에 앉았습니다. 그들이 앉은 지 오래지 않아 매우 이상한 광명이 사방을 비추었습니다. 그때 도리천 천신들은 이 기이한 광명을 보고 모두 크게 놀랐습니다.

〈지금 저 빛은 참으로 이상하구나. 장차 무슨 괴변이 있으려는 것인가?〉

위덕이 있는 다른 대신천大神天들도 또한 놀라고 두려워했습니다.

〈지금 저 빛은 참으로 이상하구나. 장차 무슨 괴변이 있으려는 것인가?〉

그때 대범왕大梵王은 곧 동자童子로 변화해서 머리에는 5각角 상투를 틀고 대중 위의 허공에 서 있었습니다. 얼굴 모양은 단정하여 대

31 고려대장경에는 '최상법중법最上法中法'으로 되어 있으나 여기서는 송·원·명 3본에 의거하여 최상법중왕'最上法中王'으로 수정하여 번역한다.

중들보다 뛰어났고 몸은 자금색으로 모든 하늘신들의 광명을 덮어 버렸습니다. 그때 도리천은 일어나 맞이하지도 않고 또한 공경하지도 않고 앉기를 청하지도 않았습니다. 그러자 범천 동자〔梵童子〕는 마음에 드는 자리에 가 앉았고 앉아서는 기뻐하고 즐거워했습니다. 비유하면 마치 찰리수요두종刹利水澆頭種[32]이 왕위에 올랐을 때 기뻐 날뛰는 것과 같았습니다. 그는 앉은 지 오래지 않아 다시 스스로의 몸을 동자의 모습으로 변화시켰습니다. 머리에는 5각의 상투를 틀고 대중 위의 허공에 앉았는데 그것은 마치 역사力士가 편안한 자리에 앉은 듯 굳건히 움직이지 않았습니다. 그리고 다시 게송을 지어 말했습니다.

다루어 항복받는 위없이 높은 이
세상 사람들 밝은 세상에 태어나게 가르쳤네.
큰 밝음으로 밝은 법을 연설하시고
깨끗한 그 범행은 짝할 이 없어
맑고 깨끗한 중생으로 하여금
맑고 묘한 하늘에 나게 하셨네.

범천 동자는 이 게송을 마치고 도리천 신들에게 말했습니다.

〈그의 음성은 다섯 가지 청정함이 있기 때문에 범성梵聲이라고 한다. 어떤 것을 다섯 가지라고 하는가? 첫째 그 소리가 바르고 곧은 것이며, 둘째 그 소리가 부드럽고 고상한 것이며, 셋째 그 소리가 맑고 트인 것이며, 넷째 그 소리가 깊고 그윽한 것이며, 다섯째 그 소

32 왕위 계승을 위해 관정의식을 치른 왕족을 말한다.

리가 두루 퍼져 멀리 들리는 것이다. 이 다섯 가지를 두루 갖추었으므로 범음梵音이라고 한다. 이제 나는 다시 설명할 것이니 너희들은 잘 들어라. 여래의 제자인 마갈의 우바새들은 목숨을 마친 뒤에 아나함阿那含을 얻은 자도 있고 사다함斯陀含을 얻은 자도 있으며, 수다원을 얻은 자도 있고, 타화자재천他化自在天에 태어난 자도 있으며, 화자재천化自在天 · 도솔천兜率天 · 염천焰天 · 도리천 · 사천왕에 태어난 자도 있다. 또 찰리 · 바라문 · 거사대가居士大家에 태어나서 5욕을 마음대로 즐기는 자도 있다.〉

범천 동자가 게송으로 말했습니다.

마갈의 우바새로서
목숨을 마친 모든 사람들
8만 4천 명은
모두 도를 얻었다고 나는 들었네.

수다원을 성취하여
다시는 악한 세계에 떨어지지 않고
함께 평탄하고 바른 길 걸어
도를 얻어 다 구제되었네.

이들 모든 중생의 무리
그들은 공덕으로 부지扶持되나니
지혜로써 은혜와 사랑을 버리고
부끄러워할 줄 알아 거짓을 끊었네.

저 모든 하늘 무리에게
범천 동자는 이와 같이 기별하여
수다원을 얻었다고 말을 하자
모든 하늘신들 기뻐하였네.

비사문왕은 이 게송을 듣고 기뻐하면서 말했습니다.

〈세존께서 세상에 나오셔서 진실한 법을 연설하시니 참으로 기이하고 참으로 특별하여 일찍이 없었던 일입니다. 나는 본래 여래께서 세상에 나오셔서 이러한 법을 연설하시고, 미래에도 다시 이러한 법을 설하실 부처님께서 계셔서 이런 법을 연설하시고 도리천 모든 하늘신들로 하여금 기쁜 마음을 일으키게 하리라는 것을 몰랐습니다.〉

그러자 범천 동자가 비사문왕에게 말했습니다.

〈너는 왜 그런 말을 하느냐? 여래께서 세상에 나오셔서 이와 같은 법을 말씀하심은 참으로 기이하고 참으로 특별하여 일찍이 없었던 일이라고 말이다. 여래께서는 다만 방편의 힘으로써 선善과 불선不善을 말씀하셔서 두루 갖추어 설법하여도 얻은 것이 없지만, 공空하고 깨끗한 법을 연설하셔서는 얻은 것이 있다. 이 법은 미묘하여 마치 제호醍醐[33]와 같다.〉

범천 동자는 또 도리천 신에게 말했습니다.

〈너희들은 자세히 듣고 잘 생각해보고 기억하라. 나는 다시 너희들을 위하여 설명하겠다. 여래·지진至眞께서는 4념처念處에 대해서 능숙하게 잘 분별하여 설명하신다. 어떤 것을 네 가지라고 하는가? 첫째는 내신內身을 관찰하되 부지런히 힘써 게으르지 않고 오로지하

---

33 5미味 중 최상의 맛이다. 5미는 우유(牛乳, khīra)·낙(酪, dadhi)·생소(生酥, takha)·숙소(熟酥, navanīta)·제호醍醐이다.

여 잊지 않아 세상의 탐욕과 걱정을 없애고, 외신外身을 관찰함에 있어서도 부지런히 힘써 게으르지 않고 오로지하여 잊지 않아 세상의 탐욕과 걱정을 없앤다. 수受·의意·법法에 대한 관찰도 그와 같이 부지런히 힘써 게으르지 않고 오로지하여 잊지 않아 세상의 탐욕과 걱정을 없앤다. 내신에 대한 관찰을 마친 뒤에는 타신지他身智를 내고, 안으로 수受를 관찰한 뒤에는 타수지他受智를 내고, 안으로 뜻〔意〕을 관찰한 뒤에는 타의지他意智를 내고, 안으로 법法을 관찰한 뒤에는 타생지他生智를 낸다. 이것이 여래께서 능숙하게 잘 분별해 말씀하신 4념처이다. 또한 모든 하늘신들이여, 그대들은 잘 들어라. 여래께서 능숙하게 잘 분별하여 설하신 7정구(定具 : 八正道 중 앞의 7支)에 대하여 내가 다시 설명하겠다. 어떤 것을 일곱 가지라고 하는가? 바른 소견〔正見〕·바른 뜻〔正志〕·바른 말〔正語〕·바른 행동〔正業〕·바른 생활〔正命〕·바른 방편〔正方便〕·바른 생각〔正念〕이다. 이것이 여래께서 능숙하게 잘 분별하여 말씀하신 7정구이다. 모든 하늘신들이여, 또 여래께서는 4신족神足에 대하여 능숙하게 잘 분별하여 말씀하신다. 어떤 것을 네 가지라고 하는가? 첫 번째 욕정멸행에 대하여 성취하여 수습한 신족〔欲定滅行成就修習神足〕이고, 두 번째는 정진정멸행에 대하여 성취하여 수습한 신족〔精進定滅行成就修習神足〕이며, 세 번째는 의정멸행에 대하여 성취하여 수습한 신족〔意定滅行成就修習神足〕이고, 네 번째는 사유정멸행에 대하여 성취하여 수습한 신족〔思惟定滅行成就修習神足〕이다. 이것이 여래께서 능숙하게 잘 분별하여 말씀하신 4신족이다.〉

또 모든 하늘신들에게 말했습니다.

〈과거의 모든 사문 바라문들이 무수한 방편으로 나타낸 한량없는 신족神足도 모두 4신족으로 말미암아 생겨난 것이다. 그리고 앞으로 오는 사문 바라문들이 무수한 방편으로 나타낼 한량없는 신족도 모두 이 4신족으로 말미암아 생겨날 것이다. 지금 현재의 사문 바라문들이 무수한 방편으로써 나타내는 한량없는 신족 또한 모두 이 4신족으로 말미암아 생겨나는 것이다.〉

그때 범천 동자는 곧 스스로 33신身의 모양으로 변화하여 삼십삼천三十三天과 똑같은 모습으로 똑같은 자리에 앉아 말했습니다.

〈너희들은 지금 나의 신변력神變力을 보았는가?〉

〈예, 이미 보았습니다.〉

범천 동자가 말했습니다.

〈나도 또한 4신족을 닦았기 때문에 이렇게 무수히 변화할 수 있는 것이다.〉

그때 삼십삼천은 각기 이렇게 생각했습니다.

〈지금 범천 동자는 혼자 우리 자리에 앉아 이렇게 말하고 있다. 그런데 저 범천 동자의 한 화신化身이 말하면 다른 화신도 말하고, 한 화신이 침묵하면 다른 화신도 침묵하는구나.〉

그 범천 동자는 신족을 도로 거두고 제석의 자리에 앉아 도리천 신들에게 말했습니다.

〈내 이제 마땅히 설명할 것이니 너희들은 잘 들어라. 여래·지진至眞께서는 스스로 자기의 힘으로써 세 가지 지름길을 열어 스스로 정각正覺을 성취하셨다. 어떤 것을 세 가지라고 하는가? 혹 어떤 중생이 탐욕을 친근히 하고 착하지 않은 행을 익혔다고 하자. 그 사람이 뒤에 선지식善知識을 가까이 하여 진리에 대한 말씀을 듣고 법마다 성취하게 되면 욕심을 떠나고 착하지 않은 행을 버려 환희의 마음을 얻고 편안하고 즐거워하며 또 그 즐거움 속에서 다시 큰 기쁨을 얻게 된다. 마치 사람이 거친 음식을 버리고 온갖 맛있는 음식을 먹어 충족하고 나면 다시 더 맛있는 것을 구하는 것처럼, 행자行者도 그와 같아서 착하지 않은 법을 떠나 환희의 즐거움을 얻고 또 그 즐거움 속에서 더 큰 기쁨을 일으킨다. 이것을 여래께서 스스로 자기의 힘으로써 첫 번째 지름길을 열어 최정각最正覺을 이루신 것이라고 한다.

또 어떤 중생이 성내는 마음이 많아 몸과 입과 뜻으로 악한 업業을 버리지 못하였다고 하자. 그 사람이 뒤에 선지식을 만나 진리의 말씀을 듣고 법마다 성취하게 되면 몸으로 짓는 악한 행동과 입과 뜻으로 짓는 악한 행동을 떠나 환희의 마음을 일으키고 편안하고 즐거워지며 또 그 즐거움 속에서 더 큰 기쁨을 일으키게 된다. 마치 사람이 거친 음식을 버리고 온갖 맛있는 음식을 먹어 충족하고 나면 다시 더 맛있는 것을 구하는 것처럼, 행자도 그와 같아서 착하지 않은 법을 떠나 환희의 즐거움을 얻고 또 그 즐거움 속에서 더 큰 기쁨을 일으키게 된다. 이것을 여래께서 두 번째 지름길을 여신 것이라고 한다.

또 어떤 중생이 어리석고 어둡고 지혜가 없어 선과 악을 모르고 괴로움과 그 원인과 괴로움의 다함과 거기로 나아가는 길을 실답게 알지 못한다고 하자. 그 사람이 뒤에 선지식을 만나 진리의 말씀을 듣고 법마다 성취하게 되면 착하고 착하지 않은 것을 알고 능히 괴로움과 괴로움의 원인과 괴로움의 멸함과 괴로움을 벗어나는 길을 사실 그대로 알며 착하지 않은 행실을 버려 환희의 마음을 내고 편안하고 즐거워지며 또 그 즐거움 속에서 다시 큰 기쁨을 일으키게 된다. 마치 사람이 거친 음식을 버리고 온갖 맛있는 음식을 먹어 충족하고 나면 다시 더 맛있는 것을 구하는 것처럼, 행자도 그와 같아서 착하지 않은 법을 떠나 환희의 즐거움을 얻고 또 그 즐거움 속에서 더 큰 기쁨을 일으키게 된다. 이것을 여래께서 세 번째 지름길을 여신 것이라고 한다.

범천 동자는 도리천에서 이 바른 법을 연설하였고, 또 비사문천왕은 다시 권속을 위해 이 바른 법을 설명했습니다.'

사니사闍尼沙 신은 다시 부처 앞에서 이 바른 법을 설명하고, 부처님께서는 다시 아난을 위해 이 바른 법을 설명하고, 아난은 다시 비구・비구니・우바새・우바이를 위해 이 바른 법을 설명했다."

아난은 부처님의 이와 같은 말씀을 듣고 기뻐하며 받들어 행했다.

불설장아함경 제6권

〔제2분〕 ①

1. 소연경小緣經[1]

이와 같이 나는 들었다.

어느 때 부처님께서 사위국舍衛國 청신원림淸信園林 녹모강당鹿母講堂에서 큰 비구 대중 1,250명과 함께 계셨다. 그때 견고한 신심을 가지고 부처님께 나아가 출가하여 도를 닦은 두 바라문이 있었으니, 한 사람은 바실타婆悉吒이고, 또 다른 한 사람은 바라타婆羅墮였다. 그때 세존께서는 고요한 방에서 나와 강당 안을 거닐며 경행經行하고

1 이 경의 이역 경전으로는 송나라 시대 시호施護 등이 한역한 『불설백의금당이바라문연기경佛說白衣金幢二婆羅門緣起經』이 있으며, 『중아함경』 제39권 154번째 소경인 「바라바당경婆羅婆堂經」과 『증일아함경』 제34권 「칠일품七日品」의 첫 번째 소경도 비슷한 내용을 담고 있다.

계셨다. 바실타가 부처님께서 경행하시는 것을 보고 재빨리 바라타에게 가서 말했다.

"그대는 아는가? 여래께서 지금 조용한 방에서 나와 강당 안을 경행하고 계신다. 우리들이 함께 세존의 처소를 찾아가면 혹 여래의 말씀을 들을 수도 있을 것이다."

바라타는 그 말을 듣고 곧바로 함께 세존께 나아가 이마를 발에 대어 예배하고〔頭面禮足〕부처님을 따라 경행하였다. 세존께서 바실타에게 말씀하셨다.

"너희 두 사람은 바라문婆羅門의 종족으로 태어나서 견고한 믿음으로써 내 법 가운데에 출가하여 도를 닦고 있는가?"

그들이 대답했다.

"그렇습니다."

부처님께서 말씀하셨다.

"바라문이여, 지금은 내 법 가운데 출가하여 도를 닦고 있으니, 모든 바라문이 너희들을 싫어하고 꾸짖지 않겠는가?"

그들이 대답했다.

"그렇습니다. 부처님의 큰 은혜를 입고 도를 닦고 있으나 사실 저희들은 저 모든 바라문들에게 혐오와 꾸짖음을 받고 있습니다."

부처님께서 말씀하셨다.

"저들이 무슨 일로 너희들을 혐오하고 꾸짖는가?"

그들이 부처님께 여쭈었다.

"저들은 '우리 바라문 종족이 가장 으뜸이고, 다른 종족은 비천하고 열등하다. 우리 종족은 맑고 희나 다른 종족은 검고 어둡다. 우리 바라문 종족은 범천의 계통으로서 범천의 입에서 생겨나 현재 세계에서 청정한 깨달음을 얻고 후세에도 청정할 것이다. 그런데 너희들은 왜 청정한 종족을 버리고 저 구담瞿曇의 다른 법으로 들어갔는가?' 라고 말했습니다. 세존이시여, 저들은 우리가 불법에 출가하여 도를 닦는 것을 보고 이런 말로 우리를 꾸짖어 나무라곤 합니다."

부처님께서 바실타에게 말씀하셨다.

"너는 보아라. 모든 사람들이 마치 짐승처럼 어리석고 미련하고 무식하여 거짓으로 스스로 일컫기를 '바라문 종족이 가장 으뜸이고, 다른 종족은 비천하고 열등하다. 우리 종족은 맑고 희나 다른 종족은 검고 어둡다. 우리 바라문 종족은 범천의 계통으로서 범천의 입에서 생겨나 현재에도 청정하고 후세에도 또한 청정할 것이다'라고 하지만 바실타야, 이제 나의 무상정진도無上正眞道 가운데에서는 종성種姓도 필요 없고 자신들에 대한〔吾我〕 교만한 마음도 품지 않는다. 세속의 법에서는 그것을 필요로 하지만 우리 법은 그렇지 않다. 만일 사문沙門이나 바라문으로서 자기의 종성을 믿고 교만한 마음을 품는다면 나의 법 가운데서는 끝내 무상無上의 도를 이루지 못할 것이다. 만일 능히 종성의 관념을 버려 여의고 교만한 마음을 없애면 곧 내 법 가운데서 도를 이루어 정법正法을 받을 수 있을 것이다. 사람들은 낮은 부류를 미워하지만 내 법은 그렇지 않다."

부처님께서 바실타에게 말씀하셨다.

"족성族姓에는 네 가지가 있으니 선한 것도 있고 악한 것도 있어 지혜로운 사람이 칭찬하는 것도 있고 지혜로운 사람이 나무라는 것도 있다. 어떤 것을 네 가지 족성이라고 하는가? 첫째는 찰리종刹利種이며, 둘째는 바라문종婆羅門種이며, 셋째는 거사종居士種이며, 넷째는 수다라종首陀羅種이다.

바실타야, 너는 들어라. 찰리종 중에도 살생殺生하는 자가 있고 도둑질하는 자도 있으며, 음란한 자도 있고 속이고 거짓말하는 자도 있으며, 이간질하는 자도 있고 욕설을 하는 자도 있으며, 말을 꾸미는 자도 있고 간탐하는 자도 있으며, 질투하는 자도 있고 삿된 견해를 가진 자도 있다. 바라문종·거사종·수다라종도 이와 같아서 온갖 열 가지 악행이 섞여 있다.

바실타야, 대개 착하지 않은 행行에는 착하지 않은 과보〔報〕가 있고 검고 어두운 행에는 곧 검고 어두운 과보가 있다. 만일 이 과보가 유독 찰리종·거사종·수다라종에만 있고 바라문종에는 없다고 한다면 곧 저 바라문종은 마땅히 스스로 '우리 바라문종이 가장 으뜸이며, 다른 종성은 비천하고 열등하다. 우리 종성은 맑고 희나, 다른 종성은 검고 어둡다. 우리 바라문종은 범천의 계통으로서 범천의 입에서 생겨나 현재에도 청정하고 후세에도 청정할 것이다'라고 말할 수 있을 것이다. 그러나 만일 착하지 않은 행을 행하며 착하지 않은 과보가 있고 검고 어두운 행을 행하면 검고 어두운 과보가 있음이, 바라문종·찰리종·거사종·수다라종에도 반드시 있는 것이라면 곧 바라문종만 유독 '우리 종성은 청정하여 가장 으뜸이다'라고 말할 수 없을 것이다.

바실타야, 만일 찰리종 가운데는 살생하지 않는 자가 있고 도둑질하지 않고 음란하지 않으며, 거짓말하지 않고 이간질하지 않으며, 욕설을 하지 않고 말을 꾸미지 않으며, 간탐하지 않고 질투하지 않으며, 삿된 견해를 가지지 않는 자도 있다. 바라문종·거사종·수다라종도 그와 같아서 다 같이 열 가지 선행〔善〕을 닦을 수 있다. 대개 착한 법을 행하면 반드시 착한 과보가 있고 청정하고 깨끗한〔淸白〕 행을 행하면 반드시 청정한〔白〕 과보가 있게 되는 것이다. 만일 이 과보가 유독 바라문종에만 있고 찰리종·거사종·수다라종에는 없다면 곧 바라문종은 마땅히 '우리 종성은 청정하여 가장 으뜸이다'라고 말할 수 있을 것이다. 그러나 만일 네 가지 족성에 다 같이 이 과보가 있다면 곧 바라문만 유독 '우리 종족은 청정하여 가장 으뜸이다'라고 말할 수 없을 것이다."

부처님께서 바실타에게 말씀하셨다.

"지금 현재 바라문종을 보면 서로 결혼하여 출산하고 하는 것들이 세간과 다름이 없다. 그런데 거짓으로 '우리는 범천의 종성으로서 범천의 입에서 생겨나서 현재에도 청정하고 후세에도 또한 청정할 것이다'라고 자랑하고 있다.

바실타야, 너는 이제 마땅히 알아야 한다. 지금의 내 제자들은 종성이 한결같지 않고 출신이 각기 다른데도 내 법 가운데에 출가하여 도를 닦고 있다. 만일 어떤 사람이 묻기를 '너는 누구의 종성이냐?'고 하거든, 마땅히 그에게 '나는 바로 사문 석가종〔釋種〕의 아들이다'라고 대답하여라. 또 스스로 말하되, '내가 바로 바라문종이다. 친히 범천의 입에서 나왔고 법화法化를 좇아 생겨나서 현재에도 청정하고 후세에도 청정할 것이다'라고 하여라. 어째서인가? 대범大梵이란 곧 여래의 칭호〔號〕로서 여래는 세간의 눈이며, 세간의 지혜이며, 세간의 법이며, 세간의 범梵이며 세간의 법륜法輪이며, 세간의 감로甘露이며 세간의 법주法主이다. 바실타야, 만일 찰리종 중에 불佛·여래如來·지진至眞·등정각等正覺 등의 10호號를 구족하신 분을 독실하게 믿고 법을 독실하게 믿되, 여래의 법은 미묘하고 청정하여 현재 세상에서 수행해야 하고 언제나 설법하여 〔泥洹〕으로 나아가는 길을 보이는 것이며, 또 그것은 지혜로운 자만이 알 수 있는 것으로서 어리석은 범부들은 미칠 수 없는 가르침임을 믿으며, 또 스님을 독실하게 믿되, 스님은 성품이 착하고 질박하고 곧아서 곧 도과道果를 성취하고 권속眷屬을 성취하며 부처님의 진정한 제자로서 법과 법을 성취한다. 이른바 대중〔衆〕은 계중戒衆을 성취하고 정중定衆·혜중慧衆·해탈중解脫衆·해탈지견중解脫智見衆을 성취한다. 수다원須陀洹을 향하는 이 수다원을 얻은 이, 사다함斯陀含을 향하는 이 사다함을 얻은 이, 아나함阿那含을 향하는 이 아나함을 얻은 이, 아라한阿羅漢을 향하는 이, 아라한을 얻은 이 등 사쌍팔배四雙八輩가 바로 여래의 제자중弟子衆이다. 그들은 공경할 만하고 존중할 만한 세상의 복전福田으로서 마땅히 사람들의 공양을 받을 만하다고 믿거나, 또 계戒를 독실하게 믿어 거룩한 계를 구족하여 이지러지거나 샘〔漏〕이 없고 모든 흠〔瑕〕이나 틈〔隙〕이 없으며 또 더러운 점이 없어 지혜로운 이가 칭찬하는 바로서 선적善寂을 구족할 것이라고 믿는 자가 있다면 바실타야, 모든 바라문종·거사종·수다라종도 마땅히 이와 같이 독실하게 부처님을 믿고 법을 믿고 중성취衆成就와 성계聖戒를 믿을 것이다. 바실타야, 찰리종 가운데 아라한을 공양하고 공경 예배하는 자가 있다면 바라문종·거사종·수다라종도 모두 아라한을 공양하고 공경 예배할 것이다."

부처님께서 바실타에게 말씀하셨다.

"지금 내 친족인 석가종족은 또한 바사닉왕波斯匿王을 받들어 섬기고 예경하며, 바사닉왕은 다시 와서 나를 공양하고 예경한다. 그렇지만 그는, '사문 구담瞿曇은 호족豪族의 출신이나 내 종성은 낮고, 사문 구담은 큰 부자이며 큰 위덕이 있는 가문의 출신이나 나는 낮고 빈궁하고 비루하며 하찮은 가문에서 태어났기 때문에 여래를 공양하고 예경하는 것이다'라고 생각하여 말하지 않는다.

바사닉왕은 법에서 법을 관찰하여 진실과 거짓을 밝게 분별하기 때문에 청정한 믿음을 내어 여래를 공경할 따름이다.

바실타야, 이제 마땅히 너를 위하여 네 족성의 본연本然을 설명하겠다. 천지의 시작과 종말, 겁劫이 끝나 무너질 때에 중생들은 목숨을 마치고 모두 광음천光音天에 태어났는데, 자연 화생化生하여 생각〔念〕만으로 음식을 삼고[2] 광명을 스스로 비쳐 신족神足으로써 허공을 날아다녔다. 그 뒤에 이 땅은 모두 물로 변해 온통 가득 차지 않은 곳이 없었다. 그때는 해나 달이나 별도 없고, 밤이나 낮이나 연월年月 따위의 세수歲數도 없고 오직 큰 어둠만 있을 뿐이었다. 그 뒤에는 이 물이 변하여 천지天地가 되었고, 광음光音의 모든 하늘〔天〕들은 복이 다해 목숨을 마치고 다시 이곳에 태어났었다. 그러나 이곳에 났더라도 여전히 생각만으로 음식을 삼고 신족으로 허공을 날아다니며 몸에서 광명을 스스로 비추면서 이곳에 오래도록 머물며 각각 스스로 일컫기를 '중생, 중생'이라고 했다. 그 뒤로는 이 땅에서 소밀酥蜜과 같은 단샘〔甘泉〕이 솟아났는데, 저 처음 온 천신으로서 성질이 경솔한 자는 이 샘을 보고 스스로 생각에 잠겨 말했다.

'이것이 뭘까? 맛을 보아야겠다.'

그리고 곧 손가락을 물에 넣었다가 꺼내어 맛보았다. 이렇게 두세 번 하다가 점점 그 감미로움을 깨닫고 드디어 손으로 움켜쥐어 마음껏 그것을 마셨으나, 이러한 즐거움에 집착하여 끝내 만족할 줄 몰랐다. 그 밖의 중생들도 그를 본떠 그것을 먹어 보았고, 이렇게 두세 번 되풀이하는 동안에 그 감미로움을 느끼게 되었다. 그러나 그것을 계속해서 먹어대자 그들의 몸은 점점 추하게 되고 살결은 굳어져 하늘의 묘한 색色을 잃게 되었다. 또 신족은 없어져 땅을 밟고 다니게

---

2 고려대장경 본문에는 '자연화생이념위식自然化生以念爲食'으로 되어 있으나 팔리본에 의하면 이 부분이 'manomayā pīti-bhakkhā(기쁜 생각으로 음식을 삼고)'로 되어 있으니, 광음천光音天에 대한 설명으로는 고려대장경보다 팔리본의 내용이 더 자세하므로 독자들의 참조를 바란다.

되었고 몸의 광명도 갈수록 사라져서 천지가 깜깜해지게〔大冥〕 되었다. 바실타야, 마땅히 천지의 정해진 법칙은 큰 어둠 이후에는 반드시 일월日月과 성상星象이 허공에 나타나고 그런 뒤에 곧 밤과 낮·어둠과 밝음·연월年月과 세수歲數 등이 생긴 것이다. 그때의 중생은 다만 지미(地味 : 단 샘물)를 먹으면서 오랫동안 그 세계에 머물렀는데 그것을 많이 먹은 자는 얼굴빛이 초췌했고, 그것을 적게 먹은 자는 얼굴빛이 오히려 즐겁고 광택이 있었다. 곱고 추하고 단정함이 여기에서부터 처음 있게 된 것이다.

거기에서 단정한 자는 교만한 마음이 생겨 누추한 자를 업신여겼고, 거기에서 누추한 자는 질투하고 미워하는 마음이 생겨 단정한 자를 미워했다. 중생들은 이로부터 각각 서로 성내고 다투게 되었고, 이 때 지미는 저절로 말라버렸다. 그 뒤로 이 땅에는 저절로 지비(地肥 : 大地生成物)가 생겨났는데 빛깔과 맛을 갖추어 향기롭고 조촐하여 먹을 만했다. 중생들은 다시 그것을 취해 먹으면서 그 세계에 오랫동안 머물렀는데, 그것을 많이 먹은 자는 얼굴빛이 초췌했고 그것을 적게 먹은 자는 오히려 얼굴빛이 좋고 광택이 났다. 거기에서 단정한 자는 교만한 마음이 생겨 누추한 자를 업신여겼고 누추한 자는 질투하고 미워하는 마음이 생겨 단정한 자를 미워했다. 중생들은 이로부터 각각 서로 다투게 되었고, 이 때 지비는 다시 나지 않게 되었다. 그 뒤로 이 땅에는 다시 거칠고 뻣뻣한 지비가 생겨났는데, 역시 향기와 맛은 먹을 만했지만 먼저 것보다는 못했다. 중생들은 다시 이것을 먹으면서 그 세계에 오랫동안 머물렀는데, 그것을 많이 먹은 자는 얼굴빛이 갈수록 누추하고, 그것을 적게 먹은 자는 오히려 얼굴빛이 좋고 윤택하였다. 단정함과 누추함을 두고 서로 시비是非가 지나침에 따라 마침내 다툼〔諍訟〕이 생기게 되었고, 지비는 결국 다시 나지 않게 되었다.

그 뒤로 이 땅에는 저절로 멥쌀이 생겨났는데, 그것은 등겨가 없고 빛깔과 맛이 구족하며 향기롭고 깨끗하여 먹을 만했다. 이 때 중생들은 다시 그것을 취해 먹으면서 그 세계에 오랫동안 머물렀는데, 곧 남녀는 서로 보게 되자 점점 정욕이 생겨 갈수록 서로 친근하게 되었다. 다른 중생들은 이것을 보고 서로 말했다.

'네가 한 짓은 잘못이다, 네가 한 짓은 잘못이다.'

그리고 곧 배척하고 대중 밖으로 쫓아내 3개월이 지난 뒤에 돌아오게 하였다."

부처님께서 바실타에게 말씀하셨다.

"예전에 잘못이라고 생각했던 것을 지금은 옳다는 생각이 들었기 때문에 그때 그 중생들은 법이 아닌 것을 익혀 시절時節도 없이 정욕情欲을 마음껏 즐겼고, 그러다 부끄러워하는 마음〔慚愧〕이 생겨 결국엔 집을 짓게 되었다. 이 때부터 세계에는 처음으로 집〔房舍〕이 생기게 되어 법답지 않은 것을 좋아하여 익히니 음욕은 갈수록 더해만 갔다. 곧 포태胞胎가 있게 된 것은 부정不淨으로 생겨났으니 세간의 포태가 이 때부터 시작된 것이다. 그때 저 중생들은 저절로 난 멥쌀〔粳米〕을 먹었는데, 취하는 대로 계속해서 끊임없이 생겨났다. 그 중생들 가운데 게으른 자가 가만히 혼자 생각하여 말했다.

'아침에 먹을 것을 아침에 가져오고 저녁에 먹을 것을 저녁에 가져오는 일은 나를 힘들게 하니, 이제부터 하루 먹을 것을 한꺼번에 가져오자.'

그래서 곧 한꺼번에 가지고 왔다. 그 뒤 친구가 그를 불러 함께 쌀을 가지러 가자고 하자, 그 사람은 대답하였다.

'나는 이미 하루 먹을 양식을 한꺼번에 가지고 왔다. 너도 가지러

가려거든 네 마음대로 가져오도록 해라.'

그 사람은 또 혼자 생각했다.

'이 사람은 영리해서 벌써 양식을 저축해 두었구나. 나도 이번엔 3일분의 양식을 저축해야겠다.'

그 사람은 곧 3일분의 양식을 저축했다. 그러자 다른 중생이 또 와서 말했다.

'같이 쌀을 가지러 가자.'

그는 대답했다.

'나는 벌써 3일분의 양식을 저축해 두었다. 너도 가지러 가려거든 가서 실컷 가져오도록 해라.'

그 사람도 생각했다.

'이 사람은 영리해서 먼저 3일분의 양식을 가지고 왔구나. 나도 저 사람을 본받아 5일분의 양식을 저축해야겠다.'

그는 곧 가서 가지고 왔다. 그때 그 중생들은 서로 다투어 저축했다. 그러자 멥쌀은 거칠고 더러워지더니 점차 등겨가 생겼고, 그것을 벤 뒤로 다시는 나지 않았다.

그때 저 중생들은 이것을 보고 낭패하여 마침내 근심하고 어쩔 줄을 몰라 하다가 각자 생각에 잠겨 말했다.

'우리가 본래 처음 났을 때에는 생각을 음식으로 삼고 신족神足으로 허공을 날며 몸에서 광명이 나와 스스로 비추면서 세상에 오랫동안 머물렀었다. 그 뒤에는 이 땅에서 마치 소밀酥蜜과 같은 단샘〔甘泉〕이 솟아났는데 감미로워〔香美〕 먹을 만했다. 그래서 우리는 언제나 그것을 함께 먹었었다. 그것을 점점 오래 먹게 되자 많이 먹은 자는 얼굴빛이 초췌하고 적게 먹은 자는 얼굴빛이 오히려 좋고 광택이 있었으니, 이 음식으로 말미암아 우리의 얼굴빛에 차이가 생겼고, 이에 중생은 각각 서로 시비是非가 생겨남에 따라 미워하고 증오하는 마음을 품게 되었다. 이 때 단샘은 저절로 말라버렸다. 그 뒤로 이 땅에서 지비地肥가 생겨났는데 빛깔과 향기를 구족하고 향기롭고 맛이 좋아 먹을 만했다. 우리들은 또 그것을 다투어 먹었는데, 그것을 많이 먹은 자는 얼굴빛이 초췌하고 그것을 적게 먹은 자는 얼굴빛이 좋고 광택이 났다. 중생은 여기서 또 서로 시비가 일어남에 따라 미워하고 증오하는 마음을 품게 되었고, 이 때 지비는 더 이상 생겨나지 않게 되었다. 그 뒤로 다시 거칠고 뻣뻣한 지비가 생겼는데 또한 향기롭고 맛이 좋아 먹을 만했다. 우리들은 또 그것을 다투어 먹었는데, 그것을 많이 먹은 이는 얼굴빛이 추하고 적게 먹은 이는 얼굴빛이 좋았다. 여기서 또 서로 시비是非가 생겨남에 따라 미워하고 증오하는 마음을 품게 되었다. 이 때 지비는 더 이상 나타나지 않았다. 다시 저절로 멥쌀이 생겼는데 그것은 등겨도 없었다. 그때 우리들은 다시 그것을 취해 먹으면서 오랫동안 그 세계에 머물렀는데, 그곳의 게으른 자들이 서로 다투어 저축했고 이로 말미암아 멥쌀은 거칠고 더러워졌으며 또 등겨가 생기게 되었다. 그리고 그것을 벤 뒤로는 다시 나지 않으니 장차 어떻게 할까 하고 그들은 다시 서로 말했다.

'우리는 땅을 갈라 따로따로 표지〔標識〕를 세우자.'

그리고 곧 땅을 갈라 따로따로 표지를 세웠다. 바실타야, 이 인연으로 말미암아 처음으로 전지田地라는 이름이 생겨났다. 그때의 중생은 따로 전지를 차지하고 경계를 정하자 점점 도둑질할 마음이 생겨서 남의 벼를 훔쳤다. 그러자 다른 중생들이 그것을 보고 말했다.

'네가 한 짓은 잘못이다. 네가 한 짓은 잘못이다. 자기에게도 전지가 있는데 남의 물건을 취하다니, 지금부터는 다시 그런 짓을 하지 마라.'

그러나 그 중생은 오히려 도둑질하기를 중단하지 않았고, 다른 중생들도 그를 꾸짖기를 그치지 않고서 곧 손으로 그를 때리면서 여러 사람들에게 말했다.

'이 사람은 자기도 전지가 있으면서 남의 물건을 훔쳤다.'

그 사람도 여러 사람에게 말했다.

'이 사람이 나를 때렸다.'

그 대중들은 두 사람이 다투는 것을 보고 걱정하고 시름하고 또 번민하면서 말했다.

'중생이 갈수록 악해져서 세간에 이런 착하지 않은 일이 있게 되었고 더럽고 부정不淨함이 생겼다. 이것이 나고 늙고 병들고 죽는〔生老病死〕 원인이며 번뇌와 고통의 과보로 3악도惡道에 떨어지는 요인이다. 전지가 있음으로 말미암아 이런 다툼이 생겼으니, 이제 차라리 한 사람을 세워 주인으로 삼아 이것을 다스리게 해서 보호해야 할 자는 보호하고 꾸짖어야 할 자는 꾸짖게 하자. 그리고 우리가 함께 쌀을 거두어 그에게 공급해주고 모든 다툼을 다스리게 하자.'

그때 그들 중에서 몸집이 크고 얼굴이 단정하며 위엄과 덕망이 있는 한 사람을 뽑아 그에게 말했다.

'너는 이제 우리들을 위해 평등한 주인이 되어 마땅히 보호할 자는 보호하고 꾸짖을 자는 꾸짖고 마땅히 내쫓아야 할 자는 내쫓아라. 그러면 우리는 쌀을 모아 그대에게 공급해 주겠다.'

그러자 그 사람은 여러 사람의 말을 듣고 임금〔主〕이 되어 다툼을 판결해 주었고, 곧 여러 사람들은 쌀을 모아 그에게 공급해 주었다.

그 사람은 또 착한 말로 여러 사람을 위로했는데, 여러 사람들은 그 말을 듣고 다들 매우 기뻐하며 함께 찬탄하였다.

'훌륭하십니다, 대왕이시여. 훌륭하십니다, 대왕이시여.'

이에 세간에는 다시 임금이라는 이름이 생겼고, 바른 법으로 백성을 다스렸기 때문에 찰리刹利라고 이름했다. 그래서 세간에는 찰리라는 이름이 생겨났다.

그 무리들 중에 어떤 사람은 혼자 이렇게 생각했다.

'집〔家〕이란 큰 걱정거리〔大患〕이며, 집이란 독한 가시〔毒刺〕이다. 나는 이제 차라리 사는 집을 버리고 혼자 산림山林 속에 들어가 고요히 도를 닦는 것이 좋겠다.'

그리고 곧 집을 버리고 산림으로 들어가 고요히 깊은 생각에 들었다. 그러다가 때가 되면 그릇을 가지고 마을로 들어가 걸식乞食하였다. 많은 사람들은 그것을 보고 모두 즐겁게 공양하고 기뻐하며 칭찬하였다.

'훌륭하다. 이 사람은 사는 집을 버리고 혼자 산림에 살면서 고요히 도를 닦아 모든 악을 여의었구나.'

여기서 세간에는 처음으로 바라문婆羅門이라는 이름이 생겼다. 그 바라문 가운데 고요히 앉아 참선參禪하고 명상하는 것을 달가워하지 않는 사람이 있었다. 그는 곧 인간 세상으로 들어가 글을 외우고 익히기를 업으로 삼고 또 스스로 일컫기를 '나는 참선하지 않는 사람〔不禪人〕이다'라고 했다. 그래서 세상 사람들은 그를 '참선하지 않는 바라문'이라 불렀고, 인간 세상으로 들어갔기 때문에 그를 또 '인간人間 바라문'이라고 불렀다. 이에 세간에는 바라문 종족이 있게 되었다. 그 중생 중에 어떤 사람은 살림 경영하는 것을 좋아해 많은 재보財寶를 저축했고, 이로 인해 여러 사람은 그를 거사居士라고 이름했다. 저 중생 중에는 손재주〔機巧〕가 많은 사람이 있어, 어떤 것을 많이 만들어 낼 수 있었으니 그래서 세간에는 처음으로 수다라首陀羅라는 기술자〔工巧〕의 이름이 생겼다.

바실타야, 지금 이 세간에는 네 가지 종성의 명칭이 있는데, 다섯 번째로 사문의 무리〔沙門衆〕라는 이름이 있게 되었다. 그 까닭은 바실타야, 찰리의 무리 중 어느 때 어떤 사람은 스스로 자신의 생활방식〔己法〕을 싫어해 수염과 머리를 깎고 법옷〔法服〕을 입고 도를 닦았다. 그래서 처음으로 사문이라는 이름이 생겼다. 바라문종·거사종·수다라종 가운데에서 어느 때 어떤 사람은 스스로 자기들의 생활방식을 싫어해 수염과 머리를 깎고 법옷을 입고 도를 닦았으니, 그것을 사문이라고 이름했다.

바실타야, 찰리종 가운데서 몸〔身〕의 행이 불선不善하고 입〔口〕의 행이 불선하며 뜻〔意〕의 행이 불선한 자는 몸이 무너지고 목숨이 끝나면 반드시 괴로운 과보〔苦報〕를 받는다. 바라문종·거사종·수다라종 중에 몸의 행이 불선하고 입의 행이 불선하며 뜻의 행이 불선한 자는 몸이 무너지고 목숨이 끝나면 반드시 괴로운 과보를 받는다.

바실타야, 찰리종 가운데서 몸의 행이 착하고 입과 뜻의 행이 착한 사람은 몸이 무너지고 목숨이 끝나면 반드시 즐거운 과보를 받는다. 바라문종·거사종·수다라종 중에서 몸의 행이 착하고 입과 뜻의 행이 착한 자는 몸이 무너지고 목숨이 끝나면 반드시 즐거운 과보를 받는다. 바실타야, 찰리 무리들 중에서 몸으로 두 가지를 행하고 입과 뜻으로 두 가지를 행하는 자는 몸이 무너지고 목숨이 끝나면 괴로움과 즐거움의 과보를 받는다. 바라문종·거사종·수다라종으로서 몸으로 두 가지를 행하고 입과 뜻으로 두 가지를 행하는 자는 몸이 무너지고 목숨이 끝나면 괴로움과 즐거움의 과보를 받는다.

바실타야, 찰리종 중에 수염과 머리를 깎고 법옷을 입고 도를 닦는 자가 있어 7각의覺意를 닦으면 오래지 않아 도를 이룰 것이다. 무슨 까닭인가? 저 족성자族姓子가 법옷을 입고 출가하여 위없는 범행〔無

上梵行]을 닦아 현재의 법 가운데서 몸소 증득하여, 생사生死가 이미 다하고 범행이 이미 서고 할 일을 다해 마쳐 다시는 뒷세상의 몸을 받지 않을 것이기 때문이다. 바라문종·거사종·수다라종 중에서도 수염과 머리를 깎고 법옷을 입고 도를 닦아 7각의를 닦으면 오래지 않아 도를 이룰 것이다. 무슨 까닭인가? 저 족성자가 법옷을 입고 출가하여 위없는 범행을 닦아 현재의 법 가운데서 몸소 증득하여, 생사가 이미 다하고 범행이 이미 서고 할 일을 다해 마쳐 다시는 뒷세상의 몸을 받지 않을 것이기 때문이다. 바실타야, 이 네 종성 가운데서 명행明行을 모두 성취한 아라한[羅漢]이 나올 수 있다. 그러므로 이 아라한을 다섯 종성 가운데에서 가장 으뜸이라고 한다."

부처님께서 바실타에게 말씀하셨다.

"범천왕梵天王이 게송으로 말하였다."

중생 중에서는 찰리가 훌륭하니
능히 종성을 버리고 떠나
명행明行을 성취한 사람이
세간에서 가장 으뜸이라네.

부처님께서 바실타에게 말씀하셨다.

"이 범천왕은 잘 말한 것이고, 잘못 말한 것이 아니며, 이 범천왕은 잘 받아들인 것[善受]이고, 잘못 받아들인 것이 아니다. 나는 그때 곧 그 말을 인가印可했다. 무슨 까닭인가? 지금의 나 여래·지진至眞도 이 뜻을 말했기 때문이다."

중생 중에서는 찰리가 훌륭하니

능히 종성을 버리고 떠나
명행을 성취한 사람이
세간에서 가장 으뜸이다.

세존께서 이 법을 연설해 마치시자, 바실타婆悉吒와 바라타婆羅墮는 번뇌가 없는 마음〔無漏心〕으로 해탈하여 부처님의 설법을 듣고 기뻐하며 받들어 행했다.

2. 전륜성왕수행경轉輪聖王修行經[3]

이와 같이 나는 들었다.

어느 때 부처님께서 마라혜수摩羅醯搜에 계시면서 사람들과 유행遊行하시다가 1,250명 비구들을 데리고 차츰 마루국摩樓國에 다다르셨다. 그때 세존께서 여러 비구들에게 말씀하셨다.

"너희들은 마땅히 스스로 맹렬히 정진하되〔熾燃〕, 법法에 맹렬히 정진하고 다른 데에 맹렬히 정진하지 말아야 한다. 스스로 귀의하되 법에 귀의하고 다른 데에 귀의하지 말아야 한다.[4] 어떤 것을 '비구가 스스로 맹렬히 정진하되 법에 맹렬히 정진하고 다른 것에 맹렬히 정진하지 말며, 스스로 귀의하되 법에 귀의하고 다른 데에 귀의하지 말

3 『중아함경』 제15권 70번째 소경인 「전륜왕경轉輪王經」도 이 경전과 유사한 내용을 담고 있다.

4 이 부분은 고려대장경의 "당자치연 치연어법 물타치연 당자귀의 귀의어법 물타귀의當自熾燃 熾燃於法 勿他熾燃 當自歸依 歸依於法 勿他歸依"에 대한 비교적 원문의 직역에 가까운 번역이다. 그러나 팔리본에는 해당 내용이 '자귀의自歸依'와 '법귀의法歸依'로 독립되어 있어 고려대장경 원문의 내용과 차이를 보이고 있다.

라'고 하는가? 비구는 안 몸〔內身〕을 관찰하여 부지런히 힘써 게을리 하지 말고, 분명히 기억해 잊지 않아 세상의 탐욕과 걱정을 없애야 한다. 바깥 몸〔外身〕을 관찰하고 안팎 몸〔內外身〕을 관찰하여 부지런히 힘써 게으르지 말고 분명히 기억해 잊지 않아 세상의 탐욕과 걱정을 없앤다. 감각〔受〕과 뜻〔意〕과 법法의 관찰도 이와 같이 해야 한다. 이것을 '비구는 스스로 맹렬히 정진하되 법에 맹렬히 정진하고 다른 것에 맹렬히 정진하지 말며, 스스로 귀의하되 법에 귀의하고 다른 것에 귀의하지 말라'고 한 것이다. 이렇게 행하는 자는 악마도 방해하지 못하고 공덕이 날로 늘어날 것이다. 무슨 까닭인가? 아득히 먼 과거 어느 때에 견고념堅固念이라는 왕이 있었는데 그는 찰리수요두종刹利水澆頭種[5]으로서 전륜성왕轉輪聖王이 되어 4천하天下를 다스렸다. 그때 왕은 자재自在하게 법으로써 다스리고 교화하였으며 사람 중에서 뛰어나 7보寶를 구족했다. 첫째는 금륜보金輪寶이고, 둘째는 백상보白象寶이며, 셋째는 감마보紺馬寶이고, 넷째는 신주보神珠寶이며, 다섯째는 옥녀보玉女寶이고, 여섯째는 거사보居士寶이며, 일곱째는 주병보主兵寶였다. 그는 천 명의 아들이 있었는데 용맹하고 건장하여 능히 원적怨敵을 항복받을 수 있었으니 무기를 쓰지 않고서도 저절로 태평스러웠다. 견고념왕이 오랫동안 세상을 다스렸을 때에 금륜보金輪寶가 바로 그 허공에서 갑자기 본 자리를 이탈했다. 그때 윤보輪寶를 맡은 사람이 빨리 달려가 왕에게 말했다.

'대왕이시여, 마땅히 아셔야 합니다. 지금 윤보가 본 자리를 이탈했습니다.'

견고념왕은 그 말을 듣고 생각했다.

5 찰리刹利는 무사계급 혹은 왕족을 지칭하고, 수요두水澆頭는 관정灌頂을 의미한다.

'내 일찍이 덕이 높은 장로에게 들었는데, 만일 전륜성왕의 윤보가 자리를 이동하면 왕의 수명은 얼마 남지 않은 것이라 했다. 나는 이제 이미 인간의 복락福樂을 누렸으니, 마땅히 다시 방편으로써 하늘의 복락을 받을 것이다. 마땅히 태자를 세워 4천하를 다스리게 하고 따로 한 고을을 떼어 이발사에게 주어 내 수염과 머리를 깎게 한 뒤 3법의法衣를 입고 출가하여 도를 닦아야겠다.'

견고념왕은 곧 태자에게 명령해 말했다.

'너는 모르느냐? 내 일찍이 덕이 높은 장로에게 들었는데, 만일 전륜성왕의 금륜이 본 자리를 이탈하면 왕의 수명은 얼마 남지 않은 것이라고 하였다. 나는 이제 이미 인간의 복락을 받아 누렸으니, 마땅히 다시 방편으로써 하늘로 옮겨가 하늘의 복락을 받을 것이다. 이제 수염과 머리를 깎고 3법의法衣를 입고 출가하여 도를 닦기 위하여 4천하는 너에게 맡기니, 너는 마땅히 스스로 힘써 노력하여 백성들을 잘 보살피도록 해라.'

이 때 태자는 왕의 명령을 받아들였고, 견고념왕은 곧 수염과 머리를 깎고 3법의를 입고서 출가하여 도를 닦았다. 그때 왕이 출가한 지 7일이 지나자 그 금륜보가 갑자기 보이질 않았다. 그러자 그 윤보를 맡은 사람이 왕에게 가서 말했다.

'대왕이시여, 마땅히 아셔야 합니다. 지금 윤보가 갑자기 보이질 않습니다.'

왕은 기분이 나빠서 곧 견고념왕에게 나아가 말했다.

'부왕父王이시여, 마땅히 아셔야 합니다. 지금 윤보가 갑자기 보이질 않습니다.'

견고념왕은 그 아들에게 대답했다.

'너는 걱정하거나 근심하지 말라. 그 금륜보는 네 아비의 재산이 아니다. 너는 다만 전륜성왕〔聖王〕의 바른 법을 부지런히 행하여라. 바른 법을 행하고 나서 보름달이 밝을 때를 맞아 향탕香湯에 목욕하고 채녀婇女에게 둘러싸여 정법전正法殿에 오르면 금륜의 신보神寶는 저절로 나타날 것이다. 그 윤보는 천 개의 바퀴살이 있고 광명과 빛깔을 구족하였는데, 그것은 하늘의 장인이 만든 것으로서 세상의 것이 아니다.'

아들이 부왕에게 말했다.

'전륜성왕의 바른 법은 어떤 것입니까? 또 마땅히 어떻게 행해야 합니까?'

왕이 아들에게 말했다.

'마땅히 법에 의해 법을 세우고 법을 갖추어 그것을 공경하고 존중하라. 법을 관찰하고 법으로써 우두머리로 삼고 바른 법을 지키고 보호하라. 또 마땅히 법으로써 모든 채녀들을 가르치고 또 마땅히 법으로써 보호해 살피라. 그리고 모든 왕자王子·대신大臣·동료〔群寮〕·관리〔百官〕들과 모든 백성·사문沙門·바라문婆羅門을 가르쳐 경계하도록 하고 아래로는 짐승들에 이르기까지 다 마땅히 보호해 보살피도록 하여라.'

또 아들에게 말했다.

'너는 또 나라 경계〔土境〕에 살고 있는 사문 바라문으로서 소행이 맑고 참되고 공덕이 구족하며 부지런히 힘써 게으르지 않고 교만을 버리고 인욕하며, 어질고 자애로우며, 또 고요히 홀로 제자신이 닦으며 홀로 스스로 그치고 쉬어 혼자 열반에 이르고, 또 자신도 탐욕貪欲을 없애고 남도 교화하여 탐욕을 없애게 하며 스스로 성냄〔瞋恚〕을 없애고 남을 교화하여 성냄을 없애게 하며 스스로 어리석음〔愚癡〕을 없애고 남을 교화하여 어리석음을 없애게 하거나, 또 물들 수 있는 곳에서도 물들지 않고 악惡에 처해 있으면서도 악하지 않으며, 어리석음〔愚〕에 있으면서 어리석지 않고 집착〔着〕할 만한데도 집착하지 않으며, 머물 수 있는 곳에서도 머물지 않고 살 수〔居〕 있는 곳에서도 살지 않고, 또 몸으로 행동하는 것〔身行〕이 올바르고 입으로 하는 말〔口言〕이 정직하며, 뜻의 생각〔意念〕이 올곧거나, 또 몸의 행동이 청정하고 입으로 하는 말이 청정하며, 뜻의 생각이 청정하거나, 또 정념正念이 청정하고 인혜仁慧에 싫증냄이 없으며, 옷과 음식에 대하여 만족할 줄 알고 발우를 가지고 밥을 빌어 중생을 복되게 하는 이런 사람이 있거든, 너는 마땅히 자주 찾아가 언제나 물어야 한다.

〈무릇 수행함에 있어서 어떤 것이 착한 것이며 어떤 것이 악한 것인가? 어떤 것이 범하는 것이고 어떤 것이 범하는 것이 아닌가? 어떤 것을 친해야 하고 어떤 것을 친하지 않아야 하는가? 어떤 것을 해야 하고 어떤 것을 하지 않아야 하는가? 또 어떤 법을 베풀어 행하면 오랫동안 즐거움을 누리겠는가?〉

너는 이렇게 물어본 뒤에 마음으로 관찰하여 마땅히 행해야 할 것은 곧 행하고 버려야 할 것은 곧 버려야 한다. 또 나라에 외로운 자와 늙은이가 있거든 마땅히 물건을 주어 구제하고 가난하고 곤궁한 자가 와서 구하는 것이 있거든 절대로 거절하지 말아야 한다. 또 나라에 옛 법〔舊法〕이 있거든 너는 그것을 고치지 말아야 한다. 이런 것들이 전륜성왕이 수행해야 할 법이니, 너는 마땅히 받들어 행해야 한다.'"

부처님께서 모든 비구들에게 말씀하셨다.

"그때 전륜성왕은 아버지의 가르침을 받고 그 말대로 수행했다. 훗날 보름날 달이 찰 때를 맞아 향탕에 목욕하고 채녀들에 둘러싸여 높은 궁전에 오르자 갑자기 윤보가 저절로 앞에 나타나 있었다. 그 윤보는 천 개의 바퀴살이 있었는데 광명과 빛깔을 구족하여 하늘의 장인이 만든 것으로서 세상에 있는 것이 아니었다. 순금으로 된 바퀴의 직경은 14척〔丈四〕이나 되었다. 그때 전륜성왕은 묵묵히 혼자서 생각했다.

'내 일찍이 덕이 높은 장로에게서 들었는데 〈머리에 관정의식을 받고 임금이 된 찰리 종족이 보름날 달이 찰 때 향탕에 목욕하고 채녀들에 둘러싸여 보배 궁전에 오르면 금륜金輪이 갑자기 앞에 나타나는데 그 바퀴에는 천 개의 바큇살이 있고 광명과 빛깔이 구족되어 있을 것이다. 그것은 하늘의 장인이 만든 것으로서 세상에 있는 것이 아니며 순금으로 된 바퀴의 직경은 열네 자나 되면 이를 전륜성왕이라고 한다〉고 하였다. 그렇다면 지금 이 수레바퀴가 나타난 것도 그런 일이 아닌가? 내 이제 이 윤보를 시험해 보아야겠다.'

전륜왕은 곧 4병兵을 모으고 금륜보를 향해 오른쪽 어깨를 드러내고 오른쪽 무릎을 땅에 붙이고 다시 오른손으로 금수레를 어루만지면서 말했다.

'너는 동방을 향해 법답게 구르되 법칙을 어기지 말아야 한다.'

그러자 윤보는 곧 동쪽으로 굴렀다. 왕은 곧 4병兵을 거느리고 그 뒤를 따랐고, 금륜보 앞에서는 네 신神이 인도했다. 윤보가 멈춰선 곳에서는 왕도 곧 수레를 멈추었다. 그때 동방의 여러 작은 나라〔小國〕 왕들은 이 대왕이 오는 것을 보고 금발우에는 은좁쌀〔銀粟〕을 담고 은발우에는 금좁쌀〔金粟〕을 담아 왕에게 와서 머리를 대어 절하고 말했다.

'잘 오셨습니다. 대왕이여, 지금 이 동방의 토지는 풍요로우며 백성들은 불꽃처럼 왕성합니다. 그들은 성질이 어질고 온화하며 자비하고 효도하며 충성되고 유순합니다. 오직 원컨대 성왕聖王이시여,

여기서 정치를 행하십시오. 저희들은 마땅히 좌우에서 모시고 명령을 받들겠습니다.'

전륜성왕이 작은 나라 왕들에게 말했다.

'그만두라, 그만두라. 제현諸賢들이여, 그대들은 이미 나를 공양하였다. 다만 바른 법으로 나라를 다스려 부디 치우치거나 억울하게 하지 말고, 온 나라 안에 법 아닌 것을 행하는 일이 없게 하라. 이것을 곧 내가 통치하는 방식〔我之所治〕이라고 말한다.'

모든 작은 나라 왕들은 이 가르침을 듣고 곧 대왕을 따라 여러 나라를 돌아서 동쪽 바닷가에 이르렀다. 이렇게 차례로 남방·서방·북방으로 윤보가 가는 곳마다 따라갔고, 그 여러 나라의 왕들도 각각 국토를 바치는 것이 동방의 여러 작은 나라에서와 같았다. 전륜왕은 금륜을 따라 온 천하를 두루 돌아다니면서 도道로써 교화하고 백성들을 안위시킨 뒤 본국으로 돌아왔다. 그때 금륜보金輪寶는 궁문 위의 허공에 머물러 있었고 전륜왕은 기뻐 뛰면서 말했다.

'이 금륜보는 진실로 나의 상서祥瑞이다. 나는 이제 참으로 전륜성왕이 되었다.'

이것이 금륜보를 성취한 경위이다.

그 왕이 오랫동안 세상을 다스렸을 때 금륜보가 허공에서 갑자기 본 자리를 이탈했다. 그 윤보를 맡은 사람이 빨리 가서 왕에게 말했다.

'대왕이시여, 마땅히 아셔야 합니다. 지금 윤보가 본 자리를 이탈했습니다.'

왕은 이 말을 듣고 혼자 생각했다.

'내 일찍이 덕이 높은 장로에게 들었는데, 만일 전륜성왕의 윤보가 자리를 이동하면 왕의 수명은 얼마 남지 않은 것이라고 했다. 나는 이제 이미 인간의 복락을 누렸으니, 마땅히 다시 방편을 써서 하늘의 복락을 받을 것이다. 당장 태자를 세워 4천하를 맡게 하고, 따로 한 고을을 떼어 이발사에게 주어 내 수염과 머리를 깎게 한 뒤에 3법의法衣를 입고 출가하여 도를 닦으리라.'

왕은 곧 태자에게 명령해 말했다.

'너는 모르느냐? 내 일찍이 덕이 높은 장로에게 들었는데 만일 전륜성왕의 금륜보가 본 자리를 이탈하면 왕의 수명은 얼마 남지 않은 것이라고 하였다. 나는 이제 이미 인간의 복락을 받아 누렸으니, 마땅히 방편을 써서 하늘로 옮겨가 즐거움〔天樂〕을 받을 것이다. 그래서 이제 수염과 머리를 깎고 3법의를 입고 출가하여 도를 닦고자 4천하를 모두 너에게 맡기니, 너는 마땅히 스스로 힘써 노력하여 백성들은 물론 동물에 이르기까지도 잘 보살피도록 하라.'

태자는 왕의 명령을 받아들였고, 왕은 곧 수염과 머리를 깎고 3법의를 입고서 출가하여 도를 닦았다. 왕이 출가한 지 7일이 지나자 그 금륜보가 갑자기 보이질 않았다. 그러자 그 윤보를 맡은 사람이 곧 왕에게 가서 말하였다.

'대왕이시여, 마땅히 아셔야 합니다. 지금 윤보가 갑자기 보이질 않습니다.'

왕은 이 말을 듣고도 그리 걱정하지 않고 또 가서 부왕의 뜻도 묻지 않았다. 그리고 그 부왕은 갑자기 목숨을 마쳤다.

이전의 여섯 전륜왕은 차례대로 서로 이어 받아〔展轉相承〕 바른 법으로 나라를 다스렸다. 그런데 오직 이 한 왕만은 제 마음 내키는 대로 나라를 다스리고 옛 법을 계승하지 않았다. 그리하여 그 정치는 공평하지 않아 천하는 원망으로 호소하고 국토는 줄어들며 백성들은 죽어갔다. 그때 어떤 한 바라문 대신大臣이 왕에게 나아가 말하였다.

'대왕이시여, 마땅히 아셔야 합니다. 이제 국토는 줄어들고 백성들은 죽어가고 갈수록 평상시만 못해집니다. 왕이시여, 지금 나라 안에는 지식 있고 총명하고 지혜로우며 널리 통달해, 과거와 현재〔古今〕에 대해 환히 알고 선왕先王들의 나라 다스리는 법〔治政之法〕에 대해 갖추어 아는 이들이 많이 있습니다. 그런데 왜 그들을 불러들여 그 아는 것을 물어 보지 않으십니까? 그들은 마땅히 잘 대답해 줄 것입니다.'

왕은 곧 모든 신하를 불러 선왕들의 나라 다스리는 법에 대해 물었으나, 모든 지혜 있는 신하들은 사실을 갖추어 대답했다. 왕은 곧 그 말을 듣고 옛날의 정치를 행하고 법으로써 세상을 보호했다. 그러나 아직도 외로운 이들과 노인들을 구제하지는 못했고, 신분이 낮고 빈궁한 사람들에게는 그 베풂이 미치지 못했다. 그래서 국민들은 갈수록 빈곤해져 드디어 서로 침범하고 약탈하여 도둑이 매우 심하게 증가했다. 경관들은 그들을 붙잡아 왕에게 나아가 말하였다.

'이 사람은 도둑입니다. 원컨대 왕께서 이 사람을 다스려주십시오.'

왕은 곧 물었다.

'네가 정말 도둑질을 하였느냐?'

그가 대답했다.

'정말 그렇습니다. 저는 빈궁하고 굶주려 스스로 살아갈 수가 없었습니다. 그래서 도둑질을 했습니다.'

왕은 즉시 창고의 물품을 내어 그에게 주면서 말했다.

'너는 이 물건으로 부모를 공양하고 또 친척을 구제하라. 그리고 지금 이후로는 다시 도둑질을 하지 말아야 한다.'

어떤 사람이 도둑질한 사람에게 왕이 재물을 주었다는 소문을 듣고 그도 남의 물건을 강도질하다가 경관에게 붙잡혔다. 경관이 왕에게 나아가 말하였다.

'이 사람은 도둑질을 했습니다. 원컨대 왕께서는 이 사람을 다스려 주십시오.'

왕은 다시 물었다.

'네가 정말 도둑질을 하였느냐?'

그가 대답했다.

'정말 그렇습니다. 저는 빈궁하고 굶주려 스스로 살아갈 수 없었습니다. 그래서 도둑질을 했습니다.'

왕은 다시 창고의 재물을 내어 그에게 주면서 말했다.

'너는 이 물건으로 부모를 공양하고 또 친척을 구제하라. 그리고 지금 이후로는 도둑질을 하지 말아야 한다.'

다시 어떤 사람이 도둑질한 사람에게 왕이 재물을 주었다는 소문을 듣고 그도 남의 물건을 강도질하다가 또 경관에게 붙잡혔다. 경관이 왕에게 나아가 말하였다.

'이 사람이 도둑질을 했습니다. 원컨대 왕께서 이 사람을 다스려주십시오.'

왕이 또 그에게 물었다.

'네가 정말 도둑질을 하였느냐?'

그가 대답했다.

'정말 그렇습니다. 저는 빈궁하고 굶주려 스스로 살아갈 수가 없었습니다. 그래서 도둑질을 했습니다.'

그때 왕은 생각했다.

'먼저 도둑질을 한 자는 내가 그 빈궁함을 보고 그에게 재물을 주면서 앞으로는 도둑질을 하지 말라고 하였는데 다른 사람이 그 소문을 전해 듣고 다시 서로 본받아 도둑이 날로 증가해 이렇게 그치지 않고 있다. 내 이제 차라리 이 사람을 차꼬와 수갑을 채워가지고 거리를 돌게 한 뒤 그를 싣고 성을 나가 넓은 들에서 죽여 뒷사람의 경계로 삼아야겠다.'

왕은 곧 측근 신하에게 명령하여 그를 묶게 하고 북을 치며 소리를 외쳐 모든 거리를 돌게 한 뒤 그를 싣고 성을 나가 넓은 들판에서 죽였다.

나라 사람들은 도둑질한 사람이 있으면 왕이 결박시켜 거리를 돌린 뒤 넓은 들판에서 죽인다는 것을 다 알았고, 사람들은 갈팡질팡하며 서로 상의해 말했다.

'우리도 만일 도둑질을 한다면 또한 마땅히 이와 같아서 저들과 다름이 없을 것이다.'

이에 백성들은 스스로를 방위〔防護〕하기 위해 마침내 칼과 활 따위의 무기를 만들어 서로 침노하고 잔인하게 해치며 공격하고 약탈하게 되었다. 이 왕 때부터 처음으로 빈궁함이 생겼고 빈궁함이 생긴 뒤에 처음으로 강도가 생겼으며, 강도가 생긴 뒤에 처음으로 무기가 생겼고 무기가 생긴 뒤에 처음으로 살해하는 일이 생겼으며, 살해가 생긴 뒤에 곧 안색이 파리해지고 수명이 짧아졌다. 그때 사람의 수명은 바로 4만 살이었는데 그 뒤에 점점 줄어 2만 살이 되었다. 그래서 그 중생들에게는 오래 사는 이〔壽〕도 있고, 요절〔夭〕하는 이도 있으며, 괴로움〔苦〕도 생기고, 즐거움〔樂〕도 생겼다. 그 괴로움이 생긴 자는 다시 사음邪淫과 탐내어 취하는〔貪取〕마음을 내어 많은 방편을 써서 남의 물건을 도모했다. 이 때 중생들에게는 빈궁함과 강도와 무기와 살해하는 일이 점점 심해져 사람의 수명은 점점 줄어 1만 살이 되었다.

1만 살을 살던 때의 중생도 서로 강도질을 하다가 경관에게 붙잡혔다. 경관이 왕에게 나아가 말했다.

'이 사람이 도둑질을 하였습니다. 원컨대 왕께서 이 사람을 다스려 주십시오.'

왕이 물었다.

'네가 정말 도둑질을 했느냐?'

그가 대답했다.

'저는 도둑질하지 않았습니다.'

문득 대중들 속에서 고의로 거짓말을 한 것이었다. 그때 그 중생들은 빈궁함 때문에 곧 강도질을 했고, 강도질을 했기 때문에 곧 무기가 생겼으며, 무기가 생겼기 때문에 곧 살해하는 일이 생겼고, 살해하는 일이 생겼기 때문에 곧 탐취와 사음이 생겼으며, 탐취와 사음이 생겼기 때문에 곧 거짓말이 생겼고, 거짓말이 생겼기 때문에 그 수명은 점점 줄어 1천 살이 되었다.

1천 살 때에는 곧 입으로 짓는 세 가지 악행惡行이 처음으로 세상에 나왔으니, 첫째는 이간질하는 말〔兩舌〕이며, 둘째는 욕설〔惡口〕이며, 셋째는 꾸밈말〔綺語〕이다. 이 세 가지 악업이 자꾸 퍼져 더욱 왕성하게 되자 사람의 수명은 점점 줄어 5백 살이 되었다. 5백 살을 살 때의 중생들에게는 또 세 가지 악행이 생겼으니, 첫째는 법답지 않은 음욕〔非法婬〕이며, 둘째는 법답지 않은 탐욕〔非法貪〕이며, 셋째는 삿된 소견〔邪見〕이다. 이 세 가지 악업이 자꾸 퍼져 더욱 왕성해지자 사람의 수명은 점점 줄어 3백, 2백 살로 줄어들었다. 그래서 지금 내 시대의 사람들은 또 백 살로 줄어들었는데, 그보다 넘는 이는 적고 그보다 적은 이는 많게 되었다. 이렇게 자꾸 악을 행하여 쉬지 않으면 그 수명은 점점 줄어 앞으로는 10살에까지 이르게 될 것이다. 10살 때의 사람들은 여자는 5개월[6]이 되면 곧 시집을 갈 것이다. 이 때 세간에는 소유酥油 · 석밀石蜜 · 흑석밀黑石蜜[7] 따위의 온갖 감미로운 맛은 다시는 그 이름조차 듣지 못할 것이다. 메벼나 벼는 변해 가라지가 될 것이며 비단〔繒〕 · 명주〔絹〕 · 금빛 비단〔錦〕 · 무늬 비단〔綾〕 · 무명〔劫貝 : 木花〕 · 모직〔白氎〕 등 지금 세상의 이름난 옷들은 하나도 나타나지 않고, 다만 거친 털로 짠 것을 제일가는 옷으로 삼을 것이다. 이 때 이 땅에는 많은 가시나무가 날 것이며, 모기 · 등에 · 파리 · 이 · 뱀 · 살무사 · 벌 · 구더기 따위의 독충이 많을 것이다. 금 · 은 · 유리琉璃 · 구슬 따위의 이름난 보배는 모두 땅 속으로 묻히고 마침내 기와 · 돌 · 모래 · 자갈이 땅 위로 나올 것이다. 그때 중생의 무리들은 영원히 10선善의 이름은 듣지 못하고 오직 10악惡만 있어 세간에 충만할 것이다. 그때엔 곧 선법의 이름조차 없을 텐데 그 사람들은 무엇으로 선행을 닦을 수 있겠는가?

중생들은 극악해져 부모에게는 불효하고 스승과 어른에게는 공경하지 않으며, 충성하지 않고 의리가 없어 반역하거나 도리를 모르는 사람이 도리어 존경을 받을 것이다. 그것은 마치 오늘날 선행을 닦아 부모에게 효도하고 스승과 어른에게 공경하고 순종하며, 충성스럽고 미덥고 정의를 생각하며 도를 따라 수행하는 사람이 곧 존경을 받는 것과 같아, 중생들은 10악을 많이 닦아 악도에 떨어질 것이다. 중생들이 서로 보기만 하면 항상 서로 죽이고자 하는 것이 마치 사냥꾼이 사슴 떼를 보는 것과 같을 것이며, 토지는 도랑 · 구덩이 · 시내 · 깊은 골짜기가 많이 있고 땅은 비고 사람은 드물어 오가는 이들은 사람

6 고려대장경에는 5월月로 되어 있으나 팔리본에 의하면 5년(pañca-vassikā)으로 되어 있다. 내용상 여성의 결혼 적령기로는 5년이 5월보다 더 적절할 듯하다.

7 고려대장경에는 소유 · 석밀 · 흑석밀 등으로 구분되어 있으나 팔리본에는 이 내용이 소酥 · 낙酪 · 유油 · 사탕[砂糖] · 소금[鹽] 등으로 되어 있다.

이 두려워 겁내게 될 것이다. 그때엔 도병겁(刀兵劫 : 전쟁)이 일어나 손에 초목을 잡으면 그것이 다 창으로 변해 7일 동안 서로를 해칠 것이며, 지혜로운 사람들은 멀리 숲 속으로 도망쳐 구덩이에 의지해 있으면서 7일 동안 두려워하는 마음을 가지고 있다가 자비롭고 착한 말로 외칠 것이다.

'그대들은 우리를 해치지 마시오. 우리도 그대들을 해치지 않을 것이니, 초목의 열매나 먹으면서 생명을 보전합시다.'

그리고 7일이 지난 뒤, 숲에서 나올 때 살아 있는 사람은 서로 보고는 기뻐하고 경하慶賀하며 말할 것이다.

'당신도 살았구려〔不死〕, 당신도 살았구려.'

마치 부모가 외아들과 오랫동안 헤어져 있다가 서로 만났을 때 그 기쁨이 무량한 것처럼 그 사람들도 이렇게 각각 기쁜 마음으로 서로 경하할 것이다. 그런 다음 서로 집을 물어 보았을 때에 그 집의 친족들이 많이 죽었으면, 그때는 다시 7일 동안 슬피 울고 부르짖고 서로 향해 통곡하면서 7일을 보내다가 다시 7일 동안은 서로 경하하고 즐거워하며 기뻐할 것이다. 그러다 스스로 생각할 것이다.

'우리들이 너무나 많은 악을 쌓았기 때문에 이런 난리를 만나 친족들은 죽고 가족들은 망가졌다. 이제는 마땅히 조금씩이라도 함께 선善을 닦아야 하겠다. 무슨 선을 닦아야 할까? 마땅히 살생殺生을 하지 말자.'

그때 중생들은 모두 자애로운 마음을 품고 서로 해치지 않는다. 그리하여 중생들 육신의 수명이 점점 불어나 10살이던 수명이 20살이 될 것이다. 20살 때의 사람은 또 이렇게 생각할 것이다.

'우리들은 조금씩 선을 닦아 서로 해치지 않았기 때문에 수명이 늘어나 20살이 되었으니, 이제 다시 조금 더 선한 일을 닦자. 마땅히

어떤 선을 닦아야 할까? 이미 살생은 하지 않게 되었으니 이제는 도둑질을 하지 말자.'

그리하여 이미 도둑질하지 않기〔不盜〕를 닦으면 수명은 늘어나 40살이 될 것이다. 40살을 살 때의 사람들은 다시 이렇게 생각할 것이다.

'우리들은 조금씩 선을 닦았기 때문에 수명이 늘어났으니, 이제 다시 조금씩 더 선한 일을 닦자. 어떤 선을 닦아야 할까? 앞으로는 사음邪婬하지 말자.'

이에 사람들은 모두 사음하지 않으므로 그 수명은 늘어나 80살이 될 것이다. 80살을 살 때의 사람들은 다시 이렇게 생각할 것이다.

'우리들은 조금씩 선을 닦았기 때문에 수명이 늘어났으니, 이제 조금씩 더 선을 닦자. 어떤 선을 닦아야 할까? 앞으로는 거짓말〔妄言〕을 하지 말자.'

이에 그 사람들은 모두 이간질하는 말을 하지 않으므로 수명이 늘어나 160살이 될 것이다. 160살을 살 때의 사람들은 다시 이렇게 생각할 것이다.

'우리들은 조금씩 선을 닦았기 때문에 수명이 늘어났으니, 이제 우리는 조금씩 더 선한 일을 닦자. 어떤 선을 닦아야 할까? 마땅히 이간질하는 말〔兩舌〕을 하지 말자.'

이에 그 사람들은 모두 이간질하는 말을 하지 않으므로 수명이 늘어나 320살이 될 것이다. 320살을 살 때의 사람들은 다시 이렇게 생각할 것이다.

'우리들은 조금씩 선을 닦았기 때문에 수명이 늘어났으니, 이제 조금씩 더 선한 일을 닦자. 어떤 선을 닦아야 할까? 마땅히 욕설〔惡口〕을 하지 말자.'

이에 그 사람들은 모두 욕설을 하지 않으므로 수명이 늘어나 640살이 될 것이다. 640살을 살 때의 사람들은 다시 이렇게 생각할 것이다.

'우리들은 선을 닦았기 때문에 수명이 늘어났으니, 이제 다시 조금씩 더 선한 일을 닦자. 어떤 선을 닦아야 할까? 마땅히 꾸밈말〔綺語〕을 하지 말자.'

이에 그 사람들은 모두 꾸밈말을 하지 않으므로 수명이 늘어나 2천 살이 될 것이다. 2천 살을 살 때의 사람들은 다시 이렇게 생각할 것이다.

'우리들은 선을 닦았기 때문에 수명이 늘어났으니, 이제 다시 조금씩 더 선한 일을 닦자. 어떤 선을 닦아야 할까? 마땅히 간탐하지〔慳貪〕 말자.'

그리하여 사람들은 모두 간탐하지 않고 보시布施를 행하므로 수명이 늘어나 5천 살이 될 것이다. 5천 살을 살 때의 사람들은 다시 이렇게 생각할 것이다.

'우리는 선을 닦았기 때문에 수명이 늘어났으니, 이제 다시 조금씩 더 선한 일을 닦자. 어떤 선을 닦아야 할까? 마땅히 질투하지 않고 자애로운 마음으로 선을 닦자.'

그리하여 그 사람들은 모두 질투하지 않고 자애로운 마음으로 선을 닦으므로 수명이 늘어나 1만 살이 될 것이다. 1만 살을 살 때의 사람들은 다시 이렇게 생각할 것이다.

'우리들은 선을 닦았기 때문에 수명이 늘어났으니, 이제 다시 조금 더 선한 일을 닦자. 어떤 선을 닦아야 할까? 마땅히 바른 소견을 내어 전도顚倒된 생각을 일으키지 말자.'

이에 그 사람들은 모두 바른 소견을 내어 전도된 생각을 일으키지 않으므로 수명이 늘어나 2만 살이 될 것이다. 2만 살을 살 때의 사람들은 다시 이렇게 생각할 것이다.

'우리들은 선을 닦았기 때문에 수명이 늘어났으니, 이제 다시 조금씩 더 선한 일을 닦자. 어떤 선을 닦아야 할까? 마땅히 세 가지 착하지 않은 법[不善法]을 없애자. 첫째는 법답지 않은 음욕[非法婬]이며, 둘째는 법답지 않은 탐욕[非法貪]이며, 셋째는 삿된 견해[邪見]이다.'

이에 그 사람들은 모두 세 가지 착하지 않은 법을 없애므로 수명이 늘어나 4만 살이 될 것이다. 4만 살을 살 때의 사람들은 다시 이렇게 생각할 것이다.

'우리들은 선을 닦았기 때문에 수명이 늘어났으니, 이제 다시 조금씩 더 선한 일을 닦자. 어떤 선을 닦아야 할까? 마땅히 부모를 효도로 받들고 스승과 장로를 공경하여 섬기자.'

이에 그 사람들은 모두 부모를 효도로 받들고 스승과 장로를 공경하여 섬기므로 수명은 늘어나 8만 살이 될 것이다. 8만 살을 살 때의 여자들은 나이 5백 살이 되어야 비로소 시집을 갈 것이다.

그때의 사람에게는 마땅히 아홉 가지 괴로움이 있을 것이니, 첫째는 추위, 둘째는 더위, 셋째는 굶주림, 넷째는 목마름, 다섯째는 대변, 여섯째는 소변, 일곱째는 욕심, 여덟째는 탐욕, 아홉째는 늙는 것이다. 대지는 평평하고 고르기 때문에 구덩이나 언덕이나 가시나무가 없을 것이며, 또 모기·등에·뱀·독사·독충 따위도 없을 것이며, 기와·돌·모래·자갈은 모두 변해 유리琉璃가 될 것이다. 백성들은 왕성하고 5곡穀도 지천에 깔려 풍성하고 즐겁기 끝이 없을 것이며, 8만 개의 큰 성城이 일어날 것이다. 마을과 성들은 서로 나란히 붙어 있어 닭 우는 소리가 서로 들릴 것이다. 바로 그때 부처님께서 세간에 출현하실 것이니 이름을 미륵彌勒이라 하고, 여래如來·지진至眞 · 등정각等正覺 등의 열 가지 명호〔十號〕를 구족하실 것이니, 그것은 지금 여래께서 열 가지 명호를 구족하신 것과 같을 것이다. 그는 저 여러 하늘들 중에 제석천〔帝釋〕 · 범천〔梵〕 · 악마〔魔〕 혹은 마천魔天과 악마의 하늘 그리고 모든 사문 바라문 · 모든 하늘과 세상 사람들 중에서 몸소 깨달음을 얻을 것이니, 그것은 또 내가 지금 여러 하늘들 중에 제석천 · 악마 혹은 마천과 사문 바라문 · 모든 하늘 · 세상사람 중에서 몸소 깨달음을 얻는 것과 같다.

그는 마땅히 설법하되, 처음 말도 훌륭하고 중간과 나중의 말도 훌륭하여 의미를 갖추어 담고 있을 것이며 범행梵行을 청정히 닦을 것이니, 그것은 내가 지금 설법하는 말이 처음과 중간과 나중이 모두 참되고 바르며 의미를 구족하고 범행이 청정한 것과 같은 것이다. 그의 제자들은 수천 만 명이나 될 것이니, 오늘의 내 제자가 수백인 것과 같다. 그때의 사람들은 그 제자를 일컬어 자자慈子라 부를 것이니, 내 제자를 석자釋子라고 부르는 것과 같다. 그때 양가儴伽라는 이름을 가진 왕이 있을 것이니, 그는 관정의식을 한 찰리 종족〔刹利水澆頭種〕의 전륜성왕으로 4천하를 맡아 바른 법으로 다스려 항복하지 않는 이가 없고 7보를 구족할 것이다. 첫째는 금륜보金輪寶이고, 둘째는 백상보白象寶이며, 셋째는 감마보紺馬寶이며, 넷째는 신주보神珠寶이며, 다섯째는 옥녀보玉女寶이며, 여섯째는 거사보居士寶이며, 일곱째는 주병보主兵寶이다. 왕에겐 천 명의 아들이 있어 용맹하고 웅렬雄烈하여 능히 외적을 물리칠 것이고, 사방에서 공경하고 순종하여 무기를 쓰지 않아도 저절로 태평하게 될 것이다.

그때 성왕은 큰 보당寶幢을 세울 것이니, 둘레는 16심尋이며, 높이는 1천 심尋이나 되며 천 종류의 온갖 색깔로 그 깃대를 장엄하게 꾸밀 것이다. 그 깃대에는 백 개의 고觚가 있고 한 고에 백 개의 수술

〔枝〕이 있는데, 보배 실로 짜서 만들고 여러 보물을 사이사이 껴 넣을 것이다. 여기서 성왕은 그 깃대를 부수어 사문 바라문과 온 나라 안의 가난한 사람들에게 보시하고 그런 다음 수염과 머리를 깎고 세 가지 법의法衣를 입고 집을 떠나 도를 닦고 위없는 행〔無上行〕을 닦아 현재 세계에서 몸소 진리를 깨달을 것이다. 그리하여 나고 죽음을 이미 다하고 범행梵行이 이미 서며 해야 할 일을 이미 다해 마쳐 뒷세상의 목숨〔後有〕을 받지 않을 것이다."

부처님께서 모든 비구들에게 말씀하셨다.

"너희들은 마땅히 선행善行을 부지런히 닦으라. 선행을 닦음으로써 곧 수명은 늘어나고 안색은 좋아지며 안온하고 쾌락할 것이며, 또 재보財寶는 풍요롭고 위력을 구족할 것이다. 마치 모든 왕이 전륜성왕의 옛 법을 따라 행하여 곧 수명은 늘어나고 안색은 좋아지며 안온하고 쾌락하고, 또 재보는 풍요롭고 위력을 구족한 것과 같을 것이다. 비구도 이와 같아서 마땅히 선법을 닦으면 수명은 늘어나고 안색이 좋아지며 안온하고 쾌락할 것이며, 또 재보는 풍요롭고 위력을 구족할 것이다.

비구의 수명이 늘어나는 것은 어떤 것인가? 이렇게 비구가 욕정欲定을 닦아 익히고 정근하여 게으르지 않으며 멸滅의 행을 성취함으로써 신족神足을 닦는 것이다. 다음에는 정진정精進定·의정意定·사유정思惟定을 닦고 정근하여 게으르지 않으며 멸의 행을 성취함으로써 신족神足을 닦는 것이니, 이것을 수명의 늘어남이라고 한다.

비구의 안색이 좋아진다는 것은 어떤 것인가? 여기서 비구는 계율을 구족하고 위의를 성취하며 조그마한 죄를 보고도 큰 두려움을 느끼고 모든 계율을 골고루 배워 두루 채우고 모두 갖추는 것이니, 이것을 비구의 안색이 좋아지는 것이라고 한다.

또 어떤 것을 비구의 안온과 쾌락이라고 하는가? 여기서 비구는 음욕淫欲을 끊고 불선법不善法을 제거하고, 각覺도 있고 관觀도 있으며, 여의는 데서 생기는 기쁨과 즐거움〔離生喜樂〕으로 제1선禪을 행한다. 다음에는 각覺과 관觀을 없애고 안으로 믿어〔內信〕 기뻐하고 즐거워하며, 마음을 오로지 하여 각覺도 없고 관觀도 없어 선정에서 생기는 기쁨과 즐거움〔定生喜樂〕으로 제2선을 행한다. 다음에는 기쁨을 버리고 평정〔護：捨〕을 닦아, 마음을 오로지 하여 산란하지 않으며, 스스로 몸의 즐거움〔身樂〕을 알아 성현이 구하는 바인 평정〔護〕·기억〔念〕·즐거움〔樂〕으로 제3선을 행한다. 다음에는 괴로움과 즐거움을 없애고 먼저 걱정과 기쁨을 없애어 괴롭지도 않고 즐겁지도 않은 평정〔護〕·기억〔念〕·청정淸淨으로 제4선을 행한다. 이것을 비구의 안온과 쾌락이라고 한다.

비구의 재보財寶가 풍요롭다는 것은 무엇인가? 여기서 비구는 자비심을 닦아 익혀 한 세계〔方〕에 가득 채우고 다른 세계에도 그렇게 하며 넓게 두루 하여 둘도 없고 한량도 없다. 모든 번뇌와 원한이 없어지고 마음에는 질투와 미움이 없으며 고요하고 잠잠하고 유순한 경지에서 스스로 즐거움을 느낀다. 슬퍼하고 기뻐하고 버리는 마음도 이와 같다. 이것을 비구의 재보가 풍요롭다고 하는 것이다.

비구 위력이 구족하다는 말은 어떤 것인가? 여기서 비구는 괴로움에 대한 성스러운 진리〔苦聖諦〕를 사실 그대로 알고, 괴로움의 발생에 대한 성스러운 진리〔習聖諦：集諦〕·괴로움의 소멸에 대한 성스러운 진리〔盡聖諦：滅諦〕·괴로움의 소멸에 이르는 길에 대한 성스러운 진리〔道聖諦〕도 사실 그대로 안다. 이것을 비구가 위력을 구족한 것이라고 한다.”

부처님께서 비구들에게 말씀하셨다.

"내가 지금 모든 힘 있는 자를 두루 관찰해 보아도 악마의 힘을 넘어설 이가 없으나, 번뇌[漏]를 끊어 없앤 비구의 힘이라야 능히 그들을 이길 수 있을 것이다."

모든 비구들은 부처님의 말씀을 듣고 기뻐하며 받들어 행했다.

불설장아함경 제 7 권

〔제 2 분〕 ②

3. 폐숙경弊宿經[1]

그때 동녀童女 가섭迦葉은 5백 비구와 함께 구살라국拘薩羅國을 유행遊行하다가 점차로 사파혜斯波醯 바라문촌에 이르렀다. 그리고 사파혜촌의 북쪽에 있는 시사바숲〔尸舍婆林〕에 머물렀다. 그때 폐숙弊宿이라는 바라문이 사파혜촌에 머물고 있었는데, 이 마을은 풍요롭고 살기 좋아 백성들이 많이 살았으며 수목도 무성했다. 바사닉왕波斯匿王은 따로 이 마을을 떼어 바라문 폐숙에게 주어 범분梵分[2]으로 만들었다. 폐숙 바라문은 항상 이견異見을 가지고 사람들에게 말했다.

1 이 경의 이역 경전으로는 송 시대 법현法賢이 한역한 『대정구왕경大正句王經』이 있으며, 『중아함경』 제 16 권 71번째 소경인 「비사경蜱肆經」도 비슷한 내용을 담고 있다.
2 Brahma-deyya. 왕王이 내린 영토로서 영구히 세금이 면제된 지역을 말한다.

"다른 세상이란 없는 것이며, 또 다시 태어난다는 것〔生〕도 없는 것이며 선악의 과보도 없다."

사파혜촌 사람들은 동녀 가섭이 5백 명의 비구와 함께 구살라국에서 이곳 시사바숲으로 가까이 오고 있다는 소식을 듣고 서로들 말하였다.

"이 동녀 가섭은 큰 명성이 있고 이미 아라한이 되었으며 나이도 많고 덕이 높으며 많이 들어 널리 알며 총명하고 지혜롭다고 한다. 그리고 그 말솜씨〔辯才〕는 상대의 근기에 맞게 잘 설명한다고 들었다. 그러니 이제 만나 보는 것 또한 좋지 않을까?"

그 마을 사람들은 날마다 차례로 가섭을 찾아보았다. 그때 폐숙은 높은 누각 위에서 그 마을 사람들이 떼 지어 가는 것을 바라보았는데 그들이 가는 곳을 알지 못했다. 그래서 곧 측근에서 일산〔蓋〕을 들고 있는 시자侍者에게 물었다.

"저 사람들은 무엇 때문에 저렇게 떼 지어 가는가?"

시자가 대답했다.

"제가 듣기로는 동녀 가섭이 5백 비구를 거느리고 구살라국을 유행하며 시사바 숲으로 왔으며, 또한 듣기에 그는 큰 명성이 있고 이미 아라한이 되어 나이도 많고 덕이 높으며 많이 들어 널리 알며 총명하고 지혜롭다고 합니다. 그리고 그는 말솜씨가 뛰어나 상대의 근기에 맞게 잘 설명한다는 말을 들었습니다. 저 사람들이 떼 지어 가는 것은 그 가섭을 만나고자 해서입니다."

폐숙 바라문은 곧 시자에게 명령했다.

"너는 빨리 저 사람들에게 가서, 잠깐 기다렸다가 함께 가서 만나자고 말하여라. 왜냐하면 저 가섭은 어리석고 미혹하여 세상 사람을 속이고 있기 때문이다. 그는 다른 세상이 있고 다시 태어남〔生〕이 있으며 선악의 과보가 있다고 말한다. 그러나 사실 다른 세상이란 없는 것이고 다시 태어남〔生〕도 없는 것이며 선악의 과보도 없는 것이다."

시자는 명령을 받자마자 곧 사파혜촌 사람들에게 가서 말했다.

"바라문께서 당신들에게 말씀하시기를 '너희들은 좀 기다렸다가 같이 가서 만나자'고 하셨습니다."

마을 사람들이 대답했다.

"좋다, 좋다. 만일 올 수 있다면 마땅히 같이 갈 것이다."

시자는 돌아와 자세히 말했다.

"저 사람들이 기다리고 있습니다. 가실 수 있으면 가십시오."

바라문은 곧 높은 누각에서 내려와 시자에게 명령하여 가마〔駕〕를 준비시켰다. 그리고 그 마을 사람들에게 앞뒤로 둘러싸여 함께 시사 바숲으로 가서 수레에서 내렸다. 그리고 걸어서 가섭에게로 나아가 인사를 나눈 뒤 한쪽에 앉았다. 그 마을 사람들 중 바라문이나 거사居士들은 가섭에게 예배한 뒤에 앉는 자도 있고 인사를 나눈 뒤에 앉는 자도 있었으며 자기 이름만 댄 뒤에 앉는 자도 있고 합장하고 나서 앉는 자도 있었으며 잠자코 앉는 자도 있었다.

폐숙 바라문은 동녀 가섭에게 말했다.

"지금 제가 묻고 싶은 것이 있습니다. 혹 틈을 내어 들어주실 수 있겠습니까?"

가섭이 대답했다.

"그대가 묻는 바를 따라 들을 것이니 그렇게 알라."

바라문이 말했다.

"지금 내 주장은 다른 세상이란 없는 것이고, 다시 태어난다는 것도 없는 것이며 죄와 복의 과보도 없다는 것입니다. 당신의 주장은 어떻습니까?"

가섭이 대답했다.

“내가 지금 그대에게 물을 것이니 그대의 생각대로 대답하라. 지금 위에 있는 해와 달은 이 세상인가, 다른 세상인가? 사람인가, 하늘인가?”

바라문이 대답했다.

“해와 달은 다른 세상이며, 이 세상이 아닙니다. 그것은 하늘이며, 사람이 아닙니다.”

가섭이 대답했다.

“이것으로써 알 수 있으니, 반드시 다른 세상은 있는 것이며, 또한 다시 태어남도 있고 선악의 과보도 있는 것이다.”

바라문이 말했다.

“당신이 비록 다른 세상이 있고 다시 태어남도 있으며 선악의 과보도 있다고 말하지만 내 생각으로는 모두 없는 것입니다.”

가섭이 물었다.

“어떤 이유〔因緣〕로 다른 세상은 없는 것이고 다시 태어남도 없으며 선악의 과보가 없는 줄로 아는가?”

바라문이 대답했다.

“연유가 있습니다.”

가섭이 물었다.

“어떤 연유로 다른 세상이 없다고 하는가?”

바라문이 말했다.

“가섭이여, 저에겐 병을 앓아 매우 고생하는 친족과 벗〔知識〕이 있었습니다. 저는 그에게 가서 말했습니다.

‘모든 사문과 바라문들은 각각 다른 견해를 가지고 있는데 모든 살생·도둑질·삿된 음행·이간질·욕설·거짓말·꾸밈말·탐취·질투·삿된 견해를 가진 사람은 몸이 무너지고 목숨이 끝나면 모두 지옥에 들어간다고 한다. 그러나 나는 처음부터 그 말을 믿지 않았다. 왜냐하면 아직까지 죽은 사람으로서 다시 돌아와 그가 떨어졌던 곳에 대해 말해 주는 이를 전혀 보지 못했기 때문이다. 만일 어떤 사람이 와서 그가 떨어졌던 곳에 대해 이야기해 준다면 나는 반드시 믿고 수용할 것이다. 지금 너는 나와 친하고 또 10악惡도 갖추고 있다. 만일 저 사문의 말대로라면 너는 죽어 반드시 큰 지옥에 들어갈 것이다. 이제 나는 너를 믿고 네 말에 따라 결정할 것이니, 분명히 지옥이 있다면 너는 마땅히 돌아와서 내게 말해 달라. 그런 뒤에야 믿을 것이다.'

가섭이여, 그는 벌써 죽었지만 아직까지 오지 않았습니다. 그는 제 친족이라서 당연히 저를 속일 리가 없는데, 오지 않는 것을 보면 반드시 뒷세상은 없는 것입니다."

가섭이 대답했다.

"모든 지혜 있는 사람은 비유를 들어 말해 주면 쉽게 이해한다고 한다. 나도 이제 그대를 위해 비유를 끌어와 그것을 깨닫게 하겠다. 비유하면 도적이 항상 간사한 계책을 품고 있다가 왕이 금지하는 법을 범하자, 경관〔伺察〕이 그를 붙잡아 왕에게 데리고 가서 말했다.

'이 사람이 도둑질을 하였습니다. 원컨대 왕께서 그를 다스려 주십시오.'

왕은 곧 측근에 있는 신하에게 명령했다.

'그 사람을 결박하여 거리를 두루 돌게 한 뒤, 그를 싣고 성을 나가 사형을 집행하는 자에게 맡겨라.'

측근에 있던 사람들은 곧 그 도둑을 끌어다 사형 집행자에게 맡겼다. 그 도둑은 부드러운 말로 수위守衛에게 말했다.

'당신은 나를 놓아주시오. 고향의 모든 친족들을 만나 작별의 인사를 마친 뒤에 반드시 돌아오겠소.'

바라문이여, 어떠한가? 저 수위는 기꺼이 그를 놓아주겠는가?"

바라문이 말했다.

"안 될 것입니다."

가섭은 또 말했다.

"그는 모두 같은 사람으로서 현세에 함께 살고 있는데도 오히려 놓아주지 않는데, 더구나 그대의 친족은 10악惡을 갖추었으니 몸이 죽어 수명이 끝난 다음 틀림없이 지옥에 들어갔을 것이다. 지옥의 귀신은 자비심도 없고 또 사람도 아니며 죽은 사람과 산 사람은 세상을 달리하고 있다. 그가 아무리 부드러운 말로 지옥의 귀신에게 요구하기를 '너는 잠시만 나를 놓아다오. 내가 세간으로 돌아가 친족들을 만나 작별 인사를 한 뒤에 반드시 돌아올 것이다'라고 한들 석방될 수 있겠는가?"

바라문이 대답했다.

"안 될 것입니다."

가섭은 또 말했다.

"이것으로 서로 비교해 보면 저절로 충분히 알 수 있을 것이다. 어떻게 미혹[迷]한 것을 고집하며 스스로 사견邪見을 내는가?"

바라문이 말했다.

"당신이 아무리 비유를 들어 다른 세상이 있다고 하지만 나는 그래도 없다고 생각합니다."

가섭이 다시 말했다.

"그대는 또 어떤 다른 이유가 있어 다른 세상이 없다는 것을 아는가?"

바라문이 대답했다.

“내게는 다시 다른 이유가 있어 다른 세상이 없다는 것을 압니다.”

가섭이 물었다.

“어떤 인연으로 알 수 있는가?”

그는 대답했다.

“가섭이여, 저에겐 병을 앓아 위독한 친족이 있었습니다. 저는 그에게 가서 말했습니다.

‘모든 사문과 바라문은 각각 다른 견해를 가지고 다른 세상이 있다고들 말한다. 살생하지 않고 도둑질하지 않고 사음하지 않으며 속이지 않고 이간질 하는 말·욕설·거짓말·꾸밈말·탐욕·질투·삿된 견해를 가지지 않은 사람은 몸이 무너지고 목숨이 끝나면 다 천상天上에 태어난다고 하는데 나는 처음부터 그것을 믿지 않았다. 왜냐하면 아직까지 죽은 사람이 다시 돌아와 자신이 떨어졌던 곳에 대해 말해주는 이를 전혀 보지 못했기 때문이다. 만일 어떤 사람이 와서 그가 떨어졌던 곳에 대해 말해준다면 나는 반드시 그것에 대한 믿음이 생길 것이다. 지금 너는 나와 친하고 또 10선善도 구족하고 있다. 만일 사문의 말대로라면 너는 이제 목숨을 마치면 반드시 천상에 태어날 것이다. 이제 나는 너를 믿고 네 말에 따라 결정할 것이니, 만일 분명히 하늘의 과보가 있거든 마땅히 와서 내게 말해 알려 달라. 그런 뒤에야 나는 믿을 것이다.’

가섭이여, 그는 벌써 죽었지만 아직까지 오지 않았습니다. 그는 내 친족이라서 당연히 저를 속일 리가 없는데 오지 않는 것을 보면 반드시 다른 세상이란 없는 것입니다.”

가섭이 또 말했다.

“모든 지혜 있는 사람은 비유를 들어 말하면 쉽게 이해한다고 한다. 나도 이제 또 그대를 위해 비유를 들어 말하겠다. 비유하면 어떤 사람이 깊은 뒷간에 떨어져 머리까지 빠졌다고 하자. 왕은 측근에 있는 사람에게 명령하여 그 사람을 끌어내어 대나무로 긁개를 만들어 세 번 그 몸을 긁고 가루비누〔澡豆〕와 깨끗한 재〔淨灰〕로 여러 번 씻긴다. 다음에는 향탕香湯에 목욕시켜 여러 가지 고운 가루향을 그 몸에 뿌리고 이발사를 시켜 그 수염과 머리를 깨끗이 깎게 하고 또 측근에 명령하여 거듭 씻긴다. 이렇게 세 번을 되풀이하고 향탕에 목욕시키고 가루향을 몸에 뿌리며 좋은 옷으로 그 몸을 꾸미고 온갖 맛있고 감미로운 음식으로 그 입을 만족시키며 다시 높은 집에 올라가 5욕欲으로써 즐긴다고 하자. 그 사람이 다시 그 뒷간으로 들어가려고 하겠는가?"

그는 대답했다.

"들어가려고 하지 않을 것입니다. 그곳은 냄새 나고 나쁜 곳인데 무엇 때문에 도로 그곳에 들어가려 하겠습니까?"

가섭이 말했다.

"모든 하늘도 그렇다. 이 염부리閻浮利의 땅은 냄새나고 더러워 깨끗하지 못하다. 모든 하늘은 여기서부터 거리가 백 유순由旬이나 떨어진 위에서 멀리 사람들의 냄새를 맡지만 뒷간 냄새보다 더 심하게 여긴다. 바라문이여, 그대의 친족과 벗들은 10선善을 갖추었으므로 틀림없이 하늘에 태어나 5욕을 스스로 즐기며 쾌락이 끝이 없을 텐데, 무엇하러 다시 기꺼이 이 염부리 땅으로 돌아오려고 하겠는가?"

그가 대답했다.

"아닐 것입니다."

가섭이 또 말했다.

"이것으로 서로 비교해 보면 저절로 충분하게 알 수 있을 것이다.

어떻게 미혹한 것을 고집하며 스스로 사견邪見을 내는가?"

바라문이 말했다.

"당신이 아무리 비유를 들어 다른 세상이 있다고 하지만 나는 그래도 없다고 말할 것입니다."

가섭이 다시 말했다.

"그대는 또 어떤 다른 이유가 있어 다른 세상이 없다고 아는가?"

바라문이 대답했다.

"내게는 다시 다른 이유가 있어 다른 세상이 없다는 것을 압니다."

가섭이 물었다.

"어떤 인연으로 아는가?"

그는 대답했다.

"가섭이여, 저에겐 병을 앓아 매우 위독한 친족이 있었습니다. 저는 가서 말했습니다.

'사문과 바라문들은 각각 다른 견해를 가지고 뒷세상〔後世〕이 있다고들 말한다. 살생하지 않고 도둑질하지 않으며 사음하지 않고 속이지 않으며 술을 마시지 않는 사람은 몸이 무너지고 목숨이 끝나면 모두 도리천忉利天에 태어날 것이라고 하는데, 나는 또한 믿지 않는다. 왜냐하면 아직까지 죽은 사람이 돌아와 자신이 떨어졌던 곳에 대해 말해 주는 이를 전혀 보지 못했기 때문이다. 만일 어떤 사람이 와서 그가 떨어졌던 곳에 대해 이야기해준다면 나는 꼭 그것을 믿을 것이다. 지금 너는 나와 친하고 또 5계戒도 구족했으니 몸이 무너지고 목숨이 끝나면 반드시 도리천에 태어날 것이다. 이제 나는 너를 믿고 네 말에 따라 결정할 것이니, 만일 분명히 하늘의 복이 있거든 너는 마땅히 돌아와 내게 말해 달라. 그런 뒤에야 나는 마땅히 믿을 것이다.'

가섭이여, 그는 벌써 죽었지만 아직까지 오지 않았습니다. 그는 내 친족이라서 당연히 나를 속일 리가 없는데, 오지 않는 것을 보면 반드시 다른 세상이란 없는 것입니다."

가섭이 대답했다.

"이 인간 세상의 백 살은 바로 도리천의 하루 낮·하루 밤에 해당한다. 이렇게 또한 30일이 1개월이고 12개월이 1년이니 이렇게 계산하면 저 하늘의 수명은 천 살이나 된다. 어떤가? 바라문이여, 그대의 친족으로서 5계를 구족한 사람은 몸이 무너지고 목숨이 끝나 반드시 도리천에 태어났을 것이다. 그는 하늘에 태어나서 이렇게 생각했을 것이다.

'나는 여기에 처음으로 태어났으니, 마땅히 2, 3일 동안 여기서 즐겁게 놀다가 그 다음에 내려가서 그에게 알려주어야겠다.'

이렇게 생각하였다면 그대가 만나볼 수 있겠는가?"

그는 대답했다.

"안 될 것입니다. 저는 이미 죽은 지 오래일 텐데, 어떻게 서로 만날 수 있겠습니까?"

바라문이 말했다.

"저는 믿을 수 없습니다. 누가 와서 당신에게 도리천이 있고 그 수명이 이와 같다고 말했습니까?"

가섭이 말했다.

"모든 지혜 있는 사람은 비유를 들어 말해주면 쉽게 이해한다고 한다. 나도 지금 다시 그대를 위해 비유를 들어 말해 주겠다. 비유하면 어떤 사람이 나면서부터 장님이 되어 파란색〔靑〕·노란색〔黃〕·빨간색〔赤〕·흰색〔白〕 등 다섯 가지 색깔과 거칠고 미세한 것과 길고 짧은 것을 모르며, 또 해·달·별·구릉·골짜기를 보지 못했는데 어떤 사람이 장님에게 물었다.

'파란색 · 노란색 · 빨간색 · 흰색 등의 다섯 가지 빛깔이 어떠한가?'

장님이 대답했다.

'다섯 가지 빛깔은 없다. 그와 같이 거칠고 미세한 것과 길고 짧은 것과 해 · 달 · 별 · 구릉 · 골짜기는 모두 없는 것이다.'

이렇게 말한다면 어떤가? 바라문이여, 저 장님의 말이 올바른 대답인가?"

그는 대답했다.

"아닙니다. 왜냐하면 세간에는 현재 파란색 · 노란색 · 빨간색 · 흰색 등 다섯 가지 색깔과 거칠고 미세한 것과 길고 짧은 것과 해 · 달 · 별 · 구릉 · 골짜기들이 있는데, 그는 없다고 하기 때문입니다."

"바라문이여, 그대도 그와 같다. 도리천의 수명은 실제로 있는 것이지 공허한 것이 아니다. 그대는 스스로 보지 못했다고 하여 곧 그것이 없다고 말하고 있다."

바라문이 말했다.

"당신은 아무리 있다고 말하지만 저는 그래도 믿지 않습니다."

가섭은 또 말했다.

"그대는 또 무슨 연유로 그것이 없다고 알고 있는가?"

그가 대답했다.

"가섭이여, 제가 봉작 받은 마을에 도둑질하는 사람이 있었는데, 경관이 붙잡아서 내 처소로 데리고 와서 말했습니다.

'이 사람은 도둑질을 하였습니다. 원컨대 다스려 주십시오.'

나는 대답했습니다.

'이 사람을 묶어 큰 가마솥에 넣고, 둘레를 진흙으로 두툼하게 덮

어 단단히 봉해 새지 못하게 하라. 그리고 사람을 시켜 둘러싸고 솥에 불을 때서 삶아라.'

나는 그때 그 사람의 정신이 빠져 나가는 곳을 살펴서 알아보고 싶어서 모든 시종侍從을 데리고 에워싸고 살펴보았지만 그 정신이 오고 가는 것을 전혀 보지 못했습니다. 또 그 솥을 열고 보았지만 또한 정신이 오고 간 흔적을 보지 못했습니다. 이 이유로 다른 세상이 없다는 것을 압니다."

가섭이 또 말했다.

"내가 이제 그대에게 묻겠다. 만일 답할 수 있거든 마음대로 대답하라. 바라문이여, 너는 높은 누각에 누워 잠을 잘 때, 일찍이 꿈에서 산림山林·강하江河·동산〔園〕을 보았으며, 욕지浴池·나라·고을·거리를 본 적이 있는가?"

그는 대답했다.

"꿈에 본 적이 있습니다."

또 물었다.

"바라문이여, 그대가 꿈을 꿀 때 그대 집의 권속들은 그대를 시중들고 있었는가?"

그는 대답했다.

"시중들고 있었습니다."

또 물었다.

"바라문이여, 너의 모든 권속들은 너의 식신(識神 : 넋이 드나드는 것)을 보았다고 하던가?"

그는 대답했다.

"보지 못했습니다."

가섭은 또 말했다.

"그대는 현재 살아 있는 사람인데도 식신이 드나드는 것을 볼 수 없는데 더구나 죽은 사람에 있어서이겠는가? 그대는 눈앞에 나타난 일만 가지고 중생을 관찰해서는 안 된다. 바라문이여, 어떤 비구가 밤새도록〔初夜後夜〕 잠자지 않고 정근하고 게으름을 피우지 않고 오로지 도품道品만 생각하며, 삼매의 힘으로써 천안天眼을 닦아 깨끗이 하고 천안天眼의 힘으로 중생을 관찰한다고 하자. 그때 그는 중생들이 여기서 죽어 저기에 태어나고 저기서 죽어 여기에 태어나며, 수명의 길고 짧음과 안색이 좋고 추함과 행行에 따라 과보를 받아 좋고 나쁜 세계〔趣〕에 가는 것을 모두 보아서 안다. 그대는 더럽고 탁한 육안肉眼이기 때문에 중생이 가는 곳을 환히 보지 못한다. 그렇다고 덮어놓고 없다고 말하는 것은 옳지 못하다. 바라문이여, 이로써 다른 세상이 반드시 있다는 것을 알 수 있다."

바라문이 말했다.

"당신이 아무리 비유를 들어 다른 세상이 있다고 말하지만 내 소견 같아서는 그래도 그것은 없습니다."

가섭이 또 말했다.

"그대는 또 다른 연유가 있어 다른 세상이 없다고 알고 있는가?"

바라문이 말했다.

"있습니다."

가섭이 말했다.

"어떤 연유로 아는가?"

바라문이 말했다.

"제가 봉작 받은 마을에 도둑질을 한 사람이 있었는데, 경관이 붙잡아 제 처소로 데리고 와서 말했습니다.

'이 사람은 도둑질을 하였습니다. 오직 원컨대 다스려 주십시오.'

나는 측근 사람에게 명령하여 그 사람을 묶어 놓고 그 가죽을 산 채로 벗기게 하고 그 식신識神을 찾았으나 도무지 발견하지 못했습니다. 또 측근 사람에게 명령하여 그 살을 베게 하면서 식신을 찾았으나 그래도 발견하지 못했습니다. 또 측근 사람에게 명령하여 그 힘줄을 끊고 뼈 속에서 식신을 찾았으나 또 발견하지 못했습니다. 또 측근 사람에게 명령하여 뼈를 쪼개고 골수〔髓〕를 내게 하여 골수 속에서 식신을 찾았으나 또 발견하지 못했습니다. 가섭이여, 나는 이런 이유로 다른 세상이 없다고 알고 있습니다."

가섭이 다시 말했다.

"모든 지혜 있는 사람은 비유를 들어 말하면 쉽게 이해한다고 한다. 나도 이제 다시 그대를 위해 비유를 들어 말해 주겠다. 아주 먼 옛날에 어떤 나라가 있었는데 그 나라는 척박하고 허물어져 미처 회복되지 않았다. 그때 어떤 상인이 5백 대의 수레를 끌고 그 지역을 지났는데 어떤 한 범지梵志가 화신火神을 섬기면서 늘 한 숲에 머무르고 있었다. 모든 상인들은 거기 가서 하룻밤을 지내고 이른 아침에 하직 인사를 하고 떠나갔다. 그때 불을 섬기는 범지가 이렇게 생각했다.

'아까 여러 상인들이 이 숲 속에서 묵고 이제 떠났는데 혹 빠뜨린 것이 있는지 시험 삼아 가보아야겠다.'

이렇게 생각하고 곧 거기에 가보았으나 아무것도 없고 다만 한 살난 어린애가 그 자리에 홀로 있었다. 범지는 다시 생각했다.

'내 이제 어찌 이 어린애를 차마 내 앞에서 죽게 하랴. 차라리 이 아이를 내가 사는 곳으로 데리고 가서 길러야겠다.'

그리고는 곧 어린애를 안고 사는 곳으로 돌아와 길렀다. 그 아이가 점점 자라 열 살 남짓이 되었을 때, 이 범지는 잠깐 볼 일이 있어 속세에 가기 위해 아이에게 말했다.

'내가 볼 일이 있어 잠깐 자리를 비우고자 한다. 너는 이 불을 잘 보호해 부디 꺼지지 않도록 하여라. 만일 불이 꺼지거든 송곳으로 나무를 비벼 불을 피우도록 하여라.'

이렇게 자세히 일러주고 숲을 나와 길을 떠났다. 범지가 떠난 뒤 어린애는 장난에 빠져 자주 불을 돌보지 않아 불이 그만 꺼져 버렸다. 어린애는 놀다 돌아와 불이 꺼진 것을 보고 걱정되어 말했다.

'내가 잘못했다. 우리 아버지는 떠나실 때 자세히 가르쳐 주면서 나에게 당부하기를 이 불을 잘 지켜 부디 꺼지지 않게 하라고 하셨다. 그런데 나는 장난에 빠져 그만 불을 꺼지게 했으니, 장차 이 일을 어쩌면 좋을까?'

그때 그 어린애는 재를 불면서 불을 구했으나 얻지 못했고, 다시 도끼로 땔감을 쪼개 불을 구했으나 또 얻지 못했다. 다시 땔감을 부수어 절구통에 넣고 찧으면서 불을 구했으나 또 얻지 못했다. 그때 범지가 속세에서 돌아와 숲 속으로 가서 어린애에게 물었다.

'내 먼저 너에게 불을 잘 보살피라고 당부하였는데, 불은 꺼지지 않았느냐?'

어린애가 대답했다.

'제가 나가서 노는 데 정신이 팔려 자주 보살피지 못해 불이 이미 꺼지고 말았습니다.'

다시 어린애에게 물었다.

'너는 어떤 방편으로 다시 불을 구하였느냐?'

어린애가 대답했다.

'불은 나무에서 생기는 것이라서 저는 도끼로 나무를 쪼개어 불을 구했으나 얻지 못했습니다. 다시 그것을 끊어 부수어 절구통에 넣고

찧으면서 불을 구했으나 불은 결국 얻지 못했습니다.'

그 범지는 송곳으로 나무를 비벼 불을 내어 섶을 쌓아 태우면서 어린애에게 말했다.

'대개 불을 구하는 방법은 이런 것이다. 그저 나무를 쪼개고 절구로 찧고 해서 구해지는 것이 아니다.'

바라문이여, 그대도 이와 같아서 방편도 없이 죽은 사람의 가죽을 벗겨 식신을 구했다. 그대는 눈앞에 나타난 일만으로 중생을 관찰해서는 안 된다. 바라문이여, 어떤 비구는 밤새도록 자지 않고 정근하여 게으르지 않으며 오로지 도품道品만 생각하고, 삼매의 힘으로써 천안天眼을 닦아 깨끗이 하고 천안의 힘으로 중생을 관찰하여 여기서 죽어 저기에 나고, 저기서 죽어 여기에 나며 수명의 길고 짧음과 안색이 좋고 추함과 행을 따라 과보를 받아 선악善惡의 세계〔趣〕로 나아가는 것을 모두 보아 안다. 그대는 더럽고 탁한 육안肉眼이기 때문에 중생의 가는 세계를 환히 보지 못하는 것인데 그저 없다고 말해서는 안 된다. 바라문이여, 이로써 반드시 다른 세상이 있다는 것을 알 수 있다."

바라문이 말했다.

"당신이 아무리 비유를 들어 다른 세상이 있다고 말하지만 내 소견 같아서는 그래도 그것은 없습니다."

가섭이 다시 말했다.

"그대는 또 다른 연유가 있어 다른 세상이 없다고 알고 있는가?"

바라문이 말했다.

"그렇습니다."

가섭이 말했다.

"어떤 연유로 아는가?"

바라문이 말했다.

"제가 봉작 받은 마을에 도둑질을 하는 사람이 있었는데 경관이 붙잡아 내 처소로 데리고 와서 말했습니다.

'이 사람은 도둑질을 하였습니다. 원컨대 이 사람을 다스려 주십시오.'

나는 측근 사람들에게 명령했습니다.

'이 사람을 데려다 저울로 달아 보아라.'

시중드는 사람들은 명령을 받고 곧 저울로 달았습니다. 나는 또 시중드는 사람에게 말했습니다.

'이 사람을 데려다 편안하게 죽이되 가죽과 살에 상처를 내지 마라.'

시중드는 사람들은 내 명령을 받고 곧 그를 죽이되 상처를 내지 않았습니다. 나는 다시 좌우 사람들에게 명령하여 그것을 다시 달아보았는데 그것은 본래보다 무거웠습니다. 가섭이여, 그를 산 채로 달았을 때에는 그는 식신識神이 아직 있어 안색이 아름답고 또 능히 말까지 했는데 그 몸은 가벼웠습니다. 그러나 그를 죽여 다시 달았을 때에는 식신은 이미 없어져 안색도 없어지고 또 말도 하지 못했는데 그 몸은 더 무거웠습니다. 나는 이런 이유로 다른 세상이 없다는 것을 압니다."

가섭이 바라문에게 말했다.

"내 이제 그대에게 물을 것이니, 그대는 생각대로 내게 대답하라. 사람이 쇠를 달아보는 것과 같다. 먼저 차가울 때 달아보고 다음에 뜨거울 때 달아보면 어떤 것이 광택〔光色〕이 있고 부드러우면서도 가벼우며, 어떤 것이 광택이 없고 단단하며 무거운가?"

바라문이 말했다.

"뜨거운 쇠는 빛이 있고 부드러우며 가볍고, 차가운 쇠는 빛이 없고 단단하며 무겁습니다."

가섭이 말했다.

"사람도 그와 같다. 살아서는 안색이 있고 부드러우며 가볍지만, 죽으면 안색도 없고 단단하며 무겁다. 이로써 반드시 다른 세상이 있다는 것을 알 수 있다."

바라문이 말했다.

"당신이 아무리 비유를 들어 다른 세상이 있다고 말하지만 내 소견 같아서는 틀림없이 없습니다."

가섭이 말했다.

"그대는 또 어떤 연유가 있어 다른 세상이 없다는 것을 아는가?"

바라문이 대답했다.

"저에겐 병이 들어 위독한 친족이 있었습니다. 그때 나는 거기 가서 말했습니다.

'이 병자를 부축해 오른쪽으로 눕혀라.'

그러자 바라보는 것이나 굽히고 펴는 것이나 말하는 것이 평상시와 같았습니다. 또 왼쪽으로 눕히게도 하였고 뒤엎게도 하였으며, 뒹굴게도 하였는데 굽히고 펴는 것이나 바라보는 것이나 말하는 것이 평상시와 같았습니다. 그가 곧 죽자 나는 다시 사람을 시켜 부축해 굴리게 하고 왼쪽으로 눕히고 오른쪽으로 눕히고 뒤엎게도 하면서 자세히 살펴보았습니다. 그랬더니 다시는 굽혀 펴거나 바라보거나 말도 하지 않았습니다. 나는 이로써 반드시 다른 세상이 없다는 것을 압니다."

가섭이 다시 말했다.

"모든 지혜 있는 사람은 비유를 들어 말하면 쉽게 이해한다고 한다. 나도 이제 마땅히 그대를 위해 비유를 들어 말해 주겠다. 옛날에 어떤 나라가 있었는데 그 나라 사람들은 고동 소리를 들어본 적이 없었다. 그때 고동을 잘 부는 어떤 사람이 그 나라에 가서 한 마을에 들어가 고동을 쥐고 세 번 분 다음 땅에 놓아두었다. 그러자 그 마을 사람들 남녀 모두가 그 소리를 듣고 놀라 모두 가서 물었다.

'이것이 무슨 소리기에 이처럼 애절하고 부드러우며 맑고 트였습니까?'

그 사람은 고동을 가리키며 말했다.

'이 물건의 소리입니다.'

그 마을 사람들은 손을 고동에 대보면서 말했다.

'너는 소리를 내라, 너는 소리를 내라.'

그러나 고동은 전혀 소리를 내지 않았다. 그 주인은 곧 고동을 들고 세 번 분 다음 땅에 내려놓았다. 그때 마을 사람들은 말했다.

'전에 그 아름다운 소리는 이 고동의 힘이 아니라, 손이 있고 입이 있고 기운이 있어서 그것을 분 뒤에야 비로소 고동이 우는구나.'

사람도 그와 같아서 목숨이 있고 식識이 있고 숨결〔息〕의 출입이 있어야 곧 능히 굽히고 펴고 바라보고 말할 수 있는 것이다. 목숨이 없고 식이 없고 출입하는 숨결이 없으면 곧 굽히고 펴고 바라보고 말할 수 없다."

또 바라문에게 말했다.

"그대는 이제 마땅히 이 사악邪惡한 소견을 버리고 긴긴 어둠〔長夜〕 속에서 스스로 고뇌를 더하지 말라."

바라문이 말했다.

"저는 버릴 수 없습니다. 왜냐하면 저는 나면서부터 지금까지 긴긴 어둠〔長夜〕 속에서 외우고 익혀 굳어졌기 때문입니다. 그러니 어떻게 버리겠습니까?"

가섭이 다시 말했다.

"모든 지혜 있는 사람은 비유를 들어 말해 주면 쉽게 이해한다고 한다. 나도 이제 그대를 위해 비유를 들어 말해주겠다.

먼 옛날에 어떤 나라가 있었다. 그 땅은 변방에 있었고, 백성들은 피폐하였다. 그 나라에 두 사람이 있었는데, 한 사람은 지혜롭고 다른 한 사람은 어리석었다. 그들이 서로 말했다.

'나는 당신의 친구요. 우리 함께 성을 나가 짝이 되어 재물을 구해 봅시다.'

그들은 곧 짝을 이루어 다니다가 길가의 어떤 빈터에 이르러 삼〔麻〕이 있는 것을 보았다. 지혜로운 사람이 어리석은 사람에게 말하였다.

'이것을 가지고 함께 돌아가자.'

그 두 사람은 각각 한 짐씩 메고 다시 앞마을을 지나다가 삼실〔麻縷〕을 보았다. 지혜로운 이가 말했다.

'삼실은 공력이 들어간 데다 가볍고 미세하니 이것을 가지고 갑시다.'

그러자 다른 한 사람이 말했다.

'나는 이미 삼을 취해 단단하고 견고하게 묶었기 때문에 이것을 버릴 수 없습니다.'

지혜로운 이는 곧 무거운 짐을 버리고 삼실을 가지고 갔다. 그들은 다시 앞으로 나아가다가 삼베가 있는 것을 보았다. 지혜로운 이가 말했다.

'이 삼베는 공력이 들어간 데다 또한 가볍고 미세하니 이것을 가지고 갑시다.'

그러자 다른 한 사람이 말했다.

'나는 이미 삼을 취해 단단하고 견고하게 묶었기 때문에 이것을 버릴 수 없습니다.'

지혜로운 이는 곧 삼실을 버리고 삼베를 가지고 갔다. 그리고 스스로 소중히 여겼다.

그들은 다시 앞으로 나아가다가 솜〔劫貝〕이 있는 것을 보았다. 지혜로운 이가 말했다.

'솜은 값이 비싸고 또 가볍고 미세하니 이것을 가지고 갑시다.'

다른 한 사람이 말했다.

'나는 이미 삼을 취해 단단하고 견고하게 묶었고, 먼 길을 가지고 왔으니 버릴 수 없소.'

그 지혜로운 사람은 곧 삼베를 버리고 솜을 가졌다. 이렇게 앞으로 가다가 솜실을 보았고 다음에 흰 천을 보았으며 다음에는 백동白銅을 보았고, 다음에는 백은白銀을 보았으며, 다음에는 황금을 보았다. 그 지혜로운 이는 말했다.

'만일 금이 없으면 백은을 취하고 만일 백은이 없으면 백동白銅에서부터 나아가 삼실에 이르기까지라도 가질 것이며, 만일 삼실이 없으면 삼이라도 가져야 할 것이오. 그러나 이제 이 마을에 숱한 보배 중에 제일가는 황금이 많이 있으니, 그대는 마땅히 삼을 버리시오. 나도 마땅히 백은을 버리겠소. 그리고 우리 함께 황금을 취해 스스로 소중히 여기며 돌아갑시다.'

그 한 사람이 말했다.

'나는 이 삼을 취해 단단하고 견고하게 묶었고 또 먼 길을 가지고 왔으니, 버릴 수 없소. 그대나 가지고 싶으면 뜻대로 가지시오.'

그 지혜로운 이는 은을 버리고 황금을 취해 한 짐 잔뜩 지고 집으로 돌아왔다. 친족은 멀리서 그 사람이 많은 황금을 얻은 것을 보고 기뻐하면서 맞이했다. 황금을 얻은 사람은 친족이 맞이하는 것을 보고 다시 크게 기뻐했다. 그러나 저 지혜 없는 사람은 삼을 지고 돌아왔다. 친족들은 그것을 보고 불쾌하게 생각했고 또 일어나 맞이하지도 않았다. 그 삼을 지고 온 사람은 더욱더 부끄러워하고 번민했다.

바라문이여, 그대도 이제 그 좋지 않은 습관과 삿된 소견을 버려 긴 세월 동안 스스로 고뇌를 더하도록 하지 말라. 그것은 마치 저 삼을 진 사람이 고집이 세어 금을 취하지 않고 삼을 지고 돌아왔다가 부질없이 스스로 피로하고 친족들이 기뻐하지 않을 뿐 아니라 오랫동안 빈궁하여 스스로 걱정과 고통을 더하는 것과 같은 것이다."

바라문이 말했다.

"저는 끝내 이 견해를 버릴 수 없습니다. 왜냐하면 저는 이 견해로 남을 많이 가르쳤고 또 이익되는 바가 많았기 때문입니다. 사방의 모든 왕들은 모두 내 이름만 들어도 제가 단멸斷滅을 주장하는 학자인 줄로 알고 있습니다."

가섭이 다시 말했다.

"모든 지혜 있는 사람은 비유를 들어 말하면 잘 이해한다고 한다. 나도 이제 다시 그대를 위하여 비유를 들어 말해 주겠다. 오랜 옛날에 어떤 국토가 있었는데 그 국토는 변방에 있었고 백성들은 피폐하였다. 그때 천 대의 수레를 끌고 상인들이 그 국토를 지나가고 있었는데 물과 곡식과 땔감을 자급할 수가 없었다. 그때 상인의 우두머리가 생각했다.

'우리 일행은 사람은 많고 물과 곡식과 땔감은 자급할 수가 없으니, 이제 차라리 두 패로 가르자.'

그리하여 그 한 무리는 먼저 출발했다. 먼저 출발한 무리의 길잡이가, 몸이 크고 눈이 붉고 얼굴은 검으며 그 몸에 진흙을 바른 어떤 사람이 멀리서 오는 것을 보고 곧 물었다.

'그대는 어디서 오는가?'

그는 대답했다.

'나는 앞마을에서 온다.'

또 그에게 물었다.

'그대가 온 곳에는 물과 곡식과 땔감이 많던가?'

그 사람은 대답했다.

'내가 온 곳에는 물과 곡식과 땔감이 많이 있어 모자라지 않았다. 나는 도중에서 폭우를 만났는데 거기에는 물도 많고 또 땔감도 풍부했다.'

또 상인의 우두머리에게 말했다.

'당신들의 수레에 만일 곡식이나 땔감이 있거든 모두 버려라. 저기는 그것들이 풍부하니, 구태여 수레를 무겁게 할 필요가 없다.'

그러자 상인의 우두머리가 여러 상인들에게 말했다.

'내가 아까 앞서가다가 어떤 사람을 보았는데, 그는 눈이 붉고 얼굴은 검으며 몸에는 진흙을 바르고 있었다. 내가 그를 만나 물었다.

〈너는 어디서 오느냐?〉

그는 곧 내게 대답했다.

〈나는 앞마을에서 온다.〉

나는 또 물었다.

〈네가 온 곳에는 물과 곡식과 땔감이 많던가?〉

그는 내게 대답했다.

〈그곳에는 넉넉하게 많이 있다.〉

그리고 또 내게 말했다.

〈전에 도중에서 폭우를 만났는데 거기에는 물도 많고 또 땔감도 풍부했다.〉

그는 다시 내게 말했다.

〈만일 그대들 수레에 곡식이나 땔감이 있거든 그것을 모두 버려라. 거기는 그런 것들이 풍부하니 구태여 수레를 무겁게 할 필요가 없다.〉

그러니 너희들은 각각 모든 곡식과 땔감을 버리고 수레를 가볍게 하여 빨리 가도록 하자.'

그러자 곧 그의 말대로 각자 모든 곡식과 땔감을 버리고 수레를 가볍게 하여 빨리 나아갔다. 이렇게 하여 하루를 지나갔는데도 물과 땔감이 보이지 않았고, 3일, 4일 나아가 7일을 가도 역시 보이지 않았다. 그때 상인들은 넓은 늪에서 헤매다가 귀신에게 잡아 먹혔다.

그 뒤에 다른 한 무리가 또 길을 떠났다. 그 상인들의 우두머리가 또 어떤 사람을 보았는데, 눈은 붉고 얼굴은 검으며 그 몸에 진흙을 바르고 있었다. 상인은 그를 만나자 물었다.

'너는 어디서 오느냐?'

그 사람은 대답했다.

'앞마을에서 온다.'

상인이 또 물었다.

'네가 온 곳에는 물과 곡식과 땔감이 많던가?'

그 사람은 대답했다.

'매우 많았다.'

그는 또 상인 우두머리에게 말했다.

'나는 도중에서 폭우를 만났는데 거기에는 물도 많고 땔감도 풍부했다.'

그리고 또 상인 우두머리에게 말했다.

'만일 그대들의 수레 위에 곡식이나 땔감이 있거든 그것들을 모두 버려라. 거기에는 그런 것들이 풍부하니 구태여 수레를 무겁게 할 필요가 없다.'

그때 상인 우두머리는 돌아와 모든 상인들에게 말했다.

'내가 아까 앞서 가다가 어떤 사람을 만났는데 그는 내게 이런 말을 했다.

〈만일 그대들의 수레 위에 곡식이나 땔감이 있거든 모두 버려라. 저기는 그런 것들이 풍부하니 구태여 수레를 무겁게 할 필요가 없다.〉

그때 상인 우두머리가 말했다.

'너희들은 부디 곡식이나 땔감을 버리지 마라. 모름지기 새것을 얻은 뒤에 그것을 버리는 것이 좋을 것이다. 왜냐하면 새 것과 묵은 것이 서로 연이어진 뒤에라야 비로소 이 광야를 건널 수 있기 때문이다.'

그래서 2일, 3일 나아가 7일 동안 그 상인들은 무거운 수레를 끌고 갔다. 이렇게 하루를 가도 물과 땔감은 보이지 않았고 2일, 3일 나아가 7일을 가도 역시 보이지 않았다. 다만 귀신에게 먹힌 앞 사람들의 해골이 흩어져 있는 것만 보일 뿐이었다.

바라문이여, 저 눈이 붉고 얼굴이 검은 자는 나찰귀羅刹鬼였다. 그대의 가르침을 따르는 모든 사람이 긴긴 세월 동안 고통을 받는 것도 마땅히 저들과 같을 것이다. 앞에 떠난 상인들은 지혜가 없었기 때문에 길잡이의 말을 따랐다가 그 자신을 스스로 멸망시킨 것이다. 바라문이여, 열심히 정진하고 지혜가 있는 저 사문 바라문들의 가르침을 받들어 행하면 곧 긴긴 세월 동안 안락을 얻을 것이다. 저 나중의 상인 무리들은 지혜가 있었기 때문에 위험과 어려움을 면할 수 있었다. 바라문이여, 그대는 이제 차라리 그 악한 소견을 버려 긴긴 세월 동안 스스로 고뇌만 늘어나게 하지 말라."

바라문은 말했다.

"저는 끝내 제 견해를 버릴 수 없습니다. 설령 어떤 사람이 와서 억지로 저에게 충고하더라도 제 분노만 살 뿐 저는 끝내 제 견해를 버리지 않을 것입니다."

가섭이 또 말했다.

"모든 지혜 있는 사람은 비유를 들어 말해 주면 쉽게 이해한다고 한다. 나도 이제 마땅히 그대를 위하여 다시 비유를 들어 말해주겠다. 오랜 옛날 어떤 나라가 있었는데, 그 나라는 변방에 위치하고 있는데다가 백성들마저 피폐하였다. 그때 돼지를 잘 기르는 어떤 사람이 있었다. 그는 다른 빈 마을에 갔다가 마른 똥이 있는 것을 보고 혼자 생각했다.

'여기엔 똥이 흔한데 우리 돼지들은 굶주리고 있다. 나는 이제 이 마른 똥을 풀에 싸서 머리에 이고 가야겠다.'

그는 곧 풀을 뜯어 똥을 싸서 머리에 이고 가는데, 도중에 큰 비를 만나 똥물이 흘러내려 발꿈치에까지 이르렀다. 여러 사람들은 그것을 보고 다들 말했다.

'미친 사람이로군. 똥을 발라〔塗〕[3] 냄새를 풍기다니. 냄새나는 똥은 맑은 날에도 이고 가지 않아야 할 것인데, 더구나 비오는 날에 그것을 이고 가다니.'

---

3 고려대장경 원문에는 '제除'자로 되어 있으나 이것으로는 문맥이 통하지 않고 『불광대장경佛光大藏經』 각주에 의하면 송宋·원元·명明 3본本에는 '도塗'자로 되어 있다고 했는데, 이것이 문맥상 더 잘 통하므로 이를 따랐다.

그러자 그 사람은 버럭 화를 내며 도리어 꾸짖었다.

'너희들은 어리석어 우리 집 돼지가 굶는 것을 모른다. 너희들이 만일 그런 줄을 안다면 나를 어리석다고 말하지 못할 것이다.'

바라문이여, 그대는 이제 그 나쁜 견해를 버려야 한다. 미혹迷惑된 생각을 고집하여 기나긴 세월 동안 고통을 받는 일이 없게 하라. 그대는 저 어리석은 자가 똥을 이고 가는 것과 같다. 그는 여러 사람의 꾸지람을 듣고도 도리어 욕하고 꾸짖으면서 그들이 무지하다고 한다."

바라문이 가섭에게 말했다.

"당신들이 만일 선善을 행하면 하늘에 나게 될 것이니, 죽는 것이 사는 것보다 낫다고 한다면 당신들은 마땅히 칼로써 스스로 목을 찌르던지 독약을 마시고 죽던지 혹은 몸을 다섯 가지로 묶어 스스로 높은 벼랑에서 떨어지던지 해야 할 것입니다. 그런데 지금 삶을 탐하여 스스로 죽지 못하는 것을 보면 곧 죽는 것이 사는 것보다 낫지 않다는 것을 알 수 있습니다."

가섭은 다시 말했다.

"모든 지혜 있는 사람은 비유를 들어 말하면 쉽게 이해한다고 한다. 나도 이제 또한 그대를 위하여 비유를 들어 말해 주겠다. 옛날 이 사파혜촌斯波醯村에 한 범지梵志 기구장숙(耆舊長宿 : 나이 많고 덕망 있는 노인)이 있었는데 그의 나이 120살이었다. 그에게는 두 아내가 있었는데 한 명은 먼저 난 아들이 있었고 다른 한 명은 처음으로 아이를 배고 있었다. 그때 그 범지는 오래지 않아 목숨을 마쳤다. 그러자 그 큰 어머니의 아들이 작은 어머니에게 말하였다.

'가지고 있는 재보財寶는 모두 내게 주어야 마땅할 것이오. 당신의 몫은 없소.'

그러자 작은 어머니가 말했다.

'너는 내가 몸을 풀 때까지 잠시만 기다려라. 만일 아들을 낳거든 마땅히 재물을 나누어야 할 것이고, 만일 딸을 낳거든 네가 장가들어 데리고 살면서 그 재물을 몽땅 가져라.'

그러나 전처의 아들은 은근히 두 번 세 번 재물을 요구했고, 작은 어머니는 처음과 같이 대답했다. 그러나 그 아들의 강압에 못 이겨, 작은 어머니는 곧 예리한 칼로 스스로 자신의 배를 갈라 아들인가 딸인가를 알아보려고 했다."

가섭이 다시 바라문에게 말했다.

"그 어머니는 이렇게 자살함으로써 또 태아에게 해를 가했다. 바라문이여, 그대도 그와 같다. 이미 자신을 죽이고 또 남을 죽이려 하고 있다. 만일 사문 바라문이 꾸준히 힘써 선善을 닦고 계덕戒德을 두루 갖추어 이 세상에 오래 산다면 많은 이익을 주어 천상과 인간이 안락을 얻을 것이다. 나는 이제 마지막으로 그대를 위해 비유를 들어 말해서 마땅히 그대에게 나쁜 견해의 재앙을 알게 하겠다. 옛날 이 사파혜촌에 구슬을 잘 다루는 두 재주꾼이 있었다. 그 두 사람이 재주를 다투어 한 사람이 이겼다. 그러자 진 사람이 이긴 사람에게 말했다.

'오늘은 그만 하고 내일 다시 시합하자.'

진 사람은 곧 집으로 돌아가 놀이 구슬에 독약을 발랐다. 이튿날 그것을 가지고 이긴 사람에게 가서 말했다.

'다시 재주를 겨뤄보자.'

그리고 곧 앞으로 나아가 함께 놀았다. 그는 먼저 독약을 바른 구슬을 이긴 사람에게 주었고, 이긴 사람은 곧 그것을 입에 물었다. 진 사람이 다시 구슬을 주자 그는 곧 입에 물었다. 그러자 그 독기가 온

몸에 퍼져 몸이 떨렸다. 그때 진 사람이 게송으로 꾸짖었다."

내가 구슬에 독약을 발랐는데
너는 입에 물고도 깨닫지 못하는구나.
조그마한 재주를 가진 네가 삼킨 것을
오랜 뒤에는 마땅히 저절로 알게 되리.

가섭이 바라문에게 말했다.

"그대는 이제 빨리 그 나쁜 견해를 버려 미혹된 생각을 고집하면서 스스로 고통의 독을 더하게 하지 말라. 너는 마치 저 재주꾼이 독을 삼키고도 깨닫지 못하는 것과 같다."

바라문이 가섭에게 말했다.

"존자尊者시여, 당신이 처음 달에 비유해 말씀하셨을 때, 저는 이미 깨달았습니다. 그런데 몇 번이나 되풀이하면서 당장 받아들이지 않은 까닭은 가섭의 말솜씨〔辯才〕와 지혜를 보고 굳건한 믿음을 얻고자 했기 때문입니다. 저는 이제 그것을 믿고 받아들여 가섭께 귀의하겠습니다."

가섭이 대답했다.

"그대는 내게 귀의하지 말라. 내가 귀의하는 위없이 존귀한 분〔無上尊者〕께 그대도 마땅히 귀의해야 할 것이다."

바라문도 말했다.

"귀의해야 할 위없이 존귀한 분은 지금 어디 계신지요?"

가섭도 대답했다.

"지금 나의 스승이신 세존께서 멸도滅度하신 지 오래되지 않았다."

바라문은 말했다.

"세존께서 만일 계신다면 멀고 가까움을 가리지 않고 마땅히 직접 뵙고 귀의하고 예배하였을 것입니다. 그런데 지금 가섭의 말씀을 들으면 여래께서는 이미 멸도하셨다고 하니 그러면 이제 곧 멸도하신 여래와 법과 스님들께 귀의하고자 합니다. 가섭이시여, 제가 정법正法 가운데서 우바새優婆塞가 되는 것을 허락해 주십시오. 저는 지금부터 목숨이 다할 때까지 살생하지 않고〔不殺〕, 도둑질하지 않으며〔不盜〕, 간음하지 않고〔不婬〕, 속이지 않으며〔不欺〕, 술을 마시지 않고〔不飮酒〕, 또 나는 마땅히 일체 중생들에게 큰 보시를 하겠습니다."

가섭이 말했다.

"만일 그대가 중생을 살해하고 하인들을 때린다면 아무리 모임〔會〕을 가진다 해도 그것은 청정한 복이 되지 않을 것이다. 이는 또 자갈이 많은 메마른 땅에 게다가 가시덩굴이 많이 나서 우거진 그런 곳에 씨를 뿌려도 반드시 얻는 것이 없는 것과 같다. 그대가 만일 중생을 살해하고 하인들을 때리면서 큰 모임을 열어 삿된 견해를 가진 대중에게 보시한다면 그것은 청정한 복이 아니다. 그러나 만일 그대가 크게 보시를 행하고 중생을 해치지 않으며 회초리로 종들을 때리지 않고 기쁘게 모임을 열어 청정한 대중에게 보시한다면 곧 큰 복을 거둘 것이다. 그것은 마치 좋은 밭에 때맞추어 종자를 뿌리면 반드시 그 열매를 얻는 것과 같다."

"가섭이여, 저는 지금부터 항상 스님들께 청정한 보시를 행하되 단절되지 않게 하겠습니다."

그때 한 젊은 범지가 있었는데 이름을 마두摩頭라고 했다. 그는 폐숙의 뒤에 서 있었다. 폐숙이 그를 돌아보며 말했다.

"나는 지금 일체 중생에게 큰 보시를 베풀고자 한다. 너는 마땅히 나를 위하여 경영하고 처리하라."

젊은 범지는 폐숙의 말을 듣고 곧 큰 보시를 위해 경영하였고, 그 일을 마치자 그는 이렇게 말했다.

"폐숙이 금생이나 후생에 복의 과보를 얻지 않게 되기를 바랍니다."

폐숙은 저 범지가 경영해 보시를 마치고 '폐숙이 금생이나 후생에 복의 과보를 얻지 않게 되기를 바랍니다'라고 하는 말을 듣고 곧 범지에게 명령해 말했다.

"네가 분명 그런 말을 했는가?"

그는 대답했다.

"그렇습니다. 진실로 그런 말을 했습니다. 왜냐하면 지금 베푼 음식은 모두 거칠고 떫고 아주 나쁜 것인데 그것을 스님들께 보시했기 때문입니다. 만일 그것을 왕께서 보셨다면 왕께서는 오히려 잠깐이라도 손을 대지 않았을 것인데 하물며 그것을 드셨겠습니까? 현재에 베푼 것은 기쁘고 즐거워할 만한 것이 못 되는데, 무엇으로 말미암아 후세에 청정한 과보를 얻겠습니까? 왕께서는 스님의 옷을 보시할 때 순 삼베로써 하셨습니다. 만일 그것을 왕께서 보셨다면 왕께서는 오히려 잠깐이라도 발을 대지 않았을 것인데, 하물며 그것을 직접 입으셨겠습니까? 현재 보시한 것은 기쁘고 즐거워할 만한 것이 아닌데 무엇으로 말미암아 후세에 청정한 과보를 얻겠습니까?"

바라문 폐숙은 또 젊은 범지에게 말했다.

"지금부터 너는 내가 먹는 음식, 내가 입는 옷으로 스님들께 보시하라."

젊은 바라문은 분부를 받고 곧 왕이 먹는 음식과 왕이 입는 옷으로 여러 스님들께 공양했고, 그 범지는 이 청정한 보시를 행한 뒤 몸이 무너지고 목숨이 끝나고 나서 한 단계 하열한 하늘〔一下劣天〕에 태어났다. 그리고 그 모임을 경영한 범지는 몸이 무너지고 목숨이 끝나고 나서 도리천忉利天에 태어났다.

폐숙 바라문과 젊은 범지 및 사파혜촌의 바라문·거사들은 동녀 가섭의 말을 듣고 기뻐하고 즐거워하며 받들어 행했다.

불설장아함경 제8권

〔제2분〕 ③

4. 산타나경散陀那經[1]

이와 같이 나는 들었다.

어느 때 부처님께서 라열기성羅閱祇城 비하라산毗訶羅山의 칠엽수굴七葉樹窟에서 큰 비구 대중 1,250명과 함께 계셨다. 그때 왕사성에 어떤 거사居士가 있었는데 이름을 산타나散陀那라고 했다. 그는 구경 다니기를 좋아해서 날마다 성을 나와 세존이 계시는 곳으로 왔다. 그때 그 거사는 해를 우러러보며 혼자 가만히 생각했다.

'지금은 가서 부처님을 뵙기에 좋은 때가 아니다. 지금 세존께서는

1 이 경의 이역 경전으로는 송 시대 시호施護가 한역한 『불설니구타범지경佛說尼拘陀梵志經』이 있으며, 『중아함경』 제26권 104번째 소경인 「우담바라경優曇婆羅經」도 비슷한 내용을 담고 있다.

틀림없이 조용한 방에서 삼매에 들어 계실 것이고, 모든 비구 대중들도 또한 참선하고 있을 것이다. 나는 이제 차라리 저 오잠바리(烏暫婆利 : 優曇婆羅) 범지녀梵志女가 있는 숲으로 가서 때가 되기를 기다리고 있다가 세존께 나아가 문안 예배드리고 다시 모든 비구들에게도 가서 문안 예배해야겠다.'

그때 범지녀의 숲에는 한 범지가 있었는데 이름을 니구타尼俱陀라고 했다. 그는 5백 명의 범지 아들들과 함께 그 숲에 있었다. 그 모든 범지의 무리들은 한곳에 모여 높은 소리로 도道에 방해되는 혼탁하고 난잡한 이야기들을 떠들어대면서 온종일 그렇게 보내고 있었다. 혹은 나라 일을 의논하기도 하고 혹은 전쟁과 무기에 관한 일을 의논하기도 하며, 혹은 국가의 화합〔義和〕에 관한 일을 의논하기도 하고, 혹은 대신과 서민의 일을 의논하기도 하며, 혹은 수레와 말로 동산을 노니는 일에 대해 의논하기도 하고, 혹은 좌석·의복·음식·여자의 일에 대해 의논하기도 하며, 혹은 산·바다·거북·자라의 일에 대해 의논하기도 하는 등 단지 이와 같이 도道에 방해가 되는 이야기로 날을 보내고 있었다.

그 범지는 멀리서 산타나 거사가 오는 것을 보고 곧 대중들에게 조용히 하도록 명령했다.

그 이유는 저기 사문 구담瞿曇의 제자가 지금 밖에 오고 있었기 때문이다. 그는 사문 구담의 청정한〔白衣〕 제자 중에서 가장 으뜸이었으며, 그가 반드시 여기로 올 것이므로 그들에게 마땅히 조용히 하라고 한 것이다.

그러자 범지들은 다 조용히 침묵하였다. 산타나 거사가 범지들에게 가서 문안드리고 한쪽에 앉아 범지에게 말했다.

"우리 스승님 세존께서는 항상 한적한 것을 좋아하시고 시끄러운 것은 좋아하시지 않는다. 그대들과 모든 제자들이 모여 도道에 방해되는 쓸데없는 말로 소리 높여 떠드는 것과는 다르다."

범지는 또 거사에게 말했다.

"사문 구담이 사뭇 일찍부터 사람들과 말하지 않았다면 대중들은 무엇으로 사문께서 큰 지혜가 있는 줄을 알았는가? 당신의 스승께서 항상 변두리에 혼자 있기를 좋아하는 것은 마치 애꾸눈 소가 풀을 먹을 때 보이는 곳으로만 치우쳐 가는 것과 같다. 당신의 스승인 사문 구담도 이와 같아서 치우치게 홀로 보는 것만 좋아하여 사람이 없는 곳을 즐긴다. 당신의 스승이 만일 여기에 온다면 우리들은 애꾸눈 소〔瞎牛〕라고 부를 것이다. 그는 항상 스스로 큰 지혜가 있다고 말하지만 나는 한 마디 말로써 그를 궁색하게 만들어 그가 아무 말도 못하게 할 것이다. 마치 거북이가 여섯 기관을 움츠리는 것처럼 그렇게 만들어 버리겠다. 말하자면 아무 걱정 없게 한 화살로 쏘아 도망갈 곳이 없게 할 것이다."

그때 세존께서는 한가하고 조용한 방에 계시면서 천이天耳로써 범지와 거사가 이런 논란을 벌이는 것을 들으시고 곧 칠엽수굴을 나와 오잠바리의 범지녀梵志女가 있는 숲으로 가셨다. 그 범지는 멀리 부처님께서 오시는 것을 보고 모든 제자에게 명령했다.

"너희들은 다 조용히 하라. 사문 구담이 여기로 오고 있다. 너희들은 부디 일어나 맞이하거나 공경 예배하지 말라. 또 앉기를 청하지도 말아야 한다. 별도로 한 자리를 정해 그에게 주고 그가 앉거든 너희들은 마땅히 물어야 한다.

'사문 구담이여, 그대는 처음부터 지금까지 어떤 법으로 제자들을 가르쳐 안온安穩함을 얻게 하였으며 범행梵行을 깨끗이 닦게 하였는가?'"

세존께서 점점 그 동산에 다다르시자, 범지들은 저도 모르게 일어나 세존을 맞이하면서 이렇게 말했다.

"잘 오셨습니다. 구담이시여, 잘 오셨습니다. 사문이시여, 오랫동안 서로 뵙지 못했습니다. 이제 무슨 인연으로 여기까지 오셨습니까? 우선 좀 앉으십시오."

세존께서는 곧 그 자리에 앉아 조용히 웃으시고 다시 잠자코 혼자 생각하셨다.

'이 모든 미련한 사람들은 스스로 한결같지〔自專〕 못하여 먼저 약속〔要令〕을 했으면서도 끝내 지키지〔全〕 못하니, 그것은 부처의 신통력으로 저들의 나쁜 마음을 저절로 무너지게 했기 때문이다.'

산타나거사는 세존의 발에 예배하고 한쪽에 앉았다. 니구타범지도 부처님께 인사하고 역시 한쪽에 앉아 부처님께 여쭈었다.

"사문 구담이시여, 처음부터 지금까지 어떤 법으로 제자들을 가르쳐 안온함을 얻게 하고 범행梵行을 깨끗이 닦게 하셨습니까?"

세존께서 말씀하셨다.

"잠깐 멈추어라. 범지여, 내 법은 깊고도 넓어 처음부터 지금까지 모든 제자들을 가르쳐 안온함을 얻게 하고 범행을 깨끗이 닦게 하였으니 그대들이 미칠 수 있는 것이 아니다."

또 범지에게 말씀하셨다.

"그대의 스승과 그대의 제자들이 행하는 도법道法에 대해서도 청정한 것과 청정하지 못한 것이 있음을 나는 다 말할 수 있다."

5백 범지의 제자들은 다 큰 소리로 서로들 말했다.

"구담 사문은 큰 위세威勢가 있고 큰 신력神力이 있어, 남이 자신의 뜻을 물으면 곧 남의 뜻까지 열어주시는구나."

니구타 범지가 부처님께 여쭈었다.

"훌륭하십니다. 구담이시여, 원컨대 그것을 분별해 주십시오."

부처님께서 범지에게 말씀하셨다.

"잘 들어라, 잘 들어라. 마땅히 그대를 위해 설명해 주겠다."

범지가 대답했다.

"기꺼이 듣기를 원합니다."

부처님께서 범지에게 말씀하셨다.

"그대가 행하는 것은 다 비루하다. 옷을 벗고 알몸이 되어 손으로 가리는 일이나, 병 속에 든 밥은 받지 않고 발우에 담았던 음식은 받지 않으며, 두 벽의 중간에 있던 밥을 받지 않고 두 사람의 중간에 있던 밥을 받지 않으며, 두 칼의 중간에 있던 밥을 받지 않고 두 발우의 중간에 있던 밥은 받지 않으며, 여럿이 함께 먹는 집의 밥은 받지 않고 아기 밴 집의 밥은 받지 않으며, 개가 문에 있는 것을 보면 그 집의 밥은 받지 않고 파리가 많은 집의 밥은 받지 않는다. 초청하여 주는 음식은 받지 않고 남이 먼저 알고 있었다고 말하면 그 밥은 받지 않는다. 물고기를 먹지 않고 짐승 고기를 먹지 않으며 술을 마시지 않는다. 두 그릇에 받아먹지 않고 한 밥덩이를 한 번에 삼켜 그렇게 일곱 번만 먹고 나서 그만 먹는다. 사람들이 보태 주는 밥을 받되 일곱 덩이를 넘지 않는다. 혹은 하루에 한 번 먹기도 하고 혹은 2일·3일·4일·5일·6일·7일 만에 한 번 먹기도 한다. 혹은 또 과일을 먹거나 혹은 가라지〔莠〕를 먹거나 혹은 밥물을 먹거나 혹은 싸라기〔糜米〕를 먹거나 혹은 벼쭉정이를 먹기도 한다. 혹은 소똥을 먹거나 혹은 사슴 똥을 먹거나 혹은 나무뿌리·줄기·잎·과일을 먹기도 하고 혹은 저절로 떨어진 과일을 먹기도 한다. 혹은 옷을 입거나 혹은 사의莎衣를 입기도 하며, 혹은 나무껍질을 입거나 혹은 풀을 몸에 걸치거나 혹은 사슴 가죽을 입기도 하며, 혹은 머리털을 그냥

두거나 혹은 털을 엮어 입거나 혹은 묘지에 버린 옷을 입기도 한다. 혹은 항상 손을 들고 있는 자도 있고 혹은 평상에 앉지 않거나, 혹은 늘 쭈그리고 앉는 자도 있고 혹은 머리는 깎고 수염을 기른 자도 있다. 혹은 가시덤불에 눕는 자도 있고 혹은 과일 위에 눕는 자도 있으며, 혹은 알몸으로 소똥 위에 눕는 자도 있다. 혹은 하루에 세 번 목욕하고 혹은 하룻밤에 세 번 목욕하기도 한다. 이렇게 수없는 온갖 고통들로 제 몸을 괴롭게 한다. 어떤가? 니구타여, 이렇게 수행하는 것을 청정한 법이라고 할 수 있겠는가?"

범지가 대답했다.

"이 법은 청정한 것이며, 청정하지 않은 것이 아닙니다."

부처님께서 범지에게 말씀하셨다.

"그대는 청정한 것이라고 말하지만 나는 그대들이 청정하다고 하는 법 가운데에 더러운 때가 있다는 것을 설명하겠다."

범지가 말했다.

"좋습니다. 구담이시여, 어서 그것을 설명해 주십시오. 저는 기꺼이 듣고 싶습니다."

부처님께서 범지에게 말씀하셨다.

"저 고행하는 자들은 항상 스스로 헤아려 생각하기를 '우리가 이와 같이 수행하면 마땅히 공양과 공경을 받을 것이다'라고 하는데 이것이 곧 더러운 때[垢]이다. 저 고행하는 자들은 공양을 받고 나서 그 즐거움에 대한 집착이 굳어져서 애착하고 물들어서 버릴 줄을 모르며, 멀리 여의어 벗어나야 한다는 것을 깨닫지 못하고 번뇌를 벗어날 길을 알지 못하니, 이것이 바로 더러운 때이다. 저 고행하는 자들은 멀리서 사람이 오는 것을 보면 다 함께 좌선하다가 만약 사람이 없을 때는 마음대로 앉기도 하고 눕기도 하니, 이것이 더러운 때이다. 저 고행하는 자들은 다른 이의 바른 이치에 대해 들어도 기꺼이 인가印可하지 않으니, 이것이 더러운 때이다. 저 고행하는 자들은 다른 이의 바른 질문을 받고도 인색하여 대답하지 않으니, 이것이 더러운 때이다. 저 고행하는 자들은 만일 누가 사문 바라문에 공양하는 것을 보면 곧 그것을 꾸짖으며 막으니, 이것이 더러운 때이다. 저 고행하는 자들은 만일 사문 바라문이 다시 소생할 수 있는 물건을 먹는 것을 보면 나아가 그것을 꾸짖으니, 이것이 더러운 때이다. 저 고행하는 자들은 청정하지 못한 음식이 남아돌아도 기꺼이 남에게 주지 않고 만일 청정한 음식이 있으면 탐착하여 저 혼자 먹으며, 자기 허물은 보지 않고 번뇌를 벗어나는 길〔出要〕을 모르니, 이것이 더러운 때이다. 저 고행하는 자들은 스스로 자신에 대해서는 착하다고 자랑하면서도 남에 대해선 헐뜯고 비방하니, 이것이 더러운 때이다. 저 고행하는 자들은 살생·도둑질·사음〔婬〕·이간하는 말〔兩舌〕·욕설〔惡口〕·거짓말〔妄言〕·꾸밈말〔綺語〕·탐취貪取·질투嫉妬·사견邪見 등 전도顚倒된 일들을 행하니, 이것이 더러운 때이다. 저 고행하는 자들은 게으르고 잘 잊어버리며 선정禪定을 익히지 않고 지혜가 없어 마치 금수와 같으니, 이것이 바로 더러운 때이다. 저 고행하는 자들은 고귀한 척 하면서 교만憍慢·만慢·증상만增上慢을 부리는데, 이것이 더러운 때이다. 저 고행하는 자들은 신의信義가 없고 또한 반성도 없으며 또한 청정한 계율을 지니지도 않고 부지런히 힘써 남의 가르침을 받을 줄 모르며 항상 악한 사람들과 짝이 되어 끝없이 나쁜 짓을 하니, 이것이 더러운 때이다. 저 고행하는 자들은 걸핏하면 성내고 원한〔瞋恨〕을 품으며 거짓말하기를 좋아하며, 자기의 소견만 믿고 남의 장점과 단점〔長短〕을 찾으며, 항상 사견邪見을 품고 변견邊見에 사로잡혀 있으니, 이것이 더러운 때이다. 어떠냐? 니구타여, 이렇게 행하는 자를 깨끗하다고 하겠느냐?"

그는 대답했다.

"그것은 부정한 것이지 청정한 것이 아닙니다."

부처님께서 말씀하셨다.

"이제 마땅히 너희들의 더러운 법 가운데서 다시 청정하여 더러운 때가 없는 법을 설명해 주겠다."

범지가 말했다.

"오직 원컨대 그것에 대하여 설명해 주시기 바랍니다."

부처님께서 말씀하셨다.

"저 고행하는 자들이 스스로 헤아려 생각하기를 '우리의 수행이 이와 같으므로 마땅히 공양·공경·예사禮事를 받을 것이다'라고 하지 않으면, 이것이 고행의 때[垢]가 없는 법이라고 한다. 저 고행하는 자들이 공양을 얻고는 마음에 탐착하지 않고 멀리 여의어 벗어날 줄을 알며 번뇌를 벗어나는 길을 알면, 이것을 고행의 때가 없는 법이라고 한다. 저 고행하는 자들은 좌선을 함에 항상한 법이 있어 사람이 있거나 없거나 달리하지 않으니, 이것을 고행의 때가 없는 법이라고 한다. 저 고행하는 자들은 다른 이가 말하는 바른 이치를 들으면 기뻐하며 인가하니, 이것을 고행의 때가 없는 법이라고 한다. 저 고행하는 자들은 만약 다른 이가 바른 질문을 하면 기쁘게 해설해 주니, 이것을 고행의 때를 여읜 법이라고 한다. 저 고행하는 자들은 비록 어떤 사람이 사문 바라문에게 공양하는 것을 보더라도 그를 대신해 기뻐하면서 꾸짖어 막지 않으니, 이것을 고행의 때[垢]를 여읜 법이라고 한다. 저 고행하는 자들은 비록 사문 바라문이 다시 소생할 수 있는 물건을 먹는 것을 보더라도 그것을 꾸짖지 않으니, 이것을 고행의 때를 여읜 법이라고 한다. 저 고행하는 자들은 청정하지 못한 음식이 있을 때 마음으로 인색하지 않고 비록 청정한 음식이 있어도 집착하여 물들지 않으며 능히 자기의 허물을 보아 번뇌를 벗어나는 법〔出要法〕을 아니, 이것을 고행의 때를 여읜 법이라고 한다. 저 고행하는 자들은 스스로 칭찬하지 않고 다른 이를 헐뜯지도 않으니, 이것을 고행의 때를 여읜 법이라고 한다. 저 고행하는 자들은 살생·도둑질·사음·이간하는 말·욕설·거짓말·꾸밈말·탐취·질투·삿된 견해를 행하지 않으니, 이것을 고행의 때를 여읜 법이라고 한다. 저 고행하는 자들은 부지런히 힘써 잊지 않고 선행禪行 익히기를 좋아하며 지혜를 많이 닦아 짐승처럼 어리석지 않으니, 이것을 고행의 때를 여읜 법이라고 한다. 저 고행하는 자들은 고귀한 척하거나 교만하여 스스로 대단한 척하지 않나니, 이것을 고행의 때를 여읜 법이라 한다. 저 고행하는 자들은 항상 신의를 가지고 되풀이하여 행을 닦아 능히 청정한 계율을 지니고 힘써 가르침을 받으며 항상 착한 사람과 짝이 되어 선 쌓기를 그치지 않나니, 이것을 고행의 때를 여읜 법이라 한다. 저 고행하는 자들은 원한을 품지 않고 거짓을 행하지 않으며 자기 견해만 믿지 않고 남의 단점을 찾지 않으며 사견을 품지 않고 또한 변견邊見도 없나니, 이것을 고행의 때를 여읜 법이라 한다. 어떠냐? 범지여, 이와 같은 고행은 청정하여 때를 여읜 법이라 하겠는가?"

그는 대답했다.

"이와 같은 것은 참으로 청정하여 때를 여읜 법입니다."

범지가 부처님께 여쭈었다.

"이러한 고행을 고루 갖추고 있으면 이것을 이름하여 제일 견고한 행〔堅固行〕이라고 할 수 있겠습니까?"

부처님께서 말씀하셨다.

"아직 멀었다. 그것은 겨우 처음 시작하는 껍질에 불과할 뿐이다."

범지가 말했다.

"원컨대 나무의 마디〔樹節〕에 대하여 말씀해 주십시오."

부처님께서 범지에게 말씀하셨다.

"그대는 마땅히 잘 들어라. 내가 지금 말하겠다."

범지가 말했다.

"예, 기꺼이 듣기를 원합니다."

"범지여, 저 고행자는 자신도 살생하지 않고〔不殺生〕 남을 시켜 살생하게 하지도 않으며, 자신도 도둑질하지 않고〔不偸盜〕 남을 시켜 도둑질하게 하지도 않으며, 자신도 사음하지 않고〔不邪婬〕 남을 시켜 사음하게 하지도 않으며, 자신도 거짓말하지 않고〔不妄言〕 남을 시켜 거짓말하게 하지도 않는다. 그는 자애로운 마음〔慈心〕으로 한 세계를 두루 채우고 다른 세계에도 그렇게 하니, 자애로운 마음은 광대하여 둘도 없고 한량없으며 원한을 맺는 일도 없어 세간에 두루 찬다. 슬퍼하는 마음〔悲心〕·기뻐하는 마음〔喜心〕·버리는 마음〔捨心〕도 이와 같다. 이 고행이 고루 행해지면 나무의 마디라고 이름한다."

범지가 부처님께 여쭈었다.

"원컨대 고행견고苦行堅固의 뜻을 설명해 주십시오."

부처님께서 범지에게 말씀하셨다.

"잘 들어라, 잘 들어라. 내 마땅히 그것을 설명해 주겠다."

범지가 말했다.

"세존이시여, 기꺼이 듣기를 원합니다."

부처님께서 말씀하셨다.

"저 고행자는 자기도 살생하지 않고 남을 시켜 살생하게 하지도 않으며, 자기도 도둑질하지 않고 남을 시켜 도둑질하게 하지도 않으며,

자기도 사음하지 않고 남을 시켜 사음하게 하지도 않으며, 자기도 거짓말하지 않고 남을 시켜 거짓말하게 하지도 않는다. 그는 자애로운 마음으로 한 세계를 두루 채우고 다른 세계에도 그렇게 하니, 자애로운 마음은 광대하여 둘도 없고 한량없으며 원한을 맺는 일도 없어 세간에 두루 찬다. 슬퍼하는 마음・기뻐하는 마음・버리는 마음도 그와 같다. 저 고행자는 스스로 과거 무수한 겁劫 동안의 일을 알아 1생・2생에서 무수한 생에 이르기까지 국토의 형성과 파괴〔成敗〕 겁수劫數의 시작과 끝남〔終始〕을 다 보고 다 알며, 또 자기에 대해서도 다 보아 안다. 곧 나는 일찍이 저 종성種姓으로 태어났었고 이와 같은 이름〔名字〕과 이와 같은 음식과 이와 같은 수명과 이와 같은 고락苦樂을 받은 것과, 저기로부터 여기에 태어났고 여기로부터 저기에 태어났던 이렇게 무수한 겁 동안의 일들을 다 기억한다. 범지여, 이것을 저 고행자의 단단하여 무너짐이 없는 것〔牢固無壞〕이라고 한다."

범지가 부처님께 여쭈었다.

"어떤 것을 제일이라고 합니까?"

부처님께서 범지에게 말씀하셨다.

"잘 들어라, 잘 들어라. 내가 마땅히 그것을 설명해 주겠다."

범지가 말했다.

"예. 세존이시여, 기꺼이 듣기를 원합니다."

부처님께서 말씀하셨다.

"저 고행자는 자기도 살생하지 않고 남을 시켜 살생하게 하지도 않으며, 자기도 도둑질하지 않고 남을 시켜 도둑질하게 하지도 않으며, 자기도 사음하지 않고 남을 시켜 사음하게 하지도 않으며, 자기도 거짓말하지 않고 남을 시켜 거짓말하게 시키지도 않는다. 그는 자애로운 마음으로 한 세계를 두루 채우고 다른 세계도 또한 그렇게 하나니, 자애로운 마음이 광대하고 둘도 없고 한량없으며 원한을 맺는 일도 없어 세간에 두루 찬다. 슬퍼하는 마음·기뻐하는 마음·버리는 마음도 이와 같다. 저 고행자는 스스로 과거 무수한 겁 동안의 일을 알아 1생·2생에서부터 무수한 생에 이르기까지 국토의 형성과 파괴, 겁수의 시작과 끝을 다 보고 다 알며 또 자기에 대해서도 다 보아 안다. 곧 나는 일찍이 저러한 종성으로 태어났었고 이와 같은 이름·음식·수명과 이와 같은 고락苦樂을 치렀으며, 저기로부터 여기에 태어났고 여기로부터 저기에 태어났던 것 등, 이렇게 무수한 겁의 일을 다 기억한다.

또 저 고행자는 천안天眼이 청정하여 중생의 무리들을 관하면, 여기서 죽어 저기에 난 것과 얼굴이 잘 생기고 못생긴 것과 선업과 악업으로 인하여 나아가는 세계와 행行을 따라 떨어짐을 다 보고 다 안다. 또 중생의 몸〔身〕으로 지은 행위〔行〕가 착하지 않은 것과 입〔口〕으로 지은 행위가 착하지 않은 것과 뜻〔意〕으로 지은 행위가 착하지 않은 것을 안다. 또 현성賢聖을 비방하고 삿되고 전도된 견해를 믿음으로써 몸이 무너지고 목숨이 끝나 세 갈래 악한 세계〔惡道〕[2]에 떨어질 것과 혹은 어떤 중생이 몸으로 지은 행이 착하고 입과 뜻으로 지은 행도 착하며, 현성을 비방하지 않고 바른 견해를 믿고 행함으로써 몸이 무너지고 목숨이 끝나면 하늘이나 사람 중에 태어날 것임을 안다. 저 수행자는 천안이 청정하여 중생을 관하면, 심지어 행을 따라 떨어질 곳까지 보아 알지 못하는 것이 없다. 이것을 고행의 제일 훌륭한 것〔第一勝〕이라고 한다."

부처님께서 범지에게 말씀하셨다.

---

2 지옥地獄·아귀餓鬼·축생畜生 등 중생이 악행惡行을 지은 결과로 태어나 고통을 받는 3악취惡趣를 말한다.

"이 법 가운데에는 또 훌륭한 것이 있다. 나는 항상 이 법으로써 모든 성문聲聞을 교화하였고 그들은 이 법으로써 범행梵行을 닦았다."

5백 범지 제자들은 각자 큰 소리를 내어 서로 말했다.

"이제 세존을 뵙고 보니 가장 존귀하고 으뜸가는 분이시다. 우리 스승은 그분께 미칠 수 없다."

저 산타나 거사가 범지에게 말했다.

"당신은 좀 전에 스스로 말하기를 '만일 구담이 여기에 오면 우리들은 마땅히 애꾸눈 소〔瞎牛〕라고 부를 것이다'고 하였는데, 세존께서 지금 여기 오셨는데도 어째서 그렇게 부르지 않는가? 또 당신이 좀 전에 말하기를 '한 마디 말로써 저 구담을 궁색하게 하여 아무 말도 못하게 할 것이다. 마치 거북이가 여섯 기관을 움츠리는 것처럼 하겠다. 말하자면 아무 걱정 없게 한 화살로 쏘아 도망칠 곳이 없게 할 것이다'라고 했는데, 지금 당신은 어째서 한 마디 말로 여래를 궁색하게 하지 못하는가?"

부처님께서 바라문에게 물으셨다.

"그대는 전에 이런 말을 한 것을 기억하는가?"

그는 대답했다.

"사실입니다."

부처님께서 범지에게 말씀하셨다.

"그대는 어째서 장로〔先宿〕 범지들에게 듣지 못했는가? 모든 불여래佛如來께서 산림에 혼자 있으면서 한적한 곳을 좋아하시는 것은 내가 오늘날 한가롭게 있기를 좋아하는 것과 같고 그대의 법이 시끄러운 것을 즐겨 쓸데없는 일로 떠들면서 날을 보내는 것과는 같지 않다는 사실에 대해서 말이다."

범지가 말하였다.

“과거 모든 부처님들께서도 한적한 곳에 혼자 계시는 것을 좋아하신 것이 지금 세존과 같으며, 그리고 우리들의 법이 시끄러운 것을 즐겨 쓸데없는 일로 떠들면서 날을 보내는 것과는 같지 않다는 말을 들었습니다.”

부처님께서 범지에게 말씀하셨다.

“그대는 어째서 구담 사문은 보리菩提를 잘 말씀하시고 능히 자기 자신도 조복調伏하고 남도 조복시킬 수 있으며, 자신도 그쳐 쉼〔止息 : 선정〕을 얻고 능히 다른 사람도 그쳐 쉬게 할 수 있으며, 자신도 열반의 저 언덕에 도달하고 다른 이도 도달하게 하며, 자신도 해탈을 얻고 남도 해탈하게 하며, 자신도 멸도滅度를 얻고 남도 멸도시킨다는 생각을 하지 않는가?”

범지가 곧 자리에서 일어나 머리로 예배하고 손으로 부처님 발을 어루만지면서 자기 이름을 대며 말했다.

“저는 니구타 범지입니다. 저는 니구타 범지입니다. 이제 저는 세존의 발에 귀의하며 예배합니다.”

부처님께서 범지에게 말씀하셨다.

“그만두라, 그만두라. 잠깐 기다리라. 그대가 마음으로 깨달으면 그것이 곧 예경禮敬하는 것이다.”

그 범지는 거듭 부처님 발에 예배하고 한쪽에 앉았다. 부처님께서 범지에게 말씀하셨다.

“그대는 장차 부처님께서 이양利養을 위하여 설법하시는 게 아닌가 하고 말하지 말라. 그런 마음을 일으키지 말아야 한다. 만일 이양이 있다면 모두 너희들에게 베풀어 줄 것이다. 내가 연설하는 법은 미묘하고 제일가는 것이어서 불선不善을 멸하고 선법을 늘어나게 한다.”

또 범지에게 말씀하셨다.

“그대는 장차 부처님께서 명예를 위해서나, 존중받기 위해서나, 도사導師의 우두머리가 되기 위해서나, 권속을 위해서나, 대중을 위해서 설법하시는 게 아닌가 하고 말하지 말라. 그런 마음을 일으키지 말아야 한다. 이제 그대의 권속은 다 그대에게 귀속될 것이다. 내가 연설하는 법은 불선을 멸하고 선법을 늘어나게 한다.”

또 범지에게 말씀하셨다.

“그대는 장차 부처님께서 그대를 불선취不善趣와 흑명취黑冥趣 가운데 두려는 것이 아닌가 하고 말하지 말라. 그대는 그런 마음을 내지 말라. 그대가 다만 모든 불선취와 흑명취를 떠나 버리기에 달려 있을 뿐이다. 내 스스로 그대를 위하여 선하고 청정한 법을 연설하겠다.”

또 범지에게 말씀하셨다.

“그대는 장차 부처님께서 그대를 선법취善法趣와 청백취淸白趣에서 물리치시려는 게 아닌가 하고 말하지 말라. 그런 마음을 일으키지 말라. 그대는 다만 선법취와 청백취 가운데서 힘써 부지런히 수행하면 된다. 내 스스로 그대를 위하여 선하고 청정한 법을 연설하여 선하지 않은 행을 멸하고 선한 법을 더하게 할 것이다.”

그때 5백 범지 제자들은 단정한 마음과 바른 뜻으로 부처님의 설법을 들었다. 악마 파순波旬은 이렇게 생각했다.

‘이 5백 범지 제자들은 단정한 마음과 바른 뜻을 가지고 부처로부터 법을 듣는다. 나는 이제 가서 그 뜻을 부수어야겠다.’

그때 악마는 곧 제 힘으로 그 뜻을 부수어 산란하게 했다.

세존께서 산타나에게 말씀하셨다.

“이 5백 범지 제자는 단정한 마음과 바른 뜻을 가지고 나에게서 법을 들었는데, 저 하늘의 악마 파순은 그 뜻을 부수어 산란하게 했다. 내 이제 돌아가려 하니 너도 함께 가자.”

세존께서는 오른손으로 산타나 거사를 들어 손바닥에 놓고 허공을 타고 돌아가셨다.

산타나 거사, 니구타 범지 및 5백 범지 제자들은 부처님의 설법을 듣고 기뻐하며 받들어 행했다.

5. 중집경衆集經[3]

이와 같이 나는 들었다.

어느 때 부처님께서 말라末羅를 유행하시면서 1,250명의 비구들과 함께 파바성波婆城에 있는 사두闍頭의 암파菴婆동산에 다다르셨다.

세존께서는 보름날 달이 가득 찬 밤에 맨땅에 앉아 계셨고 모든 비구들도 앞뒤를 둘러싸고 있었다. 세존께서는 밤에 많은 설법을 마치시고 사리불舍利弗에게 말씀하셨다.

"지금 사방에서 많은 비구들이 모여와서 다 함께 정근하며 잠을 자지 않고 있구나. 나는 등병〔背痛〕을 앓아 잠깐 쉬고 싶다. 네가 이제 모든 비구들을 위해 설법하여라."

그는 대답했다.

"알겠습니다, 마땅히 분부대로 하겠습니다."

세존께서는 곧 승가리僧伽梨를 네 겹으로 접어 오른쪽 옆구리에 깔고 사자처럼 발을 포개고 누우셨다.

사리불이 모든 비구들에게 말했다.

"지금 이 파바성에는 니건자尼乾子가 있다. 그는 죽은 지 얼마 되지

---

3 이 경의 이역본으로는 송 시대 시호施護가 한역한 『불설대집법문경佛說大集法門經』이 있다.

않았는데 그 뒤에 제자들은 두 파로 갈라져 늘 서로의 잘잘못을 캐고 서로 꾸짖으며 시비하고 있다.

'나는 이 법을 알지만 당신은 모른다. 당신은 사견邪見을 가졌지만 나는 바른 법을 가졌다.'

이렇게 말이 서로 얽혀 앞뒤가 없다. 모두 자기 말을 참되고 바르다고 여기고 있다.

'내가 이길 것이고, 당신 논리는 질 것이다. 나는 이제 담론談論의 주인이 될 것이니, 당신들은 물을 것이 있으면 내게 와서 물어라.'

모든 비구들이여, 지금 이 나라 백성으로서 니건자를 받드는 자는 다 저 무리들의 다투는 소리를 싫어하고 괴로워하나니, 그것은 그 법이 참되거나 바르지 못하기 때문이다. 법이 참되거나 바르지 못하면 번뇌를 벗어날 길이 없다. 비유하면 썩은 탑은 다시 흙을 바를 수 없는 것과 같아서 이것은 삼야삼불三耶三佛[4]의 말씀이 아니다. 모든 비구들이여, 다만 우리 석가釋迦 무상존無上尊의 법만이 가장 참되고 바르기 때문에 번뇌를 벗어나는 길을 증득할 수 있는 것이다. 비유하면 새 탑은 장엄하게 꾸미기가 쉬운 것과 같다. 이것이 바로 삼야삼불의 말씀이다. 모든 비구들이여, 우리들은 이제 마땅히 법과 율律을 모아 저 다툼을 막고 범행梵行을 오래 세우고 이익됨이 많게 하여 하늘과 사람으로 하여금 안락을 얻게 하자.

모든 비구들이여, 여래께서는 바른 법을 설하셨다.

'일체 중생은 다 음식을 우러르며 살아간다.'

---

4 범어 samyaksaṃbuddha의 음역. 부처님 10호號의 하나로 삼먁삼불타三藐三佛陀·삼야삼불단三耶三佛檀이라고도 한다. 정변지正遍知·등정각等正覺·정등각正等覺은 이에 대한 번역이다. 외도外道·아라한阿羅漢·보살菩薩의 깨달음을 각각 사각邪覺·정각正覺·등각等覺이라 하는데 대해 부처님의 깨달음을 정등각正等覺이라 한다.

여래의 설법 중에 또 한 가지 법이 있다.

'일체 중생은 다 행行으로 말미암아 존재한다〔住〕[5].'

이것이 여래께서 말씀하신 한 가지 법이다. 우리는 지금 함께 이 법과 율을 모아 다툼을 막고 범행을 오래 서게 하고 이익되는 바가 많게 하여 하늘과 사람으로 하여금 안락을 얻게 하자.

모든 비구들이여, 여래께서는 두 가지 바른 법을 말씀하셨다. 첫째는 명名이며, 둘째는 색色이다. 또 두 가지 법이 있으니 첫째는 치癡며, 둘째는 애愛이다. 또 두 가지 법이 있으니 첫째는 유견有見이고, 둘째는 무견無見이다. 또 두 가지 법이 있으니 첫째는 무참無慚이며, 둘째는 무괴無愧이다. 또 두 가지 법이 있으니 첫째는 유참有慚이며, 둘째는 유괴有愧이다. 또 두 가지 법이 있으니 첫째는 진지盡智며, 둘째는 무생지無生智이다. 또 두 가지 법이 있으니 두 가지 인因과 두 가지 연緣이 있어 욕애欲愛를 내는 것으로서 첫째는 정묘색淨妙色이며, 둘째는 부사유不思惟이다. 또 두 가지 법이 있으니 두 가지 인因과 두 가지 연緣이 있어 진에瞋恚를 내는 것으로서 첫째는 원증怨憎이며, 둘째는 부사유不思惟이다. 또 두 가지 법이 있으니 두 가지 인因과 두 가지 연緣이 있어 사견邪見을 내는 것으로서 첫째는 종타문從他聞이며, 둘째는 사사유邪思惟이다. 또 두 가지 법이 있으니 두 가지 인因과 두 가지 연緣이 있어 정견正見을 내는 것으로서 첫째는 종타문從他聞이며, 둘째는 정사유正思惟이다. 또 두 가지 법이 있으니 두 가지 인因과 두 가지 연緣이 있는 것으로서 첫째는 학해탈學解脫이며, 둘째는 무학해탈無學解脫이다. 또 두 가지 법이 있으니 두 가지 인因과 두 가지 연緣이 있는 것으로서 첫째는 유위계有爲界이며, 둘째는

5 고려대장경 본문에는 왕往자로 되어 있으나 『장아함경』 명본明本에는 '주住'로, 팔리본에는 'ṭhitika(住立)'으로 되어 있는데, 내용상 후자가 더 적합하므로 이를 따랐다.

무위계無爲界이다. 모든 비구들이여, 이것이 여래께서 말씀하신 것이니, 마땅히 함께 이것을 모아 그것으로써 싸움을 막고 범행이 오래 서게 하고 이익되는 바가 많게 하여 하늘과 사람으로 하여금 안락을 얻게 하자.

모든 비구들이여, 여래께서는 세 가지 바른 법을 말씀하셨으니, 이른바 3불선근不善根으로서 첫째는 탐욕貪欲이며, 둘째는 진에瞋恚이며, 셋째는 우치愚癡이다. 또 세 가지 법이 있으니, 이른바 3선근으로서 첫째는 불탐不貪이며, 둘째는 불에不恚이며, 셋째는 불치不癡이다. 또 세 가지 법이 있으니, 이른바 3불선행不善行으로서 첫째는 불선신행不善身行이며, 둘째는 불선구행不善口行이며, 셋째는 불선의행不善意行이다. 또 세 가지 법이 있으니, 이른바 3불선행으로서 첫째는 신身불선행이며, 둘째는 구口불선행이며, 셋째는 의意불선행이다. 또 세 가지 법이 있으니, 이른바 3악행惡行으로서 첫째는 신身악행이며, 둘째는 구口악행이며, 셋째는 의意악행이다. 다시 세 가지 법이 있으니, 이른바 3선행으로서 신선행과 구선행과 의선행이다. 다시 세 가지 법이 있으니, 이른바 3불선상不善想으로서 욕상欲想·진상瞋想·해상害想이다. 다시 세 가지 법이 있으니, 이른바 3선상善想으로서 무욕상無欲想·무진상無瞋想·무해상無害想이다. 다시 세 가지 법이 있으니, 이른바 3불선사不善思로서 욕사欲思·에사恚思·해사害思이다. 다시 세 가지 법이 있으니. 이른바 3선사善思로서 무욕사無欲思·무에사無恚思·무해사無害思이다. 다시 세 가지 법이 있으니, 이른바 3복업福業으로서 시업施業·평등업平等業·사유업思惟業이다. 다시 세 가지 법이 있으니, 이른바 3수受로서 낙수樂受·고수苦受·불고불락수不苦不樂受이다. 다시 세 가지 법이 있으니, 이른바 3애愛로서 욕애欲愛·유애有愛·무유애無有愛이다. 다시 세 가지 법이 있으니, 이른바 3

유루有漏로서 욕루欲漏·유루有漏·무명루無明漏이다. 다시 세 가지 법이 있으니, 이른바 3화火로서 욕화欲火·에화恚火·우치화愚癡火이다.

다시 세 가지 법이 있으니 이른바 3구求로서 욕구欲求·유구有求·범행구梵行求이다. 다시 세 가지 법이 있으니, 이른바 3증성增盛으로서 아증성我增盛·세증성世增盛·법증성法增盛이다. 다시 세 가지 법이 있으니, 이른바 3계界로서 욕계欲界·에계恚界·해계害界이다. 다시 세 가지 법이 있으니, 이른바 3계界로서 출리계出離界·무에계無恚界·무해계無害界이다. 다시 세 가지 법이 있으니, 이른바 3계界로서 색계色界·무색계無色界·진계盡界이다. 다시 세 가지 법이 있으니, 이른바 3취聚로서 계취界聚·정취定聚·혜취慧聚이다. 다시 세 가지 법이 있으니, 이른바 3계戒로서 증성계增盛戒·증성의增盛意·증성혜增盛慧이다. 다시 세 가지 법이 있으니, 이른바 3삼매三昧로서 공삼매空三昧·무원삼매無願三昧·무상삼매無相三昧이다. 다시 세 가지 법이 있으니, 이른바 3상相으로서 지식상止息相·정근상精勤相·사상捨相이다. 다시 세 가지 법이 있으니, 이른바 3명明으로서 자식숙명지명自識宿命智明·천안지명天眼智明·누진지명漏盡智明이다. 다시 세 가지 법이 있으니, 이른바 3변화變化로서 첫째는 신족변화神足變化이며, 둘째는 지타심수의설법知他心隨意說法이며, 셋째는 교계教誡이다. 다시 세 가지 법이 있으니, 이른바 3욕생본欲生本으로서 첫째는 현욕現欲으로 말미암아 인간이나 천상에 나는 것이며, 둘째는 화욕化欲으로 말미암아 화자재천化自在天에 나는 것이며, 셋째는 타화욕他化欲으로 말미암이 타화자재천他化自在天에 나는 것이다. 다시 세 가지 법이 있으니, 이른바 3낙생樂生으로서 첫째는 중생이 저절로 성취하여〔自然成辦〕 환락심歡樂心을 내는 것이 마치 범광음천梵光音天에 처음 태어났을 때와 같은 것이며, 둘째는 중생이 생각〔念〕을 낙樂으로 삼아 스스로 착하다고 외치는 것이 광음천光音天과 같은 것이며, 셋째는 지식락止息樂을 얻은 것이 변정천遍淨天과 같은 것이다. 다시 세 가지 법이 있으니, 이른바 3고苦로서 행고行苦 · 고고苦苦 · 변역고變易苦이다. 다시 세 가지 법이 있으니, 이른바 3근根으로서 미지욕지근未知欲知根 · 지근知根 · 지이근知已根이다. 다시 세 가지 법이 있으니, 이른바 3당堂으로서 현성당賢聖堂 · 천당天堂 · 범당梵堂이다. 다시 세 가지 법이 있으니 이른바 3발發로서 견발見發 · 문발聞發 · 의발疑發이다. 다시 세 가지 법이 있으니, 이른바 3론論으로서 과거에 이런 일이 있었고 이런 논論이 있었으며, 미래에 이런 일이 있을 것이며 이런 논이 있을 것이며, 현재에 이런 일이 있고 이런 논이 있다고 하는 것이다. 다시 세 가지 법이 있으니, 이른바 3취聚로서 정정취正定聚 · 사정취邪定聚 · 부정취不定聚이다. 다시 세 가지 법이 있으니, 이른바 3우憂로서 신우身憂 · 구우口憂 · 의우意憂이다. 다시 세 가지 법이 있으니, 이른바 3장로長老로서 연기장로年耆長老 · 법장로法長老 · 작장로作長老이다. 다시 세 가지 법이 있으니, 이른바 3안眼으로서 육안肉眼 · 천안天眼 · 혜안慧眼이다.

모든 비구들이여, 이것을 여래께서 말씀하신 바른 법〔正法〕이라고 한다. 마땅히 함께 모아 그것으로써 싸움을 막고 범행이 오래 서게 하고, 이익되는 바가 많게 하고 하늘과 사람으로 하여금 안락을 얻게 하자.

모든 비구들이여, 여래께서는 네 가지 바른 법을 설명하셨으니 이른바 입으로 짓는 네 가지 악업惡業으로서 첫째는 거짓말〔妄語〕이며, 둘째는 이간하는 말〔兩舌〕이며, 셋째는 욕설〔惡口〕이며, 넷째는 꾸밈말〔綺語〕이다. 다시 네 가지 법이 있으니, 이른바 입으로 짓는 네 가지 선행善行으로서 첫째는 진실한 말〔實語〕이며, 둘째는 부드러운 말〔軟語〕이며 셋째는 꾸밈이 없는 말〔不綺語〕이며, 넷째는 이간하지 않는 말〔不兩舌〕이다. 다시 네 가지 법이 있으니, 이른바 네 가지 성스럽지 않은 말로서 보지 않은 것을 보았다고 말하는 것〔不見言見〕이며, 듣지 않은 것을 들었다고 말하는 것〔不聞言聞〕이며, 깨닫지 않은 것을 깨달았다고 말하는 것〔不覺言覺〕이며, 모르는 것을 안다고 말하는 것〔不知言知〕이다. 다시 네 가지 법이 있으니, 이른바 4성어聖語로서 본 것은 보았다고 말하는 것〔見則言見〕이며, 들은 것은 들었다고 말하는 것〔聞則言聞〕이며, 깨달은 것은 깨달았다고 말하는 것〔覺則言覺〕이며, 아는 것은 안다고 말하는 것〔知則言知〕이다. 다시 네 가지 법이 있으니, 이른바 네 종류의 음식으로서 단식摶食·촉식觸食·염식念食·식식識食이다. 또 네 가지 법이 있으니, 이른바 4수受로서 현재에 고행을 지어 뒤에 괴로움의 과보를 받는 것이며, 현재에 고행을 지어 뒤에 즐거움의 과보를 받는 것이며, 현재에 즐거운 행을 지어 뒤에 괴로움의 과보를 받는 것이며, 현재에 즐거운 행을 지어 뒤에 즐거움의 과보를 받는 것이다. 다시 네 가지 법이 있으니, 이른바 4수受로서 욕수欲受·아수我受·계수戒受·견수見受이다. 다시 네 가지 법이 있으니, 이른바 4박縛으로서 탐욕신박貪欲身縛·진에신박瞋恚身縛·계도신박戒盜身縛·아견신박我見身縛이다. 다시 네 가지 법이 있으니, 이른바 4자刺로서 욕자欲刺·에자恚刺·견자見刺·만자慢刺이다. 다시 네 가지 법이 있으니, 이른바 4생生으로서 난생卵生·태생胎生·습생濕生·화생化生이다.

다시 네 가지 법이 있으니, 이른바 4념처念處이다. 여기서 비구는 안의 몸을 몸 그대로〔內身身〕 관하되 부지런히 힘써 게으르지 않고 기억하여 잊지 않아서 세상의 탐욕과 걱정을 버리는 것이며, 밖의 몸을 몸 그대로〔外身身〕 관하되 부지런히 힘써 게으르지 않고 기억해 잊지 않아서 세상의 탐욕과 걱정을 버리는 것이며, 안팎의 몸을 몸 그대로〔內外身身〕 관하되 부지런히 힘써 게으르지 않고 기억하여 잊지 않아서 세상의 탐욕과 걱정을 버리는 것이다. 수관受觀·의관意觀·법관法觀도 이와 같은 것이다.

다시 네 가지 법이 있으니, 이른바 4의단意斷으로 여기서 비구는 아직 일어나지 않은 악법惡法은 방편으로써 일어나지 않게 하고, 이미 일어난 악법은 방편으로써 멸하게 하며, 아직 일어나지 않은 선법善法은 방편으로써 일어나게 하고, 이미 일어난 선법은 방편으로써 깊이 생각하여 그것을 더하고 넓히는 것이다. 다시 네 가지 법이 있으니, 이른바 4신족神足으로서 여기서 비구는 사유욕정멸행思惟欲定滅行을 성취한다. 정진정精進定·의정意定·사유정思惟定도 그러하다. 다시 네 가지 법이 있으니, 이른바 4선禪으로서, 여기서 비구는 악惡과 착하지 않은 법을 여의고, 각覺도 있고 관觀도 있으며, 여의는 데서 생기는 기쁨과 즐거움〔離生喜樂〕으로 초선初禪에 들어가는 것이며, 각覺과 관觀이 그쳐 안으로 믿어〔內信〕 한마음〔一心〕이 되어 각覺도 없고 관觀도 없으며, 선정에서 생기는 기쁨과 즐거움〔定生喜樂〕으로 제2선에 들어가는 것이며, 기쁨을 떠나 평정을 닦아 생각이 나아가 스스로 몸의 즐거움〔身樂〕을 알고 모든 성인이 구하는 기억〔憶念〕·평정〔捨〕·즐거움〔樂〕으로 제3선에 들어가는 것이며, 괴로움도 멸하고 즐거움의 행도 여의고, 먼저 걱정과 기쁨을 없애어 괴롭지도 않고 즐겁지도 않은 평정〔捨〕·기억〔念〕·청정淸淨으로 제4선에 들어가는 것이다.

다시 네 가지 법이 있으니, 이른바 4범당梵堂으로서 첫째는 자애로움〔慈〕이며, 둘째는 불쌍히 여김〔悲〕이며, 셋째는 기뻐함〔喜〕이며,

넷째는 평정〔捨〕이다. 다시 네 가지 법이 있으니, 이른바 4무색정無色定으로서 여기서 비구는 일체의 색色에 대한 생각을 초월하고, 먼저 성냄의 생각〔瞋恚想〕을 없애 다른 생각을 하지 않고, 무량한 공처空處를 생각하는 것이며, 공처를 버리고 식처識處에 들어가는 것이며, 식처를 버리고 이미 불용처不用處에 들어가는 것이며, 불용처를 버리고 유상무상처有想無想處에 들어가는 것이다. 다시 네 가지 법이 있으니, 이른바 4법족法足으로서 탐하지 않는 법족〔不貪法足〕이며, 성내지 않는 법족이며, 바른 생각의 법족〔正念法足〕이며, 바른 선정의 법족〔正定法足〕이다. 다시 네 가지 법이 있으니, 이른바 4현성족賢聖族으로서 여기서 비구들은 의복에 만족할 줄 알아 좋은 것을 얻어도 기뻐하지 않고 나쁜 것을 만나도 걱정하지 않으며, 물들지도 않고 집착하지도 않아 금기禁忌할 바를 알고 번뇌를 벗어나는 길을 알아 이 법 가운데서 부지런히 힘써 게으르지 않고 그 일을 성취하여 빠짐도 없고 줄어듦도 없으며, 또한 다른 사람들로 하여금 이 일을 성취할 수 있게 해 준다. 이것을 첫 번째 만족할 줄 아는 데에 머무는 현성족〔第一知足住賢聖族〕이라고 한다. 본래부터 지금까지 아직 항상 고뇌하여 산란하지 않고, 모든 하늘과 악마·제석·사문 바라문과 하늘 및 세간 사람들을 헐거나 꾸짖지 않으며, 음식·평상·와구臥具·병들고 허약할 때의 의약 등 모두 다 만족할 줄 아는 것이 또한 이와 같다.

다시 네 가지 법이 있으니, 이른바 4섭법攝法으로서 혜시惠施·애어愛語·이인利人·등리等利이다. 다시 네 가지 법이 있으니, 이른바 4수다원지須陀洹支로서 비구들이 부처님에 대해서 무너짐이 없는 믿음을 얻는 것, 법에 대해서 무너짐이 없는 믿음을 얻는 것, 스님에 대해서 무너짐이 없는 믿음을 얻는 것, 계율에 있어서 무너짐이 없는 믿음을 얻는 것이다. 다시 네 가지 법이 있으니, 이른바 4수증受證으로서 견색수증見色受證 · 신수멸증身受滅證 · 염숙명증念宿命證 · 지루진증知漏盡證이다. 다시 네 가지 법이 있으니, 이른바 4도道로서 고지득苦遲得 · 고속득苦速得 · 낙지득樂遲得 · 낙속득樂速得이다. 다시 네 가지 법이 있으니, 이른바 4성제聖諦로서 고성제苦聖諦 · 고집성제苦集聖諦 · 고멸성제苦滅聖諦 · 고출요성제苦出要聖諦이다.

다시 네 가지 법이 있으니, 이른바 4사문과沙門果로서 수다원과須陀洹果 · 사다함과斯陀含果 · 아나함과阿那含果 · 아라한과阿羅漢果이다. 다시 네 가지 법이 있으니, 이른바 4처處로서 실처實處 · 시처施處 · 지처智處 · 지식처止息處이다. 다시 네 가지 법이 있으니, 이른바 4지智로서 법지法智 · 미지지未知智 · 등지等智 · 지타인심지知他人心智이다. 다시 네 가지 법이 있으니, 이른바 4변재辯才로서 법변法辯 · 의변義辯 · 사변詞辯 · 응변應辯이다. 다시 네 가지 법이 있으니, 이른바 4식주처識住處로서 색식주色識住는 색을 연緣으로 하여 색色에 머물며 애愛와 더불어 더하고 자라난다〔增長〕. 수受 · 상想 · 행行도 그와 같이 머문다. 다시 네 가지 법이 있으니, 이른바 4액扼으로서 욕액欲扼 · 유액有扼 · 견액見扼 · 무명액無明扼이다. 다시 네 가지 법이 있으니, 이른바 4무액無扼으로서 무욕액無欲扼 · 무유액無有扼 · 무견액無見扼 · 무무명액無無明扼이다. 다시 네 가지 법이 있으니, 이른바 4정淨으로서 계정戒淨 · 심정心淨 · 견정見淨 · 도의정度疑淨이다.

다시 네 가지 법이 있으니, 이른바 4지知로서 받아야 할 것을 받을 줄 알고, 행해야 할 것을 행할 줄 알며, 즐겨야 할 것을 즐길 줄 알고, 버려야 할 것을 버릴 줄 아는 것이다. 다시 네 가지 법이 있으니, 이른바 4위의威儀로서 가야 할 때에 갈 줄 알고, 머물러야 할 때에 머물 줄 알며, 앉아야 할 때에 앉을 줄 알고, 누워야 할 때에 누울 줄 아는 것이다. 다시 네 가지 법이 있으니, 이른바 4사유思惟로서 소사유少思惟 · 광사유廣思惟 · 무소유사유無所有思惟이다. 다시 네 가지 법이 있으니, 이른바 4기론記論으로서 결정기론決定記論 · 분별기론分別記論 · 힐문기론詰問記論 · 지주기론止住記論이다. 다시 네 가지 법이 있으니, 이른바 부처님의 4불호법不護法으로서 여래는 신행身行이 청정하고 모자라거나〔闕〕 샘〔漏〕이 없어 저절로 방호防護된다. 구행口行의 청정 · 의행意行의 청정 · 명행命行의 청정도 이와 같다. 이것이 여래께서 말씀하신 바른 법이다. 마땅히 함께 모아 그것으로써 다툼을 막고 범행이 오래 서게 하고 이익되는 일이 많게 하여 하늘과 사람으로 하여금 안락을 얻게 하자.

또 모든 비구들이여, 여래께서는 다섯 가지 바른 법을 말씀하셨으니, 이른바 5입入으로서 눈의 빛깔〔眼色〕 · 귀의 소리〔耳聲〕 · 코의 냄새〔鼻香〕 · 혀의 맛〔舌味〕 · 몸의 닿임〔身觸〕이다. 다시 다섯 가지 법이 있으니, 이른바 5수음受陰으로서 색수음色受陰 · 수수음受受陰 · 상수음想受陰 · 행수음行受陰 · 식수음識受陰이다. 다시 다섯 가지 법이 있으니, 이른바 5개蓋로서 탐욕개貪欲蓋 · 진에개瞋恚蓋 · 수면개睡眠蓋 · 도희개掉戱蓋 · 의개疑蓋이다. 다시 다섯 가지 법이 있으니, 이른바 5하결下結로서 신견결身見結 · 계도결戒盜結 · 의결疑結 · 탐욕결貪欲結 · 진에결瞋恚結이다. 다시 다섯 가지 법이 있으니, 이른바 5상결上結로서 색애色愛 · 무색애無色愛 · 무명無明 · 만慢 · 도掉이다. 다시 다섯 가지 법이 있으니, 이른바 5근根으로서 신근信根 · 정진근精進根 · 염근念根 · 정근定根 · 혜근慧根이다. 다시 다섯 가지 법이 있으니, 이른바 5력力으로서 신력信力 · 정진력精進力 · 염력念力 · 정력定力 · 혜력慧力이다. 다시 다섯 가지 법이 있으니, 이른바 멸진지滅盡枝로서 첫째 비구는 부처님 · 여래如來 · 지진至眞 · 등정각等正覺의 10호號를 구족한 이를 믿는 것이며, 둘째 비구는 병이 없어 몸이 항상 안온한 것이며, 셋째

순박하고 곧아 아첨이 없는 것이니 능히 이러한 자에게 여래께서는 곧 열반으로 가는 길을 보이신다. 넷째는 스스로 그 마음을 오로지 하여 착란錯亂하지 않게 하여 전에 외운 것을 기억해 잊지 않는 것이요, 다섯째는 법이 생겨나고 멸하는 것을 잘 관찰하여 현성賢聖의 행으로써 괴로움의 근본을 다하는 것이다. 다시 다섯 가지 법이 있으니, 이른바 5발發로서 비시발非時發・허발虛發・비의발非義發・허언발虛言發・무자발無慈發이다. 다시 다섯 가지 법이 있으니, 이른바 5선발善發로서 시발時發・실발實發・의발義發・화언발和言發・자심발慈心發이다. 다시 다섯 가지 법이 있으니, 5증질憎嫉로서 주처증질住處憎嫉・단월증질檀越憎嫉・이양증질利養憎嫉・색증질色憎嫉・법증질法憎嫉이다. 다시 다섯 가지 법이 있으니, 이른바 5취해탈趣解脫로서 첫째는 몸의 부정상不淨想이며, 둘째는 음식의 부정상이며, 셋째는 일체행의 무상상無常想이며, 넷째는 일체 세간의 불가락상不可樂想이며, 다섯째는 죽음의 상〔死想〕이다. 다시 다섯 가지 법이 있으니, 이른바 5출요계出要界로서 첫째는 비구는 욕심에 대해서 즐거워하지도 않고 동요되지도 않으며 또 친근하지도 않는다. 다만 출요出要를 생각하여 멀리 여의기를 즐기고 친근하여 게으르지 않으며 그 마음을 다루어 부드럽게 하고 출요로 욕심을 여의며 저 욕심에 의지해 일어나는 모든 번뇌〔漏〕의 얽매임도 다 버리고 멸하여 해탈을 얻는다. 이것을 욕출요欲出要라고 한다. 진에출요瞋恚出要・질투출요嫉妬出要・색출요色出要・신견출요身見出要도 그와 같다. 다시 다섯 가지 법이 있으니, 이른바 5희해탈입喜解脫入이다. 만일 비구가 부지런히 힘써 게으르지 않고, 한적한 곳을 즐겨 마음을 오로지 하면 알지 못하던 것을 알 수 있고, 다하지 못한 것을 다할 수 있으며, 편안하지 못하던 것을 편안하게 할 수 있다. 어떤 것을 다섯 가지라고 하는가? 여기서 비구는 여래의 설법을 듣거나 혹은 범행자梵行者의 말을 듣거나 혹은 스승〔師長〕의 설법을 듣고 깊이 생각하고 관찰하여 법의 뜻을 분별하면 마음의 환희를 얻고, 마음의 환희를 얻고 나면 법애法愛를 얻으며, 법애를 얻고 나면 몸과 마음이 안온해지고, 몸과 마음이 안온해지면 곧 선정禪定을 얻으며, 선정을 얻고 나면 진실한 지견知見을 얻는다. 이것을 처음의 해탈입解脫入이라고 한다. 여기서 비구는 법을 듣고 기뻐한 뒤에는 그것을 받아 지녀 외우고, 또한 기뻐하여 남을 위해 설명하며, 또한 기뻐하여 사유思惟하고 분별하고 또한 기뻐하여 법에 대해 선정〔定〕을 얻는 것이니 이 또한 마찬가지이다. 다시 다섯 가지 법이 있으니, 이른바 5인人[6]으로서 중반열반中般涅槃[7] · 생반열반生般涅槃[8] · 무행반열반無行般涅槃[9] · 유행반열반有行般涅槃[10] · 상류아가니타上流阿迦尼吒[11]이다. 모든 비구들이여, 이것이 여래께서 말씀하신 바른 법이니, 우리는 마땅히 함께 모아 그것으로써 다툼을 막고 범행이 오래 서게 하며 많은 이익을 주어 하늘과 사람으로 하여금 안락을 얻게 하자.

또 모든 비구들이여, 여래께서는 여섯 가지 바른 법을 말씀하셨으

6 또는 다섯 종류의 아나함阿那含, 다섯 종류의 불환과不還果라고 쓰기도 한다. 즉 불환과의 지위에 오른 성자聖者로서, 근기에 영리함과 둔함이 있어 아라한과阿羅漢果를 증득하는 데 선후先後의 차이가 있기 때문에 다섯 종류로 나눈 것이다.

7 불환과不還果의 지위에 오른 성자가 욕계欲界에서 죽어 색계色界에 태어나는 중유中有의 지위로 아라한과를 증득하면 반열반般涅槃에 들게 된다.

8 불환과의 성자가 욕계로부터 색계에 태어나서 오래지 않아 성도聖道를 일으켜서 반열반에 드는 것을 말한다.

9 불환과의 성자가 색계에 태어났으나 수행을 게을리 하여 오랜 시간이 흐른 뒤에야 반열반에 드는 것을 말한다.

10 색계에 태어나서 거기에서 오랫동안 수행을 하여 반열반에 드는 것을 말한다.

11 색계의 초선初禪에 태어난 불환과의 성자가 다시 위의 하늘인 색구경천色究竟天에 태어나 반열반에 드는 것을 말한다.

니 이른바 내육입內六入으로서 안입眼入·이입耳入·비입鼻入·설입舌入·신입身入·의입意入이다. 다시 여섯 가지 법이 있으니 이른바 외육입外六入으로서 색입色入·성입聲入·향입香入·미입味入·촉입觸入·법입法入이다. 다시 여섯 가지 법이 있으니 이른바 6식신識身으로서 안식신眼識身·이식신耳識身·비식신鼻識身·설식신舌識身·신식신身識身·의식신意識身이다. 다시 여섯 가지 법이 있으니, 이른바 6촉신觸身으로서 안촉신眼觸身·이촉신耳觸身·비촉신鼻觸身·설촉신舌觸身·신촉신身觸身·의촉신意觸身이다. 다시 여섯 가지 법이 있으니, 6수신受身으로서 안수신眼受身·이수신耳受身·비수신鼻受身·설수신舌受身·신수신身受身·의수신意受身이다. 다시 여섯 가지 법이 있으니, 이른바 6상신想身으로서 색상色想·성상聲想·향상香想·미상味想·촉상觸想·법상法想이다. 다시 여섯 가지 법이 있으니, 이른바 6사신思身으로서 색사色思·성사聲思·향사香思·미사味思·촉사觸思·법사法思이다. 다시 여섯 가지 법이 있으니, 이른바 6애신愛身으로서 색애신色愛身·성애신聲愛身·향애신香愛身·미애신味愛身·촉애신觸愛身·법애신法愛身이다. 다시 여섯 가지 법이 있으니 이른바 6쟁본諍本이다. 만일 비구가 성내기를 좋아해 버리지 못하고 여래를 공경하지 않으며, 또한 법을 공경하지 않고 또한 스님 대중을 공경하지 않으며, 계戒에 있어서 샘〔漏〕이 있고 물들고 더러워 깨끗하지 못하며, 여러 사람들 가운데서 다투기를 좋아해 남의 미움을 사고 깨끗한 대중을 어지럽게 하며 하늘과 사람을 편안하지 못하게 하는 것이다. 모든 비구들이여, 너희들은 마땅히 스스로 안을 관찰〔內觀〕하라. 만일 성냄과 원한을 가지고 저렇게 대중을 어지럽히는 것이 있거든 마땅히 화합和合한 대중을 모아 널리 방편을 베풀어 이 다툼의 근본을 뽑아라. 너희들은 또 마땅히 생각을 오로지 하여 스스로 관찰하라. 만일 맺힌 원한이 이미 다했거든 마땅히 다시 방편으로써 그 마음을 막아 다시 일어나지 않게 하라. 모든 비구들이여, 성내고 뒤틀어져 자상하지 못하고 인색하고 질투하며 교활하고 허망하여 스스로 자기 견해로 인해 잘못된 것을 받아들이고도 버리지 못하고 사견邪見에서 헤매고 변견邊見과 함께하는 것 또한 그와 같다.

다시 여섯 가지 법이 있으니, 이른바 6계界로서 지계地界・화계火界・수계水界・풍계風界・공계空界・식계識界이다. 다시 여섯 가지 법이 있으니, 이른바 6찰행察行으로서 눈은 빛깔을 살피고 귀는 소리를 살피며, 코는 냄새를 살피고, 혀는 맛을 살피며, 몸은 촉감을 살피고, 뜻은 법을 살피는 것이다. 다시 여섯 가지 법이 있으니 이른바 6출요계出要界이다. 만일 비구가 '나는 자애로운 마음을 닦아도 다시 진에瞋恚가 생긴다'고 한다면, 다른 비구들은 '너는 그런 말을 하지 말라. 여래를 비방하지 말라. 여래께서는 그런 말씀을 하시지 않으셨다. 자애로움의 해탈〔慈解脫〕을 닦고자 하면서 다시 성내는 마음이 생긴다면 그것은 있을 수 없는 일이라고 말씀하실 것이다.'

부처님께서는 '성내는 마음을 다 없앤 뒤에 비로소 자애로움을 증득할 수 있다'고 말씀하셨다. 만일 비구가 '나는 불쌍히 여기는 해탈〔悲解脫〕을 행해도 미워하는 마음이 생기고, 기쁨의 해탈〔喜解脫〕을 행해도 걱정하고 번민하는 마음이 생기며, 버림의 해탈〔捨解脫〕을 행해도 미워하고 사랑하는 마음이 생기며, 무아無我의 행을 행해도 의심하는 마음이 생기며, 무상無想의 행을 행해도 숱한 어지러운 생각이 생긴다'고 한다면 또한 그와 같이 할 것이다.

다시 여섯 가지 법이 있으니, 이른바 6무상無上으로서 견무상見無上・문무상聞無上・이양무상利養無上・계무상戒無上・공경무상恭敬無上・억념무상憶念無上이다. 다시 여섯 가지 법이 있으니, 이른바 6사념思念으로서 불념佛念 · 법념法念 · 승념僧念 · 계념戒念 · 시념施念 · 천념天念이다. 이것은 여래께서 말씀하신 바른 법이니 마땅히 함께 모아 그것으로써 다툼을 막고 범행이 오래 서게 하고 많은 이익을 주어 하늘과 사람으로 하여금 안락을 얻게 하자.

모든 비구들이여, 여래는 일곱 가지 바른 법을 말씀하셨으니, 이른바 7비법非法으로서 믿음이 없고, 자신에 대한 부끄러움〔慚〕이 없으며, 다른 사람에 대하여 부끄러움〔愧〕이 없고, 들은 것이 적고, 게으르며, 잊음이 많고, 지혜가 없는 것이다. 다시 일곱 가지 법이 있으니, 이른바 7정법正法으로서 믿음이 있고, 자신에 대한 부끄러움이 있으며, 다른 사람에 대하여 부끄러움이 있고, 들은 것이 많으며, 꾸준히 힘쓰고, 모두 기억하며, 지혜가 많은 것이다. 다시 일곱 가지 법이 있으니, 이른바 7식주識住로서 혹 어떤 중생은 몸도 각각 다르고 생각도 각각 다른데 하늘과 사람이 그것이다. 이것이 초식주初識住이다. 어떤 중생은 몸은 각각 다르나 생각은 한가지인데 범광음천梵光音天에 최초로 태어날 때가 그것이다. 이것이 두 번째 식주이다. 어떤 중생은 몸은 같으나 생각은 각각 다른데 광음천光音天이 그것이다. 이것이 세 번째 식주이다. 어떤 중생은 몸도 같고 생각도 같은데 변정천遍淨天이 그것이다. 이것이 네 번째 식주이다. 어떤 중생은 공처空處에 머물고 식처識處에 머물며 불용처不用處에 머문다.

다시 일곱 가지 법이 있으니, 이른바 7근법勤法이다. 첫째는 비구가 계행戒行에 힘쓰는 것이고, 둘째는 탐욕을 없애려고 애쓰는 것이며, 셋째는 삿된 소견을 깨뜨리려고 애쓰는 것이며, 넷째는 많이 듣기〔多聞〕를 힘쓰는 것이며, 다섯째는 정진精進에 힘쓰는 것이며, 여섯째는 바른 생각〔正念〕에 힘쓰는 것이며 일곱째는 선정에 힘쓰는 것이다.

다시 일곱 가지 법이 있으니, 이른바 7상想으로서, 깨끗하지 않다는 생각, 음식이 깨끗하지 않다는 생각, 일체 세간은 즐거워할 것이 못된다는 생각, 죽음의 생각〔死想〕, 무상無常하다는 생각, 무상은 괴로운 것이라는 생각, 괴로움은 나〔我〕가 없다는 생각이다. 다시 일곱 가지 법이 있으니, 이른바 7삼매구三昧具로서 바른 견해〔正見〕·바른 생각〔正思〕·바른 말〔正言〕·바른 행동〔正業〕·바른 생활〔正命〕·바른 방편〔正方便〕·바른 기억〔正念〕이다. 다시 일곱 가지 법이 있으니, 이른바 7각의覺意로서 염각의念覺意·법각의法覺意·정진각의精進覺意·희각의喜覺意·의각의猗覺意·정각의定覺意·호각의護覺意이다. 이것이 여래께서 말씀하신 바른 법이니, 마땅히 함께 모아 그것으로써 다툼을 막고 범행을 오래 서게 하며 많은 이익을 주어 하늘과 사람으로 하여금 안락을 얻게 하자.

모든 비구들이여, 여래께서는 여덟 가지 바른 법을 말씀하셨으니, 이른바 세간의 여덟 가지 법으로서 이로움〔利〕과 쇠함〔衰〕과 헐뜯음〔毁〕·기림〔譽〕·칭찬·비방·괴로움·즐거움이다. 다시 여덟 가지 법이 있으니, 이른바 8해탈로써 색色을 대하여 색이라고 관찰하는 것이 첫 번째 해탈이며, 마음속으로 색色에 대한 생각을 없애고 바깥 색을 관찰하는 것이 두 번째 해탈이며, 깨끗한 해탈이 세 번째 해탈이며, 색色이라는 생각을 초월하여 성내는 생각〔瞋恚想〕을 없애고 공처空處해탈에 머무는 것이 네 번째 해탈이다. 공처를 초월하여 식처識處에 머무는 것이 다섯 번째 해탈이며, 식처를 초월하여 불용처不用處에 머무는 것이 여섯 번째 해탈이며, 불용처를 초월하여 유상무상처有想無想處에 머무는 것이 일곱 번째 해탈이며, 유상무상처를 초월하여 상지멸想知滅에 머무는 것이 여덟 번째 해탈이다. 다시 여덟 가지 법이 있으니, 이른바 8성도聖道로서 바른 견해·바른 생각·바른 말·바른 행동·바른 생활·바른 방편·바른 기억·바른 선정이다. 다시 여덟 가지 법이 있으니, 이른바 8인人으로서 수다원향須陀洹向·수다원·사다함향斯陀含向·사다함·아나함향阿那含向·아나함·아라한향阿羅漢向·아라한이다. 이것은 여래께서 말씀하신 바른 법이니, 마땅히 함께 모아 그것으로써 다툼을 막고 범행이 오래 서게 하며 하늘과 사람으로 하여금 안락을 얻게 하자.

모든 비구들이여, 여래께서는 아홉 가지 바른 법을 말씀하셨으니, 이른바 9중생거衆生居로서 어떤 중생은 몸도 각각 다르고 생각도 각각 다른데 하늘과 사람이 그것이다. 이것이 첫 번째 중생거衆生居이다. 다시 어떤 중생은 몸은 각각 다르나 생각은 한가지인데 범광음천에 최초로 태어날 때가 그것이다. 이것이 두 번째 중생거이다. 다시 어떤 중생은 몸은 같으나 생각은 각각 다르니 광음천이 그것이다. 이것이 세 번째 중생거이다. 다시 어떤 중생은 몸도 같고 생각도 같은데 변정천遍淨天이 그것이다. 이것이 네 번째 중생거이다. 다시 어떤 중생은 생각도 없고 깨달아 아는 것도 없는데 무상천無想天이 그것이다. 이것이 다섯 번째 중생거이다. 다시 어떤 중생은 공처에 머무는데 이것이 일곱 번째 중생거이다. 다시 어떤 중생은 식처識處에 머무는데 이것이 여섯 번째 중생거이다. 다시 어떤 중생은 불용처不用處에 머무는데 이것이 여덟 번째 중생거이다. 다시 어떤 중생은 유상무상처有想無想處에 머무는데 이것이 아홉 번째 중생거이다. 이것은 여래께서 말씀하신 바른 법이니, 마땅히 함께 모아 그것으로써 다툼을 막고 범행이 오래 서게 하며 많은 이익을 주어 하늘과 사람으로 하여금 안락을 얻게 하자.

모든 비구들이여, 여래께서는 열 가지 바른 법을 말씀하셨으니, 이른바 10무학법無學法으로서 무학의 바른 견해·바른 생각·바른 말 · 바른 행동 · 바른 생활 · 바른 기억 · 바른 방편 · 바른 선정 · 바른 지혜 · 바른 해탈이다. 이것은 여래께서 말씀하신 바른 법이니, 마땅히 함께 모아 그것으로써 다툼을 막고 범행을 오래 서게 하며 많은 이익을 주어 하늘과 사람으로 하여금 안락을 얻게 하자."

그때 세존께서는 사리불의 말을 인가印可하셨고, 모든 비구들은 사리불의 말을 듣고 기뻐하며 받들어 행하였다.

불설장아함경 제 9 권

〔제 2 분〕 ④

6. 십상경十上經[1]

이와 같이 나는 들었다.

어느 때 부처님께서는 앙가국鴦伽國을 유행하시면서 큰 비구 대중 1,250명과 함께 계셨다.

첨파瞻婆성으로 나아가 가가伽伽못 가에 머무시면서 보름날 달이 가득 찼을 때, 세존께서 맨 땅에 앉으시고 대중들에게 둘러싸인 채 밤새도록 설법하셨다. 부처님께서 사리불舍利弗에게 말씀하셨다.

"지금 사방에서 많은 비구들이 모여들어 저마다 정근하면서 잠자

---

1 이 경의 이역 경전으로는 후한 시대 안세고安世高가 한역한 『장아함십보법경長阿含十報法經』이 있으며, 참고가 될 만한 경문으로는 『장아함경』 제8권 9번째 소경인 「중집경衆集經」과 제9권 11번째 소경인 「증일경增一經」이 있다.

지 않고 설법을 듣고자 한다. 그러나 나는 등병을 앓아 조금 쉬고 싶으니, 너는 이제 모든 비구들을 위해 설법하라."

사리불은 부처님의 분부를 받들었다. 그때 세존께서는 곧 승가리僧伽梨를 네 겹으로 접어 오른쪽 옆구리에 깔고 사자처럼 발을 포개고 누우셨다. 그때 장로 사리불이 모든 비구들에게 말했다.

"이제 내가 설법하는 상·중·하의 말은 다 참되고 바르며 의미義味를 구족하고 범행梵行이 청정하다. 그대들은 자세히 듣고 잘 생각하라. 나는 그대들을 위하여 설법하겠다."

모든 비구들은 분부를 받고 경청하였다. 사리불이 모든 비구들에게 말했다.

"열 가지 상법上法이 있다. 그것은 온갖 결박結縛을 끊고 니원(泥洹 : 涅槃)에 이르게 하여 괴로움의 끝〔苦際〕을 다하게 한다. 그리고 그것은 또 550가지 법을 구족하고 있는데 이제 마땅히 밝혀 줄 것이니 그대들은 잘 들어라. 모든 비구들이여, 1성법成法·1수법修法·1각법覺法·1멸법滅法·1퇴법退法·1증법增法·1난해법難解法·1생법生法·1지법知法·1증법證法이 있다. 어떤 것을 1성법이라고 하는가? 모든 선법善法에 있어서 방일放逸하지 않는 것을 말한다. 어떤 것을 1수법이라고 하는가? 항상 스스로 자기 몸에 대하여 생각하는 것을 말한다. 어떤 것을 1각법이라고 하는가? 번뇌를 내는 접촉〔有漏觸〕을 말한다. 어떤 것을 1멸법이라고 하는가? 아만我慢을 말한다. 어떤 것을 1퇴법退法이라고 하는가? 오로관惡露觀을 하지 않는 것을 말한다. 어떤 것을 1증법이라고 하는가? 오로관을 말한다. 어떤 것을 1난해법이라고 하는가? 간단이 없는〔無間〕 선정을 말한다. 어떤 것을 1생법이라고 하는가? 유루해탈有漏解脫을 말한다. 어떤 것을 1지법이라고 하는가? 모든 중생은 다 음식을 우러러 살아가는 것을 말한다. 어떤 것을 1증법이라고 하는가? 걸림 없는 마음의 해탈〔無礙心解脫〕을 말한다.

또 2성법成法 · 2수법修法 · 2각법覺法 · 2멸법滅法 · 2퇴법退法 · 2증법增法 · 2난해법難解法 · 2생법生法 · 2지법知法 · 2증법證法이 있다. 어떤 것을 2성법이라고 하는가? 제 자신에 대하여 부끄러워할 줄 알고 남에게도 부끄러워할 줄 아는 것을 말한다. 어떤 것을 2수법이라고 하는가? 지止와 관觀을 말한다. 어떤 것을 2각법이라고 하는가? 명名과 색色을 말한다. 어떤 것을 2멸법이라고 하는가? 무명無明과 애愛를 말한다. 어떤 것을 2퇴법이라고 하는가? 계율을 허물고 바른 견해를 깨뜨리는 것을 말한다. 어떤 것을 2증법增法이라고 하는가? 계율을 갖추고 바른 견해를 갖추는 것을 말한다. 어떤 것을 2난해법이라고 하는가? 인因이 있고 연緣이 있어 중생에게 때〔垢〕가 생기고, 인因이 있고 연緣이 있어 중생이 청정해지는 것을 말한다. 어떤 것을 2생법이라고 하는가? 진지盡智와 무생지無生智이다. 어떤 것을 2지법이라고 하는가? 시처(是處 : 有爲界)와 비처(非處 : 有爲處)를 말한다. 어떤 것을 2증법證法이라고 하는가? 명明과 해탈을 말한다.

또 3성법成法 · 3수법修法 · 3각법覺法 · 3멸법滅法 · 3퇴법退法 · 3증법增法 · 3난해법難解法 · 3생법生法 · 3지법知法 · 3증법證法이 있다. 어떤 것을 3성법이라고 하는가? 첫째는 착한 벗을 친근히 하는 것이며, 둘째는 귀로 설법하는 소리를 듣는 것이며, 셋째는 법다운 법을 성취하는 것이다. 어떤 것을 3수법이라고 하는가? 3삼매三昧를 말하는데, 곧 공空삼매 · 무상無相삼매 · 무작無作삼매이다. 어떤 것을 3각법이라고 하는가? 3수受를 말하는데, 곧 고수苦受 · 낙수樂受 · 불고불락수不苦不樂受이다. 어떤 것을 3멸법이라고 하는가? 3애愛를 말하는데, 곧 욕애欲愛 · 유애有愛 · 무유애無有愛이다. 어떤 것을 3퇴법이라고 하는가? 3불선근不善根을 말하는데, 곧 탐불선근貪不善根・에불선근恚不善根・치불선근癡不善根이다. 어떤 것을 3증법이라고 하는가? 3선근을 말하는데, 곧 무탐선근無貪善根・무에선근無恚善根・무치선근無癡善根이다. 어떤 것을 3난해법이라고 하는가? 세 가지 알기 어려운 것〔難解〕을 말하는데, 곧 현성賢聖에 대해 알기 어렵고, 법을 들어도 알기 어려우며, 여래에 대하여도 알기 어려운 것을 말한다. 어떤 것을 3생법이라고 하는가? 3상相을 말하는데, 곧 식지상息止相・정진상精進相・사리상捨離相이다. 어떤 것을 3지법이라고 하는가? 3출요계出要界를 말하는데, 곧 욕계欲界의 경계를 벗어나 색계色界에 이르고, 색계의 경계를 벗어나 무색계에 이르러, 일체의 모든 유위법有爲法을 버려 여의는 것으로서 그것을 다함〔盡〕이라고 이름한다. 어떤 것을 3증법이라고 하는가? 3명明을 말하는데, 곧 숙명지宿命智・천안지天眼智・누진지漏盡智이다. 모든 비구들이여, 이것을 30가지 법이라고 한다. 이것은 진실되고 허망함이 없으니, 여래께서는 이미 깨달으셔서 평등하게 설법하셨다.

다시 4성법成法・4수법修法・4각법覺法・4멸법滅法・4퇴법退法・4증법增法・4난해법難解法・4생법生法・4지법知法・4증법證法이 있다. 어떤 것을 4성법이라고 하는가? 4윤법輪法을 말하는데, 첫째는 중국(中國 : 印度)에 머물러 사는 것이고, 둘째는 선한 벗을 가까이하는 것이며, 셋째는 스스로 삼가고 조심하는 것이며, 넷째는 전생〔宿〕에 선의 근본〔根本〕을 심은 것이다. 어떤 것을 4수법이라고 하는가? 4념처念處를 말하는데, 곧 비구는 안의 몸을 몸 그대로〔內身身〕 관하되 부지런히 힘써 게으르지 않고 기억하여 잊지 않으며, 세상의 탐욕과 걱정을 버리는 것이다. 외신신外身身을 관하되 부지런히 힘써 게으르지 않고 기억하여 잊지 않으며, 세상의 탐욕과 걱정을 버리는 것이다. 내외신신內外身身을 관하되 부지런히 힘써 게으르지 않고 기억하여 잊지 않으며, 세상의 탐욕과 걱정을 버리는 것이다. 수의법受意法을 관하는 것 또한 마찬가지이다.

어떤 것을 4각법이라고 하는가? 4식食을 말하는데, 곧 단식摶食・촉식觸食・염식念食・식식識食이다. 어떤 것을 4멸법이라고 하는가? 4수受를 말하는데, 곧 욕수欲受・아수我受・계수戒受・견수見受이다. 어떤 것을 4퇴법이라고 하는가? 4액扼을 말하는데, 곧 욕액欲扼・유액有扼・견액見扼・무명액無明扼이다. 어떤 것을 4증법增法이라고 하는가? 4무액無扼을 말하는데, 곧 무욕액無欲扼・무유액無有扼・무견액無見扼・무무명액無無明扼이다. 어떤 것을 4난해법이라고 하는가? 4성제聖諦를 말하는데, 곧 고제苦諦・집제集諦・진제(盡諦 : 滅諦)・도제道諦이다. 어떤 것을 4생법이라고 하는가? 4지를 말하는데, 곧 법지法智・미지지未知智・등지지等知智・타심지他心智이다. 어떤 것을 4지법이라고 하는가? 4변재를 말하는데, 곧 법변法辯・의변義辯・사변辭辯・응변應辯이다. 어떤 것을 4증법證法이라고 하는가? 4사문과沙門果를 말하는데, 곧 수다원과須陀洹果・사다함과斯陀含果・아나함과阿那含果・아라한과阿羅漢果이다. 모든 비구들이여, 이것을 40가지 법이라고 한다. 이것은 진실되고 허망함이 없으니, 여래께서는 이미 깨달으셔서 평등하게 설법하셨다.

다시 5성법成法・5수법修法・5각법覺法・5멸법滅法・5퇴법退法・5증법增法・5난해법難解法・5생법生法・5지법知法・5증법證法이 있다. 어떤 것을 5성법이라고 하는가? 5멸진지滅盡枝를 말하는데, 첫째는 불佛・여래如來・지진至眞 등 10호號를 구족하신 분을 믿는 것이며, 둘째는 병이 없어 몸이 항상 안온한 것이며, 셋째는 질박하고 곧고 아첨함이 없어 바로 여래如來 열반의 길로 나아가는 것이며, 넷째는 마음을 오로지해 산란하지 않고 항상 외워 잊지 않는 것이며, 다섯째는 법이 일어나고 멸하는 것을 잘 관찰하여 현성賢聖의 행으로써 괴로움의 근본을 다하는 것이다. 어떤 것을 5수법이라고 하는가? 5근根을 말하는데, 곧 신근信根·정진근精進根·염근念根·정근定根·혜근慧根이다. 어떤 것을 5각법이라고 하는가? 5수음受陰을 말하는데, 곧 색수음色受陰·수수음受受陰·상수음想受陰·행수음行受陰·식수음識受陰이다. 어떤 것을 5멸법이라고 하는가? 5개蓋를 말하는데, 곧 탐욕개貪欲蓋·진에개瞋恚蓋·수면개睡眠蓋·도희개掉戲蓋·의개疑蓋이다. 어떤 것을 5퇴법이라고 하는가? 5심애결心碍結을 말하는데, 첫째는 비구가 부처님을 의심하는 것이니, 부처님을 의심하면 곧 친근하지 않고 친근하지 않으면 곧 공경하지 않는다. 이것이 초심애결初心碍結이다. 또 비구가 법法에 대해서, 승가〔衆〕에 대해서, 계戒에 대해서 뚫려 새는〔穿漏〕 행과 참되고 바르지 않은 행과 더럽고 물든 행이 있어 계戒를 친근하지도 않고 또한 공경하지도 않는 것이다. 이것이 4심애결이다. 또 비구가 범행을 하는 사람에 대해서 나쁜 마음을 내고 마음으로 좋아하지 않아 추악한 말로 헐뜯어 꾸짖는 것, 이것을 5심애결이라고 한다.

어떤 것을 5증법增法이라고 하는가? 5희본喜本을 말하는데, 첫째는 기쁨〔悅〕이며, 둘째는 생각〔念〕이며, 셋째는 의지함〔猗〕이며, 넷째는 즐거움〔樂〕이며, 다섯째는 선정〔定〕이다. 어떤 것을 5난해법이라고 하는가? 5해탈입解脫入을 말하는데, 만일 비구가 정진하여 게으르지 않고 한적한 곳을 즐겨 전념일심專念一心하여 이해하지 못한 것을 이해하고 다하지 못한 것〔未盡〕을 다하며, 편안하지 못한 것을 편안하게 하는 것이다. 어떤 것을 다섯 가지라고 하는가? 만일 비구가 부처님의 설법을 듣거나 혹은 범행자의 말을 듣거나 혹은 장로〔師

長]의 말을 듣고 생각하고 관찰하여 법의 뜻을 분별하면 마음에 곧 기쁨을 얻고, 기쁨을 얻은 뒤에는 다시 법애法愛를 얻고, 법애를 얻은 뒤에는 몸과 마음이 안온해지며, 몸과 마음이 안온해진 뒤에는 곧 선정을 얻고, 선정을 얻은 뒤에는 여실한 지혜를 얻을 것이다. 이것을 초해탈입初解脫入이라고 한다. 여기서 비구는 법을 듣는 것을 기뻐하고, 받아 지니고 외우는 것 또한 기뻐하며, 남을 위해 설법하는 것 또한 기뻐하고, 생각하고 분별하는 것 또한 기뻐하며, 법에서 선정을 얻어 기뻐하는 것 역시 마찬가지이다.

어떤 것을 5생법이라고 하는가? 현성賢聖의 5지정智定을 말하는데, 첫째는 삼매를 닦아 현생에도 즐겁고 내생에도 즐거워 안팎의 지혜를 내는 것이며, 둘째는 현성의 무애無愛로 안팎의 지혜를 내는 것이며, 셋째는 모든 부처님과 현성들이 수행했던 것으로 안팎의 지혜를 내는 것이며, 넷째는 적멸상寂滅相을 의지해 도반 없이 홀로 안팎의 지혜를 내는 것이며, 다섯째는 삼매에 한마음으로 들고 한마음으로 일어나 안팎의 지혜를 내는 것이다. 어떤 것을 5지법이라고 하는가? 5출요계出要界를 말하는데, 첫째는 비구가 탐욕에 대해서 즐거워하지도 않고 생각하지도 않으며 또한 친근히 하지도 않고 다만 출요出要만을 생각하여 멀리 여의기를 좋아하며 친근하여 게으르지 않으면 그 마음은 조화롭고 부드러워진다. 출요로 욕심을 여의면 욕심으로 인해 일어난 번뇌[漏]도 다 멸해 버려 해탈을 증득하게 된다. 이것을 욕출요欲出要라고 한다. 진에출요瞋恚出要·질투출요嫉妬出要·색출요色出要·신견출요身見出要도 또한 마찬가지이다. 어떤 것을 5증법證法이라고 하는가? 5무학취無學聚를 말하는데, 곧 무학의 계취戒聚·정취定聚·혜취慧聚·해탈취解脫聚·해탈지견취解脫知見聚이다. 이것을 50가지 법이라고 한다. 이것은 진실되고 허망함이 없는데, 여래께서는 이미 깨달으셔서 평등하게 설법하셨다.

다시 6성법成法·6수법修法·6각법覺法·6멸법滅法·6퇴법退法·6증법增法·6난해법難解法·6생법生法·6지법知法·6증법證法이 있다. 어떤 것을 6성법이라고 하는가? 6중법重法을 말하는데, 만일 비구가 6중법을 닦으면 공경할 만하고 존중할 만하며 대중과 화합하여 다툼이 없고, 홀로 다니더라도 잡됨이 없을 것이다. 어떤 것이 여섯 가지인가? 여기서 비구가 몸으로 항상 자애慈愛를 행해 범행자梵行者를 공경하고 어질고 사랑하는 마음에 머물면 그것을 이름하여 중법重法이라고 하는데, 공경할 만하고 존중할 만하여 대중과 화합하여 다툼이 없고 홀로 다니더라도 잡됨이 없을 것이다. 다시 또 비구가 입의 자애와 뜻의 자애를 행해 법으로써 공양을 받고 또 발우에 남은 것을 남과 나누어 저와 남〔彼此〕이라는 마음을 품지 않는 것이다. 다시 비구는 현성의 행하는 계戒를 범하지 않고, 헐뜯지 않아 물들고 더러움이 없으며, 지자智者가 칭찬하는 계를 잘 구족하고 지녀 정의定意를 성취하는 것이다. 다시 비구가 현성의 출요법出要法을 평등하게 성취하여 괴로움을 다하며 바른 견해와 모든 범행을 가지면 이것을 이름하여 중법이라고 하는데, 그것은 공경할 만하고 존중할 만하며 대중과 화합하여 다툼이 없고 홀로 다니더라도 잡됨이 없을 것이다. 어떤 것을 6수법이라고 하는가? 6염念을 말하는데, 염불念佛·염법念法·염승念僧·염계念戒·염시念施·염천念天이다. 어떤 것을 6각법이라고 하는가? 6내입內入을 말하는데, 안입眼入·이입耳入·비입鼻入·설입舌入·신입身入·의입意入이다. 어떤 것을 6멸법이라고 하는가? 6애愛를 말하는데, 색애色愛·성애聲愛·향애香愛·미애味愛·촉애觸愛·법애法愛이다. 어떤 것을 6퇴법이라고 하는가? 6불경법不敬法을 말하는데, 부처님을 공경하지 않고〔不敬佛〕, 법을 공경하지 않으며〔不敬法〕, 스님을 공경하지 않고〔不敬僧〕, 계를 공경하지 않으며, 선정을 공경하지 않고〔不敬定〕, 부모를 공경하지 않는 것〔不敬父母〕이다. 어떠한 것을 6증법增法이라고 하는가? 6경법敬法을 말하는데, 부처님을 공경하고, 법을 공경하며〔敬法〕, 스님을 공경하고〔敬僧〕, 계를 공경하며〔敬戒〕, 선정을 공경하고〔敬定〕, 부모를 공경하는 것〔敬父母〕이다.

어떤 것을 6난해법이라고 하는가? 6무상無上을 말하는데, 견무상見無上·문무상聞無上·이양무상利養無上·계무상戒無上·공경무상恭敬無上·염무상念無上이다. 어떤 것을 6생법이라고 하는가? 6등법等法을 말하는데, 여기서 비구는 눈으로 빛깔을 보아도 걱정이 없고 기쁨도 없이 버림〔捨〕에 머물러 생각을 오로지한다. 귀로 소리를 듣고, 코로 냄새를 맡으며, 혀로 맛보고, 몸으로 감촉하며, 법에 대한 의식〔意〕에 있어서도 걱정하지 않고 기뻐하지도 않으며 버림에 머물러 생각을 오로지하는 것이다. 어떤 것을 6지법이라고 하는가? 6출요계出要界를 말하는데, 만일 비구가 '나는 자비로운 마음을 닦는다'고 말하면서 또 성을 낸다면 다른 비구들이 '너는 그런 말을 하지 말라. 여래를 비방하지 말라. 여래께서는 이런 말씀을 하시지 않으셨다. 자해탈慈解脫을 닦으면서 다시 성을 낸다면 이것은 있을 수 없는 것이다'라고 말할 것이다. 부처님께서는 '성내는 마음을 없앤 뒤에야 비로소 자애로움을 얻는다'고 말씀하셨다.

만일 어떤 비구가 '나는 비해탈悲解脫을 행한다'고 하면서 증오하고 질투하는 마음을 내거나, '희해탈喜解脫을 행한다'고 하면서 걱정하고 번민하는 마음을 내거나, '사해탈捨解脫을 행한다'고 하면서 미워하고 사랑하는 마음을 내거나, '나〔我〕라는 것은 없는 것이라는 행을 행한다'고 하면서 의심하는 마음을 내거나, '무상행無想行을 행한다'고 하면서 숱한 어지러운 생각을 내는 것도 마찬가지이다. 어떤 것을 6증법證法이라고 하는가? 6신통을 말하는데, 첫째는 신족통증神足通證이며, 둘째는 천이통증天耳通證이며, 셋째는 지타심통증知他心通證이며, 넷째는 숙명통증宿命通證이며, 다섯째는 천안통증天眼通證이며, 여섯째는 누진통증漏盡通證이다. 이것을 60가지 법이라고 한다. 모든 비구들이여, 이것은 진실되고 허망하지 않으니, 여래께서 이미 깨달으셔서 평등하게 설법하셨다.

다시 7성법成法 · 7수법修法 · 7각법覺法 · 7멸법滅法 · 7퇴법退法 · 7증법增法 · 7난해법難解法 · 7생법生法 · 7지법知法 · 7증법證法이 있다. 어떤 것을 7성법이라고 하는가? 7재財를 말하는데, 믿음의 재물〔信財〕 · 계율의 재물〔戒財〕 · 자신에 대한 부끄러움의 재물〔慚財〕 · 남에 대한 부끄러움의 재물〔愧財〕 · 들음의 재물〔聞財〕 · 보시의 재물〔施財〕 · 지혜의 재물〔慧財〕이니 이것을 7재라고 한다. 어떤 것을 7수법이라고 하는가? 7각의覺意를 말한다. 여기서 비구는 염각의念覺意를 닦을 때 탐욕 없는 것〔無欲〕에 의지하고, 적멸寂滅에 의지하며, 멀리 여읨〔遠離〕에 의지하는 것이다. 법각의法覺意를 닦고, 정진각의精進覺意를 닦고, 희각의喜覺意를 닦고, 의각의猗覺意를 닦고, 정각의定覺意를 닦고, 사각의捨覺意를 닦을 때 탐욕 없는 것에 의지하고 적멸에 의지하며 멀리 여읨에 의지하는 것이다. 어떤 것을 7각법이라고 하는가? 7식주처識住處를 말한다. 만약 어떤 중생이 각기 다른 몸에 각기 다른 생각이 있는 것이니 하늘과 사람이 이것이며, 이것이 초식주初識住이다. 다시 어떤 중생이 각기 다른 몸에 한 생각을 하는 것이니 범광음천梵光音天에 최초로 날 때가 이것이며, 이것이 두 번째 식주이다. 다시 어떤 중생이 한 몸에 각기 다른 생각을 하는 것이니 광음천이 이것이며, 이것이 세 번째 식주이다. 다시 어떤 중생이 한 몸에 한 생각을 하는 것으로 변정천遍淨天이 이것이며, 이것은 네 번째 식주이다. 혹 어떤 중생이 공처空處에 머무는 것이니 이것은 다섯 번째 식주이고, 혹 식처識處에 머무는 것이니 이것은 여섯 번째 식주이다. 혹 불용처不用處에 머무는 것이니 이것은 일곱 번째 식주이다. 어떤 것을 7멸법이라고 하는가? 7사법使法을 말하는데, 욕애사欲愛使·유애사有愛使·견사見使·만사慢使·진에사瞋恚使·무명사無明使·의사疑使이다.

어떤 것을 7퇴법이라고 하는가? 7비법非法을 말하는데, 비구가 믿음이 없고, 자신에 대한 부끄러움이 없으며, 다른 이에 대해서도 부끄러움이 없고, 들은 것이 적으며, 게으르고, 잘 잊으며, 지혜가 없는 것이다. 어떤 것을 7증법增法이라고 하는가? 7정법을 말하는데, 비구가 믿음이 있고, 자신에 대한 부끄러움이 있으며, 다른 이에 대해서도 부끄러움이 있고, 들은 것이 많으며, 게으르지 않고 굳게 기억하며 지혜가 있는 것이다. 어떤 것을 7난해법이라고 하는가? 7정선법正善法을 말하는데, 비구가 의義를 좋아하고, 법을 좋아하며, 때[時]를 잘 아는 것을 좋아하고, 만족할 줄 아는 것을 좋아하며, 스스로 거두기[自攝]를 좋아하고, 비구 대중 모으기를 좋아하며, 사람을 분별하기를 좋아하는 것이다. 어떤 것을 7생법이라고 하는가? 7상想을 말하는데 깨끗하지 못하다는 생각, 음식은 부정한 것이라는 생각, 일체 세간은 즐거워할 것이 못 된다는 생각, 죽음에 대한 생각, 무상無常하다는 생각, 무상한 것이어서 괴롭다는 생각, 괴로운[苦] 것으로서 나[我]라는 것이 없다는 생각이다. 어떤 것을 7지법이라고 하는가? 7근勤을 말하는데, 계행戒行에 힘쓰고, 탐욕 없애기에 힘쓰며, 사견邪見을 깨뜨리기에 힘쓰고, 많이 듣기에 힘쓰며, 정진에 힘쓰고, 바른 생각에 힘쓰며, 선정에 힘쓰는 것이다. 어떤 것을 7증법證法이라고 하는가? 7누진력漏盡力을 말한다. 여기서 번뇌가 다한 비구는 일체 모든 고苦·집集·멸滅·미味·과過·출요出要에 대하여 진실되게 보아 알고, 욕심〔欲〕을 관찰하기를 불구덩이나 칼과 같이 본다. 욕심을 알고 욕심을 보아, 욕심을 탐하지 않고 마음이 욕심에 머무르지 않는다. 번뇌가 다한 비구〔漏盡比丘〕는 역순으로 관찰하여, 진실되게 깨달아 알고 진실되게 본다. 그래서 세간의 탐욕과 질투처럼 악하고 불선한 법으로 인해 번뇌〔漏〕를 일으키지 않는다. 4념처念處를 닦되 많이 닦고 많이 행하며, 5근根·5력力·7각의覺意와 현성의 여덟 가지 도道를 많이 닦고 많이 행한다. 모든 비구들이여, 이것을 70가지 법이라고 한다. 이것은 진실되고 허망하지 않으니, 여래께서는 이미 깨달으셔서 평등하게 설법하셨다.

다시 8성법成法·8수법修法·8각법覺法·8멸법滅法·8퇴법退法·8증법增法·8난해법難解法·8생법生法·8지법知法·8증법證法이 있다. 어떤 것을 8성법이라고 하는가? 8인연을 말한다. 이것으로 인하여 범행梵行을 얻지 못하고도 지혜를 얻고, 범행을 얻고 나면 지혜는 더해지고 많아지게 된다. 어떤 것이 여덟 가지인가? 여기서 비구는 세존을 의지해 머물거나, 혹 장로〔師長〕를 의지해 머물거나, 혹 지혜 있는 범행자梵行者를 의지해 머물며, 자신에 대한 부끄러움과 다른 이에 대한 부끄러운 마음을 내고 사랑하고 공경하는 것이다. 이것을 첫 번째 인연이라고 한다. 그는 아직 범행을 얻지 못하고도 지혜를 얻고, 범행을 얻고 나면 지혜는 더해지고 많아지게 되는데, 다시 세존을 의지해 머물면서 때에 따라 청해 묻는다.

'이 법은 무엇을 뜻하며, 어디로 나아가는 것입니까?'

그러면 모든 존장尊長들은 그를 위하여 깊은 뜻을 열어 설명하는데, 이것을 두 번째 인연이라고 한다. 이미 법을 들어 마치고 몸과 마음이 즐겁고 고요해지면 이것을 세 번째 인연이라고 한다. 이미 즐겁고 고요해지고 나서는 도를 방해하는 쓸데없는 잡담을 하지 않으며 대중 속으로 나아가 혹은 스스로 설법하기도 하고 혹은 남에게 설법을 청하기도 하며 다시 현성들의 침묵을 저버리지 않으면 이것을 네 번째 인연이라고 한다. 심오하고 처음과 중간과 마지막의 의미가 훌륭하고 진실하고 진리가 담긴 법을 많이 듣고 널리 알며 지니고 지켜 잊지 않고 범행梵行을 구족하고, 듣고 나서 마음에 들어가 견해가 흔들리지 않으면 이것을 다섯 번째 인연이라고 한다. 닦아 익히기를 부지런히 하여 악을 멸하고 선을 늘려가며 힘써 감당하여 법을 버리지 않으면 이것을 여섯 번째 인연이라고 한다. 지혜로써 일어나고 멸하는 법을 알고 현성이 지향하는 것을 알아 능히 괴로움의 끝을 다한다면, 이것을 일곱 번째 인연이라고 한다. 5수음受陰의 생겨나는 모양과 멸하는 모양을 관찰하여 '이것은 색色이며, 색집色集이며, 색멸色滅이다. 이것은 수受이며, 수집受集이며, 수멸受滅이다. 이것은 상想이며, 상집想集이며, 상멸想滅이다. 이것은 행行이며, 행집行集이며, 행멸行滅이다. 이것은 식識이며, 식집識集이며, 식멸識滅이다'라고 안다면, 이것을 여덟 번째 인연이라고 하는데, 이로 인하여 아직 범행을 얻지 못했으면서도 지혜가 생기고 범행을 얻고 나면 지혜는 더해지고 많아지게 된다.

어떤 것을 8수법이라고 하는가? 현성의 여덟 가지 도를 말하는데, 바른 견해〔正見〕· 바른 뜻〔正志〕· 바른 말〔正語〕· 바른 행동〔正業〕· 바른 생활〔正命〕· 바른 방편〔正方便〕· 바른 기억〔正念〕· 바른 선정〔正定〕이다. 어떤 것을 8각법이라고 하는가? 세간의 여덟 가지 법을 말하는데, 이로움〔利〕· 쇠함〔衰〕· 헐뜯음〔毁〕· 기림〔譽〕· 칭찬〔稱〕· 비방〔譏〕· 괴로움〔苦〕· 즐거움〔樂〕이다. 어떤 것을 8멸법이라고 하는가? 8사법邪法을 말하는데, 삿된 견해〔邪見〕·삿된 생각〔邪思〕·삿된 말〔邪語〕·삿된 행동〔邪業〕·삿된 생활〔邪命〕·삿된 방편〔邪方便〕·삿된 기억〔邪念〕·삿된 선정〔邪定〕이다. 어떤 것을 8퇴법이라고 하는가? 8해태법懈怠法을 말한다. 어떤 것을 8해태라고 하는가? 비구가 걸식하여 밥을 얻지 못하면 이렇게 생각한다.

'오늘 나는 마을로 내려가 걸식하였으나 얻지 못해 몸이 몹시 피로하다. 좌선도 경행도 감당할 수 없구나. 이제 좀 누워서 쉬어야겠다.'

그리하여 게으른 비구는 곧 누워서 쉬며 부지런히 힘써, 얻지 못한 것을 얻으려 하거나 거두지 못한 것을 거두려 하거나 증득하지 못한 것을 증득하려 하지 않는다. 이것을 초해태初懈怠라고 한다. 게으른〔懈怠〕 비구는 이미 넉넉하게 걸식하여 먹고도 이렇게 생각한다.

'나는 아침에 마을로 들어가 걸식하여 과하게 얻어먹고 나니 몸이 나른하고 무겁다. 좌선도 경행도 감당할 수 없구나. 이제 좀 누워서 쉬어야겠다.'

그리하여 게으른 비구는 곧 누워 쉬며 부지런히 힘써, 얻지 못한 것을 얻으려 하거나 거두지 못한 것을 거두려 하거나 증득하지 못한 것을 증득하려고 하지 않는다. 게으른 비구는 가령 조금만 일을 하면 곧 이렇게 생각한다.

'나는 오늘 일을 해서 몸이 몹시 피곤하다. 그래서 좌선도 경행도 감당할 수 없구나. 이제 좀 누워서 쉬어야겠다.'

그리하여 게으른 비구는 곧 누워 쉴 것이다. 게으른 비구는 가령 할 일이 생기면 곧 이렇게 생각한다.

'내일 일을 하면 반드시 몸이 몹시 피곤할 것이다. 지금은 좌선도 경행도 하지 말고 미리 누워 쉬는 것이 좋겠다.'

그리하여 게으른 비구는 곧 누워 쉴 것이다. 게으른 비구는 가령 조금 걸어왔더라도 곧 이렇게 생각한다.

'나는 아침부터 걸어와서 몸이 몹시 피곤하다. 그래서 좌선도 경행도 감당할 수 없구나. 나는 이제 좀 누워 쉬어야겠다.'

그리하여 게으른 비구는 곧 누워 쉴 것이다. 게으른 비구는 가령 조금만 걸을 일이 생기면 곧 이렇게 생각한다.

'내가 내일 걸으면 반드시 몹시 피곤해질 것이다. 그러니 지금은 좌선도 경행도 하지 말고 미리 누워 쉬는 것이 좋겠다.'

그리하여 게으른 비구는 곧 누워 쉴 것이다. 그래서 부지런히 힘써, 얻지 못한 것을 얻으려 하거나 거두지 못한 것을 거두려 하거나 증득하지 못한 것을 증득하려 하지 않는다. 이것을 6해태懈怠라고 한다.

게으른 비구는 가령 조금만 아프더라도 이렇게 생각한다.

'나는 중한 병을 얻어 몹시 피곤하고 여위어 좌선도 경행도 감당할 수 없구나. 모름지기 누워 쉬는 것이 좋겠다.'

그리하여 게으른 비구는 곧 누워 쉴 것이다. 그래서 부지런히 힘써, 얻지 못한 것을 얻으려 하거나 거두지 못한 것을 거두려 하거나 증득하지 못한 것을 증득하려 하지 않는다. 게으른 비구는 앓던 병이 이미 나아도 곧 이렇게 생각한다.

'내 병이 나은 지 얼마 되지 않아서 몸이 여위어 좌선도 경행도 감당할 수 없구나. 스스로 누워 쉬는 것이 좋겠다.'

그리하여 게으른 비구는 곧 누워 쉴 것이다. 그래서 부지런히 힘써, 얻지 못한 것을 얻으려 하거나 거두지 못한 것을 거두려 하거나 증득하지 못한 것을 증득하려 하지 않는다.

어떤 것을 8증법增法이라고 하는가? 8불태不怠를 말한다. 어떤 것을 8정진精進이라고 하는가? 비구가 마을에 들어가 걸식했으나 밥을 얻지 못하고 돌아와 곧 이렇게 생각하는 것이다.

'내 몸이 홀가분하여 졸음도 적어졌구나. 마땅히 부지런히 힘써, 좌선하고 경행해야겠다. 그래서 얻지 못한 것을 얻고 거두지 못한 것을 거두며 증득하지 못한 것을 증득해야겠다.'

그래서 비구가 곧 정진하면 이것을 초정진初精進이라고 한다. 정진하는 비구는 걸식하여 풍족하게 먹고는 곧 이렇게 생각한다.

'나는 이제 마을에 들어가 걸식하여 배불리 먹어 기력이 충만해졌다. 마땅히 힘써 정진하여 좌선하고 경행해야겠다. 그래서 얻지 못한 것을 얻고 거두지 못한 것을 거두고 증득하지 못한 것을 증득해야겠다.'

그리하여 비구는 곧 정진한다.

정진하는 비구는 가령 할 일이 생기면 곧 이렇게 생각한다.

'나는 좀 전에, 일을 하기 위해 도를 닦던 것을 그만뒀었다. 이제는 마땅히 정진하여 좌선하고 경행해야겠다. 그래서 얻지 못한 것을 얻고 거두지 못한 것을 거두고 증득하지 못한 것을 증득해야겠다.'

그리하여 비구는 곧 정진한다.

정진하는 비구는 가령 할 일이 생기면 곧 이렇게 생각한다.

'내일은 할 일이 있어 내가 도 닦는 일을 중단해야 할 것이니, 지금 곧 정진하여 좌선하고 경행해야겠다. 그래서 얻지 못한 것을 얻고 거두지 못한 것을 거두고 증득하지 못한 것을 증득해야겠다.'

그리하여 비구는 곧 정진한다.

정진하는 비구는 가령 길을 걸을 일이 있으면 곧 이렇게 생각한다.

'나는 아침에 길을 걷느라 도 닦는 일을 중단했었다. 지금 마땅히 정진하여 좌선하고 경행해야겠다. 그래서 얻지 못한 것을 얻고, 거두지 못한 것을 거두고 증득하지 못한 것을 증득해야겠다.'

그리하여 비구는 곧 정진한다.

정진하는 비구는 가령 길을 걸을 일이 생기면 곧 이렇게 생각한다.

'나는 내일 길을 걸어야 하기 때문에 도 닦는 일을 중단해야 할 것이니, 지금 마땅히 정진하여 좌선하고 경행해야겠다. 그래서 얻지 못한 것을 얻고 거두지 못한 것을 거두고 증득하지 못한 것을 증득해야겠다.'

그리하여 비구는 곧 정진한다.

정진하는 비구는 가령 병을 앓을 때는 곧 이렇게 생각한다.

'나는 중한 병을 얻어 혹 죽을지도 모르니, 지금 마땅히 정진하여 좌선하고 경행해야겠다. 그래서 얻지 못한 것을 얻고 거두지 못한 것을 거두고 증득하지 못한 것을 증득해야겠다.'

그리하여 비구는 곧 정진한다.

정진하는 비구는 병을 앓다가 조금 차도가 있으면 곧 이렇게 생각한다.

'내 병은 처음보다 차도가 있지만 혹 다시 도져서 내가 도 닦던 것을 중단하게 될 지도 모른다. 이제 마땅히 정진하여 좌선하고 경행해야겠다. 그래서 얻지 못한 것을 얻고 거두지 못한 것을 거두고 증득하지 못한 것을 증득해야겠다.'

그리하여 비구는 곧 정진하여 좌선하고 경행한다. 이것이 여덟 가지이다.

어떤 것을 8난해법이라고 하는가? 범행 닦는 것을 방해하는 8불한처〔八不閑〕를 말한다. 어떤 것이 여덟 가지인가? 여래 · 지진至眞께서 세상에 출현하셔서 미묘한 법을 연설하시고 적멸무위寂滅無爲하여 보리도菩提道로 향하실 때 어떤 사람이 지옥 속에 태어난다면, 이것을 범행을 닦을 수 없는 불한처不閑處라고 한다. 여래 · 지진께서 세상에 출현하셔서 미묘한 법을 연설하시고 적멸무위하여 보리도로 향하실 때 어떤 중생이 축생 · 아귀 · 장수천長壽天 · 지식知識도 없고 불법佛法도 없는 변지邊地에 태어난다면, 이것을 범행을 닦을 수 없는 불한처라고 한다. 여래 · 지진 · 등정각等正覺께서 세상에 출현하셔서 미묘한 법을 연설하시고 적멸무위하여 보리도로 향하실 때, 혹 어떤 중생이 중국(中國 : 印度)에 태어났으면서도 삿된 견해와 마음을 가지면 악행惡行을 성취하여 반드시 지옥에 들어간다. 이것을 범행을 닦을 수 없는 불한처라고 한다. 여래 · 지진 · 등정각께서 세상에 출현하셔서 미묘한 법을 연설하시고 적멸무위하여 보리도로 향하실 때, 혹 어떤 중생이 중국에 태어났으면서도 귀먹고 눈멀고 벙어리가 되어 법을 듣거나 범행을 닦지 못하면 이것을 범행을 닦을 수 없는 불한처라고 한다. 여래 · 지진 · 등정각께서 세상에 출현하지 않으셔서, 미묘한 법을 연설하시거나 적멸무위하거나 보리도로 향하는 이가 없을 때, 어떤 중생이 중국에서 태어나고 모든 감관〔根〕을 구족하여 성인의 가르침을 받을 만하지만 부처님을 만나지 못해 범행을 닦을 수 없다면, 이것을 여덟 번째 불한처〔八不閑〕라고 한다.

어떤 것을 8생법生法이라고 하는가? 8대인大人의 깨달음을 말한다. 도道는 마땅히 욕심이 적은 것으로서 욕심이 많음은 도가 아니다. 도는 마땅히 만족할 줄 아는 것으로서 만족함이 없으면 도가 아니다. 도는 한가하고 고요한 것으로서 여럿이 즐기는 것은 도가 아니다. 도는 마땅히 스스로 지키는 것으로서 희롱하고 웃고 하는 것은 도가 아니다. 도는 마땅히 정진하는 것으로서 게으른 것은 도가 아니다. 도는 마땅히 생각을 오로지하는 것으로서 많이 있는 것은 도가 아니다. 도는 마땅히 뜻을 안정시키는 것으로서 뜻이 산란한 것은 도가 아니다. 도는 마땅히 지혜로운 것으로서 어리석은 것은 도가 아니다.

어떤 것을 8지법知法이라고 하는가? 8제입除入을 말한다. 안에 색상色想을 가지고 바깥의 일부분의 색을 보고 혹 좋다거나 혹 추하다고 항상 관찰하고 항상 생각한다면, 이것을 초제입初除入이라 한다. 마음속의 색色에 대한 생각을 가지고 바깥의 무량無量한 색을 보고 혹은 좋다거나 혹은 추하다고 항상 관찰하고 항상 생각한다. 이것을 두 번째 제입이라 한다. 마음속에 색色에 대한 생각을 없애고 바깥의 색의 적음을 보고 혹은 좋다거나 혹은 추하다고 항상 관찰하고 항상 생각한다면, 이것을 세 번째 제입이라 한다. 마음속에 색이라는 생각을 없애고 바깥의 무량한 색을 보고 혹 좋다거나 혹 추하다고 항상 관찰하고 항상 생각한다면, 이것을 네 번째 제입이라 한다. 마음속에 식이라는 생각을 없애고 바깥의 푸른색을 관觀하고 그 청색青色·청광青光·청견青見을 마치 푸른 연꽃이나 또는 푸른 바라내의婆羅㮈衣[2]가 순일純一한 청색·청광·청견과 같다고 생각한다. 이렇게 생각하여 항상 관찰하고 항상 기억하면 이것을 다섯 번째 제입이라 한다.

마음속에 색에 대한 생각을 없애고 바깥의 누런색을 관觀하고, 그 황색黃色·황광黃光·황견黃見은 마치 누런 꽃이나 누런 바라내의가 황색·황광·황견과 같다고 본다. 항상 관찰하고 항상 기억하여 이런 생각을 가지면 이것을 여섯 번째 제입이라 한다. 마음속에 색에 대한 생각을 없애고 바깥의 붉은색을 관觀하고 적색赤色·적광赤光·적견赤見이 마치 붉은 꽃이나 붉은 바라내의의 순일한 적색·적광·적견과 같다고 본다. 항상 관찰하고 항상 기억하여 이런 생각을 가지면 이것을 일곱 번째 제입이라 한다. 마음속에 색에 대한 생각을 없

2 팔리어로 vattha Bārāna-seyyaka라고 한다. 바라내 지방에서 생산되는 옷이다.

애고 바깥의 흰색을 관하고, 그 백색白色·백광白光·백견白見은 마치 흰 꽃이나 흰 바라내의의 순일한 백색·백광·백견과 같다고 본다. 항상 관찰하고 항상 기억하여 이런 생각을 가지면 이것을 여덟 번째 제입이라고 한다.

어떤 것을 8증법證法이라고 하는가? 8해탈을 말한다. 마음속에 색色에 대한 생각을 가지고 바깥 색色을 관하는 것이 첫 번째 해탈이며, 마음속에 색에 대한 생각을 없애고 바깥의 색을 관하는 것은 두 번째 해탈이며, 청정한 해탈이 세 번째 해탈이며, 색에 대한 생각을 초월하고 성내는 생각을 없애고 공처空處에 머무는 것이 네 번째 해탈이며, 공처를 초월하여 식처識處에 머무는 것이 다섯 번째 해탈이며, 식처를 초월하여 불용처不用處에 머무는 것이 여섯 번째 해탈이며, 불용처를 초월하여 유상무상처有想無想處에 머무는 것이 일곱 번째 해탈이며, 유상무상처를 초월하여 상지멸想知滅에 머무는 것이 여덟 번째 해탈이다. 모든 비구들이여, 이것을 80가지 법이라고 한다. 이것은 진실하고 허망함이 없는 것으로서 여래께서는 이미 깨달아 평등하게 설법하셨다.

다시 9성법成法·9수법修法·9각법覺法·9멸법滅法·9퇴법退法·9증법增法·9난해법難解法·9생법生法·9지법知法·9증법證法이 있다.

어떤 것을 9성법이라고 하는가? 9정멸지법淨滅枝法을 말하는데, 계정멸지戒淨滅枝·심정멸지心淨滅枝·견정멸지見淨滅枝·도의정멸지度疑淨滅枝·분별정멸지分別淨滅枝·도정멸지道淨滅枝·제정멸지除淨滅枝·무욕정멸지無欲淨滅枝·해탈정멸지解脫淨滅枝이다. 어떤 것을 9수법이라고 하는가? 9희본喜本을 말한다. 첫째는 기쁨이며, 둘째는 사랑〔愛〕이며, 셋째는 흐뭇함〔悅〕이며, 넷째는 즐거움〔樂〕이며, 다섯째는 선정〔定〕이며, 여섯째는 여실지如實知이며, 일곱째는 없애는 것〔除捨〕이며, 여덟째는 욕심 없음無欲이며, 아홉째는 해탈解脫이다. 어떤 것을 9각법이라고 하는가? 9중생거衆生居를 말한다. 혹 어떤 중생은 몸도 각각 다르고 생각도 각각 다른데, 하늘과 사람이 그것이다. 이것이 초중생거初衆生居이다. 어떤 중생은 몸은 각각 다르나 생각은 한가지인데, 범광음천梵光音天에 최초로 태어날 때가 그것이다. 이것이 두 번째 중생거이다. 어떤 중생은 몸은 같으나 생각은 각각 다른데 광음천光音天이 그것이다. 이것이 세 번째 중생거이다. 어떤 중생은 몸도 같고 생각도 같은데, 변정천遍淨天이 그것이다. 이것이 네 번째 중생거이다. 어떤 중생은 생각도 없고 깨달아 아는 것도 없는데, 무상천無想天이 그것이다. 이것이 다섯 번째 중생거이다. 다시 어떤 중생이 공처空處에 머문다면 이것은 여섯 번째 중생거이다. 어떤 중생이 식처識處에 머문다면 이것은 일곱 번째 중생거이다. 다시 어떤 중생이 불용처不用處에 머문다면 이것은 여덟 번째 중생거이다. 다시 어떤 중생이 유상무상처有想無想處에 머문다면 이것은 아홉 번째 중생거이다.

어떤 것을 9멸법이라고 하는가? 9애본愛本을 말한다. 애착〔愛〕을 인연하여 구함〔求〕이 있고 구함을 인연하여 이익〔利〕이 있으며, 이익을 인연하여 씀〔用〕이 있고 씀을 인연하여 욕심〔欲〕이 있으며, 욕심을 인연하여 집착〔著〕이 있고 집착을 인연하여 질투〔嫉〕가 있으며, 질투를 인연하여 지킴〔守〕이 있고 지킴을 인연하여 보호함〔護〕이 있다.

어떤 것을 9퇴법이라고 하는가? 9뇌법惱法을 말한다. 어떤 이가 이미 나를 침노하여 번민하게 했고 지금도 나를 침노하여 번민하게 하며 앞으로도 나를 침노하여 번민하게 할 것이다. 그리고 내가 사랑하는 사람을 이미 침노하여 번민하게 했고 지금도 침노하여 번민하게 하며 앞으로도 침노하여 번민하게 할 것이다. 또 그는 내가 미워하는 사람을 이미 사랑하고 공경했고 지금도 사랑하고 공경하며 앞으로도 사랑하고 공경할 것이다.

어떤 것을 9증법增法이라 하는가? 9무뇌법無惱法을 말한다. 저 사람이 이미 나를 침노했다 해서 내가 번민한들 무슨 이익이 있겠는가? 이미 번민하지 않았고 지금도 번민하지 않으며 앞으로도 번민하지 않을 것이다. 그가 이미 내가 사랑하는 사람을 침노하여 번민하게 했다 해서 내가 번민한들 무슨 이익이 있겠는가? 이미 번민하지 않았고 지금도 번민하지 않으며 앞으로도 번민하지 않을 것이다. 그가 내가 미워하는 사람을 이미 사랑하고 공경했다 해서 내가 번민한들 무슨 이익이 있겠는가? 이미 번민하지 않았고 지금도 번민하지 않으며 앞으로도 번민하지 않을 것이다.

어떤 것을 9난해법이라고 하는가? 9범행梵行을 말한다. 만일 비구로서 믿음이 있다 하여도 계율을 지키지 않는다면 곧 범행을 구족하지 못한 것이다. 비구로서 믿음도 있고 계율도 지킨다면 곧 범행을 구족한 것이다. 만일 비구로서 믿음도 있고 계율을 지켜도 들은 것이 많지 않다면 곧 범행을 구족하지 못한 것이다. 비구로서 믿음도 있고 계율도 지키면서 들은 것이 많다면 곧 범행을 구족한 것이다. 만일 비구로서 믿음도 있고 계율도 지키고 들은 것이 많다 하더라도 설법하지 못한다면 곧 범행을 구족하지 못한 것이다. 비구로서 믿음도 있고 계율도 지키며 들은 것이 많으면서 설법을 잘해야 곧 범행을 구족한 것이다. 만일 비구로서 믿음도 있고 계율도 지키며 들은 것도 많고 설법을 잘해도 대중을 기르지 못한다면 범행을 구족하지 못한 것이다. 만일 비구로서 믿음도 있고 계율도 지키며 들은 것도 많고 설법을 잘해도 대중을 기를 수 있어야 곧 범행을 구족한 것이다. 만일 비구로서 믿음도 있고 계율도 지키며 들은 것이 많고 설법도 잘 하며 대중을 기를 수 있어도 대중 가운데서 널리 법을 연설하지 못한다면 범행을 구족하지 못한 것이다. 만일 비구로서 믿음도 있고 계율도 지키며 들은 것도 많고 설법도 잘하며 능히 대중을 기를 수 있고 대중 가운데서 널리 법을 연설할 수 있어야 곧 범행을 구족한 것이다. 만일 비구로서 믿음도 있고 계율도 지키며 들은 것도 많고 설법도 잘하며 대중을 기르고 능히 대중 가운데서 널리 법의 말을 연설하더라도 4선禪을 증득하지 못했다면 곧 범행을 구족하지 못한 것이다. 만일 비구로서 믿음도 있고 계율도 지키며 들은 것도 많고 설법도 잘하며 능히 대중을 기르고 대중 가운데서 널리 법을 연설하며 또 4선까지 증득했다면 곧 범행을 구족한 것이다.

만일 비구로서 믿음도 있고 계율도 지키며 들은 것도 많고 설법도 잘하며 능히 대중을 기르고 대중 가운데서 널리 법을 연설하며 또 4선을 증득했어도 8해탈에서 거꾸로〔逆〕 행하고 바로〔順〕 행하지 못하면 곧 범행을 구족하지 못한 것이다. 만일 비구로서 믿음도 있고 계율도 지키며 들은 것도 많고 설법도 잘하며 능히 대중을 기르고 대중 속에서 널리 법을 연설하며 4선을 구족하고 8해탈을 거꾸로 바로 행하면 곧 범행을 구족한 것이다. 만일 비구로서 믿음도 있고 계율도 지키며 들은 것도 많고 설법도 잘하며 능히 대중을 기르고 대중 속에서 널리 법을 연설하며 4선을 증득하고 8해탈을 거꾸로 바로 행하지만, 번뇌〔有漏〕를 다하여 번뇌 없음〔無漏〕을 이루고 심해탈心解脫과 지혜해탈智慧解脫을 성취하여 현재 세계에서 자신이 진리를 깨달아, 나고 죽음이 이미 다하고 범행이 이미 서고 할 일을 다해 마쳐 다시 뒷세상의 몸〔有〕을 받지 않을 수 없다면 곧 범행을 갖추지 못한 것이다. 만일 비구로서 믿음도 있고 계율도 지키며 들은 것도 많고 설법도 잘 하며, 능히 대중을 기르고 대중 가운데서 널리 법을 연설하며 4선을 성취하고 8해탈의 법을 거꾸로 바로 행하며 번뇌〔有漏〕를 버리고 번뇌 없음〔有漏〕을 이루고 심해탈과 지혜해탈을 성취하여 현재 세계에서 자신이 진리를 깨달아, 나고 죽음이 이미 다하고 범행이 이미 서고 할 일을 다해 마쳐 다시 몸을 받지 않을 수 있어야 곧 범행을 구족한 것이다.

어떤 것을 9생법이라고 하는가? 9상想을 말한다. 깨끗하지 못하다는 생각〔不淨想〕·음식도 깨끗하지 못한 것이라는 생각〔觀食不淨想〕[3]·일체 세간은 즐거워할 것이 못된다는 생각〔一切世間不可樂想〕·죽음에 대한 생각〔死想〕·무상하다는 생각〔無常想〕·무상한 것이라서 괴롭다는 생각〔無常苦想〕·괴로운 것이며 나〔我〕가 없다는 생각〔苦無我想〕·다한다는 생각〔盡想〕·욕심이 없는 생각〔無欲想〕이다. 어떤 것을 9지법이라고 하는가? 9이법異法을 말한다. 생겨나는 과보〔生果〕가 다른 것은 인과因果가 다르기 때문이며, 생촉生觸이 다른 것은 인촉因觸이 다르기 때문이며, 생수生受가 다른 것은 인수因受가 다르기 때문이며, 생상生想이 다른 것은 인상因想이 다르기 때문이며, 생집生集이 다른 것은 인집因集이 다르기 때문이며, 생욕生欲이 다른 것은 인욕因欲이 다르기 때문이며, 생리生利가 다른 것은 인리因利가 다르기 때문이며, 생구生求가 다른 것은 인구因求가 다르기 때문이며, 생번뇌生煩惱가 다른 것은 인번뇌因煩惱가 다르기 때문이다. 어떤 것을 9증법證法이라고 하는가? 9진盡을 말한다. 만일 초선初禪에 들어가면 소리가 없어지고, 제2선에 들어가면 각覺과 관觀이 없어지며, 제3

---

3 고려대장경에는 '관식상觀食想'으로 되어 있다. 그러나 의미가 명확하지 않기 때문에 송·원·명 3본에 의하여 '관식부정상觀食不淨想'으로 번역하였다.

선에 들어가면 기쁨〔喜〕이 없어지고, 제4선에 들어가면 숨결의 출입이 없어지며, 공처空處에 들어가면 색色에 대한 생각이 없어지고, 식처識處에 들어가면 공상空想이 없어지며, 불용처不用處에 들어가면 식상識想이 없어지고, 유상무상처有想無想處에 들어가면 불용상不用想이 없어지며, 멸진정滅盡定에 들어가면 상수想受가 없어지는 것이다. 모든 비구여, 이것을 90가지 법이라고 한다. 이것은 진실하고 허망함이 없으니, 여래께서는 이미 다 깨달으셔서 평등하게 설법하셨다.

다시 10성법·10수법·10각법·10멸법·10퇴법·10증법·10난해법·10생법·10지법·10증법이 있다.

어떤 것을 10성법이라고 하는가? 10구법求法을 말한다. 첫째는 비구가 250조항의 계戒를 갖추고 또한 위의威儀를 갖추며 조그마한 죄라도 발견되면 크게 두려워하며 평등하게 계를 배워 마음에 비뚤어지거나 삿됨이 없는 것이다. 둘째는 선지식善知識을 얻는 것이며, 셋째는 말이 바르고 정직하며 함축〔含受〕한 바가 많은 것이며, 넷째는 착한 법 구하기를 좋아하고 남에게 펴기를 아끼지 않는 것이며, 다섯째는 모든 범행자梵行者들이 시설하는 일이 있을 때에는 거기 가서 돕되, 고달프다는 생각을 하지 않고 하기 어려운 일을 하며 또한 남에게 하도록 가르치는 것이다.

여섯째는 많이 듣고 들은 것은 잘 지녀 일찍이 잊어버리는 일이 없는 것이며, 일곱째는 정진하여 착하지 않은 법은 없애고 착한 법을 더하게 하는 것이며, 여덟째는 항상 스스로 전념하여 다른 생각이 없고 본래의 선행을 생각하기를 눈앞에 있는 것처럼 하는 것이며, 아홉째는 지혜를 성취하여 법의 생멸生滅을 관찰하고 현성賢聖의 율律로써 괴로움의 근본을 끊는 것이며, 열째는 한가하게 하고 생각을 오로지해 사유하며 선정〔禪〕 도중에 희롱하는 일이 없는 것이다.

어떤 것을 10수법이라고 하는가? 10정행正行을 말한다. 바른 견해〔正見〕·바른 생각〔正思〕·바른 말〔正語〕·바른 행동〔正業〕·바른 생활〔正命〕·바른 방편〔正方便〕·바른 기억〔正念〕·바른 선정〔正定〕·바른 해탈〔正解脫〕·바른 지혜〔正知〕이다.

어떤 것을 10각법이라고 하는가? 10색입色入을 말한다. 안입眼入·이입耳入·비입鼻入·설입舌入·신입身入·색입色入·성입聲入·향입香入·미입味入·촉입觸入이다.

어떤 것을 10멸법이라고 하는가? 10사행邪行을 말한다. 삿된 견해〔邪見〕·삿된 생각〔邪思〕·삿된 말〔邪語〕·삿된 행동〔邪業〕·삿된 생활〔邪命〕·삿된 방편〔邪方便〕·삿된 생각〔邪念〕·삿된 선정〔邪定〕·삿된 해탈〔邪解脫〕·삿된 지혜〔邪智〕이다.

어떤 것을 10퇴법이라고 하는가? 10불선행적不善行迹을 말한다. 몸으로 살생〔殺〕·도둑질〔盜〕·간음〔淫〕을 하고, 입으로 이간하는 말〔兩舌〕·욕설〔惡罵〕·거짓말〔妄言〕·꾸밈말〔綺語〕을 하고, 뜻으로 탐욕〔貪取〕·질투嫉妬·삿된 견해〔邪見〕를 가지는 것이다.

어떤 것을 10증법增法이라고 하는가? 10선행을 말한다. 몸으로 살생·도둑질·간음을 하지 않고, 입으로 이간하는 말· 욕설·거짓말·꾸밈말을 하지 않으며, 뜻으로 탐욕·질투·삿된 견해를 가지지 않는 것이다.

어떤 것을 10난해법이라고 하는가? 10현성거賢聖居를 말한다. 첫째는 비구가 5지(枝 : 5蓋)를 없애는 것이며, 둘째는 6지(枝 : 6根)를 성취하는 것이며, 셋째는 하나를 지키는 것〔一護〕[4]이며, 넷째는 네

4 팔리본에는 ekārakkha(一護)라고 되어 있다. 이를 한역하면 일호一護가 된다. 고려대장경 본문에는 사일捨一로 되어 있는데 이것은 ekārakkha(一守護)를 eka(一)＋a(不)＋rakkha(護)로 잘못 한역한 데서 비롯된 문구인 듯하다.

가지에 의지하는 것[依四][5]이며, 다섯째는 이론[異論 : 외도의 논리]을 멸하는 것이며, 여섯째는 수승하고 묘한 진리를 구하는 것이며, 일곱째는 혼탁한 생각이 없는 것이며, 여덟째는 신행身行이 이미 선 것이며, 아홉째는 심해탈心解脫이며, 열째는 혜해탈慧解脫이다.

어떤 것을 10생법이라고 하는가? 10칭예처稱譽處를 말한다. 만일 비구로서 자기 자신이 믿음을 얻고 나서 남을 위해 설명하고 다시 또 모든 믿음을 얻은 사람들을 칭찬하는 것이다. 자기 자신이 계를 지니고 나서 남을 위해 설명하고 다시 또 모든 계를 지닌 사람들을 칭찬하는 것이다. 자기 자신이 욕심이 적어진 뒤에는 남을 위해 설명하고 다시 또 모든 욕심이 적은 사람들을 칭찬하는 것이다. 자기 자신이 만족할 줄 알고 나서 남을 위해 설명하고 다시 또 모든 만족할 줄 아는 사람들을 칭찬하는 것이다. 자기 자신이 한적하고 고요한 곳을 좋아하고 남을 위해 설명하고 다시 또 한적하고 고요한 곳을 좋아하는 사람들을 칭찬하는 것이다. 자기 자신이 많이 듣고 나서 남을 위해 설명하고 다시 또 많이 들은 모든 사람들을 칭찬하는 것이다. 자기 자신이 정진하고 나서 남을 위해 설명하고 다시 또 정진하는 모든 사람들을 칭찬하는 것이다. 자기 자신이 생각을 오로지 하고 나서 남을 위해 설명하고 다시 또 생각을 오로지 하는 모든 사람들을 칭찬하는 것이다. 자기 자신이 선정을 얻고 남을 위해 설명하고 다시 또 선정을 얻은 모든 사람들을 칭찬하는 것이다. 자기 자신이 지혜를 얻고 남을 위해 설명하고 다시 또 지혜를 얻은 모든 사람들을 칭찬하는 것이다.

5 기본적으로 의거해야 할 네 가지를 말한다. 즉 첫째는 습관적으로 추구해야 할 것이며, 둘째는 없애야 할 것이고, 셋째는 멀리 회피해야 할 것이며, 넷째는 참고 인내해야 할 것이다.

어떤 것을 10지법이라고 하는가? 10멸법을 말한다. 바른 견해를 가진 사람은 능히 삿된 견해를 없애고 모든 삿된 견해를 인연하여 일어나는 무수한 악을 또한 다 없앤다. 바른 견해를 인연하여 일어나는 무수한 선을 또한 다 성취한다. 바른 생각〔正思〕·바른 말〔正語〕·바른 행동〔正業〕·바른 생활〔正命〕·바른 방편〔正方便〕·바른 기억〔正念〕·바른 선정〔正定〕·바른 해탈〔正解脫〕·바른 지혜〔正智〕에 대해서도 바른 지혜를 가진 사람은 능히 삿된 지혜를 없애고, 모든 삿된 지혜를 인연하여 일어나는 무수한 악을 다 없애고, 모든 바른 지혜를 인연하여 일어나는 무수한 선법을 또한 다 성취한다.

어떤 것을 10증법證法이라고 하는가? 10무학법無學法을 말한다. 무학無學의 바른 견해· 바른 생각· 바른 말·바른 행동·바른 생활·바른 방편·바른 기억·바른 선정·바른 해탈·바른 지혜이다. 모든 비구들이여, 이것을 백 가지 법이라고 한다. 이것은 진실하고 허망함이 없으니 여래는 이미 다 깨달으셔서 평등하게 설법하셨다."

그때 사리불은 부처님의 인가印可를 받았고, 모든 비구들은 사리불의 설법을 듣고 기뻐하며 받들어 행했다.

7. 증일경增一經

이와 같이 나는 들었다.

어느 때 부처님께서는 사위국舍衛國 기수급고독원祇樹給孤獨園에서 큰 비구 대중 1,250명과 함께 계셨다.

그때 세존께서 모든 비구들에게 말씀하셨다.

"내가 너희들에게 미묘한 법을 연설해 주겠다. 처음과 중간과 마지막 말이 다 참되고 바르며, 의미도 청정하고 범행梵行도 구족했다. 그것은 하나씩 늘어가는 법〔一增法〕이다. 너희들은 잘 듣고 잘 생각하라. 마땅히 너희들을 위해 설명하겠다."

그러자 모든 비구들은 가르침을 받아 경청하였다.

부처님께서 비구들에게 말씀하셨다.

"한 가지씩 늘어나는 법이란 1성법成法 · 1수법修法 · 1각법覺法 · 1멸법滅法 · 1증법證法을 말한다.

어떤 것이 1성법인가? 선법善法을 버리지 않는 것을 말한다. 어떤 것이 1수법인가? 항상 스스로 몸을 생각하는 것이다. 어떤 것이 1각법인가? 번뇌〔有漏〕를 일으키는 촉觸을 말한다. 어떤 것이 1멸법인가? 아만我慢이 있는 것을 말한다. 어떤 것이 1증법인가? 걸림이 없는 마음의 해탈〔無碍心解脫〕을 말한다.

또 2성법 · 2수법 · 2각법 · 2멸법 · 2증법이 있다. 어떤 것이 2성법인가? 자기 자신에 대한 부끄러움〔慚〕을 알고 다른 이에 대한 부끄러움〔愧〕을 아는 것이다. 어떤 것이 2수법인가? 지止와 관觀을 말한다. 어떤 것이 2각법인가? 명名과 색色을 말한다. 어떤 것이 2멸법인가? 무명無明과 유애有愛를 말한다. 어떤 것이 2증법인가? 명明과 해탈을 말한다.

또 3성법 · 3수법 · 3각법 · 3멸법 · 3증법이 있다. 어떤 것이 3성법인가? 첫째는 착한 벗을 가까이하는 것이며, 둘째는 귀로 법의 소리를 듣는 것이며, 셋째는 법 가운데의 법을 성취하는 것이다. 어떤 것이 3수법인가? 3삼매三昧를 말하며, 공空삼매 · 무상無想삼매 · 무작無作삼매이다. 어떤 것이 3각법인가? 3수受를 말하며, 고수苦受 · 낙수樂受 · 불고불락수不苦不樂受가 그것이다. 어떤 것이 3멸법인가? 3애愛를 말하며, 욕애欲愛 · 유애有愛 · 무유애無有愛가 그것이다. 어떤 것이 3증법인가? 3명明을 말하며, 숙명지宿明智 · 천안지天眼智 · 누진지漏盡智가 그것이다.

다시 4성법 · 4수법 · 4각법 · 4멸법 · 4증법이 있다. 어떤 것이 4성법인가? 첫째는 중국(中國 : 印度)에 사는 것이요, 둘째는 착한 벗을 가까이하는 것이며, 셋째는 스스로 조심하는 것이며, 넷째는 전생에 선善의 근본을 심은 것이다. 어떤 것이 4수법인가? 4념처念處에 머무는 것이다. 비구는 안의 몸〔內身身〕을 관하여 부지런히 힘쓰고 게으르지 않으며 기억해 잊지 않아서 세상의 탐욕과 걱정을 버리는 것이며, 바깥 몸〔外身身〕을 관하여 부지런히 힘쓰고 게으르지 않으며 기억해 잊지 않아서 세상의 탐욕과 걱정을 버리는 것이며, 안팎의 몸〔內外身身〕을 관하여 부지런히 힘쓰고 게으르지 않으며 기억해 잊지 않아서 세상의 탐욕과 걱정을 버리는 것이며, 수受 · 의(意 : 心) · 법法에 관한 것도 그와 같이 하는 것이다. 어떤 것이 4각법인가? 4식食을 말하며, 단식摶食 · 촉식觸食 · 염식念食 · 식식識食이 그것이다. 어떤 것이 4멸법인가? 4수受를 말하며, 욕수欲受 · 아수我受 · 계수戒受 · 견수見受이다. 어떤 것이 4증법인가? 4사문과沙門果를 말하며, 수다원과須陀洹果 · 사다함과斯陀含果 · 아나함과阿那含果 · 아라한과阿羅漢果이다.

다시 5성법 · 5수법 · 5각법 · 5멸법 · 5증법이 있다. 어떤 것이 5성법인가? 5멸진지滅盡支를 말한다. 첫째는 부처 · 여래 · 지진至眞 등 10호號의 구족하신 분을 믿는 것이며, 둘째는 몸에 병이 없어 항상 안온한 것이며, 셋째는 순박하고 정직하여 아첨이 없고 바로 여래 열반의 지름길로 나아가는 것이며, 넷째는 마음을 오로지해 산란하지 않고 읽고 외워 잊지 않는 것이며, 다섯째는 법이 일어나고 멸함을 잘 관찰하고 현성의 행行으로써 괴로움의 근본을 다하는 것이다.

어떤 것이 5수법인가? 5근根을 말하니, 신근信根 · 정진근精進根 · 염근念根 · 정근定根 · 혜근慧根이다. 어떤 것이 5각법인가? 5수음受陰이니, 색수음色受陰 · 수수음受受陰 · 상수음想受陰 · 행수음行受陰 · 식수음識受陰이다. 어떤 것이 5멸법인가? 5개蓋이니, 탐욕개貪欲蓋 · 진에개瞋恚蓋 · 수면개睡眠蓋 · 도희개掉戲蓋 · 의개疑蓋이다. 어떤 것이 5증법인가? 5무학취無學聚이니, 무학계취無學戒聚 · 무학정취無學定聚 · 혜취慧聚 · 해탈취解脫聚 · 해탈지견취解脫知見聚이다.

다시 6성법 · 6수법 · 6각법 · 6멸법 · 6증법이 있다. 어떤 것이 6성법인가? 6중법重法을 말한다. 어떤 비구가 6중법을 닦으면 그것은 공경할 만하고 존중할 만하며 대중과 화합하여 다툼이 없고 홀로 다니더라도 잡됨이 없다. 어떤 것이 여섯 가지인가? 여기서 비구가 몸으로는 항상 자애로움을 행하고 범행梵行을 닦으며 어질고 사랑스런〔仁愛〕 마음에 머무는 것을 이름하여 중법重法이라 한다. 그렇게 하면 공경할 만하고 존중할 만하며 대중과 화합하여 다툼이 없고 홀로 다니더라도 잡됨이 없다. 다시 비구는 말이 자애롭고 마음이 자애로워서 자기가 공양 받은 것과 또 발우에 남은 음식을 남과 함께 나누어 먹고 나와 남〔彼此〕이라는 생각을 품지 않는다. 또한 비구는 성인이 행한 계율을 범하지 않고 헐뜯지 않아 물들고 더러움이 없으며, 지혜로운 이에게 칭찬을 받고, 계를 잘 구족하고 지녀 현성의 출요出要를 평등하게 성취하여 괴로움을 다하고 바른 견해와 모든 범행을 성취하는 것이니, 이것을 이름하여 중법이라 한다. 그렇게 하면 공경받을 만하고 존중받을 만하며 대중과 화합하여 다툼이 없고 홀로 다니더라도 잡됨이 없다. 어떤 것이 6수법인가? 6념念을 말하니, 부처님에 대한 생각〔佛念〕 · 법에 대한 생각〔法念〕 · 스님에 대한 생각〔僧念〕 · 계율에 대한 생각〔戒念〕 · 보시에 대한 생각〔施念〕 · 하늘에 대한 생각

〔天念〕이다. 어떤 것이 6각법인가? 6내입內入이니 안입眼入·이입耳入·비입鼻入·설입舌入·신입身入·의입意入이 그것이다. 어떤 것이 6멸법인가? 6애愛이니, 색애色愛·성애聲愛·향애香愛·미애味愛·촉애觸愛·법애法愛가 그것이다. 어떤 것이 6증법인가? 6신통神通이니, 첫째는 신족통증神足通證이며, 둘째는 천이통증天耳通證이며, 셋째는 지타심통증知他心通證이며, 넷째는 숙명통증宿命通證이며, 다섯째는 천안통증天眼通證이며, 여섯째는 누진통증漏盡通證이다.

다시 7성법·7수법·7각법·7멸법·7증법이 있다. 어떤 것이 7성법인가? 7재財를 말하며, 믿음의 재물〔信財〕·계율의 재물〔戒財〕·자기 자신에 대한 부끄러움의 재물〔慚財〕·남에 대한 부끄러움의 재물〔愧財〕·들음의 재물〔聞財〕·보시의 재물〔施財〕·은혜의 재물〔惠財〕, 이것을 7재라 한다. 어떤 것이 7수법인가? 7각의覺意를 말한다. 여기서 비구는 염각의念覺意를 닦을 때 탐욕 없는 것〔無欲〕에 의지하고, 적멸寂滅에 의지하며, 멀리 여읨〔遠離〕에 의지한다. 법각의를 닦고, 정진각의를 닦고, 희喜각의를 닦고, 의猗각의를 닦고, 정定각의를 닦고, 사捨각의를 닦을 때 탐욕 없는 것에 의지하고, 적멸에 의지하며 멀리 여읨에 의지한다.

어떤 것이 7각법인가? 7식주처識住處를 말한다. 만일 어떤 중생이 있어 각기 다른 몸으로 각기 다른 생각을 하는 것이니 하늘과 사람의 세계가 바로 이것이며 이것이 초식주初識住이다. 다시 어떤 중생이 있어 각기 다른 몸으로 한 생각을 하는 것이니 범광음천梵光音天에 맨 처음 태어날 때가 바로 이것이며 이것이 두 번째 식주識住이다. 다시 어떤 중생이 있어 한 몸에 각기 다른 생각을 하는 것이니 광음천光音天이 바로 이것이며, 이것은 세 번째 식주이다. 다시 어떤 중생이 있어 한 몸에 한 생각을 하는 것이니 변정천遍淨天이 바로 이것이며 이것은 네 번째 식주이다. 다시 어떤 중생이 있어 공처空處에 머무는 것이니 이것은 다섯 번째 식주이고, 혹은 식처識處에 머무는 것이니 이것은 여섯 번째 식주이며, 혹 불용처不用處에 머무는 것이니 이것은 일곱 번째 식주이다.

어떤 것이 7멸법인가? 7사법使法을 말하니, 욕애사欲愛使·유애사有愛使·견사見使·만사慢使·진에사瞋恚使·무명사無明使·의사疑使이다. 어떤 것이 7증법인가? 7누진력漏盡力을 말한다. 여기서 누진漏盡이 된 비구는 일체 모든 고苦·집集·멸滅·미味·과過·출요(出要 : 道)에 대해서 진실하게 보아 알고 욕심을 관찰하기를 불구덩이나 칼과 같이 본다. 욕심을 알고 욕심을 보아 욕심을 탐하지 않고 마음이 욕심에 머무르지 않는다. 그 가운데서 다시 잘 관찰하여 진실하게 알고 진실하게 보면 세간의 탐욕〔貪〕과 음행〔婬〕처럼 악하고 불선한 법으로 인해 번뇌를 일으키지 않는다. 그래서 4념처念處를 닦되 많이 닦고 많이 행하며 5근根·5력力·7각의覺意와 현성의 여덟 가지 도道를 많이 닦고 많이 행한다.

다시 8성법·8수법·8각법·8멸법·8증법이 있다. 어떤 것이 8성법인가? 8인연을 말한다. 이것으로 인하여 범행을 얻지 못하고도 지혜를 얻고, 범행을 얻고 나면 지혜는 더해지고 많아지게 된다. 어떤 것이 여덟 가지인가? 여기서 비구는 세존을 의지해 머물거나, 혹은 장로〔師長〕를 의지해 머물거나, 혹은 지혜 있는 범행자를 의지해 머물면서 자신에 대한 부끄러움과 다른 이에 대한 부끄러운 마음〔慚愧〕을 내고 사랑〔愛〕하고 공경〔敬〕하는 것이다. 이것을 첫 번째 인연이라 한다. 그는 아직 범행을 얻지 못하고도 지혜를 얻고 이미 범행을 얻고 나면 지혜는 더해지고 많아지는데 다시 세존을 의지해 머물면서 때에 따라 청해 묻는다.

'이 법은 무엇을 뜻하며, 어디로 나아가는 것입니까?'

그러면 그때 존장은 곧 그를 위하여 깊은 뜻을 열어 설명하는데, 이것을 두 번째 인연이라 한다. 이미 법을 듣고 나서 몸과 마음이 즐겁고 고요해지면, 이것을 세 번째 인연이라 한다. 도를 막는 쓸데없는 잡담을 하지 않고 대중 속으로 나아가, 혹은 스스로 설법하기도 하고 혹은 남에게 설법을 청하기도 하며 다시 현성들의 침묵을 버리지 않으면 이것을 네 번째 인연이라 한다. 심오하고 처음과 중간과 마지막의 의미가 다 훌륭하고 진실하고, 진리가 담긴 법을 많이 듣고 널리 알며 지니고 지켜 잊지 않고 범행을 구족하고, 듣고 나서 마음에 들어가 견해가 흔들리지 않으면, 이것을 다섯 번째 인연이라 한다. 닦고 익히기를 부지런히 힘써 착하지 않은 행行을 없애고 착한 행은 날로 더하며 힘써 감당하여 이 법을 버리지 않으면 이것을 여섯 번째 인연이라 한다. 또 지혜로써 생기고 없어지는 법을 알고 성현이 지향하는 것을 알아 능히 괴로움의 끝을 다한다면, 이것을 일곱 번째 인연이라 한다. 또 5수음受陰이 생겨나는 모양〔生相〕과 멸하는 모양〔滅相〕을 관찰하여, '이것은 색色이며, 색집色集이며, 색멸色滅이다. 이것은 수受이며, 수집受集이며, 수멸受滅이다. 이것은 상想이며, 상집想集이며, 상멸想滅이다. 이것은 행行이며, 행집行集이며, 행멸行滅이다. 이것은 식識이며, 식집識集이며, 식멸滅이다'라고 안다면 이것을 여덟 번째 인연이라고 하는데, 이로 인하여 아직 범행을 얻지 못했으면서도 지혜가 생기고 이미 범행을 얻고 나면 지혜는 더해지고 많아지게 된다.

어떤 것이 8수법인가? 현성의 여덟 가지 도道를 말하며, 바른 견해 · 바른 뜻 · 바른 말 · 바른 행동 · 바른 생활 · 바른 방편 · 바른 기억 · 바른 선정이 그것이다. 어떤 것을 8각법이라고 하는가? 세간의 여덟 가지 법을 말하며, 이로움〔利〕·쇠함〔衰〕·헐뜯음〔毁〕·칭찬〔譽〕·칭송〔稱〕·비방〔譏〕·괴로움〔苦〕·즐거움〔樂〕이 그것이다. 어떤 것을 8멸법이라고 하는가? 8사법邪法을 말하며, 삿된 견해·삿된 생각·삿된 말·삿된 행동·삿된 생활·삿된 방편·삿된 기억·삿된 선정이 그것이다. 어떤 것을 8증법이라고 하는가? 8해탈을 말한다. 색色에 대하여 색이라고 관하는 것이 첫 번째 해탈이며, 마음속에 색色에 대한 생각을 가지고 밖의 색을 관하는 것이 두 번째 해탈이며, 청정한 해탈이 세 번째 해탈이다. 색에 대한 생각을 초월하고 성내는 생각을 없애고 공처空處에 머무는 것이 네 번째 해탈이며, 공처를 초월하여 식처識處에 머무는 것이 다섯 번째 해탈이며, 식처를 초월하여 불용처不用處에 머무는 것이 여섯 번째 해탈이며, 불용처를 초월하여 유상무상처有想無想處에 머무는 것이 일곱 번째 해탈이며, 유상무상처를 초월하여 상지멸想知滅에 머무는 것이 여덟 번째 해탈이다.

다시 9성법·9수법·9각법·9멸법·9증법이 있다. 어떤 것이 9성법인가? 9정멸지법淨滅枝法을 말하며, 계정멸지戒淨滅枝·심정멸지心淨滅枝·견정멸지見淨滅枝·도의정멸지度疑淨滅枝·분별정멸지分別淨滅枝·도정멸지道淨滅枝·제정멸지除淨滅枝·무욕정멸지無欲淨滅枝·해탈정멸지解脫淨滅枝이다. 어떤 것이 9수법인가? 9희본喜本을 말한다. 첫째는 기쁨〔喜〕이며, 둘째는 사랑〔愛〕이며, 셋째는 흐뭇함〔悅〕이며, 넷째는 즐거움〔樂〕이며, 다섯째는 선정〔定〕이며, 여섯째는 여실지如實知이며, 일곱째는 없애는 것이며, 여덟째는 욕심 없음〔無欲〕이며, 아홉째는 해탈이다. 어떤 것이 9각법인가? 9중생거衆生居를 말한다. 혹 어떤 중생은 몸도 각각 다르고 생각도 각각 다른데 하늘 세계와 사람 세계가 그것이다. 이것이 초중생거初衆生居이다. 혹 어떤 중생은 몸은 각각 다르나 생각은 한 가지인데 범광음천梵光音天에 최초로 태어날 때가 바로 그것이다. 이것이 두 번째 중생거이다. 혹 어떤 중생은 몸은 같으나 생각은 각각 다른데 광음천光音天이 그것이다. 이것이 세 번째 중생거이다. 혹 어떤 중생은 몸도 같고 생각도 같은데 변정천遍淨天이 그것이다. 이것은 네 번째 중생거이다. 혹 어떤 중생은 생각도 없고 깨달아 아는 것도 없는데 무상천無想天이 바로 그것이다. 이것이 다섯 번째 중생거이다. 다시 어떤 중생이 공처空處에 머문다면 이것은 여섯 번째 중생거이다. 다시 어떤 중생이 식처識處에 머문다면 이것은 일곱 번째 중생거이다. 다시 어떤 중생이 불용처不用處에 머문다면 이것은 여덟 번째 중생거이다. 다시 어떤 중생이 유상무상처有想無想處에 머문다면 이것은 아홉 번째 중생거이다. 어떤 것이 9멸법인가? 9애본愛本을 말한다. 애착〔愛〕을 인연하여 구함〔求〕이 있고 구함을 인연하여 이익〔利〕이 있으며, 이익을 인연하여 씀〔用〕이 있고 씀을 인연하여 욕심〔欲〕이 있으며 욕심을 인연하여 집착〔著〕이 있고 집착을 인연하여 질투〔嫉〕가 있으며, 질투를 인연하여 지킴〔守〕이 있고 지킴을 인연하여 보호함〔護〕이 있다. 어떤 것이 9증법인가? 9진盡을 말한다. 만일 초선初禪에 들어가면 곧 소리가 없어지고, 제 2 선에 들어가면 각관覺觀이 없어지며, 제 3 선에 들어가면 곧 기쁨〔喜〕이 없어지고, 제 4 선에 들어가면 숨결〔息〕의 출입이 없어지며, 공처空處에 들어가면 색상色想이 없어지고, 식처識處에 들어가면 곧 공상空想이 없어지며, 불용처不用處에 들어가면 곧 식상識想이 없어지고, 유상무상처有想無想處에 들어가면 불용상不用想이 없어지며, 멸진정滅盡定에 들어가면 상수想受가 없어지는 것이다.

다시 10성법·10수법·10각법·10멸법·10증법이 있다. 어떤 것이 10성법인가? 10구법救法을 말한다. 첫째는 비구가 250조항의 계戒를 갖추고 또한 위의威儀를 갖추며 조그마한 죄라도 발견되면 크게 두려워하며 평등하게 계를 배워 마음에 비뚤어지거나 삿됨이 없는 것이고, 둘째는 선지식善知識을 얻는 것이며, 셋째는 말이 바르고 정직하며 함축한 바가 많은 것이며, 넷째는 착한 법 구하기를 좋아하고 남에게 펴기를 아끼지 않는 것이며, 다섯째는 모든 범행자梵行者들이 곧 가서 돕되, 고달프다고 생각하지 않고 하기 어려운 일을 능히 하며 또 남에게 하도록 가르치는 것이며, 여섯째는 많이 듣고, 듣고 나서는 굳게 지녀 일찍이 잊은 일이 없는 것이다. 일곱째는 부지런히 힘써 착하지 않은 법은 멸하고 착한 법은 자라게 하는 것이며, 여덟째는 항상 스스로 생각을 오로지하여 다른 생각이 없고 본래의 선행善行을 기억하기를 눈앞에 있는 것과 같이 보는 것이다. 아홉째는 지혜를 성취하여 법의 생멸生滅을 관찰하고 현성의 계율로써 괴로움의 근본을 끊는 것이며, 열째는 한적한 곳에 있기를 즐거워하고 생각을 오로지해 선정 가운데서 희롱하는 일이 없는 것이다.

어떤 것이 10수법인가? 10정행正行을 말하며, 바른 견해 · 바른 뜻 · 바른 말 · 바른 행동 · 바른 생활 · 바른 방편 · 바른 기억 · 바른 선정 · 바른 해탈 · 바른 지혜가 그것이다. 어떤 것이 10각법인가? 10색입色入을 말하며 안입眼入 · 이입耳入 · 비입鼻入 · 설입舌入 · 신입身入 · 색입色入 · 성입聲入 · 향입香入 · 미입味入 · 촉입觸入이 그것이다. 어떤 것이 10멸법인가? 10사행邪行을 말하며, 삿된 견해〔邪見〕 · 삿된 뜻〔邪志〕 · 삿된 말〔邪語〕 · 삿된 행동〔邪業〕 · 삿된 생활〔邪命〕 · 삿된 방편〔邪方便〕 · 삿된 선정〔邪定〕 · 삿된 해탈〔邪解脫〕 · 삿된 지혜〔邪智〕이다. 어떤 것이 10증법인가? 10무학법無學法을 말하며, 무학의 바른 견해 · 바른 뜻 · 바른 말 · 바른 행동 · 바른 생활 · 바른 방편 · 바른 생각 · 바른 선정 · 바른 해탈 · 바른 지혜이다.

모든 비구들이여, 이것을 이름하여 하나씩 늘어나는 법이라고 한다. 나는 이제 너희들을 위하여 이러한 법을 설명했다. 내가 여래가 되어 모든 제자들을 위하여 마땅히 해야 할 일은 이미 다 갖추었으나, 사랑하고 가엾이 여겨 간절히 너희들을 훈계해 가르쳤다. 너희들도 마땅히 힘써 이것을 받들어 행하라. 모든 비구들이여, 마땅히 나무 아래 빈 곳에 한가히 있으면서 부지런히 힘써 좌선坐禪하여 스스로 방자하지 말아야 한다. 지금 노력하지 않고서 뒷날에 후회한들 무슨 이익이 있겠는가? 이것이 내 가르침이니 힘써 이것을 받아 지니도록 하라."

모든 비구들은 부처님의 말씀을 듣고 기뻐하며 받들어 행하였다.

불설장아함경 제 10 권

〔제 2 분〕 ⑤

8. 삼취경三聚經

이와 같이 나는 들었다.

어느 때 부처님께서 사위국 기수급고독원에서 큰 비구 대중 1,250명과 함께 계셨다.

그때 세존께서 모든 비구들에게 말씀하셨다.

"나는 너희들과 함께 있는 자리에서 미묘한 법을 연설할 것이니, 의미가 청정하고 범행을 구족하고 있으므로 그것을 3취법聚法이라고 한다. 너희들은 잘 듣고 깊이 생각하여 기억하도록 하라. 이제 너희들을 위하여 설명할 것이다."

모든 비구들은 가르침을 받고 경청하였다. 부처님께서 말씀하셨다.

"세 가지 법취法聚[1]의 세계란, 하나의 법은 악한 세계로 나아가는 것이며, 다른 하나의 법은 선한 세계로 나아가는 것이며, 또 다른 하나의 법은 열반으로 나아가는 것이다. 어떤 것이 악한 세계로 나아가는 하나의 법인가? 인자한 마음이 없고 독해毒害할 마음을 품는 것이니, 이것이 장차 악한 세계로 나아가는 하나의 법이다.

어떤 것이 선한 세계로 나아가는 하나의 법인가? 악한 마음으로써 중생을 해치지 않는 것이니, 이것이 장차 선한 세계로 나아가는 하나의 법이다. 어떤 것이 열반으로 나아가는 하나의 법인가? 능히 정근하여 신념처身念處[2]를 닦는 것이니, 이것이 장차 열반으로 나아가는 하나의 법이다.

또 악한 세계를 향해 나아가는 두 가지 법이 있고, 또 선한 세계를 향해 나아가는 두 가지 법이 있으며, 다시 열반을 향해 나아가는 두 가지 법이 있다. 어떤 것이 악한 세계를 향해 나아가는 두 가지 법인가? 첫째는 계율을 허무는 것이며, 둘째는 견見을 깨뜨리는 것이다. 어떤 것이 선한 세계를 향해 나아가는 두 가지 법인가? 첫째는 계를 갖추는 것이며, 둘째는 견을 갖추는 것이다. 어떤 것이 열반을 향해 나아가는 두 가지 법인가? 첫째는 그치는 것〔止〕이며, 둘째는 관하는 것〔觀〕이다.

다시 악한 세계를 향해 나아가는 세 가지 법이 있고, 선한 세계를 향해 나아가는 세 가지 법이 있으며, 열반을 향해 나아가는 세 가지 법이 있다. 어떤 것이 악한 세계를 향해 나아가는 세 가지 법인가?

1 법온法蘊이라고도 한다. 취聚는 쌓였다는 뜻이니 불법을 총괄하여 일컫는 말이다. 곧 팔만 사천 법문이 모여서 쌓였다는 뜻으로 팔만 사천 법취라고 부른다.

2 소승의 수행자가 3현위賢位에서 5정심관停心觀 다음에 닦는 수행법의 첫 번째로서, 부모에게서 받은 육신이 부정하다고 관하는 것이다.

세 가지 불선不善의 근본으로서, 즉 탐욕이라는 불선의 근본과 성냄이라는 불선의 근본과 어리석음이라는 불선의 근본이다. 어떤 것이 선한 세계를 향해 나아가는 세 가지 법인가? 세 가지 선의 근본으로서, 즉 탐욕이 없는 선의 근본과 성냄이 없는 선의 근본과 어리석음이 없는 선의 근본이다. 어떤 것이 열반을 향해 나아가는 세 가지 법인가? 세 가지 삼매로서, 즉 공空삼매・무상無相삼매・무작無作삼매이다. 또 악한 세계를 향해 나아가는 네 가지 법이 있고, 선한 세계로 나아가는 네 가지 법이 있으며, 열반을 향해 나아가는 네 가지 법이 있다. 어떤 것이 악한 세계를 향해 나아가는 네 가지 법인가? 정다운 말과 성내는 말과 두렵게 하는 말과 어리석은 말이다. 어떤 것이 선한 세계를 향해 나아가는 네 가지 법인가? 정답지 않은 말과 성내지 않는 말과 두렵게 하지 않는 말과 어리석지 않은 말이다. 어떤 것이 열반을 향해 나아가는 네 가지 법인가? 4념처念處를 말한다. 4념처란 신념처身念處・수념처受念處・심념처心念處・법념처法念處이다.

다시 악한 세계를 향해 나아가는 다섯 가지 법이 있고 선한 세계로 향하는 다섯 가지 법이 있으며 열반으로 향하는 다섯 가지 법이 있다. 어떤 것이 악한 세계를 향해 나아가는 다섯 가지 법인가? 다섯 가지 계율〔戒〕를 깨뜨리는 것으로서, 즉 살생・도둑질・음행・거짓말・술을 마시는 것이다. 어떤 것이 선한 세계로 향하는 다섯 가지 법인가? 다섯 가지 계율을 지키는 것으로서, 즉 살생하지 않고, 도둑질하지 않으며, 음행하지 않고, 속이지 않으며, 술을 마시지 않는 것이다. 어떤 것이 열반을 향해 나아가는 다섯 가지 법인가? 다섯 가지 근본〔五根〕으로서 즉 다섯 가지 근본이란 믿음의 근본・정진의 근본・생각의 근본・선정의 근본・지혜의 근본이다.

또 악한 세계를 향해 나아가는 여섯 가지 법과 선한 세계를 향해 나아가는 여섯 가지 법과 열반을 향해 나아가는 여섯 가지 법이 있다. 어떤 것이 악한 세계를 향해 나아가는 여섯 가지 법인가? 여섯 가지 불경不敬을 말한다. 즉 부처를 공경하지 않고 법을 공경하지 않으며, 승단을 공경하지 않고 계율을 공경하지 않으며, 선정〔定〕을 공경하지 않고 부모를 공경하지 않는 것이다. 어떤 것이 선한 세계를 향해 나아가는 여섯 가지 법인가? 여섯 가지 경법敬法으로서 즉 부처를 공경하고 법을 공경하며, 승단을 공경하고 계율을 공경하며, 선정을 공경하고 부모를 공경하는 것이다. 어떤 것이 열반을 향해 나아가는 여섯 가지 법인가 ? 여섯 가지 사념思念으로서 즉 부처를 생각하고 법을 생각하며, 승단을 생각하고 계율을 생각하며, 보시를 생각하고 하늘을 생각하는 것이다.

또 악한 세계를 향해 나아가는 일곱 가지 법과 선한 세계를 향해 나아가는 일곱 가지 법과 열반을 향해 나아가는 일곱 가지 법이 있다. 어떤 것이 악한 세계를 향해 나아가는 일곱 가지 법인가? 살생 · 주지 않는 것을 취하는 것 · 음탕한 것 · 거짓말 · 이간시키는 말 · 욕설 · 꾸밈말이다. 어떤 것이 선한 세계를 향해 나아가는 일곱 가지 법인가? 살생하지 않고 도둑질하지 않으며, 음탕하지 않고 속이지 않으며, 이간질하지 않고 욕설하지 않으며, 꾸밈말 하지 않는 것이다. 어떤 것이 열반을 향해 나아가는 일곱 가지 법인가? 일곱 가지의 각의覺意로서, 즉 염각의念覺意[3] · 택법각의擇法覺意[4] · 정진각의精進覺意[5] · 의각의猗覺意[6] · 정각의定覺意[7] · 희각의喜覺意[8] · 사각의捨覺意[9]이다.

---

3 불법을 수행함에 있어서 늘 잘 생각하여 정定과 혜慧가 한결같도록 하는 것이다.
4 지혜로 모든 법을 살펴서 선악善惡의 진위眞僞를 가려내는 것이다.
5 수행할 때에 용맹한 마음으로 쓸데없는 사행邪行을 여의고 바른 도에 전력을 기울여

또 악한 세계를 향해 나아가는 여덟 가지 법과 선한 세계를 향해 나아가는 여덟 가지 법과 열반을 향해 나아가는 여덟 가지 법이 있다. 어떤 것이 악한 세계를 향해 나아가는 여덟 가지 법인가? 여덟 가지 삿된 행위〔邪行〕로서 삿된 소견·삿된 뜻·삿된 말·삿된 행동·삿된 생활·삿된 방편·삿된 생각·삿된 선정〔定〕을 말한다. 어떤 것이 선한 세계를 향해 나아가는 여덟 가지 법인가? 세상의 바른 소견·바른 뜻·바른 말·바른 행동·바른 생활·바른 방편·바른 생각·바른 선정을 말한다. 어떤 것이 열반을 향해 나아가는 여덟 가지 법인가? 여덟 가지 현성의 도道로서, 즉 바른 소견·바른 뜻·바른 말·바른 행동·바른 생활·바른 방편·바른 생각·바른 선정이다.

또 악한 세계를 향해 나아가는 아홉 가지 법과 선한 세계를 향해 나아가는 아홉 가지 법과 열반을 향해 나아가는 아홉 가지 법이 있다. 어떤 것이 악한 세계를 향해 나아가는 아홉 가지 법인가? 아홉 가지 괴롭힘〔惱〕을 말한다. 어떤 사람이 과거에 나를 침노해 괴롭혔고, 현재에도 나를 침노해 괴롭히며, 앞으로도 나를 침노해 괴롭힐 것이다. 내가 사랑하는 것을 과거에 침노해 괴롭혔고, 현재에도 침노해 괴롭히며, 앞으로도 침노해 괴롭힐 것이다. 내가 미워하는 자를 과거에 사랑하고 공경했고, 현재에도 사랑하고 공경하며, 앞으로도 사랑하고 공경할 것이다. 어떤 것이 선한 세계를 향해 나아가는 아홉

게으르지 않는 것이다.

6 그릇된 견해를 끊어버릴 때에 참되고 거짓됨을 알아서 올바른 선근善根을 생하는 것.

7 선정에 들어서 번뇌 망상을 일으키지 않는 것이다.

8 마음에 선법善法을 얻어서 기뻐하는 것이다.

9 바깥 경계에 집착하던 마음을 여읠 때에 거짓되고 참되지 못한 것을 추억하는 마음을 버리는 것이다.

가지 법인가? 아홉 가지 괴롭힘이 없는 것〔無惱〕을 말한다. 그가 과거에 나를 침노했는데 내가 번민한들 무슨 이익이 있을 것인가 하여, 과거에도 번민하지 않았고 현재에도 번민하지 않으며 앞으로도 번민하지 않는 것이다. 내가 사랑하는 자를 그가 과거에도 침노했는데 내가 괴로워한들 무슨 이익이 있으랴 하여, 과거에도 번민하지 않았고 현재에도 번민하지 않으며 앞으로도 번민하지 않는 것이다. 내가 미워하는 자를 그는 과거에도 사랑하고 공경했는데 내가 괴로워한들 무슨 이익이 있으랴 하여, 과거에도 번민하지 않았고 현재에도 번민하지 않으며 앞으로도 번민하지 않는 것이다. 어떤 것이 열반을 향해 나아가는 아홉 가지 법인가? 첫째는 기쁨, 둘째는 사랑, 셋째는 기뻐함, 넷째는 즐거움, 다섯째는 선정〔定〕, 여섯째는 진실한 지견, 일곱째는 버림, 여덟째는 욕심 없음, 아홉째는 해탈이다.

또 악한 세계를 향해 나아가는 열 가지 법과 선한 세계를 향해 나아가는 열 가지 법과 열반을 향해 나아가는 열 가지 법이 있다. 어떤 것이 악한 세계를 향해 나아가는 열 가지 법인가? 열 가지 불선不善으로서 즉 몸으로 짓는 살생·도둑질·음행과 입으로 짓는 이간질하는 말·욕설·거짓말·꾸밈말과 뜻으로 짓는 탐욕·질투·사견邪見이다. 어떤 것이 선한 세계를 향해 나아가는 열 가지 법인가? 열 가지 선행善行으로서 즉 몸으로 짓는 살생·도둑질·간음을 하지 않는 것, 입으로 짓는 이간시키는 말·욕설·거짓말·꾸밈말을 하지 않는 것, 뜻으로 짓는 탐욕·질투·삿된 견해를 가지지 않는 것이다. 어떤 것이 열반을 향해 나아가는 열 가지 법인가? 열 가지의 곧은길로서 즉 바른 소견·바른 뜻·바른 말·바른 행동·바른 생활·바른 방편·바른 생각·바른 선정·바른 해탈·바른 지혜이다. 모든 비구들이여, 이와 같은 열 가지의 법은 열반에 이르게 할 수 있으니, 이것을 이름하여 3취聚의 미묘하고 바른 법이라고 한다.

내가 여래가 되어 모든 제자들을 위하여 마땅히 해야 할 일은 모두 갖추지 않은 것이 없으나, 너희들을 걱정하기 때문에 경도經道를 연설하는 것이다. 너희들도 마땅히 제 자신의 몸을 걱정하라. 마땅히 나무 밑에 한가하게 있으면서 깊이 생각하기를 게을리 하지 말아야 한다. 지금 노력하지 않고 뒷날에 후회한들 무슨 이익이 있겠는가?"

모든 비구들은 부처님의 말씀을 듣고 기뻐하며 받들어 행하였다.

9. 대연방편경大緣方便經[10]

이와 같이 나는 들었다.

어느 때 부처님께서 구류사국拘流沙國의 겁마사劫摩沙 마을에서 큰 비구 대중 1,250명과 함께 계셨다.

그때 아난은 고요한 곳에서 이렇게 생각했다.

'너무도 기이하고 특별하구나. 세존께서 말씀하신 열두 가지 인연법의 광명은 매우 깊어 알기 어렵구나. 그러나 내가 마음속으로 관찰해 보니 마치 눈앞에 있는 일과 같은데 무엇 때문에 깊은 이치가 있다고 하는가?'

그렇게 생각한 아난은 곧 고요한 곳에서 일어나 부처님께 나아갔다. 부처님의 발에 이마를 대어 예배하고 한쪽에 앉아 세존께 여쭈었다.

---

10 이 경의 이역본으로는 후한 시대 안세고가 한역한 『불설인본욕생경佛說人本欲生經』과 송 시대 시호施護가 한역한 『불설대생의경佛說大生義經』이 있으며, 같은 내용의 경으로는 『중아함경』 제24권 97번째 소경인 「대인경大人經」이 있다.

"저는 아까 조용한 방에서 잠자코 혼자 생각하기를 '참으로 기이하고 특별하다. 부처님께서 말씀하신 열두 가지 인연법의 광명은 매우 깊어 알기 어렵다. 그러나 내가 마음속으로 관찰해 보니 마치 눈앞에 있는 일과 같은데 무엇 때문에 깊다고 하는가?' 하고 생각하였습니다."

세존께서 아난에게 말씀하셨다.

"그만두라, 그만두라. 그런 말을 하지 말라. 아난아, 이 열두 가지 인연법의 광명은 너무도 심오하며 이해하기 어렵다. 아난아, 이 열두 가지 인연법은 보기도 어렵고 알기도 어렵다. 모든 하늘·악마·범천·사문 바라문으로서 아직 인연법에 대하여 관찰하지 못한 자가 만일 생각으로 헤아려보고〔思量〕 관찰하여 그 이치를 분별하려고 한다면 곧 정신이 아득하여 관찰해 볼 수 없을 것이다.

아난아, 내가 이제 너에게 말해 주겠다. 늙고 죽음에는 연(緣 : 外緣)이 있다. 만일 누가 '무엇이 늙고 죽는 연인가?'라고 묻거든 너는 그에게 '생生이 늙고 죽음〔老死〕의 연이 된다'라고 대답하라. 또 누가 '어떤 것이 생의 연인가?' 하고 묻거든 너는 그에게 '유(有 : 존재)가 생의 연이 된다'라고 대답하라. 또 누가 '무엇이 유의 연인가?'라고 묻거든 너는 그에게 '취聚가 유의 연이 된다'라고 대답하라. 또 누가 '무엇이 취의 연인가?'라고 묻거든 너는 그에게 '애愛가 취의 연이 된다'라고 대답하라. 또 누가 '무엇이 애의 연인가?'라고 묻거든 너는 그에게 '수受가 애의 연이 된다'라고 대답하라. 또 누가 '무엇이 수의 연인가?'라고 묻거든 너는 그에게 '촉觸이 수의 연이 된다'라고 대답하라. 또 누가 '무엇이 촉의 연인가?'하고 묻거든 너는 그에게 '6입入이 촉의 연이 된다'라고 대답하라. 또 누가 '무엇이 6입의 연인가?'라고 묻거든 너는 그에게 '명색名色이 6입의 연이 된다'라고 대답하라.

또 누가 '무엇이 명색의 연인가?'라고 묻거든 너는 그에게 '식識이 명색의 연이 된다'라고 대답하라. 또 누가 '무엇이 식의 연인가?'라고 묻거든 너는 그에게 '행行이 식의 연이 된다'라고 대답하라. 또 누가 '무엇이 행의 연인가?'라고 묻거든 너는 그에게 '치癡가 행의 연이 된다'라고 대답하라.

아난아, 이와 같이 치癡를 연(緣 : 外緣)으로 하여 행行이 있고 행을 연으로 하여 식識이 있으며, 식을 연으로 하여 명색이 있고 명색을 연으로 하여 6입이 있으며, 6입을 연으로 하여 촉이 있고 촉을 연으로 하여 수가 있으며, 수를 연으로 하여 애가 있고 애를 연으로 하여 취가 있으며, 취를 연으로 하여 유가 있고 유를 연으로 하여 생이 있으며, 생을 연으로 하여 늙음과 죽음과 걱정과 슬픔과 고뇌 등 큰 근심〔患〕의 덩어리가 있다. 이것이 큰 고음苦陰의 연이 된다."

부처님께서 아난에게 말씀하셨다.

"생을 연으로 하여 늙고 죽음이 있다는 것은 무슨 뜻인가? 만일 일체 중생이 생이 없다면 그래도 늙음과 죽음이 있겠느냐?"

아난이 대답했다.

"없을 것입니다."

"그러므로 아난아, 이 연법緣法을 통해서 늙음과 죽음은 생으로 인하여 생기고 생을 연하여 늙음과 죽음이 있다는 것을 알 수 있다. 내가 말한 이치가 여기에 있다."

또 아난에게 말씀하셨다.

"유를 연하여 생이 있다는 것은 무슨 뜻인가? 만일 일체 중생이 욕유(欲有 : 欲界) · 색유(色有 : 色界) · 무색유(無色有 : 無色界)[11]가 없다면

11 이 세 가지를 3유有라고 하는데, 여기에서 유有란 나고 죽음의 과보이다. 욕유란 욕계의 생사生死이고, 색유란 색계의 생사이며, 무색유란 무색계의 생사를 말한다.

그래도 생이 있겠느냐?"

"없을 것입니다."

"아난아, 나는 이러한 연법을 통해서 생은 유로 인하여 생겨나고 유를 연하여 생이 있게 된다는 사실을 깨달았다. 내가 말한 이치가 여기에 있다."

또 아난에게 말씀하셨다.

"취를 연하여 유가 있다는 것은 무슨 뜻인가? 만일 일체 중생에게 욕취欲取·견취見取·계취戒取·아취我取[12]가 없다면 그래도 유가 있겠느냐?"

"없을 것입니다."

"아난아, 나는 이러한 연법을 통하여 유는 취로부터 생겨나는 것이고 취를 연하여 유가 있다는 것을 깨달았다. 내가 말한 이치가 여기에 있다."

또 아난에게 말씀하셨다.

"애를 연하여 취가 있다는 것은 무슨 뜻인가? 만일 일체 중생에게 욕애欲愛·유애有愛·무유애無有愛가 없다면 그래도 취가 있겠느냐?"

"없을 것입니다."

"아난아, 나는 이러한 연법을 통해서 취는 애로부터 생겨나고 애를 연하여 취가 있다는 것을 깨달았다. 내가 말한 이치가 여기에 있다."

또 아난에게 말씀하셨다.

"수를 연하여 애가 있다는 것은 무슨 뜻인가? 만일 일체 중생에게

12 이 네 가지를 4취取라고 하는데, 여기에서 취取란 집착을 뜻한다. 욕취란 욕계에서 5욕의 대상 경계에 대하여 일으키는 탐욕의 집착이고, 견취란 잘못된 견해를 진실이라고 집착하는 것이며, 계취란 정인정도正因正道가 아닌 것을 정인정도라고 집착하는 것이고, 아취란 자기의 말에 대하여 고집하는 것을 말한다.

낙수樂受・고수苦受・불고불락수不苦不樂受[13]가 없다면 그래도 애가 있겠느냐?"

"없을 것입니다."

"아난아, 나는 이 연법을 통해서 애는 수로부터 생겨나고 수를 연하여 애가 있다는 것을 깨달았다. 내가 말한 이치가 여기에 있다.

아난아, 마땅히 알라. 애愛를 인하여 구함〔求〕이 있고 구함을 인하여 이익〔利〕이 있고 이익을 인하여 씀〔用〕이 있고 씀을 인하여 욕심〔欲〕이 있고 욕심을 인하여 집착〔著〕이 있고 집착을 인하여 질투〔嫉〕가 있고 질투를 인하여 지킴〔守〕이 있고 지킴을 인하여 보호〔護〕가 있다. 아난아, 보호가 있음으로 말미암아 칼과 막대기와 다툼〔諍訟〕이 있어 무수한 악을 짓는다. 내가 말한 이치가 여기에 있다.

아난아, 이것은 무슨 뜻인가? 만일 일체 중생들로 하여금 보호함〔護〕이 없게 한다면 그래도 칼과 막대기와 다툼〔靜訟〕이 있어 무수한 악을 일으키겠느냐?"

"없을 것입니다."

"그러므로 아난아, 나는 이 연법을 통하여 칼과 막대기와 다툼은 보호로부터 일어나고 보호를 연하여 칼과 막대기와 다툼이 있다는 것을 깨달았다. 아난아, 내가 말한 이치가 여기에 있다."

또 아난에게 말씀하셨다.

"지킴〔守〕을 인하여 보호가 있다는 것은 무슨 뜻인가? 만일 일체 중생들로 하여금 지킴이 없게 한다면 그래도 보호가 있겠느냐?"

---

13 이 세 가지를 3수受라고 하는데, 여기에서 수受란 감각 즉 느낌이라는 뜻이다. 낙수란 바깥 경계와의 접촉에서 생겨나는 즐거움의 느낌이고, 고수란 바깥 경계와의 접촉으로 인하여 몸과 마음에 느끼는 괴로움이며, 불고불낙수란 고수와 낙수에 속하지 않는, 즉 즐겁지도 괴롭지도 않은 느낌을 말한다.

"없을 것입니다."

"아난아, 나는 이 연법을 통해서 보호는 지킴으로부터 생겨나고 지킴을 인하여 보호가 있다는 것을 깨달았다. 내가 말한 이치가 여기에 있다. 아난아, 질투〔嫉〕로 말미암아 지킴이 있다는 것은 무슨 뜻인가? 만일 일체 중생들로 하여금 질투를 없게 한다면 그래도 지킴이 있겠느냐?"

"없을 것입니다."

"아난아, 나는 이 연법을 통해서 지킴은 질투로부터 생겨나고 질투를 연하여 지킴이 있다는 것을 깨달았다. 내가 말한 이치가 여기에 있다. 아난아, 집착〔著〕으로 인하여 질투가 있다는 것은 무슨 뜻인가? 만일 일체 중생들로 하여금 집착을 없게 한다면 그래도 질투가 있겠느냐?"

"없을 것입니다."

"아난아, 나는 이 연법을 통해서 질투는 집착으로부터 생겨나고 집착을 연하여 질투가 있다는 것을 깨달았다. 내가 말한 이치가 여기에 있다. 아난아, 욕심〔欲〕으로 인하여 집착이 있다는 것은 무슨 뜻인가? 만일 일체 중생들로 하여금 욕심을 없게 한다면 그래도 집착이 있겠느냐?"

"없을 것입니다."

"아난아, 나는 이 연법을 통해서 집착은 욕심으로부터 생겨나고 욕심을 연하여 집착이 있다는 것을 깨달았다. 내가 말하는 이치가 여기에 있다. 아난아 씀〔用〕을 인하여 욕심이 있다는 것은 무슨 뜻인가? 만일 일체 중생들로 하여금 씀을 없게 한다면 그래도 욕심이 생기겠느냐?"

"없을 것입니다."

“아난아, 나는 이런 이치를 통해서 욕심은 씀으로부터 생겨나고 씀을 연하여 욕심이 있다는 것을 깨달았다. 내가 말한 이치가 여기에 있다. 아난아, 이익〔利〕을 인하여 씀이 있다는 것은 무슨 뜻인가? 만일 일체 중생들로 하여금 이익을 없게 한다면, 그래도 씀이 있겠느냐?”

“없을 것입니다.”

“아난아, 나는 이런 이치를 통해서 씀은 이익으로부터 생겨나고 이익을 연하여 씀이 있다는 것을 깨달았다. 내가 말한 이치가 여기에 있다. 아난아, 구함〔求〕을 인하여 이익이 있다는 것은 무슨 뜻인가? 만일 일체 중생들로 하여금 구함을 없게 한다면 그래도 이익이 있겠느냐?”

“없을 것입니다.”

“아난아, 나는 이 연법을 통해서 이익은 구함으로부터 생겨나고 구함을 연하여 이익이 있다는 것을 깨달았다. 내가 말한 이치가 여기에 있다. 아난아, 애愛를 인하여 구함이 있다는 것은 무슨 뜻인가? 만일 일체 중생들로 하여금 애를 없게 한다면 그래도 구함이 있겠느냐?”

“없을 것입니다.”

“아난아, 나는 이 연법을 통해서 구함은 애愛로부터 생겨나고 애를 인하여 구함이 있다는 것을 깨달았다. 내가 말한 이치가 여기에 있다.”

또 아난에게 말씀하셨다.

“애를 인하여 구함이 있다. 이리하여 지키고〔守〕 보호함〔護〕에 이르기까지의 이치도 마찬가지이며, 수受도 그와 같아서 수를 인하여 구함이 있으며, 나아가 지키고〔守〕 보호함〔護〕에 이르기까지의 이치도 마찬가지이다.”

부처님께서 다시 아난에게 말씀하셨다.

"촉觸을 연하여 수가 있다는 것은 무슨 뜻인가? 아난아, 만일 눈이 없고 빛이 없고 눈의 인식작용〔眼識〕이 없다면 그래도 촉이 있겠느냐?"

"없을 것입니다."

"만일 귀・소리・귀의 인식작용과 코・냄새・코의 인식작용과 혀・맛・혀의 인식작용과 몸・닿임・몸의 인식작용과 뜻・법・뜻의 인식작용이 없다면 그래도 촉이 있겠느냐?"

"없을 것입니다."

"아난아, 만일 일체 중생들에게 촉을 없게 한다면 그래도 수가 있겠느냐?"

"없을 것입니다."

"아난아, 나는 이 이치를 통하여 수는 촉으로부터 생겨나고 촉을 연하여 수가 있다는 것을 깨달았다. 내가 말하는 이치가 여기에 있다. 아난아, 명색名色을 연하여 촉이 있다는 것은 무슨 뜻인가? 만일 중생에게 명색을 없게 한다면 그래도 마음의 감촉이 있겠느냐?"

"없을 것입니다."

"만일 일체 중생에게 형색形色과 모형〔相貌〕을 없게 한다면 그래도 몸의 감촉이 있겠느냐?"

"없을 것입니다."

"아난아, 만일 명색이 없다면 그래도 감촉이 있겠느냐?"

"없을 것입니다."

"아난아, 나는 이 연법緣法을 통해서 촉은 명색으로부터 생겨나고 명색을 연하여 촉이 있다는 것을 깨달았다. 내가 말하는 이치가 여기에 있다. 아난아, 식을 연하여 명색이 있다는 것은 무슨 뜻인가? 만일 식識이 모태母胎에 들어가지 않았다면 그래도 명색이 생길 수 있었겠느냐?"

"없을 것입니다."

"만일 식이 모태에 들어갔다 나오지 않는다면 그래도 명색이 있겠느냐?"

"없을 것입니다."

"만일 식이 태에서 나와 어린아이 때 없어지고 만다면 그래도 명색이 자라날 수 있겠느냐?"

"없을 것입니다."

"아난아, 만일 식이 없다면 그래도 명색이 있겠느냐?"

"없을 것입니다."

"아난아, 이 연법을 통해서 나는 명색은 식으로부터 생겨나고 식을 연하여 명색이 있다는 것을 깨달았다. 내가 말한 이치가 여기에 있다. 아난아, 명색을 연하여 식이 있다는 것은 무슨 뜻인가? 만일 식이 명색에 머무르지 않는다면 곧 식이 머무를 곳이 없을 것이다. 만일 식이 머무를 곳이 없다면 그래도 생·노·병·사와 우·비·고·뇌가 있겠느냐?"

"없을 것입니다."

"아난아, 만일 명색이 없다면 그래도 식이 있겠느냐?"

"없을 것입니다."

"아난아, 나는 이 연법을 통해서 식은 명색으로부터 생겨나고 명색을 연하여 식이 있다는 것을 깨달았다. 내가 말한 이치가 여기에 있다. 명색은 6입入을 연緣하고 6입은 촉을 연하고 촉은 수를 연하고 수는 애를 연하고 애는 취를 연하고 취는 유를 연하고 유는 생을 연하고 생은 노·사·우·비·고·뇌의 큰 고음의 쌓임[大苦陰集]을 연한다.

아난아, 이렇게 가지런하게 말하고 가지런하게 대답하고 가지런하게 한계를 짓고 가지런하게 연설하고 가지런하게 지혜로 관찰〔智觀〕하고 가지런하게 중생을 위한다. 아난아, 모든 비구는 이 법에 대하여 사실 그대로를 바르게 관찰하여 번뇌가 없어진 마음의 해탈〔心解脫〕을 얻으면 아난아, 이 비구는 마땅히 지혜의 해탈〔慧解脫〕을 얻었다고 한다. 이렇게 마음의 해탈을 증득한 비구는 여래의 마지막도 알고 여래의 마지막이 아닌 것도 알며, 여래의 마지막과 마지막 아닌 것도 알고, 여래의 마지막 아닌 것과 마지막 아님이 아닌 것도 안다. 무슨 까닭인가?

아난아, 이렇게 가지런하게 말하고 이렇게 가지런하게 대답하고 이렇게 가지런하게 한계를 짓고 이렇게 가지런하게 지혜로 관찰하고 이렇게 가지런하게 중생을 위하기 때문이다. 이렇게 다 알아 번뇌 없는 마음의 해탈을 얻은 비구는 알지도 않고 보지도 않으며 다만 이렇게 알고 볼 뿐이다.

아난아, 나〔我〕라는 것이 있다고 생각하는 것 모두를 거의 아견我見이라고 하고 명색名色과 수受를 모두 나라고 한다. 어떤 사람은 '수受는 나가 아니고 나라는 것이 수이다'라고 말하고, 혹 어떤 사람은 '수는 나가 아니고, 나라는 것이 수도 아니며, 수법受法이 곧 나이다'라고 하기도 하고, 혹 어떤 사람은 '수受도 나라는 것이 아니고 나라는 것도 수가 아니며, 수법도 나라는 것이 아니다. 다만 애愛가 나이다'라고 하기도 한다. 아난아, 저 나라는 견해를 가진 자들이 '수가 바로 나이다'라고 하거든 너는 마땅히 그들에게 '여래께서 고수苦受·낙수樂受·불고불락수不苦不樂受, 이 세 가지 수受에 대하여 말씀하셨는데, 낙수가 있을 때는 고수와 불고불낙수는 있을 수 없고, 고수가 있을 때는 낙수와 불고불낙수는 있을 수 없으며, 불고불낙수가 있을 때는 고수와 낙수는 있을 수 없다고 하셨다'라고 말하라. 왜냐하면 아난아, 낙촉樂觸을 연으로 하여 낙수樂受가 생겨나니, 만일 낙의 촉이 멸하면 수도 멸하기 때문이다.

아난아, 고촉苦觸을 연으로 하여 고수가 생겨나니, 만일 고의 촉이 멸하면 수도 멸한다. 불고불락촉을 연으로 하여 불고불락수가 생겨나니, 만일 불고불락의 촉이 멸하면 수도 멸한다. 아난아, 비유하면 마치 두 개의 나무를 서로 비비면 곧 불이 일어나지만 각각 딴 곳에 두면 불이 일어나지 않는 것처럼 이것도 그와 같다. 낙촉을 연으로 하여 낙수가 생겨나는 것이므로 만일 낙의 촉이 멸하면 수도 멸한다. 고촉을 연으로 하여 고수가 생겨나는 것이므로 만일 고의 촉이 멸하면 수도 멸한다. 불고불락촉을 연으로 하여 불고불락수가 생겨나는 것이므로 만일 불고불락의 촉이 멸하면 수도 멸한다.

아난아, 이 세 가지 수受는 작용이 있는 것〔有爲〕이기 때문에 항상한 것이 아니고 연을 따라 생겨나니, 다하는 법이며 멸하는 법이며 썩어 무너지는 법이다. 저것들은 나의 소유도 아니며 나 또한 저것의 소유가 아니다. 마땅히 바른 지혜로써 있는 그대로 그것을 관찰하라. 아난아, 저들이 나〔我〕라는 견해를 가지는 것은 수受를 나〔我〕라고 하는 것이다. 그러나 그것도 잘못이다.

아난아, 저 나라는 것이 있다고 보는 사람이 '수는 나가 아니고 나라는 것이 수이다'라고 말하거든 너는 마땅히 그에게 '여래께서 고수·낙수·불고불락수 이 세 가지 수受에 대하여 말씀하셨는데, 만일 낙수가 나라면 낙수가 멸할 때에는 곧 두 개의 나라는 것이 있게 되는 것이니, 이것은 잘못이다. 만일 고수가 나라면 고수가 멸할 때에는 곧 두 개의 나라는 것이 있게 되는 것이니, 이것도 잘못이다.

만일 불고불락수가 나라면 불고불락수가 멸할 때에는 곧 두 개의 나라는 것이 있게 되는 것이니, 이것도 잘못이다'라고 말하라.

아난아, 저 나라는 것이 있다고 보는 자가 '수는 나가 아니며, 나라는 것이 곧 수이다'라고 말한다면 그것도 잘못이다. 아난아, 저 나라는 것이 있다고 생각하는 자가 '수는 나가 아니고 나라는 것은 수도 아니며, 수법受法이 나이다'라고 말하거든 너는 마땅히 그에게 '모든 것에는 수가 없는데 너는 어떻게 수법이 있다고 하는가? 네가 바로 수법이냐?' 하고 말하라. 그는 '그렇지 않다'고 대답할 것이다.

그러므로 아난아, 저 나라는 것이 있다고 생각하는 자가 '수는 나가 아니며, 나는 수도 아니며, 수법이 곧 나이다'라고 말하는 것은 잘못이다. 아난아, 저 나가 있다고 생각하는 자가 '수는 나가 아니며, 나는 수도 아니며, 수법도 나가 아니다. 오직 애愛가 나이다'라고 말하거든, 너는 그에게 '모든 것은 수가 없는데 어떻게 애가 있겠느냐? 네 자신이 곧 애이냐?'라고 말하라. 그러면 그는 '아니다'라고 대답할 것이다. 그러므로 아난아, 저 나가 있다고 생각하는 자가 '수는 나가 아니며, 나도 수가 아니며, 수법도 나가 아니다. 애가 바로 나이다'라고 말한다면 그것도 곧 잘못이다.

아난아, 이렇게 가지런하게 말하고 이렇게 가지런하게 대답하고 이렇게 가지런하게 한계를 짓고 이렇게 가지런하게 연설하고 이렇게 가지런하게 지혜로 관찰하고 이렇게 가지런하게 중생을 위한다. 아난아, 모든 비구는 이 법에 대하여 사실 그대로를 바르게 관찰하여 번뇌가 없어진 마음의 해탈을 얻으면 아난아, 이 비구는 마땅히 지혜의 해탈을 얻었다고 한다. 이렇게 마음의 해탈을 증득한 비구는 나〔我〕라는 것이 있는 것도 알고 나라는 것이 없는 것도 알며, 나라는 것이 있는 동시에 나라는 것이 없는 것도 알고, 나라는 것이 있지도 않고 나라는 것이 없지도 않은 것 또한 안다. 무슨 까닭인가? 아난아, 이렇게 가지런하게 말하고 이렇게 가지런하게 대답하고 이렇게 가지런하게 한계를 짓고 이렇게 가지런하게 지혜로 관찰하고 이렇게 가지런하게 중생을 위하기 때문이다. 이렇게 다 알아 번뇌 없는 마음의 해탈을 얻은 비구는 알지도 않고 보지도 않으며 다만 이렇게 알고 볼 뿐이다."

부처님께서 아난에게 말씀하셨다.

"저 나라는 것이 있다고 생각하는 사람은 똑같이 모두 결정적으로 말한다. 저 나라는 것이 있다고 생각하는 사람은 혹은 소량〔少 : 少量〕의 색色을 나라고 하고 혹은 무량〔多 : 無量〕의 색을 나라고 한다. 혹은 소량의 무색無色을 나라고 하고 혹은 무량의 무색을 나라고 한다. 아난아, 저 소량의 색을 나라고 하는 자는 '소량의 색이 나이다. 내가 보는 것은 옳고 다른 이가 보는 것은 그르다'고 단정하여 말한다. 무량의 색을 나라고 하는 자도 무량의 색을 나라고 하여 내가 보는 것은 옳고 남이 보는 것은 그르다고 한다. 소량의 무색을 나라고 하는 자도 소량의 무색을 나라고 하며 내가 보는 것은 옳고 남이 보는 것은 그르다고 하며, 무량의 무색을 나라고 하는 자도 무량의 무색을 나라고 하여 내가 보는 것은 옳고 남이 보는 것은 그르다고 한다."

부처님께서 아난에게 말씀하셨다.

"7식주識住[14]와 2입처入處[15]에 대해서 모든 사문 바라문은 '이곳은

---

14 중생이 과보를 따라 생生을 받아 태어나서 그 세계에 머무는 것을 그 심식心識이 좋아하는 일곱 가지 처소다.

15 무상유정無想有情이 안주하는 두 곳. 즉 무상입無想入과 비상비무상입非想非無想入을 말한다.

안온하여 구제가 되고 보호가 되며 집이 되고 등불이 되며 밝음이 되고 귀의처가 되며 허망하지 않고 번뇌가 없는 곳이다'라고 말한다.

어떤 것을 일곱 가지라고 하는가? 어떤 중생은 몸도 각각 다르고 생각도 각각 다른데 곧 하늘과 사람 세계가 그것이니, 이것이 초식주初識住이다. 모든 사문 바라문은 '이곳은 안온하여 구제가 되고 보호가 되며 집이 되고 등불이 되며 밝음이 되고 귀의처가 되며 허망하지 않고 번뇌가 없는 곳이다'라고 말한다.

아난아, 만일 비구로서 초식주를 알되 그 원인을 알고 그 멸을 알고 그 맛을 알고 그 허물〔過：初識住의 過患〕을 알고 그 벗어나는 방법을 알면 그는 진실 그대로를 알게 될 것이다. 아난아, 그 비구는 '그는 나라는 것이 아니며 나도 그라는 것이 아니다. 진실 그대로를 보아 안다'고 말할 것이다.

어떤 중생은 몸은 각각 다르나 생각은 한가지인데 범광음천梵光音天이 그것이며, 어떤 중생은 몸은 같으나 생각은 각기 다르니 광음천光音天이 그것이다. 어떤 중생은 몸도 같고 생각도 같은데 변정천遍淨天이 그것이며, 어떤 중생은 공처空處에 머물고 어떤 중생은 식처識處에 머물며, 어떤 중생은 불용처不用處에 머무르니 이것을 7식주처라고 한다. 어떤 사문 바라문은 '이곳은 안온하여 구제가 되고 보호가 되며 집이 되고 등불이 되며 밝음이 되고 귀의처가 되며 허망하지 않고 번뇌가 없는 곳이다'라고 말한다.

아난아, 만일 비구로서 7식주를 알되 그 원인을 알고 그 멸을 알고 그 맛을 알며 그 허물을 알고 그 벗어나는 방법을 알면 그는 진실 그대로를 알고 보게 될 것이다. 그 비구는 '저는 나〔我〕가 아니며 나도 그가 아니다. 사실 그대로를 알고 볼 뿐이다'라고 말할 것이니, 이것이 7식주이다.

어떤 것이 2입처入處인가? 무상입無想入과 비상무상입非想無想入이 그것이다. 어떤 사문 바라문이 '이곳은 안온하여 구제가 되고 보호가 되며 집이 되고 등불이 되며 밝음이 되고 귀의처가 되며 허망하지 않고 번뇌가 없는 곳이다'라고 말한다. 아난아, 만일 비구로서 2입처를 알되 그 원인을 알고 그 멸을 알며 그 맛을 알고 그 허물을 알며 벗어나는 방법을 알면 그는 사실 그대로를 알고 사실 그대로를 보게 될 것이다. 그 비구는 '그는 나가 아니며 나도 그가 아니다. 사실 그대로를 알고 볼 뿐이다'라고 말할 것이니, 이것이 2입처이다.

아난아, 또 8해탈이 있다. 어떤 것이 여덟 가지인가? 색色에 대하여 색으로 관하는 것이 첫 번째 해탈이고, 마음속으로 색色을 생각하여 바깥의 색을 관하는 것이 두 번째 해탈이며, 깨끗한 것을 관하여 해탈하는 것이 세 번째 해탈이며, 색에 대한 생각에서 벗어나 상대가 있다는 생각〔有對想〕을 멸하고 잡생각을 일으키지 않으며 공처에 머무르는 것이 네 번째 해탈이다. 공처空處를 초월하여 식처에 머무르는 것이 다섯 번째 해탈이고, 색처色處를 초월하여 불용처不用處에 머무르는 것이 여섯 번째 해탈이며, 불용처를 초월하여 유상무상처有想無想處에 머무르는 것이 일곱 번째 해탈이고, 멸진정滅盡定이 여덟 번째 해탈이다. 아난아, 모든 비구가 이 여덟 가지 해탈에서 역순으로 노닐면서 드나들기를 자재하게 한다면 그러한 비구는 구해탈俱解脫[16]을 얻는다."

그때 아난이 부처님의 말씀을 듣고 기뻐하며 받들어 행하였다.

16 혜慧와 정定에 대하는 두 가지 장애인 번뇌장煩惱障과 해탈장解脫障을 다 벗어나는 것을 말한다.

10. 석제환인문경釋提桓因問經[17]

이와 같이 나는 들었다.

어느 때 부처님께서 마갈타국의 암바라菴婆羅 마을 북쪽 비타산毘陀山에 있는 인타바라因陀婆羅 굴속에 계셨다.

그때 석제환인釋提桓因이 미묘하고 착한 마음을 내어 부처님을 뵙고 싶어 하면서 '내가 지금 세존께서 계시는 곳에 가야겠다'고 하였다. 모든 도리천들은 석제환인이 미묘하고 착한 마음을 내어 부처님께서 계신 곳으로 가고자 한다는 말을 듣고 곧 제석에게 나아가 말했다.

"훌륭하십니다. 제석이여, 미묘하고 착한 마음을 내어 여래께서 계신 곳으로 가려고 하시니 저희들이 모시고 세존께서 계신 곳으로 가고 싶습니다."

제석은 곧 음악신〔樂神〕 반차익般遮翼에게 말했다.

"내가 지금 세존께서 계시는 곳에 가려고 하는데 너도 같이 가자. 이 도리천의 모든 하늘들도 나와 함께 부처님께서 계시는 곳으로 갈 것이다."

"예, 그렇게 하겠습니다."

이렇게 대답하고 반차익은 유리 거문고를 가지고 제석 앞의 도리천 무리들 가운데서 거문고를 울려 공양했다. 이 때 석제환인과 도리천의 모든 하늘과 반차익은 법당 위에서 홀연히 사라져 보이지 않더

17 이 경의 이역본으로는 송宋 시대 법현法賢이 한역한 『제석소문경帝釋所問經』과 원위元魏 시대 길가야吉迦夜와 담요曇曜가 공역한 『잡보장경雜寶藏經』 73번째 소경인 「제석문사연경帝釋問事緣經」이 있고, 『중아함경』 제33권 134번째 소경인 「석문경釋問經」과 내용이 동일하다.

니 역사力士가 팔을 한 번 폈다가 굽힐 만큼 짧은 시간에 마갈타국 북쪽에 있는 비타산에 이르렀다. 그때 세존께서 화염삼매火焰三昧에 드시자 저 비타산도 불빛과 동일하게 변하였다. 그러자 나라 사람들은 그것을 보고 서로 말하기를 "이 비타산이 불빛과 동일하게 된 것은 바로 여래와 모든 하늘의 힘 때문일 것이다"라고 하였다. 석제환인이 반차익에게 말했다.

"여래·지진至眞을 뵙기란 매우 어렵다. 그분은 이 한적하고 고요한 곳에 내려와 고요하고 묵묵하게 소리 없이 짐승들을 벗 삼아 노닐고 계신다. 이곳엔 늘 여러 큰 천신天神들이 세존을 모시고 있으니, 너는 먼저 가서 유리 거문고를 연주하여 세존을 즐겁게 하라. 나는 모든 하늘신들과 함께 뒤따라가겠다."

"예, 그렇게 하겠습니다."

반차익은 곧 유리 거문고를 가지고 먼저 부처님께 나아가 부처님과 멀리 떨어지지 않은 곳에서 유리 거문고를 타면서 게송으로 노래했다.

발타跋陀[18]여, 그대의 아버지께 예배하노니
그대의 아버지는 매우 단엄하시네.
너를 낳을 때 상서로운 징조 있어
내 마음은 한없이 즐거웠노라.

본래의 조그마한 인연 때문에
마음속에 욕심이 생겨

18 집악천왕執樂天王의 딸인데 아름답기가 마치 태양의 빛과 같다고 한다.

갈수록 그 마음 더욱 커져서
마치 아라한을 공양하듯 한다네.

석자釋子는 4선禪에 전념하고
항상 한가히 있기를 즐기며
바른 뜻으로 감로甘露를 구하시는데
나 또한 그렇게 전념한다네.

능인能仁께서 도의 마음을 일으켜
반드시 정각正覺을 성취하려 하나니
내 지금 바라는 것은 그녀와
반드시 그 자리에서 만나고자 함이라네.

내 마음은 염착染着이 생겨
사랑하고 좋아함을 버리지 못했네.
버리고자 하여도 버릴 수 없어
갈고리에 매인 코끼리 같다가

더울 때 시원한 바람 만난 듯하고
목마를 때 찬 샘물 얻은 것 같으며
열반을 취取한 것 같고
물이 불을 꺼 주는 것 같다네.

마치 병자가 좋은 의사 만난 듯하고
굶주린 자가 맛있는 음식을 얻어

실컷 배불리고 즐겨 하는 것 같으며
아라한이 법에서 노니는 것 같네.

코끼리가 갈고리에 매였으면서도
항복하기를 좋아하지 않고
달리고 몰아쳐 제지하기 어렵고
방일放逸하여 그칠 줄 모르는 것 같네.

마치 맑고 시원한 못에
온갖 꽃들이 물 위를 덮을 때
더위에 지친 코끼리가 거기에 목욕하여
온몸이 유쾌함을 얻는 것 같네.

이제까지 내가 보시한 것과
모든 아라한을 공양한 것으로
세상에 복의 갚음 있다면
모두 그에게 주어 바치리라.

그대가 죽으면 함께 죽으리니
그대 없이 나 혼자 살기보다는
차라리 내 몸을 죽여 버리리.
그대 없이 나는 살 수 없다네.

도리천의 주인이신
제석이여, 이제 내 소원 들어주소서.

그대 예절 갖춤을 칭송하오니
그대는 잘 생각하고 살피소서.

그때 세존께서 삼매에서 일어나 반차익에게 말씀하셨다.

"훌륭하고 훌륭하다. 반차익이여, 너는 청정한 음성으로 유리 거문고에 맞추어 여래를 칭송하는구나. 거문고 소리와 너의 음성은 길지도 않고 짧지도 않으며 슬프고도 조화로우며 아름답고도 애달파서 사람의 마음을 감동시킨다. 네 거문고 연주는 온갖 뜻을 갖추고 있다. 욕심의 결박을 말하기도 하고 또한 범행梵行을 말하기도 하였으며 또 사문을 말하기도 하고 또 열반을 말하기도 하는구나."

그러자 반차익이 부처님께 여쭈었다.

"저는 기억합니다. 옛날 세존께서 울비라鬱鞞羅[19]마을 니련선尼連禪[20] 물가에 있는 아유파타阿遊波陀의 니구율尼俱律 나무 밑에서 처음으로 불도를 성취하셨을 때, 시한타(尸漢陀 : 帝釋天의 御者) 하늘 대장의 아들과 집악執樂천왕의 딸이 한곳에 함께 살면서 다만 애욕의 즐거움에 빠져 있었습니다. 저도 그때 그들의 마음이 그런 줄을 알고 곧 게송을 지어 애욕의 결박에 대해 말하였고 범행梵行을 말하였으며, 또 사문을 말하고 열반도 말했습니다. 그 천녀天女가 제 노래를 다 듣고 나서, 눈을 들어 웃으면서 제게 말했습니다.

'반차익이여, 나는 아직 여래를 뵙지 못했습니다. 그러나 나는 일찍이 도리천의 법강당에서 저 모든 하늘이 여래에게는 이와 같은 덕이 있고 이와 같은 힘이 있다고 칭송하는 소리를 들었습니다. 당신은

---

19 마갈타국摩竭陀國에 있는 마을의 이름이다.
20 갠지스강의 지류支流인데 부처님께서 일찍이 이 강에서 고요히 앉아 명상하면서 6년 동안의 고행苦行을 마치고, 자리에서 일어나 이 강가에서 목욕하셨다고 한다.

항상 믿음을 가지고 여래를 가까이 하고 있으니 이제 나도 당신과 친구가 되고자 합니다.'

세존이시여, 저는 단 한 마디 말만 하고 그 뒤에는 다시 그와 더불어 말하지 않았습니다."

석제환인은 이렇게 생각했다.

'이 반차익이 이미 여래를 즐겁게 하였으니, 나는 이제 차라리 저 사람을 생각하리라.'

그리고는 제석은 그 사람 생각을 했다. 때마침 반차익도 생각했다.

'지금 저 제석천이 나를 생각하고 있구나.'

이런 생각을 하고는 유리 거문고를 가지고 제석이 있는 곳으로 갔다. 제석이 그에게 말했다.

"너는 내 이름과 도리천의 뜻을 대신해서 '세존께서는 편안하게 머무시며 유보遊步가 강녕하십니까?' 하고 문안드려라."

반차익은 제석의 분부를 받고 곧 세존께 나아가 부처님의 발에 머리를 대어 예배하고 한쪽에 앉아 세존께 여쭈었다.

"석제환인과 도리천의 모든 하늘신들이 일부러 저를 보내어 세존께 '편안하게 머무시며 유보가 강녕하십니까?' 하고 문안드리게 하였습니다."

세존께서 말씀하셨다.

"너와 제석, 그리고 도리천의 수명이 연장되고 쾌락하며 근심이 없게 하리라. 왜냐하면 모든 하늘과 세상 사람들, 그리고 아수륜阿須輪 등 온갖 중생들은 다 수명과 안락과 근심이 없기를 탐하기 때문이다."

제석은 다시 가만히 생각했다.

'우리들도 세존께 가서 예배하는 것이 좋겠다.'

곧 도리천의 모든 하늘들과 함께 부처님께 나아가 부처님의 발에 이마를 대어 예배하고 물러나 한쪽에 앉았다. 제석이 부처님께 여쭈었다.

"지금 저는 세존에게서 멀리 떨어져 앉아야 할지, 가까이 앉아야 할지를 잘 모르겠습니다."

부처님께서 제석에게 말씀하셨다.

"너 하늘 무리가 많긴 하다만 내게 다가앉아라."

그러자 세존이 계시던 인타라굴이 저절로 넓어져 아무런 장애될 것이 없었다. 그때 제석은 도리천의 모든 하늘신과 반차익과 함께 부처님의 발에 예배하고 한쪽에 앉았다. 제석이 부처님께 여쭈었다.

"어느 때 부처님께서는 사위국에 살고 있는 어떤 바라문의 집에 계셨습니다. 세존께서는 화염삼매에 드셨는데 제가 때마침 조그마한 인연이 있어 천 바퀴살이 있는 보배 수레를 타고 비루륵천왕(毗樓勒天王 : 南方增長天王)을 만나기 위해 허공을 지나가다가, 합장한 채 세존 앞에 서 있는 한 천녀天女를 보게 되었습니다. 저는 잠시 후에 그녀에게 말하기를 '만일 세존께서 삼매에서 일어나시거든 너는 마땅히 내 이름으로 세존께 〈편안하게 머무시며 유보가 강녕하십니까?〉 하고 안부를 전해달라'고 하였습니다. 얼마 안 있어 그녀는 그 뒤에 저를 위하여 제 마음을 전달하지 않았습니까? 세존이시여, 그 일을 기억하십니까?"

"기억하고 있다. 그녀는 너를 대신해 내게 문안했다. 나는 삼매에서 일어나 네가 타고 가는 수레 소리도 들었다."

제석이 부처님께 여쭈었다.

"옛날 제가 조그마한 인연이 있어 도리천 여러 하늘신들과 함께 법당에 모여 있을 때 저 모든 고향의 하늘은 이렇게 말했습니다.

'만일 여래께서 세상에 나오시면 여러 하늘의 무리는 늘어나게 되고 아수라의 무리는 줄어들게 될 것이다.'

이제 저는 직접 세존을 뵙고 제 자신이 스스로 알고 몸소 진리를 깨쳤습니다. 여래·지진께서 세상에 나타나 모든 하늘 무리를 불어나게 하시고 아수륜의 무리는 줄어들게 하셨습니다. 여기에 구이瞿夷라는 석가 종족의 여자가 있었는데 세존 앞에서 범행을 깨끗이 닦다가 몸이 무너지고 목숨을 마친 뒤에 도리천 궁전에 태어나 곧 제 아들이 되었습니다. 그러자 도리천의 모든 하늘들은 말하기를 '구이, 큰 하늘의 아들은 큰 공덕이 있고 큰 위력이 있다'고 칭찬했습니다. 또 다른 세 비구는 세존 앞에서 범행을 깨끗이 닦다가 몸이 무너지고 목숨이 끝나자 악기를 연주하는 신들 가운데에 태어나 밤낮으로 제게 와서 시중을 들었습니다. 구이는 그것을 보고 게송으로 놀렸습니다.

네가 부처님의 제자였을 때
나는 본래 속가에 있었지.
옷과 밥으로 공양 올리고
예배하며 정성을 다하였다네.

너희들은 이름이 무엇이기에
몸소 부처님의 가르침 받고도
깨끗한 눈〔淨眼 : 부처님〕께서 말씀하신 것
관찰하지 않은 것인가?

나는 본래 그대를 예배해 공경했고

부처님 좇아 훌륭한 법을 들었기에
저 삼십삼천에 태어나
제석의 아들 되었다네.

내가 스스로 가지고 있는 공덕을
너희들은 어째서 관찰하지 못하는가?
나는 본래 여자의 몸이었으나
지금은 제석의 아들 되었네.

너희들도 본래는 우리와 함께
범행을 닦았건만
지금은 홀로 낮고 천한 데 있으면서
우리들의 시중을 들고 있구나.

본래 폐악弊惡한 행동 했기에
지금 그 때문에 이 갚음 받아
홀로 낮고 천한 곳에 있으면서
우리들의 시중을 들고 있구나.

이 깨끗하지 못한 곳에 태어나
남의 놀림을 받고 있으니
나의 이 말 듣고 마땅히 싫어하되
이곳을 싫어하고 걱정해야 하리라.

지금부터 마땅히 부지런히 정진하여

다시는 남의 심부름꾼 되지 말라.
두 사람은 부지런히 정진하여
여래의 법을 깊이 생각하라.

저 연모하고 집착하는 것 버려
욕심의 부정한 행을 관찰하여라.
욕심의 결박은 진실하지 않아
온 세상을 속이고 현혹되게 한다.

코끼리가 굴레를 벗어버린 듯
도리천을 벗어나
제석과 도리천 대중들이
법강당에 모였더이다.

저들이 용맹한 힘으로써
도리천을 벗어나자
제석은 일찍이 없었던 일이라 찬탄하고
모든 하늘 또한 잘못을 깨달았다네.

이들은 곧 석가의 아들로서
도리천을 벗어났네.
욕심의 결박을 걱정하고 싫어했다고
구이는 이제 이렇게 말하였네.

마갈타 나라에 부처가 있으니

이름을 석가모니라 하네.
저 아들도 본래는 뜻을 잃었으나
나중에 다시 정신이 돌아왔네.

세 사람 가운데 한 사람만
그대로 악기 연주하는 신이 되었고
두 사람은 도의 진리〔道諦〕 깨달아
도리천을 벗어났다네.

세존께서 말씀하신 법
제자는 의심을 품지 않았네.
똑같이 그 법을 들었건만
두 사람은 저 한 사람보다 뛰어났네.

스스로 수승殊勝함을 보고 나서
모두 광음천에 태어났다네.
나는 저 법을 관찰하여 깨달았기에
부처님 계신 이곳에 왔다네.

제석이 부처님께 여쭈었다.
"부디 틈을 내시어 저의 의심을 단번에 풀어 주십시오."
부처님께서 말씀하셨다.
"너의 물음을 따라 내가 마땅히 너를 위해 낱낱이 연설하겠다."
제석이 부처님께 여쭈었다.
"모든 하늘과 세상 사람과 건달바와 아수라 및 그 밖의 중생들은 다 무슨 원한이 있기에 서로 상대가 되어 끝내는 원수가 되고 서로 칼과 막대기를 쓰게 되었습니까?"

부처님께서 제석에게 말씀하셨다.

"모든 원한이 생기는 것은 다 탐냄과 질투 때문이다. 그러므로 모든 하늘과 세상 사람과 아수륜과 그 밖의 중생들로 하여금 칼과 막대기로 서로 해를 입히는 것이다."

제석이 부처님께 여쭈었다.

"참으로 그렇습니다. 세존이시여, 원한이 생기는 것은 모두 탐냄과 질투 때문입니다. 그러므로 모든 하늘과 세상 사람과 아수륜과 그 밖의 중생들 모두가 칼과 막대기로 서로 해를 입히는 것입니다. 저는 이제 부처님의 말씀을 듣고 의심의 그물이 다 걷혀 다시는 의심이 없게 되었습니다. 다만 탐냄과 질투는 무엇 때문에 생기고 어떤 것이 인因이 되며 어떤 것이 연緣이 되며, 또 무엇이 그 근본이 되고 무엇을 따라 생기며 무엇을 따라 없어지는지를 모르겠습니다."

부처님께서 제석에게 말씀하셨다.

"탐냄과 질투는 다 사랑하고 미워하는 데에서 생겨난다. 사랑과 미움이 그 인因이 되고, 사랑과 미움이 그 연緣이 되며, 또 그 근본이 된다. 이것을 따라 있는 것이고 이것이 없으면 곧 없어질 것이다."

제석이 부처님께 여쭈었다.

"진실로 그렇습니다. 세존이시여, 탐냄과 질투가 생기는 것은 사랑과 미움 때문입니다. 사랑과 미움이 그 인이 되고, 그 연이 되며, 또 그 근본이 됩니다. 이것을 따라 있는 것이니 이것이 없으면 곧 없어질 것입니다. 저는 이제 부처님 말씀을 듣고 미혹이 모두 없어져 다시는 의심이 없습니다. 다만 그 사랑과 미움은 또 어디서부터 생겨나며 무엇이 그 인이 되고 연이 되며, 무엇이 그 근원이 되는지, 이것은 무엇을 따라 생기고 무엇을 따라 없어지는 것인지 모르겠습니다."

부처님께서 제석에게 말씀하셨다.

"사랑과 미움이 생기는 것은 모두 탐욕 때문이니, 탐욕이 인이 되고 탐욕이 연이 되며, 탐욕이 그 근본이 된다. 이것을 따라 있는 것이니 이것이 없으면 곧 없어질 것이다."

제석이 부처님께 여쭈었다.

"진실로 그렇습니다. 세존이시여, 사랑과 미움이 생기는 것은 다 탐욕 때문이며, 탐욕이 그 인이 되고, 탐욕이 그 연이 되며, 또 탐욕이 그 근본이 됩니다. 이것을 따라 있는 것이니 이것이 없으면 곧 없어질 것입니다. 저는 이제 부처님의 말씀을 듣고 미혹이 모두 없어져 다시는 의심이 없습니다. 다만 이 탐욕은 무엇 때문에 생기고 무엇이 그 인이 되며 무엇이 그 연이 되고, 또 무엇이 그 근본이 되는지, 이것은 무엇을 따라 생기고 무엇을 따라 없어지는 것인지 모르겠습니다."

부처님께서 제석에게 말씀하셨다.

"사랑은 생각〔想〕 때문에 생겨나나니 생각이 그 인이 되고, 생각이 그 연이 되며, 생각이 그 근본이 된다. 이것을 따라 있는 것이니 이것이 없으면 곧 없어질 것이다."

그러자 제석이 부처님께 여쭈었다.

"진실로 그렇습니다. 세존이시여, 사랑은 생각 때문에 생겨나니 생각이 그 인이 되고, 생각이 그 연이 되며, 생각이 그 근본이 됩니다. 이 생각을 따라 사랑이 있게 되니, 이것이 없어지면 저것도 곧 없어질 것입니다. 제가 지금 부처님의 말씀을 듣고서 다시는 의심이 없습니다. 그러나 다만 생각은 또 무엇으로부터 생겨나며, 무엇이 인이 되고 무엇이 연이 되며, 무엇이 근원이 됩니까?"

부처님께서 제석에게 말씀하셨다.

"생각은 조희調戲에서 생긴다. 조희가 인이 되고, 연이 되며, 또 조희가 그 근원이 된다. 이것을 따라 있는 것이니 이것이 없으면 곧 없어지는 것이다. 제석이여, 만일 조희가 없으면 곧 생각이 없고, 생각이 없으면 곧 탐욕이 없으며, 탐욕이 없으면 곧 사랑과 미움이 없고, 사랑과 미움이 없으면 곧 탐냄과 질투가 없다. 만일 탐냄과 질투가 없으면, 곧 일체 중생은 서로 상해傷害하지 않을 것이다. 제석이여, 다만 조희를 연하는 것이 근본이 된다. 조희가 인이 되고 조희가 연이 되며 조희가 그 근본이 된다. 이것을 따라 생각이 있고 생각을 따라 탐욕이 있으며 탐욕을 따라 사랑과 미움이 있고 사랑과 미움을 따라 탐냄과 질투가 있으며 탐냄과 질투가 있기 때문에 중생이 서로 상해하는 것이다."

제석이 부처님께 여쭈었다.

"진실로 그렇습니다. 세존이시여, 조희로 말미암아 생각이 있습니다. 조희가 인이 되고 조희가 연이 되며 조희가 그 근본이 되니, 이것을 따라 생각이 있게 됩니다. 조희로 말미암아 생각이 있으니 이것이 없으면 곧 생각이 없어질 것입니다. 만일 원래 조희가 없으면 곧 생각이 없고, 생각이 없으면 곧 탐욕이 없으며, 탐욕이 없으면 곧 사랑과 미움이 없고, 사랑과 미움이 없으면 곧 탐냄과 질투가 없으며, 탐냄과 질투가 없으면 곧 일체 중생은 서로 해치지 않을 것입니다. 다만 생각은 조희 때문에 생겨나나니, 조희가 인이 되고 조희가 연이 되며 조희가 그 근본이 됩니다. 조희를 따라 생각이 생겨나고 생각을 따라 탐욕이 있으며 탐욕을 따라 사랑과 미움이 있고 사랑과 미움을 따라 탐냄과 질투가 있으며 탐냄과 질투를 따라 일체 중생들이 서로 상해하는 것입니다. 저는 이제 부처님의 말씀을 듣고 미혹이 모두 없어져 다시는 의심이 없습니다."

제석이 다시 부처님께 여쭈었다.

"모든 사문 바라문은 다 조희를 없애고 멸적滅迹의 경지에 있습니까, 조희를 없애고 멸적의 경지에 있지 못합니까?"

부처님께서 제석에게 말씀하셨다.

"모든 사문 바라문은 다 조희를 없애고 멸적의 경지에 있지 못하다. 왜냐하면 제석이여, 세간에는 여러 가지 세계가 있다. 중생들은 각각 자신이 처해 있는 세계를 굳게 지켜, 버리고 떠나가지 못한다. 그래서 자기 자신은 옳다 하고 다른 것은 허망하다고 생각한다. 그러므로 제석이여, 모든 사문 바라문은 다 조희를 없애고 멸적의 경지에 있지 못하다는 것이다."

제석이 부처님께 여쭈었다.

"참으로 그렇습니다. 세존이시여, 세간에는 온갖 중생이 있는데 제각기 자기가 처해 있는 세계를 굳게 지켜, 버리고 떠나가지 못합니다. 그래서 자신만 옳다 하고 남은 모두 허망하다고 합니다. 그런 까닭에 모든 사문 바라문은 다 조희를 없애고 멸적에 있지 못하는 것입니다. 저는 이제 부처님 말씀을 듣고 의혹이 다 없어져 다시는 의심이 없습니다."

제석이 다시 부처님께 여쭈었다.

"몇 가지의 조희를 끊어 없애야 멸적에 있을 수 있습니까?"

부처님께서 제석에게 말씀하셨다.

"조희에는 세 가지가 있다. 첫째는 입〔口〕이고, 둘째는 생각〔想〕이며, 셋째는 구〔求〕함이다. 저 입으로 하는 말은 자기를 해치고 남을 해치며 또 둘 다 한꺼번에 해치기도 한다. 그러니 이러한 말을 버리고 말한 대로 하면 자신을 해치지 않고 남도 해치지 않으며 둘 다 한꺼번에 해치지도 않는다. 이것을 아는 비구는 입이 말한 대로 마음을 오로지해 산란하지 않다. 또 생각도 자기를 해치고 남을 해치며 둘 다 한꺼번에 해치기도 한다. 이 생각을 버리고 생각한 대로 하면 자신을 해치지도 않고 남도 해치지 않으며 둘 다 한꺼번에 해치지도 않는다. 이것을 아는 비구는 생각한 대로 마음을 오로지해 산란하지 않다. 제석이여, 구함도 자신을 해치고 남을 해치며 둘 다 한꺼번에 해치기도 한다. 이 구함을 버리고 구한 대로 하면 자신을 해치지도 않고 남도 해치지 않으며 둘 다 한꺼번에 해치지도 않는다. 이것을 아는 비구는 구한 대로 마음을 오로지해 산란하지 않다."

그때 석제환인이 말했다.

"저는 이제 부처님의 말씀을 듣고 더 이상 의심이 없게 되었습니다."

또 부처님께 여쭈었다.

"모두 몇 가지를 현성의 사심捨心이라고 이름합니까?"

부처님께서 제석에게 말씀하셨다.

"사심에는 세 가지가 있다. 첫째는 몸을 기뻐하는 것이며, 둘째는 몸을 걱정하는 것이며, 셋째는 몸을 버리는 것이다. 제석이여, 저 몸을 기뻐하는 것은 자신도 해치고 남도 해치며 또 둘 다 한꺼번에 해치기도 한다. 이 기쁨을 버리고 기뻐한 대로 하면 자신을 해치지도 않고 남도 해치지 않으며 둘 다 한꺼번에 해치지도 않는다. 이것을 아는 비구는 생각을 오로지해 잊지 않으니, 이것을 곧 구족계具足戒를 받은 비구라고 이름한다. 제석이여, 저 몸을 걱정하는 것은 자신을 해치고 남을 해치며 또한 둘 다 한꺼번에 해치기도 한다. 이 걱정을 버리고 걱정한 대로 하면 자신을 해치지도 않고 남도 해치지 않으며 둘 다 한꺼번에 해치지도 않는다. 이것을 아는 비구는 생각을 오로지해 잊지 않는다. 이를 바로 구족계를 받은 비구라고 한다. 다시 제석이여, 저 몸을 버리는 것은 자기를 해치고 남을 해치며 또 둘 다 한꺼번에 해치기도 한다. 이 버림을 버리고 버린 대로 하면 자신을 해치지도 않고 남도 해치지 않으며 둘 다 한꺼번에 해치지도 않는다. 이것을 아는 비구는 생각을 오로지해 잊지 않는다. 이것을 곧 구족계를 받은 비구라고 한다."

제석이 부처님께 여쭈었다.

"저는 이제 부처님의 말씀을 듣고 더 이상 의심이 없게 되었습니다."

제석이 또 부처님께 여쭈었다.

"어느 정도라야 현성賢聖의 율법대로 모든 감각〔根〕이 구족하다고 이름합니까?"

부처님께서 제석에게 말씀하셨다.

"눈이 색色을 파악할 때 나는 두 가지가 있다고 말한다. 친해야 할 것과 친하지 않아야 할 것이다. 귀가 소리에 대해서와 코가 냄새에 대해서와 혀가 맛에 대해서와 몸이 감촉에 대해서와 뜻이 법에 대해서도 나는 두 가지가 있다고 말하는데, 친해야 할 것과 친하지 않아야 할 것이 그것이다."

제석이 부처님께 여쭈었다.

"세존이시여, 여래께서 간략히 말씀하시고 자세히 분별해 주시지 않으셨지만 저는 그것만으로도 충분히 다 알 수 있습니다. '눈이 색을 파악할 때 나는 두 가지가 있다고 말한다. 친해야 할 것과 친하지 않아야 할 것이다. 귀가 소리에 대해서와 코가 냄새에 대해서와 혀가 맛에 대해서와 몸이 감촉에 대해서와 뜻이 법에 대해서도 각각 두 가지가 있다고 말하니, 친해야 할 것과 친하지 않아야 할 것이 그것이다'라고 말씀하셨는데 세존이시여, 만일 눈이 색을 볼 때에 선한 법은 줄고 불선한 법이 늘어난다면 이와 같이 눈이 색을 파악하는 것을 저는 친근하지 않아야 할 것이라고 말합니다. 귀가 소리를, 코가 냄새를, 혀가 맛을, 몸이 감촉을, 뜻이 법을 파악할 때에도 선한 법이 줄고 불선한 법이 늘어난다면 저는 그것을 친근하지 않아야 한다고 생각합니다. 세존이시여, 만일 눈이 색을 볼 때에 선한 법이 자라나고 불선한 법이 줄어든다면 이와 같이 눈이 색을 파악하는 것에 대해 저는 친근해야 한다고 생각합니다. 또 귀가 소리에 대해서, 코가 냄새에 대해서, 혀가 맛에 대해서, 몸이 감촉에 대해서, 뜻이 법에 대해서 알 때에도 선법이 자라나고 불선법이 줄어든다면 저는 그것을 친근해야 한다고 말합니다."

부처님께서 제석에게 말씀하셨다.

"훌륭하고 훌륭하다. 그것을 현성의 율법대로 모든 감관이 구족한 것이라고 한다."

제석이 부처님께 여쭈었다.

"저는 이제 부처님의 말씀을 듣고 더 이상 의심이 없게 되었습니다."

제석은 또 부처님께 여쭈었다.

"모두 몇 명의 비구를 구경究竟·구경 범행梵行·구경 안온安穩·구경 무여無餘라고 이름합니까?"

부처님께서 제석에게 말씀하셨다.

"애욕으로 괴로워하는 것을 닦아 몸이 적멸〔滅〕을 얻으면 그것을 구경·구경 범행·구경 안온·구경 무여라고 한다."

제석이 부처님께 여쭈었다.

"저는 본래부터 오랫동안 의심의 그물을 품고 있었는데 이제 여래께서 그 의심을 다 풀어 주셨습니다."

부처님께서 제석에게 말씀하셨다.

"네가 전에 사문 바라문에게 찾아가서 이 뜻을 물어본 적이 있었느냐?"

제석이 부처님께 여쭈었다.

"저는 기억하고 있습니다. 옛날 사문 바라문에게 가서 이 뜻을 물었었습니다. 옛날 어느 때 제가 강당에 모여 여러 하늘신중들과, 여래께서는 마땅히 세상에 나오실 것이라느니, 아직 나오시지 않을 것이라느니 하면서 논란을 벌인 적이 있었습니다. 이렇게 함께 추구推求하다가 여래께서 세상에 나타나시는 것을 보지 못하고 제각기 궁宮으로 돌아가 다섯 가지 욕락을 즐긴 적이 있었습니다. 세존이시여, 저는 또 그 뒤 어느 때 모든 큰 하늘신들이 스스로 다섯 가지 욕락을 마음껏 즐기다가 드디어 각각 목숨을 마치는 것을 보았습니다. 세존이시여, 저는 너무 무서워서 털이 곤두섰습니다. 그때 사문 바라문들이 집을 떠나 한가한 곳에 기거하면서 욕심을 여읜 것을 보고 저는 그들을 찾아가 '어떤 것을 구경究竟이라고 합니까?'라고 제가 이 뜻에 대해 물었지마는 그들은 대답하지 못했습니다. 그들은 이미 모르고 있었으므로 도로 저에게 '너는 누구냐?'라고 물었고, 저는 '나는 석제환인이다'라고 대답하였습니다. 그들은 다시 저에게 '너는 어떤 제석이냐?' 라고 물었고 저는 '나는 하늘의 제석으로서 마음에 의심되는 것이 있어 물으러 왔을 뿐이다'라고 대답했습니다. 그래서 저는 그들에게 제가 보아 알고 있는 제석의 뜻을 말해주었고 그들은 제 말을 듣고 저의 제자가 되었습니다. 저는 이제 부처님의 제자로서 수다원도須陀洹道를 얻어 다른 세계에 떨어지지 않고 일곱 번을 이 세상에 오간 뒤에는 반드시 도과道果를 이룰 것입니다. 원하건대 세존께서는 저에게 수다원이 될 것이라는 예언을 해주십시오."
이 말을 마치고 다시 게송을 지어 말했다.

저 물들고 더러운 생각 때문에
나에게 의심이 생겼었으나
오랜 세월을 모든 하늘과 함께
여래의 법을 추구하였네.

출가한 여러 사람들이
한적한 곳에 있는 것 보았네.
그들이 불세존佛世尊이라 하기에
찾아가 경례하고 여쭈어 보았네.

'이제 나는 일부러 와 묻노니
어떤 것을 구경究竟이라 하는가?'
이렇게 물었으나 그들은 내게
도적道迹으로 나가는 법 대답하지 못했네.

오늘 만난 짝할 이 없는 높은 분은
내가 오랫동안 찾던 분으로서
당신의 행을 이미 관찰해 보고서
마음은 벌써 바르게 사유思惟한다네.

오직 거룩한 성인만이 이미
내 마음의 행하는 바와

오랫동안 닦은 업을 아나니
깨끗한 눈을 지닌 분이시여, 예언을 해주소서.

사람 중에서 가장 높으시고
3계의 무극존無極尊이신 분께 귀명합니다.
은애恩愛의 가시덤불 끊고서
이제 일광존日光尊께 예배합니다.

부처님께서 제석에게 말씀하셨다.

"너는 일찍이 희락喜樂과 염락念樂을 얻었던 때를 기억하는가?"

제석이 대답했다.

"그렇습니다. 세존이시여, 옛날 제가 얻었던 희락과 염락을 기억하고 있습니다. 세존이시여, 저는 옛날 아수륜과 싸웠었습니다. 그때 제가 이기고 아수륜은 패했습니다. 저는 돌아와 희락喜樂과 염락念樂을 얻었습니다. 그러나 그 희락과 염락을 생각해 보면 거기에는 오직 칼과 막대기의 희락과, 싸움과 다툼의 희락이 있었을 뿐이었습니다. 그런데 부처님께 얻은 희락과 염락에는 칼과 막대기와 다툼으로 인한 즐거움이 없습니다."

부처님께서 제석에게 말씀하셨다.

"너는 지금 희락과 염락을 얻었다. 그 가운데서 또 어떤 공덕의 과果를 구하고자 하는가?"

제석이 부처님께 여쭈었다.

"저는 희락과 염락 가운데서 다섯 가지 공덕의 과를 구하고자 합니다. 어떤 것이 다섯 가지인가 하면 게송으로 말씀드리겠습니다."

그는 곧 게송을 읊었다.

내 만일 뒷날에 목숨을 마쳐
하늘나라의 수명〔壽〕을 버리고
모태母胎에 있어서도 근심을 품지 않으며
내 마음을 기쁘고 즐겁게 하오리다.

부처님께선 건너지 못한 자를 건너게 하시고
참되고 바른 길을 말씀하셨네.
세 가지 불법(佛法 : 三菩提) 가운데서
나는 범행을 닦으리라.

지혜의 몸으로 살고
마음은 스스로 바른 이치를 보며
본래 일어난 곳을 환히 알아
여기서 영원히 해탈하리라.

다만 마땅히 부지런히 수행하여
부처님의 진실한 지혜를 익히자.
비록 도과道果의 증득은 이루지 못해도
그 공덕 오히려 하늘보다 나으리라.

모든 신묘神妙한 하늘과
저 아가니타阿迦尼吒 하늘들
말후신末後身에 이르기까지
반드시 저곳에 태어나리라.

나는 이제 이곳에서
하늘의 청정한 몸을 받았고
또 수명이 늘어남을 얻었기에
깨끗한 눈 가지신 분인 줄 나는 안다네.

이 게송을 마치고 다시 부처님께 여쭈었다.

"저는 희락과 염락 가운데서 이러한 다섯 가지 공덕의 과를 얻고자 합니다."

제석이 모든 도리천에게 말했다.

"너희들은 도리천상의 범동자梵童子 앞에서 지극한 공경으로 예배하고 섬겼으니, 이제 부처님 앞에서 다시 그 공경을 베푼다면 또한 좋지 않겠는가?"

그 말이 떨어지자마자 범동자는 갑자기 허공 가운데 있던 하늘 무리들 위에 서서 제석천을 향해 게송으로 말했다.

하늘 왕의 청정한 행은
중생들께 많은 이익 주었네.
마갈 제석의 주인이여,
능히 여래의 뜻을 물었네.

범동자는 이 게송을 마치자 곧 사라졌다.

제석은 곧 자리에서 일어나 세존의 발에 절하고 부처님을 세 번 돌고 물러갔다. 도리천의 모든 하늘과 반차익般遮翼도 부처님 발에 절하고 물러갔다.

제석천은 조금 앞서 가다가 반차익을 돌아보고 말했다.

"훌륭하고 훌륭하다. 너는 먼저 가서 부처님 앞에서 거문고를 연주하여 부처님을 즐겁게 해 드려라. 그러면 나와 모든 하늘들이 뒤따라 가겠다. 나는 이제 너를 네 아버지의 지위에 앉힌다. 너는 건답화(乾沓和 : 건달바) 중에서 제일 우두머리이다. 나는 마땅히 저 건답화왕의 딸 발타를 너에게 주어 아내를 삼게 하리라."

세존이 이렇게 설법하시자 8만 4천 모든 하늘들은 티끌을 멀리하고 때를 여의어서 법안法眼이 생겼다. 석제환인과 도리천의 모든 하늘, 그리고 반차익은 부처님의 설법을 듣고 기뻐하면서 받들어 행했다.

월운스님

경기도 장단에서 태어나 한학을 수학하고,
남해 화방사에서 당대의 대강백 운허스님을 은사로 출가하였다.
통도사와 해인사 강원을 졸업하고 강사가 되었으며,
동국역경원 역경위원을 거쳐 동국역경원 원장을 역임했다.
중앙승가대학 교수와 제25교구 본사 봉선사 주지를 역임하였고,
이후 봉선사 조실로 있으며 불경서당과 능엄학림을 통해
후학 양성에 매진하다 2023년 6월 16일 입적했다.
저서로는 『삼화행도집』·『일용의식수문기』·『금강경강화』·
『원강경강화』·『대승기신론강화』·『구름처럼 달처럼』 등이 있고,
『전등록』·『조당집』·『선문염송』을 비롯한 80여 종의 경론을 번역했다.

장아함경 1

2006년 9월 9일 개정판 1쇄 발행
2024년 8월 20일 개정판 5쇄 발행

지은이 김월운
발행인 박기련
발행처 동국역경원

출판등록 제1964-000001호
주소 04626 서울시 중구 퇴계로36길2 신관1층 105호
전화 02-2264-4714
팩스 02-2268-7851
홈페이지 http://dgpress.dongguk.edu
이메일 abook@jeongjincorp.com
인쇄 네오프린텍(주)

ISBN 979-89-5590-427-7 (04220)
ISBN 979-89-5590-426-0 (세트)

값 20,000원